15주 ALL-IN-ONE

영어

SD에듀
(주)시대고시기획

Always **with you**

사람의 인연은 길에서 우연하게 만나거나 함께 살아가는 것만을 의미하지는 않습니다.
책을 펴내는 출판사와 그 책을 읽는 독자의 만남도 소중한 인연입니다.
SD에듀는 항상 독자의 마음을 헤아리기 위해 노력하고 있습니다.
늘 독자와 함께하겠습니다.

합격의 공식
온라인 강의

잠깐!

혼자 공부하기 힘드시다면 방법이 있습니다.
SD에듀의 동영상강의를 이용하시면 됩니다.
www.sdedu.co.kr ➔ 회원가입(로그인) ➔ 강의 살펴보기

"시간과의 싸움에서 승리할 수 있는 효율에 중점을 두었습니다."

공무원의 선발 인원이 증가함에 따라 많은 수험생들이 공무원 시험에 도전하고 있습니다. 공무원이 되어 국가 행정의 발전에 기여하겠다는 목표를 가지고 있는 여러분을 위해 이 도서를 준비했습니다. 공무원 기출문제를 분석하여 공무원 시험에 꼭 필요한 내용만을 담았습니다. 공무원 시험 합격이라는 목표를 설정했다면 주위를 돌아보지 말고 오직 목표를 향해서 달려가십시오. 지루한 가시밭길의 수험생활은 합격의 그 순간에 환희로 돌아올 것입니다.

최근 공무원 영어는 기출이 되었던 유형의 문제들이 자주 나오는 경향성이 뚜렷합니다. 따라서 기존에 출제되었던 이론을 중심으로 학습하는 것이 중요합니다. 필자는 공무원 시험의 최근 경향에 최적화된 내용으로 이 책을 구성했습니다.

ALL-IN-ONE 영어 ★ 도서의 특징 ★

첫째, 간결하고 체계적인 내용 전개!
스마트한 공부를 해야 승자가 된다! 영어 과목의 방대한 이론을 모두 망라하되, 문법을 19개의 CHAPTER로 체계적으로 정리했습니다. 따라서 백과사전식 내용이 아닌 간결하면서 흐름 중심의 체계를 갖춘 기본서로써 수험공부의 부담을 확 줄여줄 것입니다.

둘째, 독해 강화에 최적화된 다양한 지문
최근 공무원 영어 과목은 독해 문제가 절반에 육박할 정도로 독해의 중요성이 높아지고 있습니다. 긴 지문에서 핵심을 빠른 시간에 파악하고, 문제에 적용하는 것이 관건입니다. 이 책에 실린 다양한 지문과 예제를 통해 문제 풀이 스킬을 향상시킬 수 있을 것입니다.

셋째, 다양한 문제 수록!
이론을 공부한 후에는 문제를 반복해서 풀어보는 것이 복습에 가장 좋습니다. 독해 50문제와 단원별로 가장 자주 출제되는 유형의 문제들만 선별한 200개의 단원별 문제, 그리고 실전 동형의 모의고사 2회차를 수록하였습니다. 거듭 문제를 풀어보며, 문제를 자신의 것으로 만들 수 있습니다.

필자가 집필하면서 가장 중점을 두었던 부분이 있습니다. 바로 '시간'입니다. 공무원 시험은 바로 시간과의 싸움이 아닐 수 없습니다. 특히 부족한 시간과 항상 싸우며 공부에 매진하고 있는 수험생 여러분들이 방대한 이론의 바다에 빠져 허우적거리지 않기를 바랐습니다.
시험에 꼭 나오는 핵심만 정리된 이 책을 통해 영어 과목을 효율 · 효과적으로 공부하실 수 있기를 바랍니다.
그리고 모두 합격하셔서 멋진 공무원이 되시길 기도하겠습니다.

저자 **김태우**

공무원 채용 필수체크

✡ 응시원서 접수 기간 및 시험 일정(9급 기준)

시험	접수 기간	구분	시험장소 공고일	시험일	합격자 발표일
국가직	2월	필기시험	3~4월	4월	5월
		면접시험	5월	6월	7월
지방직	3월	필기시험	6월	6월	7월
		면접시험	7월	7~8월	8~9월

※ 2022년 시험 일정을 기반으로 한 자료이므로 상세 일정은 변동될 수 있음

❶ 전국 동시 시행되는 지방직공무원 임용시험의 응시원서는 1개 지방자치단체에만 접수가 가능하며, 중복접수는 불가함
❷ 접수 방법: 국가직은 사이버국가고시센터(www.gosi.kr), 지방직은 지방자치단체 인터넷원서접수센터(local.gosi.go.kr)에 접속하여 접수할 수 있음

✡ 응시자격

❶ 응시연령: 18세 이상(9급 공채시험)
❷ 학력 및 경력: 제한 없음

✡ 시험방법

구분		세부사항
제1·2차 시험 (병합 실시)	선택형 필기시험	• 9급 공채시험: 5과목(과목별 20문항, 4지택일형) • 시험시간: 100분(과목별 20분, 1문항 1분 기준)
제3차 시험	면접시험	• 제1·2차 시험에 합격한 자만 제3차 시험에 응시할 수 있음 • 면접시험 결과 "우수, 보통, 미흡" 중 "우수"와 "미흡" 등급에 대해 추가면접을 실시할 수 있음

※ 지방직의 경우, 필기시험 합격자를 대상으로 면접시험일 전에 임용예정기관별로 인성검사를 실시하며, 일정 등 세부사항은 필기시험 합격자 발표 시 공고 예정

✿ 2022년 국가직 출제 경향

출제 영역 분석

❶ 작년 국가직 시험과 비슷하거나 아주 약간 어렵다고 느낄 수 있을 정도로 중간 난도의 시험이었다.

❷ 대체로 평이한 수준의 난도로 고득점을 할 수 있는 시험이었기 때문에 쉬운 난도에서 실수하지 않도록 꾸준하게 학습했다면 좋은 결과가 있었을 것이라 예상된다.

❸ 따라서 기출문제를 중심으로 반복 학습을 하는 것이 중요하다.

■ 출제율 순위
독해 > 어휘 > 어법 > 표현

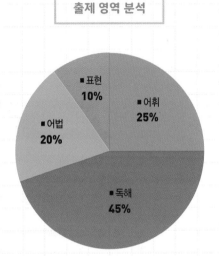

표현 10%
어휘 25%
어법 20%
독해 45%

✿ 2022년 지방직 출제 경향

출제 영역 분석

❶ 2022년 국가직 시험보다 출제 단어의 수준을 올리면서 약간 어렵다고 느껴졌을 수 있으나, 전반적으로 적절한 난도의 문제들이 출제되었다.

❷ 이전 시험과 비교하여 기출문제의 범위가 큰 변동 없이 출제되었으며, 독해의 경우 생소한 소재들로 지문이 출제되었지만 제대로 해석만 한다면 명확하게 답이 나오도록 출제되었다.

❸ 기본에 충실하도록 학습의 범위를 알맞게 잡고 체계적으로 학습한 수험생들이라면 좋은 결과를 얻었을 것이라 예상된다.

■ 출제율 순위
독해 > 어휘 = 어법 > 표현

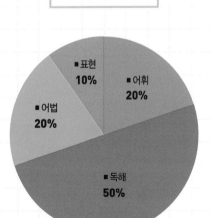

표현 10%
어휘 20%
어법 20%
독해 50%

GUIDE
INFORMATION

이 책의 구성과 특징

All-In-One 한 권으로 공무원 필기시험 합격까지!

최신 출제 경향에 맞춘 핵심 이론과 학습 자료

이론편

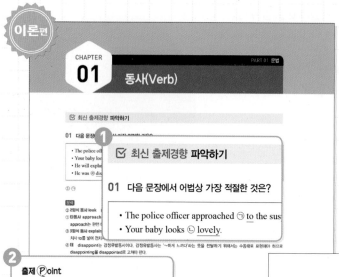

CHAPTER **01** 동사(Verb)   PART 01 문법

☑ 최신 출제경향 파악하기

01 다음 문장

☑ **최신 출제경향 파악하기**

01 다음 문장에서 어법상 가장 적절한 것은?

- The police officer approached ㉠ to the sus
- Your baby looks ㉡ lovely.

출제 Point

동사의 성질에 따라 목적어나 보어를 취해 1~5형
을 보고 동사를 구별하는 연습과 각 형식을 취하는

출제 Point

동사의 성질에 따라 목적어나 보어를 취해 1~5형식이나 문장의 형식(문형)이 결정된다. 동사에 대한 철저한 이해가 필요하며
을 보고 동사를 구별하는 연습과 각 형식을 취하는 동사의 암기가 필요하다.

4 PART 01 문법

❶ 최신 출제 경향

각 단원별로 최신 출제경향 및 유형을 파악할 수 있도록 구성하였습니다.

❷ 출제 Point

출제자의 의도를 한눈에 확인하여 효율적으로 문제를 풀이할 수 있도록 하였습니다.

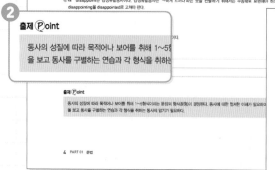

Unit 01   1형식 도치 문장과 수의 일치

❶ 유도부사
1형식 고유의 구문으로 '~이 …에 있다'의 기
수는 be동사 뒤에 나오는 명사(주어)가 결정
- Some flowers are on the table.
  = There are some flowers on the table.
  꽃들이 테이블 위에 있다.
- There (is / are) a tree on the hill.
  언덕 위에 나무 한 그루가 있다.

❷ 대명사
영어에서 구정보(대명사)는 앞으로 간다.

대명사 주어	Here (am I / I am). 내가 여기 있다.
이어 동사	(Turn it on / Turn on it). 그것을 켜라.
가주어	It's better to light a candle than to curse the darkness. 어둠을 저주하기보다는
가목적어	He thought it better to 그는 진심을 말하는 것이 더
대명사 진목적어	Give it to me. 나에게 그것을 줘라.

Unit 02   자동사로 쓰일 때 해석에 주의해

- I think, therefore I am. (= be exist)
  나는 생각한다. 고로 나는 존재한다.
- Farming doesn't pay. (= be profitable, lucrative)
  농사로 수익이 되지 않는다.
- That will do. (= be enough)
  그것이면 충분하다.
  cf I did it.
  내가 그것을 했다.

6 PART 01 문법

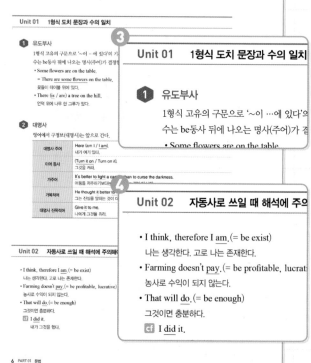

Unit 01   1형식 도치 문장과 수의 일치

❶ 유도부사

1형식 고유의 구문으로 '~이 …에 있다'의
수는 be동사 뒤에 나오는 명사(주어)가 결
- Some flowers are on the table.

Unit 02   자동사로 쓰일 때 해석에 주의

- I think, therefore I am. (= be exist)
  나는 생각한다. 고로 나는 존재한다.
- Farming doesn't pay. (= be profitable, lucrati
  농사로 수익이 되지 않는다.
- That will do. (= be enough)
  그것이면 충분하다.
  cf I did it.

❸ 핵심 개념

시험에 꼭 출제되는 핵심 문법 개념만 뽑아서 압축 정리하였습니다.

❹ 다양한 예문

다양한 예문을 수록하여 쉽게 이해할 수 있도록 하였습니다.

All-In-One 한 권으로 문제까지 섭렵하기

핵심 이론과 직결된 문제편(단원별 문제/최종모의고사)

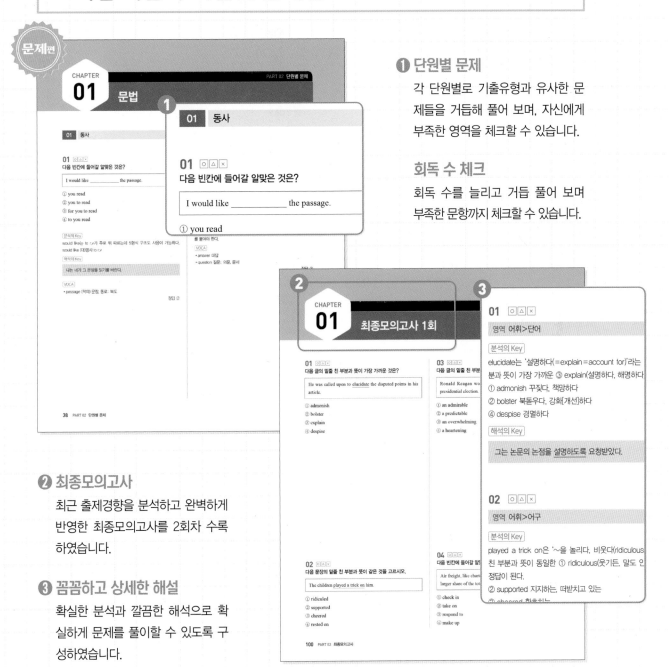

❶ 단원별 문제

각 단원별로 기출유형과 유사한 문제들을 거듭해 풀어 보며, 자신에게 부족한 영역을 체크할 수 있습니다.

회독 수 체크

회독 수를 늘리고 거듭 풀어 보며 부족한 문항까지 체크할 수 있습니다.

❷ 최종모의고사

최근 출제경향을 분석하고 완벽하게 반영한 최종모의고사를 2회차 수록하였습니다.

❸ 꼼꼼하고 상세한 해설

확실한 분석과 깔끔한 해석으로 확실하게 문제를 풀이할 수 있도록 구성하였습니다.

이 책의 차례

PART 01

문법

CHAPTER 01

동사(Verb)

☑ 최신 출제경향 파악하기

01 다음 문장에서 어법상 가장 적절한 것은?

- The police officer approached ㉠ to the suspected murderer.
- Your baby looks ㉡ lovely.
- He will explain ㉢ us how he could pass the test.
- He was ㉣ disappointing with the result of the test.

① ㉠   ② ㉡   ③ ㉢   ④ ㉣

분석

② **2형식 동사 look**   look은 감각동사로 형용사 보어를 필요로 한다. lovely는 형용사이므로 보어로 사용될 수 있다.

① **타동사 approach**   approach는 '~에게 다가가다'를 의미하므로 전치사 to를 동사 뒤에 사용해야 한다고 생각할 수 있지만, approach는 완전 타동사로 전치사 없이 바로 목적어를 취하므로 to를 삭제해야 한다.

③ **3형식 동사 explain**   explain은 3형식으로 쓰이며 4형식으로 쓸 수 없다. 따라서 explain 뒤에 간접 목적어인 us를 쓸 수 없으므로 전치사 to를 넣어 전치사구 to us로 만들어야 한다.

④ **태**   disappoint는 감정유발동사이다. 감정유발동사는 '~하게 느끼다'라는 뜻을 전달하기 위해서는 수동태로 표현해야 하므로 disappointing을 disappointed로 고쳐야 한다.

해석

- 경찰관은 살인자로 의심되는 사람에게 접근했다.
- 네 아기는 사랑스러워 보인다.
- 그는 우리에게 어떻게 그가 시험을 통과할 수 있었는지를 설명할 것이다.
- 그는 시험의 결과에 대해 실망했었다.

어휘

□□□	suspected	의심 받는, 미심쩍은
□□□	murderer	살인자

정답 ②

출제 Ⓟoint

동사의 성질에 따라 목적어나 보어를 취해 1~5형식이라는 문장의 형식(문형)이 결정된다. 동사에 대한 철저한 이해가 필요하며, 문장을 보고 동사를 구별하는 연습과 각 형식을 취하는 동사의 암기가 필요하다.

02 밑줄 친 부분 중 어법상 가장 옳지 않은 것은?

The first coffeehouse in western Europe ① opened not in ② a center of trade or commerce but in the university city of Oxford, ③ in which a Lebanese man ④ naming Jacob set up shop in 1650.

분석

④ **5형식 동사 name / 분사의 태** 분사 naming은 a man을 수식하고 있다. 남자는 제이콥이라 불리므로 수동태가 되어야 한다. 「name A B」 'A를 B라고 부르다'라는 5형식 표현을 수동태로 사용한 것이다. 따라서 naming을 named로 고쳐야 한다.

① **시제 / not A but B** 'in 1650'를 통해 과거에 벌어진 사건에 대해 서술하고 있다는 것을 알 수 있으므로 opened의 쓰임에는 문제가 없다. 「not A but B」 'A가 아니라 B다'가 눈에 들어와야 하는데, A와 B에는 각각 'in 전치사구'가 병치되어 있다.

② **명사 of 명사** 전치사 of의 쓰임에 오류가 있는지를 봐야 한다. a center가 무역 또는 상업에 속하는 것이므로 of는 적절하다.

③ **관계대명사 vs. 관계부사** in which 뒤에 이어지는 절의 구조를 살펴봤을 때, 완벽한 3형식의 구조이므로 소유격 관계대명사나 관계부사 또는 '전치사+관계대명사'가 와야 한다. 이 관계사절은 선행사인 the university city of Oxford를 수식해야 하며 그곳에서 제이콥이 창업을 하게 된 것이므로 in which는 적절하다.

해석

서구 유럽 최초의 커피숍은 무역이나 상업의 중심지가 아닌 옥스퍼드의 대학 도시에서 문을 열었는데, 그곳에서 제이콥이라고 불리는 레바논 사람이 1650년에 창업을 했다.

어휘

□□□	trade	무역, 거래, 교역; 거래하다
□□□	commerce	상업, 무역
□□□	Lebanese	레바논 사람의; 레바논의
□□□	set up	세우다, 설치하다; 시작하다, 창업하다

정답 ④

출제 Ⓟoint

5형식은 '주어+동사+목적어+목적격 보어'로 이루어지는데, 목적격 보어 자리에는 명사와 형용사가 올 수 있다. 명사 보어를 가지는 동사는 대표적으로 call, elect, name 등이 있으며, 형용사 보어를 가지는 동사는 find, leave, make, think 등이 있다.

1 유도부사

1형식 고유의 구문으로 '~이 …에 있다'의 기본 의미를 가진다. 이때 Here, There는 (유도)부사이므로 그 수는 be동사 뒤에 나오는 명사(주어)가 결정한다.

- Some flowers are on the table.

  = There are some flowers on the table.

  꽃들이 테이블 위에 있다.

- There (is / are) a tree on the hill.

  언덕 위에 나무 한 그루가 있다.

2 대명사

영어에서 구정보(대명사)는 앞으로 간다.

대명사 주어	Here (am I / I am). 내가 여기 있다.
이어 동사	(Turn it on / Turn on it). 그것을 켜라.
가주어	It's better to light a candle than to curse the darkness. 어둠을 저주하기보다는 촛불을 켜는 것이 더 낫다.
가목적어	He thought it better to tell the truth. 그는 진실을 말하는 것이 더 낫다고 생각했다.
대명사 진목적어	Give it to me. 나에게 그것을 줘라.

Unit 02   자동사로 쓰일 때 해석에 주의해야 하는 동사

- I think, therefore I am. (= be exist)

  나는 생각한다. 고로 나는 존재한다.

- Farming doesn't pay. (= be profitable, lucrative)

  농사로 수익이 되지 않는다.

- That will do. (= be enough)

  그것이면 충분하다.

  cf I did it.

  내가 그것을 했다.

- It doesn't <u>matter</u>. (= be important)

  그것은 중요하지 않다.

  cf mind and <u>matter</u>

    정신과 물질

- Every time <u>counts</u>. (= be important)

  매시간이 중요하다.

  cf Don't <u>count</u> your chickens before they are hatched.

    알이 부화되기 전에 병아리를 세지 마라(김칫국부터 마시지 마라).

- He <u>made</u> toward the island. (= head for, go for)

  그는 섬을 향해 갔다.

Check ⓟoint 1 │ 여러 형식으로 쓰이는 동사 'make'

- This road <u>makes</u> toward Rome. 〈1형식〉

  이 길은 로마를 향해 뻗어 있다.

- She will <u>make</u> a good wife. 〈2형식〉

  그녀는 좋은 아내가 될 것이다.

- We are <u>making</u> a film. 〈3형식〉

  우리는 영화를 만들고 있다.

- She <u>made</u> me a cake. 〈4형식〉

  그녀는 나에게 케이크를 만들어 주었다.

- I <u>made</u> the room look clean. 〈5형식〉

  나는 그 방이 깨끗해 보이게 만들었다.

Check ⓟoint 2 │ 여러 형식으로 쓰이는 동사 'tell'

- Money is bound to <u>tell</u>. (= be effective) 〈1형식〉

  돈은 확실히 효과가 있다.

- <u>Tell</u> me about your trip. 〈3형식〉

  여행담을 들려주세요.

- You must <u>tell</u> right from wrong. 〈3형식〉

  너는 옳고 그름을 구별해야 한다.

- <u>Tell</u> me what you want. 〈4형식〉

  네가 원하는 것을 내게 말하라.

- If any one calls, <u>tell</u> him to wait. 〈5형식〉

  만일 어떤 사람이 전화하면, 기다리라고 해라.

Check ⓟoint 3 │ 해석에 주의해야 하는 동사 'work'

- The elevator <u>works</u> very well.

  엘리베이터가 잘 작동한다.

- He <u>works</u> hard.

  그는 열심히 일한다.

- These pills will <u>work</u> for you.

  이 약들은 너에게 효과가 있을 것이다.

- The plan <u>worked</u> pretty well.

  계획은 꽤 성공했다.

1 자동사의 종류

'살다'류	live, dwell, reside 등
'오다/가다'류	go, come, arrive 등
'발생하다'류	occur, happen, take place, appear, originate, stem, emerge 등
기타	disappear, walk, run, lie, exist, sit, stand, yawn 등

2 문법 포인트

(1) 수동태 불가

- The traffic accident (occurred / was occurred) yesterday. 교통사고는 어제 발생했다.

(2) 자동사의 후치 수식 시 현재분사 형태로 수식

- Fat (lying / lain) under the skin protects organs from being hurt.
  피부 아래 놓여 있는 지방은 기관들이 상하지 않게 보호한다.

(3) 주어 다음에 1형식 자동사가 오는 경우 완전한 문장이므로 관계부사 사용

- This is the house (which / where) my aunt lives. 이 집은 나의 고모가 살고 있는 집이다.

(4) 주어 다음에 1형식 자동사가 오는 경우 완전한 문장이므로 명사절 that 사용

- (That / What) the adult smoking rate is gradually dropping is not good news for big tobacco companies.
  성인 흡연율이 감소하고 있는 것은 대형 담배 회사들에게는 좋은 소식이 아니다.

(5) 주어 다음에 1형식 자동사가 오는 경우 부사가 수식

- The amount of sugar does not vary (significant / significantly) from year to year.

(6) 자동사의 부정사 수식 : 부정사 앞에 나온 명사가 전치사의 목적어인 경우

- I have no chair (to sit / to sit on). 나는 앉을 의자가 없다.

(7) 중간 수동(수동의 의미가 있는 1형식 동사)

- The orange (peeled / was peeled) easily. 그 오렌지는 쉽게 벗겨졌다.

(8) 준보어, 유사보어(완전자동사 뒤에서 형용사, 분사, 명사 등이 주어를 설명하는 경우)

- He died young. 그는 젊어서 죽었다.

Unit 04　2형식 동사

1　감각동사

사람의 주요 다섯 가지 감각인 시각(look), 청각(sound), 후각(smell), 미각(taste), 촉각(feel)을 나타내는 동사이다. 이때 주격 보어가 '～히/～하게'로 부사처럼 해석이 된다고 하여 주격 보어 자리에 형용사 대신 부사를 사용하면 안 된다.

- He looks <u>young</u> for his age.
  그는 나이에 비해서 젊어 보인다.
- Roses smell (<u>sweet</u> / sweetly).
  장미는 향기롭다.

(1) 전치사 like가 오는 경우 명사를 받는다.

- She <u>looks like</u> her mother.
  그녀는 자기 어머니처럼 보인다.

(2) 주의해야 하는 형용사(cf CHAPTER 15, Unit 06)

- feel friendly 친근함을 느끼다(friendly : '친절한'이라는 뜻의 형용사)
- feel badly 건강이 나쁘게 느껴지다(badly : '건강이 나쁜'이라는 뜻의 형용사)
- feel well 건강 상태가 좋다(well : '건강 상태가 좋은'이라는 뜻의 형용사)

2　상태 유지 동사

'～인 상태로 있다'의 지속의 의미를 갖는 동사이다. 이와 같은 종류의 동사로는 'remain, hold, keep, lie, stay, stand, continue' 등이 있다. 상태가 지속되고 있음을 나타낸다.

- He remains <u>alone</u>.
  그는 홀로 남겨져 있었다.

3　상태 변화 동사

'become, grow, get, turn, go, come, run, fall' 등은 뒤에 형용사 보어가 와서 '～이 되다'의 의미를 갖는 불완전 자동사로 쓰인다.

- Fish soon goes <u>bad</u> in summer.
  생선은 여름에 금방 상한다.
- Dreams come <u>true</u>.
  꿈은 이루어진다.

• grow dark 어두워지다	• grow[get] tired 피곤해지다
• get angry 화나다	• get wet 젖다
• get sick[ill] 병들다	• go[become, grow] bald 머리가 벗겨지다
• go bad 상하다	• go blind 실명하다
• go bankrupt 파산하다	• go[turn] pale 창백해지다
• go mad 미치다	• run dry 말라버리다
• fall asleep 잠들다	• fall short 미치지 못하다
• fall sick[ill] 병들다	• come true 실현되다
• come loose 졸리다, 헐거워지다	• turn red and yellow 단풍이 들다

4 판명동사

'~로 판명되다'의 의미로 prove, turn out이 있다.

- His novel turned out (to be) a success.

  그의 소설은 성공작으로 밝혀졌다.

5 외견동사

'~처럼 보이다'의 의미로 appear, seem이 있다.

- He seems (to be) sad. (= It seems that he is sad.)

  그는 슬픈 것처럼 보인다.

- She appears (nervous / nervously).

  그녀는 긴장한 것처럼 보인다.

Unit 05 준보어(유사보어)

완전 자동사 뒤에서 형용사, 분사, 명사 등이 주어를 설명하는 경우를 '준보어' 혹은 '유사보어'라고 한다.

- He returned home safe.

  그는 안전한 상태로 집에 돌아왔다.

- He died young.

  그는 젊어서 죽었다.

- He sat (reading / read) a book.

  그는 책을 읽으면서 앉아 있었다.

자동사 (intransitive verb)	목적어가 필요 없는 동사(taking no direct object)
타동사 (transitive verb)	목적어가 필요한 동사(taking direct object)

1 같은 뜻의 자동사 · 타동사(동의어 문제)

타동사(vt)	자동사(vi)
explain	account for
reach	arrive at[in](= get to)
await	wait for
resemble	take after
answer	reply to
oppose	object to
leave cf leave for (방향)	start from
mention	refer to
inhabit	live in
join	participate in
accompany	go with
consider	allow for
tend(= nurse)	attend on(= wait on)
increase	add to

2 자동사로 착각하기 쉬운 타동사

다음의 동사들은 전치사를 붙여야 의미가 통할 것 같으나 오히려 전치사를 붙이면 틀리는 타동사들이다. 시험에 자주 출제되는 부분이니 잘못 쓰인 형태까지 눈여겨 봐두어야 한다.

타동사 (O)	타동사+전치사 (×)
access	access to (×)
accompany	accompany with (×)
address	address to (×)
answer	answer to (×)
approach	approach to (×)
attack	attack to (×)
contact	contact with (×)

discuss	discuss about (×)
damage	damage to (×)
emphasize	emphasize on (×)
enhance	enhance for (×)
enter	enter into (×)
excel	excel over (×)
greet	greet to (×)
influence	influence on (×)
inhabit	inhabit in (×)
interview	interview with (×)
leave	leave from (×)
marry	marry with (×)
obey	obey to (×), with (×)
reach	reach at (×)
regret	regret for (×)
resemble	resemble with (×)
consider	consider about (×)
mention	mention about (×)

3 타동사로 착각하기 쉬운 자동사

다음의 동사들은 우리말로 '~을/를'의 해석이 자연스럽기에 자칫 타동사로 착각하기 쉬운 자동사들이다.
뒤에 따르는 전치사와 함께 암기한다.

자동사+전치사	의미
abstain from	~을 삼가다(= refrain from)
account for	~을 설명하다(= explain)
add to	~을 더하다, 첨가하다(= increase)
agree on	(조건 · 안 등의) 합의에 도달하다
agree to	~에 대해 동의하다
agree with	~에 동의하다
allow for	~을 고려[참작]하다(= consider)
apologize for	~에 대하여 사과하다
apologize to	~에게 사과하다
attend on	~을 시중들다(= tend, nurse)
arrive at[in]	~에 도착하다(= get to, reach)
complain of[about]	~을 불평하다
comply with	~을 준수하다, 순응하다

consist in	～에 있다(= lie in)
consist of	～으로 구성되다(= be composed of, be made up of)
deal with	～을 다루다, 처리하다
depart[start] from	～을 출발하다(= leave)
dispose of	～을 처분하다, 제거하다(= get rid of)
experiment with[on]	～을 실험하다
graduate from	～을 졸업하다
hope for	～을 바라다
insist on	～을 주장하다
interfere in	～에 간섭하다
interfere with	～을 방해하다
object to	～을 반대하다(= oppose)
reply to	～에 대답하다(= answer)
sympathize with	～을 동정하다
wait for	～을 기다리다(= await)
wait on	～을 시중들다

- I attended the meeting yesterday. 〈타동사〉
  나는 어제 모임에 참석했다.
- You are not attending to my words. 〈자동사〉
  너는 내 말을 귀담아 듣고 있지 않다.
- The nurses attended on the sick. 〈자동사〉
  간호사들이 환자들을 간호했다.
- I entered the room. 〈타동사〉
  나는 방에 들어갔다.
- I entered into the job. 〈자동사〉
  나는 일을 시작했다.
- I graduated from Seoul National University.
  나는 서울대학교를 졸업했다.
- I waited for my friend.
  나는 친구를 기다렸다.
- He apologized to me for coming too late.
  그는 나에게 늦게 온 것을 사과했다.
- She (answered / answered to) the question.
  그녀는 질문에 대답했다.
- Please (contact / contact to) me by telephone.
  내게 전화로 연락하세요.
- I really (sympathize / sympathize with) the poor boy.
  나는 정말로 그 불쌍한 소년을 동정한다.

3형식 동사들은 의미를 보충하기 위해서 목적어 다음에 전치사구를 취하기도 한다. 문장 구조를 한눈에 파악하고 의미를 정확하게 이해하기 위해서는 함께 나오는 전치사구를 반드시 익혀두어야 한다.

재료/공급의 with	• provide 공급하다 • supply 공급하다 • furnish 공급하다 • present 선물로 주다 • equip 장비를 장착하다	A with B
간주의 as (수동태 대비)	• refer to 언급하다 • regard 여기다[간주하다] • look upon 고려하다[간주하다] • think of 간주하다[고려하다]	A as B
분리/제거의 of (수동태 대비)	• rid 제거하다 • rob 강탈하다 • deprive 박탈하다 • clear 깨끗이 치우다 • cure 치료하다 • strip 벗기다	A of B
인식/행위 대상의 of (수동태 대비)	• remind 상기시키다 • inform 알리다 • convince 확신시키다 • assure 확신시키다 • warn 경고하다 • notify 통지하다 • accuse 고소[비난]하다 cf charge A with B A를 B라는 이유로 고소[비난]하다	A of B
방해/억제의 from	• prevent 예방하다 • stop 막다 • keep 막다 • discourage 막다 • hinder 못하게 하다 • prohibit 금지하다 • deter 그만두게 하다 • bar 금지하다	A from B
구별의 from	• distinguish 구별하다 • discriminate 구별하다 • discern 구별하다 • tell 분간하다 • know 식별하다	A from B
이유/탓의 to	• owe 빚지고 있다, 신세지고 있다 • attribute[ascribe] 탓[덕]으로 돌리다	A to B
이유/대가의 for	• blame 비난하다 • scold 꾸짖다 • thank 감사하다 • substitute 대신하다	A for B

1 재료/공급의 with

- The earth <u>provides</u> us <u>with</u> all the things.
  = The earth <u>provides</u> all the things <u>to</u> us.
  대지는 우리에게 모든 것을 공급한다.
- The author presented her book (<u>with</u> / <u>to</u>) me.
  그 저자가 나에게 책을 선물했다.

2 간주의 as

- We <u>regard</u> Einstein <u>as</u> one of the foremost scientists of this century.
  우리는 아인슈타인을 금세기 최고의 과학자 중 한 사람으로 간주한다.
- People <u>think of</u> the dove <u>as</u> the symbol of peace.
  사람들은 비둘기를 평화의 상징으로 여긴다.

3 분리/제거의 of

- The president <u>deprived</u> him <u>of</u> his right.
  대통령이 그의 권한을 박탈했다.
- The doctor <u>cured</u> him <u>of</u> his disease.
  의사가 그의 병을 치료했다.

4 인식/행위 대상의 of

- She <u>convinced</u> me <u>of</u> her innocence.
  그녀는 자신의 무죄를 내게 확신시켰다.
  - **cf** This story (<u>reminds</u> / is reminded) me <u>of</u> my childhood.
    이 이야기를 들으면 나는 내 유년기가 생각난다.

5 방해/억제의 from

- Heavy rain <u>kept</u> me <u>from</u> visiting you.
  폭우는 내가 너를 방문하는 것을 막았다(폭우 때문에 너를 방문할 수 없었다).
- Father <u>prohibited</u> me <u>from</u> smoking.
  아버지는 내가 담배 피우는 것을 금지했다.
  - **cf** I <u>forbid</u> her <u>to smoke</u>.
    나는 그녀가 담배 피우는 것을 금지했다.

6 구별의 from : discriminate, discern

- We need to distinguish right (from / with) wrong.
  우리는 옳고 그름을 구별해야 한다.

7 이유/탓의 to

- We attributed the victory to our team spirit.
  우리는 승리를 단체정신의 탓으로 돌렸다.
- I owe my success to your help.
  나의 성공은 너의 도움 덕택이다.

8 이유/대가의 for

- Thank you for your letter.
  당신의 편지에 감사드립니다.
- He blamed me for the accident.
  그는 사고의 책임이 내게 있다고 비난했다.
- He should apologize to her for his rudeness.
  그는 그녀에게 무례하게 행동한 것을 사과해야 한다.

Unit 08   수여동사(4형식)로 착각하기 쉬운 3형식 동사

- say(말하다)
- propose(제안하다)
- explain(설명하다)
- suggest(제안하다)
- describe(묘사하다)
- introduce(소개하다)
- announce(알리다)

- He explained his plan to me.
  그는 나에게 그의 계획을 설명했다.
- I'd like to introduce my brother to you.
  내 동생을 당신에게 소개하고 싶다.
- They suggested (me / to me) that he should attend the meeting.
  그들은 그가 그 회의에 참석할 것을 나에게 제안했다.
  cf They suggested (him to attend / his attending) the meeting.

Unit 09   이어동사

「타동사+부사」의 결합체인 이어동사는 명사가 목적어일 경우 「타동사+목적어+부사」 혹은 「타동사+부사+목적어」의 두 가지 어순을 모두 취할 수 있으나, 대명사가 목적어일 경우 「타동사+목적어+부사」의 어순만이 가능하다.

off	call off(취소하다), get off(떠나다, 잠들게 하다), put off(연기하다), turn off(끄다), take off(벗다), see off(배웅하다) 등
up	give up(포기하다), pick up(줍다, 알게 되다, 얻다) 등
on	get on(타다), try on(입어 보다), put on(입다), turn on(켜다) 등

- Put your coat on. (○)
- Put on your coat. (○)
- Put it on. (○)
- Put on it. (×)

cf 「자동사+전치사」인 타동사구의 경우 명사, 대명사 구분 없이 전치사 뒤에 목적어가 온다.
- Look at me. (○)
- Look at Tom. (○)
- Look me at. (×)
- Look Tom at. (×)

Unit 10   3형식 전환

간접 목적어의 의미를 강조하거나 길어질 경우 간접 목적어와 직접 목적어의 어순이 바뀐다. 이때 간접 목적어 앞에는 전치사가 붙는데 「전치사+간접 목적어」는 부사구가 되므로 3형식 문장이 된다.

1 간접 목적어 앞에 to가 붙는 수여동사 〈직접 전달동사〉

> give, send, teach, pay, bring, hand, pass, lend, owe, write, sell, tell, offer 등

- I gave him the book.
  → I gave the book (to / for / of / on) him.
  나는 그에게 책을 주었다.

2 간접 목적어 앞에 for가 붙는 수여동사 〈간접 전달동사〉

> make, buy, cook, choose, get, find 등

• Father bought me a watch.
  → Father bought a watch (to / <u>for</u> / of / on) me.
  아버지는 나에게 시계를 사주었다.

3 간접 목적어 앞에 of가 붙는 수여동사

> ask, require, beg(간청하다) 등

• The teacher asked me a question.
  → The teacher asked a question (to / for / <u>of</u> / on) me.
  선생님께서 나에게 질문을 하셨다.

4 간접 목적어 앞에 on이 붙는 수여동사

> play, impose(부과하다), confer(수여하다), bestow(수여하다) 등

• He played me a trick.
  → He played a trick (to / for / of / <u>on</u>) me.
  그는 나를 속였다.

Unit 11   간접 목적어를 뒤로 보낼 수 없는 동사

1 종류

> save(수고 · 절차 등을 덜다), forgive(용서하다), envy(부러워하다), take(시간 · 노력 따위를 필요로 하다), cost
> (비용이 들다, 대가를 치르다), pardon(용서하다) 등

• I envy <u>him his luck</u>.
  나는 그의 행운이 부럽다.
• It saved us <u>much trouble</u>.
  그것은 우리에게서 많은 어려움을 덜어주었다.
   Save me a seat. (○) / Save a seat <u>for me</u>. (○)
  내 자리를 좀 잡아줘.

- Please forgive (our sins for us / <u>us our sins</u> / <u>us for our sins</u>).

  제발 우리의 죄를 용서해 주세요.

  cf I envy him. (○) / I envy his patience. (○) / I envy him his patience. (○) / I envy his patience of him. (×)

  나는 그의 인내심이 부러워.

2 to부정사의 의미상 주어를 활용한 'for+목적격'은 가능

- It took <u>me two hours</u> to go home. (○)
- It took two hours to go home to me. (×)
- It took two hours <u>for me</u> to go home. (○)

  내가 집에 가는 데 두 시간이 걸렸다.

Unit 12　　목적격 보어 자리에 명사를 취하는 5형식 동사

1 종류

appoint(임명하다), call(~라고 부르다, 칭하다), consider(여기다), elect(선출하다), name(이름을 지어주다), make(만들다) 등

- His wife called him <u>an idiot</u>.

  그의 부인은 그를 바보라고 불렀다.
- They elected Rooney <u>captain</u> of Manchester United.

  그들은 루니를 맨체스터 유나이티드의 주장으로 임명했다.

2 문법 포인트

(1) 수동태

- He (called / <u>was called</u>) a fool by everybody.

  모든 사람이 그를 바보라고 불렀다.

(2) 분사의 후치 수식

- Chocolate has a special chemical (calling / <u>called</u>) phenylethylamine.

  초콜릿은 페닐에틸아민이라고 불리는 특별한 화학물질을 함유하고 있다.

(3) 불완전 타동사의 보어 자리에 직책명이 쓰일 때 무관사 명사(**cf** CHAPTER 13, Unit 05)

- The committee board elected him (<u>chairman</u> / the chairman).

  위원회는 그를 의장으로 선출했다.

Unit 13 목적격 보어 자리에 형용사를 취하는 5형식 동사

make, find, believe, think, consider 등 거의 모든 5형식 동사

- Her help will make the solution <u>possible</u>.
  그녀의 도움은 해결을 가능하게 만들 것이다.
- Her husband always made her (<u>happy</u> / happily).
  그녀의 남편은 그녀를 늘 행복하게 해 주었다.
- I found the book <u>easy</u>. 〈5형식〉
  나는 그 책(의 내용)이 쉽다는 것을 알았다.
  [cf] I found the book <u>easily</u>. 〈3형식〉
  나는 그 책을 쉽게 찾았다.

Unit 14 목적격 보어 자리에 오는 to부정사 · 원형부정사 · 분사

1 5형식 문형의 이해

구분	동사	목적어–목적격 보어 관계	목적격 보어
지각동사	see, watch, hear, look at, listen to, feel, find, notice, perceive, observe(관찰하다) 등	능동	R/R-ing
		수동	p.p.
사역동사	have, make, let	능동	R
		수동	p.p.
준사역동사	help	능동	R/to R
		수동	p.p.
	get	능동	to R
		수동	p.p.
그 외의 5형식 동사	ask, force, compel, oblige, coerce, cause, order, advise, forbid, urge, enable, encourage, lead, persuade, require, request, wait for, wish, expect, want, allow, permit, believe, think 등	능동	to R
		수동	(to be) p.p.

[cf] CHAPTER 05, Unit 03 준동사 목적어

2 목적격 보어로 to부정사를 취하는 동사

소망	want, wish, would like, expect, intend (※ hope 불가)
허락	allow, permit
강요	force, compel, oblige
설득	persuade
금지	forbid
초래	cause
격려	encourage, motivate
사역	get
요구	ask, require
말, 명령	tell, order
상기	remind
경고	warn
충고	advise, urge(권고, 촉구)
가능	enable

• I thought him to be smart.

　나는 그가 영리하다고 생각했다.

• She allowed me to go out.

　그녀는 내가 나가는 것을 허락했다.

• We (waited / waited for) the bus to come.

　우리는 버스가 오기를 기다렸다.

• The boss compelled employees (do / to do) the work.

　사장이 직원들에게 일을 하라고 했다.

3 목적격 보어로 원형부정사를 취하는 동사

지각동사	보다(see, watch, look at, notice), 듣다(hear, listen to), 느끼다(feel)

• I watched the crowd pass my window.

　나는 군중들이 창가를 지나간 것을 보았다.

• He saw me enter the room. 〈완료〉

　그는 내가 방에 들어간 것을 보았다.

　cf He saw me entering the room. 〈동작, 진행〉

　　그는 내가 방에 들어가고 있는 것을 보았다.

• I heard her (play / to play) the piano.

　나는 그녀가 피아노 치는 것을 들었다.

사역동사	make(강제 · 강요), have(요청 · 부탁), let(허락 · 허가)

- I made him <u>do</u> the work.

  나는 그가 그 일을 하도록 만들었다.

- I have my brother (<u>clean</u> / to clean) the room.

  나는 내 형으로 하여금 방을 치우도록 했다.

4 목적격 보어로 <u>현재분사</u>를 취하는 동사

지각동사	보다(see, watch, look at, notice), 듣다(hear, listen to), 느끼다(feel)
사역동사	have(능력, 용인의 의미)
유지, 발견, 상상	keep, leave, find, discover, imagine, catch 등

- She kept me <u>waiting</u> in the rain.

  그녀는 빗속에서 내가 계속 기다리게 했다.

- I won't have you <u>talking</u> like that.

  네가 그런 식으로 말하도록 용납하지 않을 것이다.

- I didn't notice him (to leave / <u>leaving</u>).

  나는 그가 떠나는 것을 알지 못했다.

5 목적격 보어로 과거분사를 취하는 경우

목적어가 의미적으로 목적격 보어와 수동의 주체가 되는 경우 목적격 보어에 과거분사가 온다.

- She had him <u>repair</u> her car. 〈능동〉

  그녀는 그가 차를 고치도록 시켰다.

- She had her car <u>repaired</u>. 〈수동〉

  그녀는 차가 수리되도록 시켰다.

- She saw her son <u>beaten</u> by a man.

  그녀는 아들이 어떤 사람에게 맞는 것을 보았다.

- He left the door <u>closed</u>.

  그는 문을 닫은 상태로 두었다.

- He could not make himself (understand / <u>understood</u>) in English.

  그는 영어로 의사소통을 할 수 없었다.

Unit 15   목적격 보어 앞에 as를 수반하는 동사

> 생각하다/여기다＋O(사람)＋as＋형용사/명사
> count, consider, look upon, regard, think of, refer to A as B

- They <u>look upon</u> him <u>as</u> a healer.
  그들은 그를 치료사로 여긴다.
- We <u>regard</u> him <u>as</u> (being) (<u>innocent</u> / innocently).
  우리는 그를 무죄라고 여긴다.
  - cf I consider you <u>as</u> my friend.
    = I consider you <u>to be</u> my friend.
    = I consider you <u>my friend</u>.
    나는 너를 내 친구로 여긴다.

Unit 16   가목적어 it

1 역할

가주어와 마찬가지로 문장에 안정감을 주기 위해 긴 목적어(부정사·동명사·명사절)를 목적격 보어 뒤에 위치시키고 원래 목적어 자리에 it을 위치시키는데, 이를 가목적어 it이라고 한다.
특히 주의할 것은 주어 자리의 경우 가주어를 쓰지 않고 긴 주어를 그대로 문두에 위치시킬 수 있는 것과는 달리, 5형식 문장에서 <u>부정사나 명사절이 목적어</u>로 올 경우, 반드시 가목적어 it을 써야 한다. 단, 동명사 목적어는 가목적어를 취하지 않을 수도 있다.

2 가목적어 it을 취하는 주요 동사

> leave, make, believe, keep, think, find, consider, feel 등

- I <u>found</u> to swim alone in the lake <u>dangerous</u>. (×)
  → I <u>found</u> <u>it</u> <u>dangerous</u> to swim alone in the lake. (○)
  나는 호수에서 혼자 수영하는 것이 위험하다는 것을 알았다.
- We found it (<u>possible</u> / possibly) to finish the plan.
  우리는 계획을 끝내는 것이 가능하다는 것을 알았다.
- He <u>believed</u> <u>it</u> true that she loved him.
  그는 그녀가 자신을 사랑하는 것이 사실이라고 믿었다.

- I found he could not swim. (○) 〈3형식〉
  → found 뒤에 목적어로 쓰인 명사절 that이 생략
- I found interesting to learn English. (×) 〈5형식〉
  → found 뒤에 가목적어 it이 빠진 틀린 문장

Unit 17　혼동하기 쉬운 동사

1　sit vs. seat vs. set

자동사	타동사
sit(sat, 앉다)	seat(seated, 앉히다), set(set, 놓다, 설치하다)

- He sat in front of her.
  그는 그녀 앞에 앉았다.
- He seated himself behind the desk. (= He was seated ∼)
  그는 책상 뒤에 앉았다.
- They set their goals high.
  그들은 목표를 높게 설정했다.

2　rise vs. raise vs. arise

자동사	타동사
• rise(rise–rose–risen, 물가가 오르다, 해가 뜨다) • arise(arise–arose–arisen, 생기다)	• raise(raised, ∼을 올리다, 진급시키다) • arouse(aroused, ∼을 불러일으키다)

- The sun rises.
  태양이 떠오른다.
- Raise your hands.
  손을 올려라.
- The problem didn't even arise.
  그 문제는 심지어 일어나지도 않았다.

3 effect vs. affect

effect	(어떤 결과를) 가져오다; 영향, 결과
affect	~에 영향을 미치다

- Cares affect people. (= have an effect on, influence)
  근심은 사람들에게 영향을 미친다.
- The changes of personnel effected some improvement in our work.
  인사이동은 우리 업무에서 약간의 개선을 가져왔다.

4 result from vs. result in

result from+원인	~에서 비롯되다
result in+결과	초래하다

- The accident resulted from the driver's carelessness.
  그 사고는 운전자의 부주의에서 비롯되었다.
- The driver's carelessness resulted in the accident.
  그 운전자의 부주의는 사고를 야기했다.

5 thank vs. appreciate

thank	사람이 고마움의 대상, 행위가 올 때는 전치사 for
appreciate	'높이 평가하다', 행위가 목적어, 사람을 목적어로 취하지 않음

- Thank you for coming here. 〈사람〉
  여기까지 와 주셔서 감사합니다.
- I appreciated your kindness. 〈사람의 행위〉
  당신의 친절에 감사했어요.
  cf We are much obliged for your help. 〈사람의 행위〉
  저희를 도와주셔서 정말 감사합니다.

6 say vs. tell vs. talk vs. speak

say	말하는 내용이 뒤따름
tell	듣는 사람+내용이 뒤따름 → 수여동사
talk	자 말하다, 이야기하다, 수다 떨다
speak	자 이야기하다, (목소리를 써서) 말하다 타 (특정한 언어를) 구사하다

- He says that he is rich. 〈3형식〉

  그는 자기가 부자라고 말한다.
- I told him my life. 〈4형식〉

  나는 그에게 내 인생을 이야기했다.

  cf I told him to study English. 〈5형식〉

  나는 그에게 영어 공부를 하라고 했다.
- We were speaking about him. 〈1형식〉

  우리는 그에 대해서 이야기하고 있었다.
- I can speak English, Japanese and Spanish. 〈3형식〉

  나는 영어, 일본어, 스페인어를 말할 수 있다.
- They talked about the matter. 〈1형식〉

  그들은 그 문제에 대해 이야기했다.

7 find vs. found

find	(find−found−found) 타 ~을 발견하다, ~을 얻다
found	(found−founded−founded) 타 설립하다, 기초를 세우다

- She found her wallet on the desk.

  그녀는 책상 위에서 그녀의 지갑을 발견했다.
- The immigrant founded the company.

  그 이주민이 회사를 설립했다.

8 lie vs. lay

lie	(lie−lied−lied−lying) 자 거짓말을 하다 타 거짓말하여 빼앗다, 거짓말을 하여 속이다
	(lie−lay−lain−lying) 자 ~에 눕다, 놓여 있다
lay	(lay−laid−laid−laying) 타 ~을 놓다, (알을) 낳다

※ 반드시 수일치와 시제 확인
- He lied about his age. 〈자동사〉

  그는 자기의 나이를 속였다.
- He lied me out of my money. 〈타동사〉

  그가 나를 속여 돈을 빼앗아 갔다.
- He lies on the floor.

  그는 바닥에 누워 있다.
- The woodcutter laid his axe to chop the tree.

  나무꾼이 나무를 자르기 위해 나무에 도끼를 댔다.
- The hen lays eggs.

  암탉은 알을 낳는다.

9 hang

hang	(hang–hung–hung) 타 매달다, 매달리다
	(hang–hanged–hanged) 타 교수형에 처하다

- He <u>hung</u> his coat on the hook.
  그는 그의 코트를 옷걸이에 걸었다.
- Two young men were <u>hanged</u> in Iran.
  두 젊은이가 이란에서 교수형에 처해졌다.

10 take vs. bring vs. fetch

take	(take–took–taken) 타 가져가다, 데리고 가다
bring	(bring–brought–brought) 타 가져오다, 데려오다
fetch	(fetch–fetched–fetched) 타 가서 가져오다

- I <u>took</u> him to the hospital.
  나는 그를 병원으로 데리고 갔다.
- He <u>brought</u> this book to me.
  그는 이 책을 나에게 가져왔다.
- <u>Fetch</u> me that box.
  가서 그 상자를 가져오너라.

11 lend vs. borrow

lend	(lend–lent–lent) 타 빌려주다
borrow	(borrow–borrowed–borrowed) 타 빌려오다

- Can you <u>lend</u> some money to me?
  나에게 돈 좀 빌려줄 수 있니?
- I will <u>borrow</u> some money from him.
  나는 그에게서 약간의 돈을 빌릴 것이다.

12 saw vs. sew vs. sow

saw	(saw–sawed–sawed) 타 톱질하다
sew	(sew–sewed–sewed) 타 바느질하다
sow	(sow–sowed–sowed) 타 씨를 뿌리다

- I (sawed / sewed / sowed) boards.
  나는 그 판자를 잘랐다.
- I (sawed / sewed / sowed) cloths.
  나는 옷을 꿰맸다.
- Each year I (saw / sew / sow) seeds.
  나는 매년 씨앗을 뿌린다.

13 fall vs. fell

fall	(fall–fell–fallen) 자 떨어지다, (특정한 상태가) 되다
fell	(fell–felled–felled) 타 베어 넘어뜨리다

- I will fell the tree.
  나는 그 나무를 베어 넘어뜨릴 것이다.

14 stand

stand	자 ~ 있다(= lie, be located, be placed, be situated)
	타 참다(= endure)

- An old castle stands(= lies) on the hill.
  = An old castle is located(= placed, situated) on the hill.
  고성(古城)이 언덕 위에 서 있다.
- He couldn't stand such manners.
  그는 그런 매너를 참을 수 없었다.

CHAPTER 02 시제(Tense)

☑ **최신 출제경향 파악하기**

01 다음 빈칸에 들어갈 표현으로 가장 적절한 것은?

> Maggie will be waiting for me when my flight _____ this evening.

① will arrive   ② is arrived

③ arrives   ④ will have arrived

분석

③ **시간과 조건의 부사절에서 미래 / 완전 자동사** 시간과 조건의 부사절에서는 미래를 표현할 때 will 대신 현재시제를 사용한다. 그러므로 아직 도착하지 않은 것은 미래의 일이지만 when 시간의 부사절에서는 미래시제가 아닌 현재시제를 써야 한다. 또한 arrive는 자동사이 므로 수동태로 사용할 수 없다.

해석

내 비행기가 오늘 저녁에 도착할 때 매기는 나를 기다리고 있을 것이다.

정답 ③

출제 Ⓟoint

시간과 조건의 부사절에서는 현재시제가 미래시제를 대신한다. 시간 부사절을 이끄는 접속사는 when, while, after, until 등이 있으 며, 조건 부사절을 이끄는 접속사는 if, unless, provided 등이 있다.

02 다음 문장에서 어법상 가장 적절한 것은?

> • The daughter made her parents ㉠ <u>happily</u>.
> • Chaera ㉡ <u>lay down</u> on the bed and took a nap yesterday.
> • When he ㉢ <u>will retire</u> next month, we will give him a present.
> • Trees must be fitted for the places ㉣ <u>where</u> they live in.

① ㉠   ② ㉡   ③ ㉢   ④ ㉣

분석

② **lay vs. lie** lie는 자동사로 '눕다'라는 의미를 지니고, 과거형은 lay이다. 과거를 나타내는 시간 부사 yesterday가 있으므로 과거형 lay 가 적절하다. 참고로 lay가 현재형일 경우 '놓다'라는 의미의 타동사가 되므로 주의해야 한다.

① **5형식 동사 make** make는 5형식 동사(불완전 타동사)이므로 (목적격) 보어를 취하는데, 이때 형용사나 명사를 목적격 보어로 취할 수 있다. 부사는 목적격 보어가 될 수 없으므로 happily를 형용사인 happy로 고쳐야 한다.

③ **미래를 대신하는 현재시제** 시간이나 조건을 의미하는 부사절에서는 미래시제 대신 현재시제로 표현해야 한다. when절은 시간을 의미하는 부사절이므로 will retire를 retires로 고쳐야 한다.

④ **관계부사 vs. 관계대명사** 관계부사는 문장과 문장을 연결하는 접속사의 역할과 관계사절 내에서 부사의 역할을 한다. 따라서 관계사절은 빠진 것 없이 완전한 절의 형태가 되어야 한다. 관계부사 where는 장소를 나타내는 명사를 선행사로 취하고 where절은 주어·동사·목적어가 빠지지 않은 완전한 절이어야 한다. 제시된 문장에서 선행사로 the place가 있지만 관계사절에 전치사 in의 목적어가 빠진 불완전한 문장이 왔으므로 where를 쓸 수 없다. 따라서 where를 관계대명사 which로 고치거나 live 뒤의 in을 삭제해야 한다.

해석

• 그 딸은 그녀의 부모를 행복하게 만들었다.
• 채라는 어제 침대에 잠깐 누워 낮잠을 잤다.
• 그가 다음 달 은퇴할 때, 우리는 그에게 선물을 줄 것이다.
• 나무는 그들이 사는 장소에 알맞아야 한다.

어휘

☐☐☐	nap	낮잠; 낮잠을 자다
☐☐☐	retire	은퇴[퇴직]하다; 은퇴[퇴직]시키다

정답 ②

출제 Ⓟoint

> 시간과 조건의 부사절에서는 미래를 표현할 때 현재시제를 사용한다. 빈출 포인트이므로 시간·조건의 접속사를 정리하고 관련 기출문제를 풀도록 한다.

1 현재시제

(1) 현재의 습관, 직업, 신분, 일반적인 진리, 속담

일반적인 진리의 표현, 습관적 및 반복적인 동작이나 상태를 나타낼 때 그리고 일정한 시간 관계를 초월한 보편적인 내용은 현재시제로 나타낸다.

- It is very warm today.
  오늘은 매우 따뜻하다.
- The earth goes round the sun.
  지구는 태양의 주변을 돈다.
- Two and two make(s) four.
  2 더하기 2는 4이다.

(2) 확정적인 미래

현재시제로 미래시제를 대신 나타낼 수 있다. 물론 미래인 「will＋동사원형」도 가능하다(현재진행형도 가능).

주로 왕래를 나타내는 'go, come'이나 발착을 나타내는 'leave, depart, start, reach, arrive', 시작을 나타내는 'begin, start, open', 종료를 나타내는 'end, stop, close' 등의 동사는 가까운 미래를 나타내는 부사(구)와 함께 쓰이게 되는 경우 미래시제를 현재시제로 대신하여 쓸 수 있다. 이때는 이미 예정되어 있는 행위나 사건을 표현하게 된다.

- The train arrives at 7:30 this evening.
  기차는 오늘 저녁 7시 30분에 도착할 것이다.
- I'm meeting Peter tonight.
  나는 오늘밤 피터를 만날 것이다.
- He was busy packing, for he was leaving that night.
  그는 짐을 싸느라 바빴다. 왜냐하면 그날 밤 떠날 예정이었기 때문이다.

2 과거시제

(1) 과거의 사실, 행위, 상태, 습관

- I took a walk yesterday.
  나는 어제 산책을 했다.
- I used to go to the public library when young.
  나는 어렸을 때 공공도서관에 자주 가곤 했다.

(2) 역사적 사실이나 사건

- The Korean war broke out in 1950.
  한국전쟁은 1950년에 발발했다.

(3) 공손한 부탁

- Would you do me a favor?

  부탁을 하나 들어주시겠어요?

3 미래시제

(1) 단순미래

자연의 결과, 예정, 가능, 기대 등과 같은 미래의 일을 말하거나 예측할 때 사용한다. 미국에서는 단순미래에서 어떤 인칭의 주어가 와도 will을 사용한다. 영국에서는 주어가 I, we인 경우에 will 대신에 shall을 쓰지만 요즘 추세는 will을 쓴다.

- I shall[will] be sixteen years old next year.

  나는 내년에 열여섯 살이 된다.

(2) 의지미래

말하는 사람(speaker)의 강한 결심, 의지를 표현하거나 듣는 사람(hearer)의 결심이나 의지를 확인할 때 사용된다. 주로 '~할 작정이다, ~하겠다, ~하기를 원한다, ~하고 싶어 한다'라고 번역이 된다. 상대방의 의지를 물어서는 '~할 예정이냐' 또는 '의뢰, 명령, 권위'의 의미로는 '~해 주시겠습니까'로 번역한다. Shall we[I]로 상대방의 의사를 묻는 표현으로 쓰인다.

- You shall be punished. 〈화자의 의지〉

  = I will make you punished.

  당신은 벌을 받을 것이다.

- Shall I wait for you? 〈청자의 의지〉

  = Do you want me to wait for you?

  당신을 기다려도 될까요?

- Shall we dance? 〈청자의 의지〉

  우리 춤출까요?

(3) 대용 표현

미래시제는 미래의 일정 시간에 발생할 사건을 표현한다. 미래는 기본적으로 「will[shall]+동사원형」을 사용하며 보조적으로 다른 조동사 'may, can, must, should'를 사용하여 미래를 표현할 수 있다. 또한 다음과 같은 표현으로 미래를 표현하기도 한다.

단순미래, 의지미래	will[shall]+동사원형
보조적인 표현	• may/can/must/should+동사원형 • ~할 예정이다 　– be going to+동사원형 : ~할 예정이다, ~하려고 하다 　– be about to+동사원형 : 막 ~하려고 하다 　– be due to+동사원형 : ~할 예정이다 　– be expected to+동사원형 : ~하기로 예상되다 　– be supposed to+동사원형 : ~하기로 되어 있다 • 의도, 예정, 가능성, 의무, 운명 　– be to+동사원형 : 곧 ~할 것이다(예정)

Unit 02   시간과 조건의 부사절

시간과 조건의 부사절에서는 현재시제가 미래시제를 대신한다. 즉, 미래 → 현재, 미래완료 → 현재완료를 사용한다. 단, 명사절 및 형용사절에서는 미래 내용을 미래시제로 나타낸다.

1 부사절

시간 접속사	when, while, before, after, till, until, as soon as, by the time 등
조건 접속사	if, in case, unless, as long as, provided 등

- If it rains tomorrow, we won't go on a picnic.
  내일 비가 온다면, 우리는 소풍을 가지 않을 것이다.
- I'll call you as soon as I arrive in London.
  내가 런던에 도착하자마자 너에게 전화할게.
- Let's wait until he (comes / will come).
  그가 올 때까지 기다리자.

Check Ⓟoint | it will not be long before '머지않아 ~할 것이다'

- It will not be long before he (returns / will return).
  = He will be back soon (before long).
  그는 곧 돌아올 것이다.
  cf long before(훨씬 이전에) vs. before long(조만간, 곧)

2 if절과 when절의 비교

(1) if절의 구별

- If it (snows / will snow) tomorrow, we will call off the meeting. 〈부사절 if〉
  내일 눈이 온다면, 우리는 회의를 취소할 것이다.
- I will have a party if she (will come / comes) back home tomorrow. 〈부사절 if〉
  그녀가 내일 집에 돌아온다면, 나는 파티를 열 것이다.
- I don't know if she (will come / comes) back home tomorrow. 〈명사절 if〉
  그녀가 내일 집에 돌아올지 안 올지 모르겠다.

Check Ⓟoint | 명사절 if 확인

'알다'류의 동사들 'know, wonder, ask, doubt, see, be sure, tell, understand' 등 다음에 오는 if절은 목적어로 쓰인 명사절 if(= whether)이다.

(2) when의 구별

- When it (<u>gets</u> / will get) warmer, the snow will start to melt. 〈부사절 when〉
  날씨가 더 따뜻해지면, 눈이 녹기 시작할 것이다.
- I'll tell you when he (<u>comes</u> / will come) next. 〈명사절 when〉
  그가 다음에 언제 올지 말해줄게.
- I'll tell you the day when he (<u>comes</u> / will come) next. 〈형용사절 when〉
  그가 다음에 올 날을 말해줄게.
- The time will surely come when my words (come / <u>will come</u>) true. 〈형용사절 when〉
  나의 말이 실현되는 시간이 분명히 올 것이다.

Unit 03   시제 관련 부사

1 뚜렷한 과거를 나타내는 부사(구)가 있을 때 과거시제를 사용

과거 부사	yesterday, ago, last, then, in+과거연도, those days, just now, at that time, in the past, 의문사 when 등
완료 부사	just, already, yet, for, since, so far, still, up to now, ever, never, before, once, twice, often 등

- We <u>met</u> her two days <u>ago</u>.
  우리는 이틀 전에 그녀를 만났다.
- He <u>came</u> back home <u>just now</u>.
  그는 방금 전에 집에 돌아왔다.
- When (<u>did you meet</u> / have you met) her?
  너는 그녀를 언제 만났느냐?
- He (did not arrive / <u>has not arrived</u>) <u>yet</u>.
  그는 지금까지 도착하지 않았다.

2 부사구에 따른 시제

before가 단독으로 쓰이는 경우, 동사는 현재완료, 과거완료, 과거 중에서 아무거나 쓸 수 있지만, <u>the day before, two days before</u> 등과 같은 부사구일 경우, '과거의 어느 때로부터 ~전'이기 때문에, 동사는 <u>과거완료만 쓴다.</u>

- You (<u>met</u> / <u>have met</u> / <u>had met</u>) her before.
  당신은 그녀를 전에 만난 적이 있다.
- She <u>had arrived</u> at Seoul two days before.
  그녀는 이틀 전에 서울에 도착했다.

3 in+과거연도 vs. in+기간(~ 내에, ~ 후에)

'in+과거연도'는 과거시제와 쓰이며, 'in+기간(~ 내에, ~ 후에)'는 미래시제와 쓰인다.

- She <u>got</u> married <u>in 2012</u>.
  그녀는 2012년에 결혼했다.
- He <u>will finish</u> the task <u>in two hours</u>.
  그는 두 시간 내에 그 일을 끝마칠 것이다.

4 last vs. since last

'last+시간명사'는 과거의 특정 시점을 나타내므로 과거시제로만 쓰고 완료시제와 함께 쓸 수 없다. 반면, 'since last'는 완료의 의미로 완료시제와 함께 쓸 수 있다.

- I <u>met</u> her <u>last night</u>.
  나는 그녀를 어젯밤에 만났다.
- Sam <u>has been</u> ill <u>since last night</u>.
  샘이 어젯밤부터 아프다.

5 for 완료시제 vs. 과거시제

시간을 나타내는 표현인 'for+기간'은 완료시제와 과거시제에서 모두 쓸 수 있다. 전치사 for가 있다고 해서 항상 완료시제를 사용하는 것은 아니므로 주의해야 한다.

- We <u>have lived</u> in Korea <u>for ten years</u>.
  우리는 한국에서 10년 동안 살았다. 〈현재도 살고 있음〉
- We <u>lived</u> in Korea <u>for ten years</u>.
  우리는 한국에서 10년 동안 살았다. 〈현재는 어디 사는지 모름〉

6 since

since는 '~부터[이후]'의 뜻으로 현재완료시제나 과거완료시제와 함께 쓴다. 기간을 나타내는 표현 앞에는 since를 쓰지 않고 for를 쓴다.

- Three years (<u>have passed</u> / has passed / have been passed) since he <u>died</u>.
  그가 죽은 이래 3년이 지나갔다.
  = <u>It is</u> three years since he <u>died</u>.
  = He <u>died</u> three years <u>ago</u>.
  그는 3년 전에 죽었다.
  = He <u>has been</u> dead <u>for three years</u>.
  그는 3년 동안 죽어 있다.

1 6가지 진행시제

현재진행	I am reading a novel now. 나는 지금 소설을 읽고 있는 중이다.
과거진행	I was reading a novel then. 나는 그때 소설을 읽고 있던 중이었다.
미래진행	I will be reading a novel all night. 나는 밤새 소설을 읽고 있을 것이다.
현재완료진행	I have been reading a novel for five hours. 나는 5시간 동안 소설을 읽고 있다.
과거완료진행	I had been reading a novel when he came. 그가 왔을 때 나는 소설을 읽고 있던 중이었다.
미래완료진행	I will have been reading a novel for five hours to be eleven. 11시가 되면 나는 5시간 동안 소설을 읽고 있는 것이 될 것이다.

2 예정된 가까운 미래를 나타낼 수 있다.

- I'm leaving here tomorrow for good.
  나는 내일 이곳을 영원히 떠날 작정입니다.
- Is she really coming to see us?
  그녀가 정말로 우리를 보러 올 예정입니까?

3 always, constantly 등의 부사와 함께 쓰여 습관적인 상태나 동작을 나타낸다.

- My wife is always forgetting things.
  내 아내는 늘 물건을 잊어버리곤 한다.

1 진행형 불가 동사

정신적 상태	know realize	believe remember	forget imagine	understand think
심리적 상태	love like	dislike hate	fear please	envy
소유 상태	possess	have	own	belong to
무의지적 지각	see hear	feel smell	taste seem	–
기타	appear(보이다) exist	resemble consist of	look like want	–

• He (resembles / is resembling) his father.

　그는 그의 아버지를 닮았다.

• I (have / am having) a villa.

　나는 별장을 가지고 있다.

• I (know / am knowing) her.

　나는 그녀를 알고 있다.

2 진행형 불가 동사가 진행형으로 쓰이는 경우

위의 동사들이 상황이나 의미가 달라질 때에는 진행형으로 사용될 수 있다. 즉, '순간적 또는 일시적'을 표현하거나, '동작의 의미'로 전용되어 사용되면 진행형이 가능하다.

(1) have 동사 : have 동사가 '소유하다'의 의미가 아닌 '먹다, 시간을 보내다, ~을 하다, ~에 종사하다, ~을 경험하다'의 일시적인 동작을 표현할 경우에는 진행형이 가능하다.

① (식사 등을) 하다, 들다 / (음식물을) 먹다, 마시다 / (담배를) 피우다

　• I am having breakfast[lunch, supper].

　　나는 아침[점심, 저녁]식사를 하고 있다.

② ~을 하다 / ~을 행하다 / ~에 종사하다

　• Jane and Tom are having their third wedding ceremony.

　　제인과 탐은 결혼 3주년 기념식을 가질 예정이다.

③ ~을 경험하다 / (사고 등을) 당하다

　• I'm having trouble with the computer.

　　나는 컴퓨터에 애를 먹고 있다.

④ (시간 등을) 보내다 / 지내다

　• We were having a good time.

　　우리는 즐거운 시간을 보내고 있었다.

(2) feel, love, hate, hear 등 지각동사 : 감정이나 감각을 나타낼 때는 원칙적으로 진행형이 불가능하다. 하지만 일정한 상황에서 동작이나 분위기를 나타내거나 주어의 의지를 나타내는 경우에는 진행형으로 사용할 수 있다.

- Tom is hearing lectures on political economy.
  탐은 정치 경제학을 수강 중이다.
  <u>cf</u> is hearing은 'is attending'의 의미를 표현한다.
- Why are you smelling the meat? Is it bad?
  너는 왜 그 고기 냄새를 맡고 있니? 상했니?

(3) **일시적인 상태** : 상태동사는 원칙적으로 진행형으로 쓸 수 없지만 일시적인 상태나 현상을 강조할 때는 진행형으로 사용할 수 있다.

- He is standing against wall.
  그는 벽에 기대어 서 있다.

Unit 06　현재완료(have / has p.p.)

과거의 한 시점부터 현재까지 걸친 동작이나 상태의 '완료', '경험', '결과', '계속'을 나타낸다. 과거에 일어난 일이 현재까지 영향을 미칠 때 쓰는 표현이다. 과거시제가 단순히 과거의 사실만을 나타낼 뿐 현재와는 무관한 것과는 달리 현재완료시제는 과거에 일어난 일이 현재까지 계속 영향을 미치는 것을 표현한다.

1 완료

특정되지 않은 과거에 일어나거나 일어나지 않은 일을 표현할 때 현재완료를 사용한다. 중심이 현재이고 'just, already, yet, now'와 사용되는 경우가 많다.

- He has just finished writing an essay.
  그는 수필 쓰기를 이제 막 끝냈다.

2 경험

과거부터 현재까지의 경험을 표현할 때 사용하는 표현이다. 'ever, never, once, twice, three[several, many] times, often, before'와 함께 자주 사용된다.

- I have never seen a duckbill.
  나는 오리너구리를 본 적이 없다.

3 계속

과거부터 지금까지 계속 되어온 상태를 표현할 때 사용하는 표현이다. 계속을 의미하는 부사 'since, for +기간, until now, up to now, so far' 등과 자주 사용된다.

- She has been ill since last week.

  그녀는 지난 주부터 계속 아팠다.

4 결과

과거에 일어난 행위가 지금까지 그 영향을 미치는 경우에 사용된다. 'go, come, buy, sell, lose' 등의 동사가 현재완료로 사용되면 결과의 의미가 된다.

- He has bought a yacht.

  = He bought a yacht, and he has it now.

  그는 요트를 구입했다.

5 have been to vs. have gone to

(1) have been to : ~에 가본 적이 있다〈경험〉, ~에 갔다 왔다〈완료〉

- I have been to France twice. 〈경험〉

  나는 프랑스에 두 번 가본 적이 있다.

(2) have gone to : ~에 갔다(그래서 여기에 없다) 〈결과〉

- He has gone to America.

  = He went to America, so he is not here now.

  그는 미국에 갔다.

- (I / You / They) have gone to station.

  그들은 역에 갔다.

※ 주어는 3인칭만 가능하다.

cf have been in : ~에 산 적이 있다 〈경험〉

Unit 07 과거완료(had p.p.)

대과거   과거   현재   미래

과거 이전의 한 시점(대과거)부터 기준이 되는 어느 과거의 시점까지 걸친 동작이나 상태의 '완료', '경험', '결과', '계속'을 나타내며, 복문에서 주절의 과거보다 더 앞선 종속절의 대과거를 나타내는 데 쓰인다. 그 형태는 「had p.p.」이다. 앞의 4가지 용법의 설명은 현재완료의 용법과 준한다.

1 완료

- I <u>had</u> already <u>finished</u> my work when he <u>came</u>.
  그가 왔을 때 나는 이미 내 일을 끝냈다.

2 결과

- He <u>had gone</u> out before I <u>arrived</u> at his office.
  내가 그의 사무실에 도착하기 전에, 그는 나가버렸다.

3 경험

- I <u>didn't know</u> the city because I <u>had never been</u> there.
  나는 그곳에 가본 적이 없었기 때문에 그 도시를 알지 못했다.

4 계속

- She <u>had been</u> absent from school for five days when the vacation <u>began</u>.
  방학이 시작됐을 때, 그녀는 5일간이나 결석하고 있었다.

Unit 08 미래완료(will / shall have p.p.)

과거   현재   미래

과거 혹은 현재나 미래의 어느 한 기점을 시작점으로 하여 기준이 되는 어느 미래 시점까지의 동작이나 상태의 '완료', '경험', '결과', '계속'을 나타낸다. 그 형태는 「will have p.p.」이다. 미래완료의 4가지 용법의 설명은 현재완료의 용법과 준한다.

- I <u>will have read</u> this book three times if I read it again.
  내가 다시 이 책을 읽는다면, 이 책을 세 번 읽는 것이 될 것이다.
- I <u>will have finished</u> my homework by the time I go out on a date tonight.
  오늘밤 데이트하러 나갈 때까지 내 숙제를 끝낼 것이다.

Unit 09　주절과 종속절의 시제

❶ 주절의 시제가 현재 · 현재완료인 경우 : 과거완료를 제외한 모든 시제

- I <u>think</u> that she (<u>cleans</u> / <u>cleaned</u> / <u>will clean</u> / <u>has cleaned</u> / had cleaned) the room.

❷ 주절의 시제가 과거인 경우 : 과거 · 과거완료시제

- I <u>thought</u> that she (<u>cleaned</u> / <u>had cleaned</u>) the room.
- I <u>thought</u> that she (will / <u>would</u>) call on me.
  나는 그녀가 나를 방문할 것이라 생각했다.

❸ that절의 내용이 불변의 진리 · 과학적 사실인 경우 : 현재시제

- l <u>learned</u> that the earth (moved / <u>moves</u>) around the sun.
  나는 지구가 태양의 주변을 돈다고 배웠다.
- He <u>insisted</u> that the sun (rise / rose / <u>rises</u>) in the east. 〈과학적 사실〉
  그는 해가 동쪽에서 떠오른다고 주장했다.

❹ that절의 내용이 역사적 사실이나 사건을 나타내는 경우 : 과거시제

- I <u>learned</u> that the Korean War (<u>broke out</u> / had broken out) in 1950.
  나는 한국전쟁이 1950년에 발발했다고 배웠다.

❺ 제안, 요구, 주장, 명령 동사+that절(당위절) : 동사원형

- The member <u>insisted</u> that the bill (was / <u>be</u>) passed.
  그 의원은 그 법안이 통과되어야 한다고 주장했다.
  cf CHAPTER 04, Unit 02 기능(문법) 조동사에서 should

❻ 제안, 요구, 주장, 명령 동사+that절(사실절) : 수일치, 시제 확인

- A passer−by <u>insisted</u> that the driver (run / <u>had run</u>) the red light.
  어느 행인이 그 운전자가 빨간색 신호등에서 지나갔다고 주장했다.
  cf CHAPTER 04, Unit 02 기능(문법) 조동사에서 should

Unit 10　과거완료 관용표현

cf CHAPTER 19, Unit 01 과거완료의 중요 구문

CHAPTER 03
태(Voice)

01 밑줄 친 부분 중 어법상 가장 옳지 않은 것은?

> I ① convinced that making pumpkin cake ② from scratch would be ③ even easier than ④ making cake from a box.

분석

① **태 / 동사 convince**   convince는 3형식으로 that절을 목적어로 사용할 수 있지만, '~에게 …를 확신시키다'라는 의미로 쓰일 때의 that절은 4형식의 직접 목적어에 해당한다. 제시된 문장에서는 문맥상 후자에 해당하며, 간접 목적어 없이 바로 that절이 나왔다. 따라서 convinced를 수동태인 am/was convinced로 고쳐야 한다. **cf** 이 외에도 convince는 「convince A of B(4형식)」, 「convince A to R(5형식)」의 형태로도 사용 가능하다.

② **전치사 선택**   from scratch는 '아무런 사전 준비[지식] 없이'라는 의미의 관용표현이다. 문맥상 적절하게 사용되었다.

③ **비교급 강조 부사**   even은 비교급을 강조해 주는 부사이므로 올바르게 쓰였다. even 외에 still, much, a lot, far 등이 이어지는 비교급을 강조하여 '훨씬 더'로 해석된다. 참고로 very는 원급을 강조한다.

④ **비교대상의 일치**   비교급이 쓰일 땐 접속사 than의 앞뒤 비교대상을 일치시켜야 한다. that절의 주어가 동명사 making이므로 than 이하에 동명사 making이 온 것은 적절하다.

해석

나는 아무런 사전 준비 없이 호박 케이크를 만드는 것이 박스에 담긴 믹스로 만드는 것보다 훨씬 더 쉬울 거라고 확신했다.

어휘

☐☐☐	convince	납득시키다, 확신시키다
☐☐☐	pumpkin	호박
☐☐☐	from scratch	아무런 사전 준비 없이

정답 ①

출제 Ⓟoint

4형식 문장은 2개의 목적어(간접 목적어, 직접 목적어)를 가지므로 보통 간접 목적어와 직접 목적어를 모두 주어로 하는 수동태로 변형이 가능하다. 하지만 직접 목적어만 수동태가 가능한 동사, 간접 목적어만 수동태가 가능한 동사가 있기 때문에 동사를 구분해서 외우는 것이 좋다. 특히 직접 목적어가 주어로 올 때 간접 목적어 앞에 전치사가 붙은 것에 유의해서 암기하도록 하자.

02 다음 빈칸에 들어갈 표현으로 가장 적절한 것은?

> Usually, people who have been adopted _____ have access to their files.

① do not allow

② are not allowed to

③ has not been allowed

④ is not allowed to

분석

② **주어-동사 수일치 / 태** who는 선행사인 people을 수식하는 관계대명사이다. 주어가 people이므로 단수형 동사인 ③, ④는 답이 될 수 없다. 그리고 ①과 ②는 태를 구분해야 한다. allow의 경우 5형식으로 쓸 때, 「allow+O+O.C.(to R)」의 형태를 가진다. 빈칸 뒤에 have access가 왔기 때문에 동사 뒤에 to부정사가 위치한다는 것을 알 수 있다. 따라서 수동태인 be allowed의 형태가 되는 것이 적절하다.

해석

보통 입양된 사람들은 그들의 파일에 접근하도록 허락되지 않는다.

어휘

□□□	adopt		입양하다, 채택하다 **cf** adept 능숙한

정답 ②

출제 Ⓟoint

5형식 문장의 수동태는 시험에 자주 출제되므로 철저한 학습이 필요하다. 목적격 보어를 원형부정사로 취하는 지각동사나 사역동사인 경우 수동태로 전환되면 원형부정사는 to부정사로 바뀐다는 점에 유의해야 한다.

Unit 01 수동태 3형식

1 수동태 만드는 방법 〈3형식〉

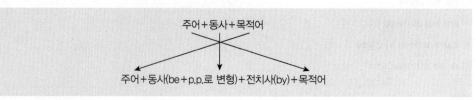

주어+동사+목적어

주어+동사(be+p.p.로 변형)+전치사(by)+목적어

- I(주어) love(동사) her(목적어). 〈능동태〉
  나는 그녀를 사랑한다.
- She(주어) / is loved(동사) / by me(전치사+전치사의 목적어). 〈수동태 변형〉
  그녀는 / 사랑을 받는다 / 나에게
- They destroyed the building.
  그들은 그 건물을 파괴했다.
  → The building was destroyed (by them).
  그 건물들은 (그들에 의해) 파괴되었다.

2 진행형 및 완료시제, 조동사 수동태

(1) 진행형 수동태 :「be being p.p.」
- The tiger is eating a deer.
  → A deer is being eaten by the tiger.
  호랑이가 사슴 한 마리를 먹고 있는 중이다.

(2) 완료시제 수동태 :「have been p.p.」
- The tiger has eaten a deer.
  → A deer has been eaten by the tiger.
  호랑이가 사슴 한 마리를 먹었다.

(3) 조동사 수동태 :「조동사 be p.p.」
- We should solve the problem.
  → The problem should be solved (by us).
  우리는 그 문제를 해결해야 한다.
  cf I shall send you some flowers.
  → Some flowers will be sent to you.
  나는 네게 꽃을 보낼 것이다.

Unit 02   4형식 문형의 수동태

1 원칙

직접 목적어 또는 간접 목적어가 각각 수동태의 주어로 쓰일 수 있다. 간접 목적어가 주어로 되는 경우 3형식이 되며, 직접 목적어가 주어로 되는 경우 1형식이 된다. 이 경우 남아 있는 간접 목적어(보류 목적어) 앞에 동사에 따라 전치사 to, for, of를 쓴다(전치사는 생략 가능).

- They gave me a book.
    → I was given a book (by them).
    → A book was given (to) me (by them).
    그들은 나에게 책 한 권을 줬다.
- They asked her a question.
    → She was asked a question (by them).
    → A question was asked (of) her (by them).
    그들은 그녀에게 질문을 했다.

Check (P)oint | **보류 목적어 앞의 전치사에 따른 동사**

- 보류 목적어 앞에 전치사 to가 필요한 동사(대부분의 동사) : give, teach, show, send, read, lend, tell 등
- 보류 목적어 앞에 전치사 for가 필요한 동사 : make, buy, choose, get, order 등
- 보류 목적어 앞에 전치사 of가 필요한 동사 : ask, inquire 등

2 직접 목적어만 수동태의 주어가 되는 동사(간접 목적어를 수동태의 주어로 쓸 수 없음)

make, buy, write, send, read 등

- My father bought me a computer.
    → I was bought a computer by my father. (×)
    → A computer was bought for me by my father. (○)
    아버지가 나에게 컴퓨터를 사 주셨다.

3 간접 목적어만 수동태의 주어가 되는 동사(직접 목적어를 수동태의 주어로 쓸 수 없음)

envy, forgive, save, spare, kiss 등

- They envied Olivia her beauty.
    → Her beauty was envied Olivia by them. (×)
    → Olivia was envied her beauty by them. (○)
    그들은 올리비아의 미모를 부러워했다.

Unit 03   5형식 문형의 수동태

목적어가 주어로, 주어가 「전치사(by)+목적격(행위자)」으로, 목적격 보어가 주격 보어로 각각 바뀌어 2형식이 된다. 목적격 보어를 주어로 한 수동태는 불가능하다.

1 명사 · 형용사 목적격 보어

- Everybody called him a fool.
  → He was called a fool by everybody.
  모든 사람은 그를 바보라고 불렀다.
- I found this book useful.
  → This book was found useful.
  나는 이 책이 유용하다는 것을 알았다.

  cf 4형식 동사와 목적격 보어로 명사를 받는 5형식 동사들은 수동태로 전환 시 뒤에 명사가 온다.
  - 주요 4형식 수동태 동사

    > be given[offered, taught, showed, told, promised, handed, written]+N

  - 목적격 보어로 명사를 취하는 5형식 수동태 동사

    > be appointed[called, considered, elected, named]+N

2 지각동사 · 사역동사 · 그 외 5형식

(1) 지각동사의 수동태

능동태일 때는 목적격 보어를 동사원형으로 쓰지만 수동태가 되면 to부정사로 연결한다.

- People saw the actress leave her house.
  → The actress was seen (leave / to leave) her house (by people).
  사람들은 그 여배우가 집을 떠나는 걸 보았다.
  ※ leave를 동사원형의 형태 그대로 쓰면 본동사 was seen과 충돌되기 때문에 to를 붙여 주격 보어임을 구분해준다.

  cf 단, 능동태일 때 목적격 보어가 현재분사(R-ing) 형태로 왔다면 수동태로 바뀌어도 본동사와 충돌되지 않으므로 현재분사 형태 그대로 쓴다.
  - People saw the actress walking her dog.
    → The actress was seen walking her dog (by people).
    사람들은 그 여배우가 개를 산책시키는 걸 보았다.

(2) 사역동사의 수동태

사역동사(let, make, have) 중에서 make만 수동태로 전환 가능하고, 이때 목적격 보어로 쓰인 원형부정사를 to부정사로 바꾼다.

- My brother made me clean his room.
  → I was made to clean his room (by my brother).
  우리 오빠는 내게 자기 방을 청소하라고 시켰다.

  cf My boss let me go home.
  → I (was let to go / am allowed to go / was allowed to go) home by my boss.
      (※ 시제 주의)
  사장은 내가 집에 가는 것을 허락했다.

  cf 사역동사로 쓰이지 않는 경우 have(~을 얻다/먹다), let(임대하다), let in(~를 들어오게 하다)은 수동태가 가능하다.

  - Dinner can be had at seven.
    저녁 식사는 7시에 드실 수 있습니다.
  - On no account must strangers be let in.
    어떠한 경우에도 낯선 사람들을 들어오게 해서는 안 된다.
  - That apartment is already let out.
    그 아파트는 이미 임대되었다.

Unit 04   타동사구 수동태

1 타동사구란?

「자동사＋전치사」, 「자동사＋부사＋전치사」, 「타동사＋목적어＋전치사」로 이루어진 타동사구 역시 뒤에 목적어를 갖는다. 타동사구의 특징은 어떤 특정한 동사가 특정한 전치사와 결합하여 하나의 새로운 의미를 갖는 타동사 역할을 한다는 것이다.

예를 들어 laugh(웃다)＋at → laugh at(비웃다)에서 '비웃다'의 의미로 쓰일 때 laugh 뒤의 at을 다른 전치사로 대체할 수 없다. 즉, 항상 한 덩어리로 취급한다.

cf He lived at Mokdong.
→ Mokdong was lived at by him. (×)
그는 목동에 살았다.

여기에서 전치사 at은 동사 live와는 의미 연결이 되지 않고 독립적인 성격을 갖는다. live는 'He lived in Seoul.'처럼 다른 전치사와도 자유롭게 연결될 수 있다.

2 주요 타동사구

• speak to ~에게 이야기하다	• laugh at ~를 비웃다
• look after ~를 돌보다	• run over 사람이나 동물을 치다
• look into ~을 조사하다	• look up to ~를 존경하다
• put up with ~을 참다	• do away with ~을 버리다, 그만두다
• give up ~을 포기하다	• put off ~을 연기하다, 미루다
• take off 옷을 벗다	• speak well of ~를 좋게 말하다

3 타동사구 수동태

• She laughed at me.

  → I was laughed at by her.

  그녀는 나를 비웃었다.

  → I laughed by her. (×) (was가 빠지게 되면 과거동사 능동태 문장이므로 틀린 문장)

  → I was laughed by her. (×) (전치사 at 생략 불가)

  → I was laughed at her. (×) (전치사 by 생략 불가)

• All his classmates speak well of him.

  → He is well spoken of by all his classmates.

  그의 반 친구 모두는 그를 칭찬한다.

• I was spoken to by a stranger.

  어떤 낯선 사람이 나에게 말을 걸었다.

• My cat went out and (run / was run) over by a car on the street.

  내 고양이가 밖에 나가서 길거리에서 자동차에 치였다.

4 「타동사＋명사＋전치사＋목적어」 → 두 가지 수동태

전체를 하나의 타동사구로 보고 목적어를 수동태의 주어로 할 수 있는 경우와 명사를 수동태의 주어로
할 수 있는 경우 두 가지가 있다(이런 경우, 명사 앞에 'good, much, little, no, some, any' 등이 온다).

• do damage to ~에게 손해를 입히다	• take advantage of ~을 이용하다
• get rid of ~을 없애다	• take care of ~를 돌보다
• pay attention to ~에 주목하다	• take notice of ~을 알아차리다

• She took good care of the poor.

  → The poor (was / were) taken good care of by her. (the poor = poor people)

  → Good care was taken of the poor by her.

  그녀는 가난한 사람들을 잘 돌보았다.

Unit 05   that절 수동태

문장의 동사가 'say, believe, think, report, suppose, consider' 등인 경우 「It is V−ed+that절」 형태의 수동태로 만들 수 있다. that절의 주어가 주절의 주어로 상승하면 that절의 동사는 to부정사로 바뀐다.

- They say that he was rich.
  - → That he was rich is said (by them). (×) 〈that절은 수동태의 주어로 사용하지 않는 것이 원칙〉
  - → It is said that he was rich (by them). (○)
  - → He is said to have been rich. (○)

  그는 부자였다고 한다.
- They thought that he was rich.
  - → That he was rich was thought (by them). (×) 〈that절은 수동태의 주어로 사용하지 않는 것이 원칙〉
  - → It was thought that he was rich (by them). (○)
  - → He was thought to be rich. (○)

  그는 부자였다고 여겨졌다.

Unit 06   의문문 수동태

'의문문 → 평서문 → 수동태 → 의문문'의 순으로 의문문을 수동태로 만든다.

1 의문사가 없는 일반 의문문

- Did you write this novel?
  - → You wrote this novel.
  - → This novel was written (by you).
  - → Was this novel written (by you)?

  당신이 이 소설을 썼습니까?

2 의문대명사가 있는 불완전한 문장의 의문문 : 의문대명사(who, what)가 주어인 구조

- Who broke the vase?
  - → The vase was broken by whom.
  - → (By whom / Who) was the vase broken?

  누가 이 꽃병을 깼는가?

3 의문부사가 있는 완전한 의문문 : 의문사를 부사 취급, 즉 전환 후 문장 맨 앞에 의문사 사용

• When did he take his picture?
→ He took this picture.
→ This picture was taken by him.
→ When was this picture taken?
그는 언제 그의 사진을 찍었는가?

Unit 07 　명령문 수동태

명령문의 특성상 주어를 쓸 수 없으므로 다음과 같은 형태를 취한다.

긍정 명령문	Let+목적어+be+p.p.
부정 명령문	Don't let+목적어+be+p.p. / Let+목적어+not+be+p.p.

• Do it at once.
→ Let it be done at once.
그것을 즉시 해라.
• Don't touch the box.
→ Don't let the box be touched.
→ Let the box (be not / <u>not be</u>) touched.
그 상자를 건드리지 마라.

Unit 08 　수동태 불가 동사

 자동사는 목적어가 없으므로 수동태가 될 수 없다.

주요 자동사	exist, happen, occur, appear, disappear, seem, lie, fall, rise, arise 등

• The ship (<u>disappeared</u> / was disappeared) from view.
그 배는 시야에서 사라졌다.
• A strange accident (<u>happened</u> / was happened).
이상한 사건이 발생했다.

2 타동사는 원칙적으로 수동태로 바꿀 수 있지만, 'resemble, lack, become, have, belong to, consist of(~로 구성되다), consist in(= lie, ~에 있다), result in / from' 등의 주로 상태나 소유를 나타내는 타동사는 수동태로 쓸 수 없다.

- (The suit becomes you well / You are become well by the suit).
  그 정장은 너에게 잘 어울린다.
- (The committee consists of ten members / Ten members are consisted of by the committee).
  그 위원회는 열 명의 위원들로 구성되어 있다.

Check Ⓟoint | consist

> • consist of : ~으로 구성되다(= be composed of, be made up of, comprise)
> • consist in : ~에 있다(= lie in)

- Happiness (consists of / consists in) contentment.
  행복은 만족에 있다.

Unit 09   by 이외의 전치사를 쓰는 동사

1 at, with, in, 기타

일반적으로 수동태 문장에서는 행위자를 「by + 행위자」로 나타내는데, 다음의 경우는 by 이외의 전치사를 사용하므로 주의하여 암기한다.

감정의 at	• be annoyed at ~에 화가 나다 • be disappointed at ~에 실망하다 • be surprised at ~에 놀라다 • be amused at ~에 즐거워하다 • be shocked[surprised, startled] at ~에 충격을 받다 • be alarmed at ~에 깜짝 놀라다 cf marvel at ~에 놀라다
접촉의 with	• be acquainted with ~와 안면이 있다 • be satisfied with ~에 만족하다 • be gratified with[at] ~에 만족하다 • be pleased with ~에 기뻐하다 • be[get] bored with ~에 싫증이 나다; ~에 따분해지다 • be filled with ~로 가득 차다 • be covered with ~로 덮여 있다 • be crowded with ~로 붐비다 • be surrounded with[by] ~에 둘러싸이다

몰두/관여의 in	• be interested in ~에 관심[흥미]이 있다
	• be absorbed in ~에 몰두[열중/전념]하다
	• be engaged in ~와 약혼하다; 종사하다
	• be indulged in ~에 빠지다
	• be[get] involved in ~에 몰두하다; ~에 휘말리다; 관련되다
	• be dressed in ~을 입고 있다
	• be born in ~에서 태어나다
방향의 to	• be[become, get] accustomed to ~하는 데 익숙하다
	• be addicted to ~에 중독되다
	• be devoted[applied] to ~에 바치다[헌신하다]
	• be dedicated to ~에게 바치다; 헌정하다
	• be committed to ~에 전념하다
	• be married to ~와 결혼하다
	• be known to ~에게 알려지다
	• be opposed to ~에 반대하다
	• be exposed to ~에 노출되다
여기저기, 주변의 about	• be worried about ~에 관해 걱정하다
	• be concerned about ~에 관심을 가지다, 걱정하다
기타	• be based on ~에 기초하다
	• be divorced from ~와 이혼하다
	• be convinced of[that] ~을 확신하다

② 전치사에 따라 의미가 달라지는 동사

같은 동사에 다른 전치사가 쓰여서 의미가 달라질 수도 있다.

(1) be made

• 제품+be made of+원료(재료) : 원료로 만들어지다 〈물리적 변화〉
• 제품+be made from+원료(재료) : 원료로 만들어지다 〈화학적 변화〉
• 원료+be made into+제품 : 결과물로 만들어지다

• This furniture is made of wood.
  이 가구는 나무로 만든다.
• Soy sauce is made from soybeans and salt.
  간장은 콩과 소금으로 만든다.
• Soybean is made into soy sauce.
  콩으로 간장을 담근다.

(2) be known

> • be known as : ~로서 알려지다 〈자격〉
> • be known for : ~로 유명하다; ~때문에 알려지다 〈이유〉
> • be known by : ~에 의해서 알 수 있다 〈판단〉
> • be known to : ~에게 알려지다 〈대상〉

- He is known to everybody.

  그는 모든 사람에게 알려져 있다.

- He is known as a novelist.

  그는 소설가로서 알려져 있다.

- The town is known for wine.

  그 도시는 포도주로 유명하다.

- A tree is known by its fruit.

  나무는 열매를 보고 안다.

  cf She is known to be a devoted doctor.

  그녀는 헌신적인 의사로 평이 나 있다.

Unit 10   중간태

수동의 의미가 있는 1형식 동사, 즉 능동의 형태로 수동의 의미를 가지며 'rapidly, easily, well, smoothly' 등의 부사가 'sell, peel, wash, read, blame, photograph' 등의 동사의 특징을 설명한다.

- The orange peeled(= was peeled) easily.

  그 오렌지는 껍질이 쉽게 벗겨졌다.

- This book sold well.

  이 책은 잘 팔렸다.

- The cloth washes well.

  그 옷감은 잘 세탁된다.

- The sign reads easily.

  그 표지판은 쉽게 읽힌다.

- The knife cuts well.

  그 칼은 잘 든다.

- She photographs well.

  그녀는 사진이 잘 받는다.

- I'm to blame.

  나는 비난받아 마땅하다.

Unit 11 부정주어의 수동태

부정어인 'no one, nobody, nothing'이 주어로 쓰인 문장이 수동태가 되면 「by+부정어」는 사용하지 못한다. 이 때는 no를 'not ~ by anyone, anybody, anything' 형태로 쓴다.

- No one loves her.
  - → She is <u>not</u> loved by <u>anyone</u>. (○)
  - → She is loved by no one. (×)
  - 어떤 누구도 그녀를 사랑하지 않는다.
- Nothing moves her.
  - → She is <u>not</u> moved by <u>anything</u>. (○)
  - → She is moved by nothing. (×)
  - 어떤 것도 그녀를 감동시킬 수 없다.

Unit 12 steal과 rob

steal은 「steal A from B」의 형태로 'A를 B로부터 훔치다'의 의미이고 rob은 「rob A of B」의 형태로 'A에게서 B를 강탈하다'의 뜻이다. 따라서 rob의 목적어로는 '사람 명사'나 은행 등의 '장소 명사'가 오며, steal의 목적어로는 (훔친) '물건 명사'가 온다. 즉, steal은 절도죄를 생각하며 '사람은 형법상 범죄의 객체가 될 수 없다'로 암기하자!

- They robbed the traveler of one hundred dollars.
  - → The traveler <u>was robbed</u> of one hundred dollars by them. (○)
  - → The traveler <u>was stolen</u> of one hundred dollars. (×)
  - 그들은 그 여행자에게서 백 달러를 강탈했다.
  - **cf** They (<u>stole</u> / robbed) one hundred dollars <u>from</u> the traveler.
- <u>I was stolen</u> my purse in a bus. (×)
  <u>I had my purse stolen</u> in a bus. (○)
  나는 버스 안에서 지갑을 도난당했다.

조동사(Auxiliary Verb)

☑ 최신 출제경향 **파악하기**

01 다음 우리말을 영작한 것 중 가장 적절한 것은?

① 새로운 관리자는 이전 관리자보다 더 우수하다.

→ The new manager is more superior to the old one.

② 시민들은 그 파출소가 폐쇄되어서는 안 된다고 요구했다.

→ Citizens demanded that the police box was not closed.

③ 서희는 가족과 함께 있을 때 가장 행복하다.

→ Seohee is happiest when she is with her family.

④ 우리가 가장 존경했던 선생님께서 지난달에 은퇴하셨다.

→ The teacher whose we respect most retired last month.

분석

③ **최상급** 보통 최상급 앞에는 정관사 the를 붙이지만, 동일인이나 동일물의 상태를 비교할 때는 최상급에 the를 붙이지 않는다. 부사의 최상급에도 the를 붙이지 않는 것에 유의해야 한다.

① **라틴계 비교급** superior는 그 자체로 super의 비교급이기 때문에 more를 중복해서 쓰지 않는다. 따라서 more superior를 superior 로 고쳐야 한다. superior, inferior와 같은 라틴어에서 유래한 단어의 비교급에서는 than이 아닌 to를 쓴다는 점도 유의해야 한다.

② **당위의 조동사 should 생략** '주장, 요구, 명령, 제안'을 의미하는 동사의 목적어로 that절이 올 때 that절의 동사는 「(should)+동사원형」이 와야 한다. demand는 요구를 의미하는 동사이므로 that절의 was not closed를 (should) not be closed로 고쳐야 한다.

④ **관계대명사의 선택** 타동사 respect의 목적어가 없으며, 선행사인 teacher가 사람이므로 소유격 관계대명사 whose를 목적격 관계대명사인 whom으로 고쳐야 한다.

어휘

□□□	superior	우수한; 상관의; 상관
□□□	demand	요구하다; 요구 (사항)
□□□	retire	은퇴하다; 은퇴시키다

정답 ③

출제 ⓟoint

주장 · 명령 · 제안 · 요구 등의 당위성을 내포하는 동사는 that절 내의 조동사 should가 생략된 동사원형을 취한다. 또한 'advisable, important, necessary' 등의 당위의 의미를 지닌 형용사도 마찬가지로 that절에서 should가 생략된다는 점에 유의하자.

02 다음 ㉠, ㉡에 들어갈 말로 가장 적절한 것은?

- (㉠) the adult smoking rate is gradually dropping is not good news for big tobacco companies.
성인 흡연율이 점차 떨어지는 것은 대형 담배 회사들에게 좋은 소식이 아니다.
- She requested that he (㉡) longer for dinner.
그녀는 그가 저녁 식사를 위해 좀 더 머물 것을 요청했다.

	㉠	㉡
①	That	stay
②	What	stay
③	That	stayed
④	What	stayed

분석

㉠ **명사절 접속사 that** is 앞에 주어를 구성하는 명사절이 위치하고 있으며 명사절이 완전한 절의 형태를 취하고 있다. What은 불완전한 절을 이끌기 때문에 명사절 접속사 That이 와야 한다.

㉡ **당위의 조동사 should 생략** '주장, 요구, 명령, 제안' 등 당위성이 포함된 동사가 주절에 있는 경우, that절의 동사는 「(should)+동사원형」 형식이 된다. 제시된 문장에서는 요구를 나타내는 동사 request가 나왔으므로 that절의 동사에는 동사원형인 stay가 와야 한다.

어휘

□□□	gradually	서서히, 점차적으로
□□□	tobacco	담배

정답 ①

출제 Ⓟoint

that절의 의미가 당위성을 나타내는 경우 보통 should를 생략하기 때문에 동사의 수일치 관련 문법 문제로 출제되고 있다.

1 be, have, do

기능 조동사는 내용을 덧붙여 화자의 태도와 판단을 나타내는 내용 조동사(법조동사)와는 달리 본동사를 도와 문법적인 기능을 돕는다. 또한 기능 조동사는 (본)동사로도 쓰이는 특징이 있다.

(1) be동사

① (기능) 조동사

진행형 (be+-ing)	He is reading a newspaper. 그는 신문을 읽고 있다.
수동태 (be+p.p.)	America was discovered by Columbus. 미대륙은 콜럼버스에 의해 발견되었다.

② 본동사

- He is an English teacher.
  그는 영어 선생님이다.

(2) have 동사

① (기능) 조동사

완료시제 (have+p.p.)	He has gone to Busan. 그는 부산에 갔다.

② 본동사

have 동사는 본동사로 '가지다'라는 의미 외에도 'get(~을 취하다), eat(먹다), receive(얻다), enjoy (즐기다), experience(경험하다), ~하게 하다; ~를 시키다' 등 다양한 의미로 사용된다.

- He has a good dictionary.
  그는 좋은 사전을 가지고 있다.
- I usually have supper with my family.
  나는 대개 나의 가족과 함께 저녁을 먹는다.

(3) do 동사

① (기능) 조동사

일반동사	본동사를 도와 <u>의문문과 부정문</u>을 만든다. • **Do** you <u>study</u> English? 〈의문문〉 영어를 공부하십니까? • She **did** not <u>go</u> there. 〈부정문〉 그녀는 거기에 가지 않았다.
강조 역할	• I **do** <u>love</u> you. (→ I love you.) 나는 너를 정말 사랑해. • **Do** <u>be</u> quiet! (→ Be quiet!) 제발 조용히 해!
도치 구문	• Never <u>did</u> I <u>see</u> such a beauty. (→ I never saw such a beauty.) 나는 그런 미녀를 본 적이 없다. ※ never를 강조하기 위해서 문장 맨 앞으로 이동시키고 조동사 did를 바로 이어서 썼다.
대동사 (代動詞)	동사의 반복을 피한다. • Tae-woo studies harder than you <u>do</u>. (= study) 태우는 너보다 더 열심히 공부한다.

② 본동사

'(행동이나 일을) ~하다, (일이나 의무 등을) 다하다, ~에 쓸모가 있다, 충분하다' 등의 의미를 가진다.

- I think they really should <u>do</u> something to settle this matter.

  나는 그들이 이 문제를 해결하기 위해 뭔가 해야 된다고 생각해.

- I will <u>do</u> my best.

  최선을 다하겠습니다.

Unit 02 내용 조동사(법조동사) : can, may, must, will, should

본동사 앞에 위치하면서 본동사를 도와서 여러 가지 의미(가능, 의무, 허가, 추측 등)를 생성하는 역할을 한다. 내용 조동사는 문맥에 따라서 의미가 달라지며 두 개를 나란히 사용할 수 없다.

능력	허가, 허락	추측, 가능성	의무, 충고	습관
can could	can could may	can, could may, might must, cannot	must have to ought to should	used to would will

※ 내용 조동사 대부분은 '추측, 가능성'의 의미로 쓰일 수 있다.

1 can, could

(1) 능력(ability) : ～을 할 수 있다(= be able to R, be capable of ～ing)

조동사 can의 가장 대표적인 용법으로 '～할 수 있다'의 의미를 갖는다. 조동사 can의 과거형은 'could' 이다. 하지만 미래형이 없기 때문에 미래형은 「will be able to＋동사원형」을 사용하여 표현한다.

- I <u>can</u> see her.
  나는 그녀를 볼 수 있다.
- He <u>can</u> swim.
  = He <u>is capable of</u> swimming.
  그는 수영을 할 수 있다.
  → He <u>will be able to</u> swim. 〈미래〉
    그는 수영을 할 수 있을 것이다.
  → He <u>will can</u> swim. (×) : 내용 조동사 두 가지를 함께 쓸 수 없다.

(2) 추측 · 가능성(possibility) : ～일 수도 있다, ～일 리가 없다

- He <u>cannot</u> be mad.
  그는 미쳤을 리가 없다.

(3) 허가(permission) : ～해도 좋다(= may)

Can은 회화체에서, may는 문어체에 주로 쓰인다. 부정형 cannot(can't)은 가벼운 금지를 나타내어 회화체에서 may not보다 자주 사용된다.

- You <u>can</u> watch television now.
  지금 TV를 봐도 좋다.

(4) could : 현재 또는 미래의 허가에 대한 정중한 표현

- <u>Could</u> I borrow your pen?
  펜 좀 빌려도 되겠습니까?

(5) 관용표현

cf CHAPTER 19, Unit 02 조동사 can, could의 관용적 표현

2 may, might

(1) 허가(permission) : ～해도 좋다, ～해도 괜찮다

'～해도 좋다'의 의미로, 구어 표현에는 can이 대신 쓰이는 경우가 많고, 부정 표현으로는 '불허'의 may[can] not과 '강한 금지'의 must not이 있다.

- You <u>may</u> come in.
  들어와도 좋다.
- He asked if he <u>might</u> come in.
  그는 들어가도 좋은지를 물었다.

(2) (막연한) 추측(possibility) : ~일지도 모르겠다, 아마 ~일 것이다

「may+동사원형」은 현재나 미래의 막연한 추측의 뜻을 가진다. 「might+동사원형」은 과거의 추측이 아니라, may보다 가능성이 좀 더 낮은 추측을 나타낸다.

- She may know the truth.

  그녀는 그 사실을 알지도 모른다.

- He said that she might know the truth.

  그는 그녀가 그 사실을 알았을지 모른다고 말했다.

(3) 감탄문에서 기원 · 소망 · 저주 : 바라건대 ~하기를, ~하여 주소서

「May+주어+동사원형」의 순서를 취한다. 격식 표현으로서 현대영어에서는 'I wish ~' 구문을 주로 사용한다.

- May you succeed!

  합격하시기를!

(4) 목적의 부사절 : ~하기 위하여

- They went to America so that they might[could] see the Grand Canyon.

  그들은 그랜드캐니언을 보기 위해 미국으로 갔다.

(5) 공손[완곡]한 표현의 might : may보다 정중한 표현

'May I ~?'보다 정중한 표현이며, 'Might I ~?'에 대한 응답은 might가 아닌 may를 사용하여 답한다.

- Might I speak to you for a moment?

  잠깐 말씀드려도 되겠습니까?

- Might I come in? – Yes, certainly. (○) / No, you may not. (○) / Yes, you might. (×)

  들어가도 되겠습니까? – 예, 들어오세요. / 아니요, 안 됩니다.

(6) 관용표현

cf CHAPTER 19, Unit 03 조동사 may, might의 관용적 표현

3 must

(1) (강제적) 의무(obligation) · 필요(necessity) : ~해야 한다, 꼭 ~해야 한다

must는 그 대표 의미로 '~해야 한다'의 의무의 뜻을 갖는다. 과거형은 had to 혹은 must를 그대로 사용하며(간접화법), 미래형은 「will have to+동사원형」으로 나타낸다.

- You must do your duty.

  = You have to do your duty.

  너는 너의 의무를 다해야 한다.

(2) (강한) 추측(possibility) : ~임에 틀림없다

- He <u>must</u> be sick.

  그는 아픈 것임에 틀림없다.

  cf 부정

  - He (<u>cannot be</u> / must not be) sick.

    그는 아플 리가 없다.

(3) 강한 금지 : ~해서는 절대 안 된다

- You <u>must not</u> leave the house till your pneumonia is quite cured.

  폐렴이 완전히 나을 때까지는 절대 외출해서는 안 된다.

- "May I take this dictionary?", "No, you <u>mustn't</u>."

  "이 사전을 가져가도 되나요?", "안 돼."

(4) 강한 의향 · 고집 : ~하고 싶다고 우기다, ~하고야 말다

- He <u>must</u> have everything his own way.

  그는 무엇이든지 자기 생각대로 하고야 만다.

(5) must와 have to의 비교

must	have to
의무 ○	의무 ○
부정 : must not(강한 금지)	부정 : don't have to(= need not)
추측 ○	추측 ×

의무	You <u>must</u> accept his advice. 너는 그의 충고를 받아들여야 한다. You <u>have to</u> attend the party. 너는 파티에 참석해야 한다.
부정	You <u>must not</u> lie to anyone. 너는 어떤 사람에게도 거짓말하면 안 된다. You <u>don't have to</u> be concerned about Tae-woo. 태우 걱정은 할 필요 없다.
추측	He (<u>must</u> / has to) be rich. 그는 틀림없이 부자일 것이다.

4 will, would

(1) 미래시제 조동사로서의 will

- I will[shall] be seventeen next birthday. 〈단순미래〉
나는 이번 생일로 17세가 된다.
- I will go there tomorrow. 〈의지미래〉
내일 거기 가겠습니다.

(2) 현재나 과거의 습관

- He will often come on Sundays.
그는 일요일에 종종 오곤 한다.
- He would wait for her outside the office every day.
그는 사무실 밖에서 매일 그녀를 기다리곤 했다.

(3) 현재나 과거의 경향 · 고집 · 습성

- Accidents will happen.
사고는 일어나기 마련이다.

(4) 현재의 소망을 나타내는 would

- He who would search for pearl must dive deep.
진주를 찾기 원하는 사람은 깊이 잠수해야 한다.

(5) 정중한 부탁의 would : '~하여 주시겠습니까'

- Would you show me the way to the station?
역에 가는 길 좀 가르쳐 주시겠습니까?

(6) 현재나 미래의 추측(추정)을 나타내는 would

- He would be the last man to tell a lie.
그는 결코 거짓말을 하지 않을 것이다.

(7) 관용표현

cf CHAPTER 19, Unit 04 조동사 would의 관용적 표현

5 should

조동사 shall의 과거형인 should는 현대영어에서는 shall의 과거 조동사적 쓰임에서 독립하여 그 용법이 조동사 중 가장 광범위하다. 그 결과, 현재 should는 will과 would의 관계처럼 미래 조동사 shall의 과거 조동사의 성격도 여전히 가지고 있지만, 말하는 사람의 심적 태도를 나타내는 내용 조동사(법조동사)로서의 독립적인 성격을 확고히 갖게 되었다.

(1) 당위 · 권고 · 의무(obligation)

- We should protect our environment.
  우리는 환경을 보호해야 한다.

(2) It is+감정/이성 판단의 형용사+that+주어+should+동사원형

감정 판단의 형용사	surprising, curious, strange, regrettable, lucky, natural, rude 등
이성 판단의 형용사	important, necessary, wrong, essential, desirable, rational 등

- It is natural that she should get angry.
  = It is natural that she gets angry.
  그녀가 화를 내는 것도 당연하다. (should는 감정을 강조, 생략 가능)
- It is necessary that you (should) study English hard.
  영어를 열심히 공부해야 하는 것은 필수적이다.

(3) 주어+제안/요구/주장/명령 동사+(that) 주어+(should)+동사원형

제안	suggest(= make a suggestion), propose, move(= make a motion), recommend
요구	demand, request, require
주장	insist(= be insistent)
명령	order, command
충고	advise(= be advisable), urge(= be urgent)

- The commander ordered that the deserter (should) be shot to death.
  사령관은 탈영자는 총살시키라고 명령했다.
- He advised that a passport (should) (carry / be carried) with us at all times.
  그는 우리에게 여권을 항상 휴대해야 한다고 충고했다.
- The doctor suggested to her that she (should) take a rest.
  = The doctor suggested her taking a rest.
  의사는 그녀가 휴식을 취해야 한다고 제안했다.
- The lawmaker insisted that the bill (should) be passed.
  국회의원은 그 법안이 통과되어야 한다고 주장했다.

Check (P)oint | 사실절

> • The changes suggest that the area's climate is warming.
>   이러한 변화는 그 지역의 기후가 온난화되고 있다는 것을 시사한다.
> • All the evidence suggested that he was the culprit.
>   모든 증거는 그가 범인이라는 것을 암시했다.
> ※ 사실절에서의 suggest는 '암시하다, 내포하다, 보여주다'의 뜻으로 쓰인다.

(4) 추측 · 예상을 나타내는 should

- We should arrive before dark.

  우리는 어두워지기 전에 도착할 수 있을 것이다.

- I should have finished the book by tomorrow night.

  내일 밤까지는 이 책을 다 읽을 수 있을 것이다.

  cf 과거사실에 대한 유감은 「should[ought to]+have p.p.」로 나타낸다. 의미는 '~했어야 했다(그런데 안 했다)'이다.

Unit 03   조동사 부정

1 조동사 뒤 부정어 위치

- You may not believe it, but that's true.

  당신이 그것을 믿지 않을 수 있겠지만 그것은 사실이다.

- She had never been sick until then.

  그녀는 그때까지 아픈 적이 없었다.

Check (P)oint | 준동사 부정

> • I told my kids not to sorry about that.
>   나는 내 아이들에게 그것에 관해 미안해하지 말라고 말했다.
> • He regrets not being able to help me.
>   그는 나를 도와줄 수 없던 것에 대해 후회한다.
> • Not knowing his address, I couldn't find his house.
>   그의 주소를 몰라서, 나는 그의 집을 찾을 수 없었다.

2 조동사의 관용적 표현 부정 : may as well not, would rather not, had better not

- You (had not better go / had better not go) there.

  너는 그곳에 가지 않는 것이 더 낫다.

- You (may not as well give / may as well not give) it up.

  너는 그것을 포기하지 않는 것이 더 낫다.

3 ought to 부정

- You (ought to not / <u>ought not to</u>) tell a lie.
  너는 거짓말을 해서는 안 된다.

4 기타 부정

have to	don't have to(= need not) **cf** must not 강한 금지
used to	didn't use to

Unit 04   조동사+have p.p.

1 중요 조동사+have p.p.

- may[might] have p.p. ~했을지도 모른다
- cannot have p.p. ~했을 리가 없다
- must have p.p. ~했음이 틀림없다
- should[ought to] have p.p. ~했어야 했다 (그런데 안 했다)
- should not[ought not to] have p.p. ~하지 않았어야 했다 (그런데 했다)
- need not have p.p. ~할 필요가 없었다 (그런데 했다)

- She <u>may have known</u> the truth then.
  = It is possible that she knew the truth then.
  = It is likely that she knew the truth then.
  그녀는 그때 진실을 알았을지도 모른다.
- He <u>cannot have met</u> her yesterday.
  = It is impossible that he met her yesterday.
  그는 어제 그녀를 만났을 리가 없다.
- Last night, you <u>must have forgotten</u> it.
  = It is certain that last night, you forgot it.
  어젯밤에 너는 그것을 잊었음에 틀림없다.
- Yesterday, you <u>should have remembered</u> your promise.
  어제, 너는 약속을 기억했어야만 했다 (그런데 잊었다).
- You <u>shouldn't have drunk</u> that wine. It <u>might have been poisoned</u>.
  넌 그 와인을 마시지 말았어야 했다 (그런데 마셨다). 독이 들었을지 모르잖아.
- You <u>need not have done</u> it yourself.
  너는 그것을 할 필요가 없었다 (그런데 했다).

2 그 외 조동사+have p.p.

> - would have p.p. ～했을 것이다(그런데 안 했다)
> - could have p.p. ～했을 수도 있다
> - had better have p.p. ～했었더라면 좋았을 텐데(= would rather have p.p.)

- You <u>had better have done</u> it.
  너는 그것을 하는 편이 좋았다(그렇게 하지 않아서 유감이다).

Unit 05   당위 · 권고 · 의무(obligation)의 ought to(= should)

1 의미 : ～해야 한다

- You <u>ought to</u> obey the rules.
  너는 규칙을 따라야 한다.
- You <u>ought not to</u> violate the rules.
  너는 규칙을 위반해서는 안 된다.

2 ought to have p.p. : 과거의 비난 · 유감 · 후회

- You <u>ought to have obeyed</u> the rules.
  너는 (과거에) 규칙을 따랐어야 했는데(안 했다).

Unit 06   used to

현재와는 대조적인 과거의 동작 · 상태를 나타내어 '이전에는 ～이었다'로 해석한다.

1 used to+동사원형 : (과거에) ～하곤 했다(지금은 그렇지 않다), 과거의 상태

- He <u>used to go</u> fishing every Sunday. 〈과거의 습관〉
  그는 일요일마다 낚시하러 가곤 했었다(현재는 아니다).
- There <u>used to be</u> a tree near the pond. 〈과거의 상태〉
  연못 가까이에 나무 한 그루가 있었다(현재는 없다).
  - cf Used he to call on you?
    = <u>Did he use to</u> call on you?
    그가 너를 방문하곤 했었니?

2 be[get, become] used[accustomed] to+(동)명사 : ～에 익숙하다(해지다)

- He is used[accustomed] to getting up early.
  그는 일찍 일어나는 데 익숙하다.
- Kevin is not used to Korean food.
  케빈은 한국 음식에 익숙하지 않다.

3 be used to+동사원형 : ～하는 데 사용되다(use의 수동태)

- The power of water is used to produce electricity.
  수력은 전력 생산에 사용된다.

Unit 07   need, dare

---

need와 dare는 본동사와 조동사의 용법 두 가지가 있다. 긍정문(평서문)에서는 본동사로만 쓰이며, 의문문과 부정문에서는 본동사로 쓰일 때와 조동사로 쓰일 때의 두 가지 용법이 있다.

> ※ 풀이 방법
> ① need[dare] 앞에 do/does/did를 먼저 확인한다. 앞에 do/does/did가 있으면 본동사로 쓰인 것이다.
> ② need[dare] 앞에 do/does/did가 없으면 긍정문, 부정문, 의문문을 확인하면서 본동사와 조동사를 구별한다.

1 need : ～할 필요가 있다(조동사 과거형 없음)

(1) 긍정문(평서문)

- He needs to go there. 〈본동사〉
  *He need go there. (×)
  그는 거기에 갈 필요가 있다.

(2) 부정문

- You don't need to do so. 〈본동사〉
  = You need not do so. 〈조동사〉
  당신은 그렇게 할 필요가 없다.

(3) 의문문

- Does she need to meet him? 〈본동사〉
  = Need she meet him? 〈조동사〉
  그녀가 그를 만날 필요가 있을까?

2 dare : 감히[과감하게, 뻔뻔스럽게도] ~하다(조동사 과거형 : dared)

(1) 긍정문(평서문)

- He dares (to) insult me. 〈본동사〉

*He dare insult me. (×)

그는 감히 나를 모욕한다.

(2) 부정문

- He does not dare (to) ask. 〈본동사〉

= He dare not[daren't] ask. 〈조동사〉

그는 감히 물어볼 용기가 없다.

(3) 의문문

- Does he dare (to) fight? 〈본동사〉

= Dare he fight? 〈조동사〉

그가 싸울 용기가 있을까?

Unit 08 조동사의 관용표현 : R vs. to R vs. R−ing

1 cannot help ~ing : ~하지 않을 수 없다(= cannot but R)

- I can't help laughing at your lie.

= I can't help but laugh at your lie.

나는 네 거짓말에 웃지 않을 수 없다.

2 may well : ~하는 게 당연하다, may as well : ~하는 게 좋다, may as well B as A : A 하기보다는 B하는 게 낫다, do well to R : ~하는 것이 현명하다

- You may well be proud of your country.

네 나라가 자랑스러운 게 당연하다.

- You may as well go to bed early.

일찍 자는 편이 낫겠다.

- I may as well die as live in disgrace.

수치스럽게 사느니 차라리 죽는 게 낫다.

- You would do well to go to bed early.

일찍 자는 게 현명하다.

3 had better : ~하는 것이 좋을 것이다, know better than to R : ~할 만큼 어리석지 않다

- You had better go to bed early.

일찍 자는 게 좋겠다.

- He knows better than to do such a thing.

그는 영리해서 그런 짓을 하지 않는다.

부정사(Infinitive)와 동명사(Gerund)

☑ 최신 출제경향 **파악하기**

01 우리말을 영어로 옳게 옮긴 것은?

① 그는 며칠 전에 친구를 배웅하기 위해 역으로 갔다.

　→ He went to the station a few days ago to see off his friend.

② 버릇없는 그 소년은 아버지가 부르는 것을 못 들은 체했다.

　→ The spoiled boy made it believe he didn't hear his father calling.

③ 나는 버팔로에 가본 적이 없어서 그곳에 가기를 고대하고 있다.

　→ I have never been to Buffalo, so I am looking forward to go there.

④ 나는 아직 오늘 신문을 못 읽었어. 뭐 재미있는 것 있니?

　→ I have not read today's newspaper yet. Is there anything interested in it?

분석

① **과거시제 / to부정사의 부사적 용법** ago는 과거를 의미하는 시간부사로, 과거시제와 함께 쓰인다. 제시된 문장은 ago가 went와 사용되었으므로 적절하다. to see off는 '~하기 위해서'라는 목적을 나타내는 to부정사의 부사적 용법이다.

② **make believe (that) + S + V** make가 사역동사로 사용되어 목적어로 it이 적절하게 온 듯 보이나, make believe는 '~인 체하다'를 나타내는 표현이다. 「make believe (that) + S + V」의 형태로 쓰이므로 made it believe에서 it을 삭제해야 한다.

③ **to부정사 vs. 동명사** look forward to에서 to는 전치사이므로 뒤에 명사(구)가 와야 한다. 따라서 go를 동명사 going으로 고쳐야 한다.

④ **분사의 태** 분사의 주체인 anything이 interest한 감정을 '느끼게 하는 것'이므로 interested를 능동형의 현재분사인 interesting으로 고쳐야 한다.

어휘

□□□	see off	~를 배웅[전송]하다
□□□	spoiled	(오냐오냐 자라서) 버릇없는
□□□	make believe	~인 체[척]하다
□□□	look forward to	~을 고대하다

정답 ①

출제 ⓟoint

「동사＋부사＋전치사」로 이루어진 타동사구는 한 묶음이 되어 목적어를 가진다. 대표적인 타동사구로 'look forward to, boil down to, get down to' 등이 있으며 이때 to는 to부정사가 아닌 전치사이므로 목적어로 명사가 온다는 것을 기억하자.

02 다음 중 어법에 맞는 표현으로 가장 적절한 것은?

> • I'm considering (㉠) my job.
>   나는 일을 그만둘까 생각 중이다.
> • She accused the CEO of her company (㉡) embezzlement.
>   그녀는 그녀가 일하는 회사의 대표이사를 횡령 혐의로 고발하였다.
> • He felt (㉢) at being the center of attention.
>   그는 그에게 관심이 집중되자 당황했다.

	㉠	㉡	㉢
①	to quit	on	embarrassed
②	to quit	of	embarrassing
③	quitting	of	embarrassed
④	quitting	on	embarrassing

분석

㉠ **consider + 동명사**   consider는 동명사를 목적어로 취하는 동사이다.

㉡ **accuse A of B** 「accuse A of B」는 'A를 B의 혐의로 고소하다'라는 의미를 가진다. **cf** 「arrest A for B」는 'A를 B의 혐의로 체포(구속)하다'라는 의미를 가진다.

㉢ **태**   사람 주어인 He의 감정을 나타내는 분사는 과거분사를 쓴다. embarrassing을 쓰게 되면 능동이므로 '다른 사람들을 당황시키다'라는 의미를 갖게 되어 적절하지 않다. 따라서 embarrassed가 와야 한다.

어휘

□□□	quit	일을 (도중에) 그만두다
□□□	accuse	고소[고발]하다, 혐의를 제기하다
□□□	embezzlement	횡령, 도용, 착복
□□□	the center of	~의 중심(집중)에

정답 ③

출제 ⓟoint

동명사를 목적어로 취하는 동사는 'avoid, consider, enjoy, practice, finish, mind' 등이 있으며, 미래지향적인 의미를 가진 to부정사와는 반대로 과거지향적이고 주로 과거의 습관이나 행위를 나타낸다.

Unit 01 부정사의 용법

1 명사적 용법

(1) 주어

- To study foreign language is interesting.

  = It is interesting to study foreign language. 〈It은 가주어, to 이하는 진주어〉

  외국어를 공부하는 것은 재미있다.

(2) 보어

- My hobby is to grow plants. 〈주격 보어〉

  내 취미는 식물을 재배하는 것이다.

- I think him to be president in 2020. 〈목적격 보어〉

  나는 2020년에 그가 대통령이 될 것이라고 생각한다.

(3) 목적어

- I want to know top secret.

  나는 기밀을 알고 싶다.

- I make it a rule to get up early. 〈it : 가목적어, to : 진목적어〉

  나는 일찍 일어나는 것을 규칙으로 한다.

  cf 부정사는 전치사의 목적어 자리에는 원칙적으로 위치하지 못하지만 예외적으로 but, except, save 등의 전치사 뒤에는 올 수 있다.

  - We had no alternative but to follow his order.

    우리는 그의 명령을 따르는 것을 제외하고는 대안이 없다.

(4) 의문사+to부정사

- They are studying how to clean the river.

  그들은 어떻게 강을 깨끗하게 해야 할지를 연구하고 있다.

- She asked me when and where to start.

  그녀는 나에게 언제 그리고 어디에서 시작해야 할지를 물었다.

  cf 'if+to부정사'와 'why+to부정사'는 사용하지 않는다.

  - I cannot decide (whether / if) to do it or not.

    나는 그것을 해야 할지 말아야 할지 결정할 수 없다.

2 형용사적 용법

(1) 후치 수식

- I have many friends to help me.

  나는 나를 도와줄 만한 많은 친구들이 있다.
- There are many things to do right now.

  지금 당장 해야 할 많은 것이 있다.
- Give me something to write with. 〈to부정사 앞에 나온 명사가 전치사의 목적어인 경우〉

  쓸 것을 내게 주렴.
- I have no chair to sit on. 〈to부정사 앞에 나온 명사가 전치사의 목적어인 경우〉

  나는 앉을 의자가 없다.

• a house to live in 살 집	• something to write with 필기구
• a chair to sit on 앉을 의자	• something to write on 종이나 공책
• friends to play with 놀 친구	• nothing to be afraid of 두려울 것이 없는
• money to live on 살아갈 돈	• the church to go to 갈 교회

cf 「전치사+관계대명사+to」도 가능하다.

- I have a house to live in(= a house in which to live).

(2) 서술적 용법

① 판단 · 입증동사(seem, appear, prove, turn out, come, get, grow) 다음에 to부정사가 올 때 주격 보어로 쓰인다(이때, to부정사구는 형용사구이다).

- The lady seems to be wealthy.

  그녀는 부유한 것처럼 보인다.
- I can't get to sleep.

  나는 잠들 수 없다.

② be to 용법

예정	We are to take an exam tomorrow. 우리는 내일 시험을 치를 예정이다.
의무	You are to obey the traffic rule. 당신은 교통 법규를 준수해야 한다.
가능	Nothing is to be obtained without labor. 노고 없이는 아무 것도 얻을 수 없다.
의도	If you are to succeed, work hard. 만일 네가 성공하기를 바란다면, 열심히 일해라.
운명	They were never to see their homeland again. 그들은 조국을 결코 다시 보지 못할 운명이었다.

3 **부사적 용법**

(1) 목적 : ~하기 위하여

- He works hard <u>to pass</u> the exam. (= so as to pass, in order to pass)

  = He works hard <u>so that he may[can] pass</u> the exam. (= so that, in order that)

  = He works hard <u>with a view to passing</u> the exam. (= for the purpose of, with the view[the intention, the object] of)

  그는 시험에 합격하기 위하여 열심히 노력한다.

- He works hard <u>so that he might not fail</u> in the exam.

  = He works hard <u>in order that he might not fail</u> in the exam.

  = He works hard (not so as to fail / <u>so as not to fail</u>) in the exam.

  = He works hard (not in order to fail / <u>in order not to fail</u>) in the exam.

  = He works hard (lest he should not fail / <u>lest he should fail</u>) in the exam.

  = He works hard (for fear that he should not fail / <u>for fear that he should fail</u>) in the exam.

  = He works hard (for fear of failing not / for fear of not failing / <u>for fear of failing</u>) in the exam.

  그는 시험에 떨어지지 않기 위하여 열심히 노력한다.

  cf lest should, for fear that should, for fear of는 자체에 부정의 뜻을 포함하고 있으므로 not이 나오면 비문이 된다. 또한 'lest should', 'for fear that should'에서 should는 생략이 가능한데, 이 경우 주어 뒤에는 동사원형이 온다.

(2) 결과 : 그래서 ~하다, 결국 ~하다

- I woke up one morning <u>to find</u> myself famous.

  나는 어느 날 아침 잠에서 깨어나서 내 자신이 유명해진 것을 알았다.

- She tried to sleep <u>only to fail</u>. (only to R : 결국 ~하다)

  = She tried to sleep, but it was useless.

  = She tried in vain(= vainly) to sleep.

  그녀는 자려고 애썼으나, 결국 소용이 없었다.

  cf He seems to live <u>only to eat</u>. 〈목적〉

  그는 오로지 먹기 위하여 사는 것 같다.

Check ⓟoint │ so that 구문

- He went <u>so</u> early <u>that</u> he could get a good seat. 〈결과〉
= He went <u>so</u> early <u>as to</u> get a good seat.
= He went early <u>enough to</u> get a good seat.
그는 일찍 갔기에 좋은 자리를 차지할 수 있었다.
- He went early <u>so that</u> he might[could] get a good seat. 〈목적〉
그는 좋은 자리를 차지하기 위하여 일찍 갔다.

(3) 감정의 원인

감정을 나타내는 형용사(glad, delighted, happy, sad, sorry, surprised 등)나 동사(smile, laugh, weep 등)의 다음에 오는 부정사는 이런 감정을 일으킨 원인을 나타낸다.

- I'm glad to meet you.

  당신을 만나게 되어 기쁩니다.

- She wept to see him looking so sick.

  그녀는 그가 그렇게 아픈 것을 보고 울었다.

(4) 조건

if절(조건절)의 대용어구로 부정사가 쓰일 수 있다.

- You will do well to accept the offer.

  너는 그 제안을 받아들이는 것이 좋다(받아들인다면 잘하는 것이다).

(5) 이유 · 판단의 근거

강한 추측 조동사(must, cannot) 혹은 감탄문 뒤에 오는 부정사는 그렇게 판단하는 근거를 나타낸다.

- He must be mad to say so.

  그는 그렇게 말하는 것을 보니 미쳤음에 틀림없다.

(6) 정도

형용사나 부사 뒤에 부정사가 와서 정도를 나타낸다.

- This coffee is hot to drink.

  이 커피는 마시기에 뜨겁다.

- I'm old enough to go to club.

  나는 클럽에 갈 만큼 충분히 나이가 들었다.

(7) 부정사 구문

① so 형 / 부 as to R : 너무 형 / 부 해서 그 결과로 ~하다 〈결과〉, ~할 정도로 그렇게 형 / 부 하다 〈정도〉

- He got up so early as to catch the first bus.

  그는 매우 일찍 일어나서 그 결과 첫 버스를 탔다(그는 첫 버스를 탈 정도로 그렇게 일찍 일어났다).

② not so 형 / 부 as to R : 형 / 부 할 정도로 그렇게 ~하지 않다 〈정도〉

- He is not so foolish as to make mistakes.

  = He is not so foolish that he makes mistakes.

  그는 실수할 정도로 그렇게 어리석지 않다.

③ too 형 / 부 to R : 너무나 형 / 부 해서 ~ 할 수 없다

- Jack was too angry to speak.

  = He was so angry that he (can / could) not speak.

  잭은 너무 화가 나서 말을 할 수 없었다.

  cf • too 형 / 부 not to R : 너무나 형 / 부 해서 ~할 수 있다

  • not too 형 / 부 to R : ~할 수 없을 정도로 그렇게 형 / 부 하지 않다

4 부정사 to의 생략

(1) to부정사의 병렬 구조

- My mother likes to sew and (to) cook.
  엄마는 바느질과 요리하는 것을 좋아하신다.

(2) help의 목적어로 to부정사가 오는 경우

- Go and help (to) repair the house.
  가서 집수리하는 것을 도와라.

(3) do가 사용된 명사구나 절의 be동사의 보어

- The only thing to do is (to) write to him.
  해야 할 유일한 일은 그에게 편지 쓰는 것이다.
- All you have to do is (to) sign here.
  여기에 서명하기만 하면 된다(네가 해야 하는 모든 것은 여기에 서명하는 것이다).

Unit 02　동명사의 용법

---

1 주어

- Traveling by car is very interesting.
  차로 여행하는 것은 매우 재미있다.
- Making much money is not the end and aim of life.
  많은 돈을 버는 것이 인생의 궁극적인 목적은 아니다.

2 보어

- His only fault is getting up late in the morning.
  그의 유일한 결점은 아침에 늦게 일어나는 것이다.

3 목적어

- She enjoyed talking about herself.
  그녀는 자신에 대해 말하는 것을 즐겼다.
- No one dreamed of there being such a place.
  누구도 그런 곳이 있을 것이라고 꿈도 꾸지 못했다.

Unit 03   준동사 목적어

1 동명사만을 목적어로 취하는 타동사 : 주로 과거지향적 · 회피 · 중단의 의미

'연기하다'류	postpone, put off, delay 등
'끝내다'류	finish, quit, abandon, give up 등
'허락하다'류	allow, permit, admit, favor 등
'부인하다'류	avoid, deny, mind, help, escape 등
기타	enjoy, consider, recall, fancy, imagine, risk, practice, suggest, anticipate, appreciate, resist 등

- He gave up underlining drinking and smoking.

  그는 술과 담배를 끊었다.
- I finished reading the novel last night.

  나는 어젯밤에 소설을 읽는 것을 끝냈다.
- Would you mind opening the door?

  문 좀 열어 주시겠습니까?
- You should practice playing the piano.

  너는 피아노 연습을 해야 한다.
- She considered going abroad for graduate work.

  그녀는 졸업 작품을 위해 해외로 나갈 것을 고려하고 있다.
- My grandma enjoys sewing and knitting.

  나의 할머니는 바느질과 뜨개질을 즐기신다.
- I resent her being too snobbish.

  그녀가 너무 고상한 척해서 불쾌하다.

2 부정사만을 목적어로 취하는 타동사 : 주로 미래지향적

'희망하다'류	wish, expect, want, hope 등
기타	manage, decide, pretend, fail, tend, afford, agree, promise, plan, long, choose, refuse, propose, hesitate, resolve, determine 등

- I want to discuss the matter with you.

  나는 너와 그 문제에 대해서 토론하길 원한다.
- He decided to leave school.

  그는 학교를 그만두기로 했다.
- I longed for him to stay.

  나는 그가 머무르기를 바랐다.
- He promised not to be late.

  그는 늦지 않기로 약속했다.

- He refused to believe what I said.

  그는 내가 말한 것을 믿기를 거부했다.

- She managed to avoid being punished.

  그녀는 가까스로 처벌을 면했다.

③ 부정사 · 동명사 둘 모두를 목적어로 취하는 동사(의미 변화 ×)

> like, love, begin, start, continue, dislike, hate, cease, attempt, prefer, neglect 등

※ dislike는 현대영어에서 동명사를 목적어로 받는 성향이 강하고, attempt는 부정사를 목적어로 받는
성향이 강하다.

- It began (to rain / raining).

  비가 오기 시작했다.

- I prefer staying here to going out.

  = I prefer to stay here rather than (to) go out.

  *I prefer to stay here to going out. (×)

  나는 외출하는 것보다 여기에 머무는 것이 더 좋다.

④ 부정사 · 동명사 둘 모두를 목적어로 취하는 동사(의미 변화 ○)

(1) forget, remember

forget / remember＋동명사	~한 일을 잊다/기억하다(과거)
forget / remember＋to부정사	~할 일을 잊다/기억하다(미래)

- I won't forget seeing her then.

  나는 그때 그녀를 본 것을 잊지 못할 것이다. 〈과거사실〉

- Don't forget to mail this letter tomorrow.

  내일 이 편지를 부치는 것을 잊지 마라. 〈미래사실〉

(2) try

try＋동명사	~을 시험 삼아 해보다
try＋to부정사	~을 하려고 애쓰다

- He tried writing to her, but she didn't answer.

  그는 시험 삼아 그녀에게 편지를 썼지만, 그녀는 답장하지 않았다.

- He tried to write to her, but he couldn't.

  그는 그녀에게 편지를 쓰고자 애썼으나, 쓸 수가 없었다.

(3) regret

regret＋동명사	~한 것을 후회하다
regret＋to부정사	~하게 되어 유감이다

- I regret to say that you are mistaken.

  유감스럽지만 네가 잘못 생각했다고 말해야겠다.

  ※ 「regret＋to부정사」는 부정사 자리에 say, tell, inform 등의 동사가 자주 온다.

- I regret leaving school.

  나는 학교를 그만둔 것을 후회한다.

cf stop

stop＋동명사	~하던 것을 멈추다
stop＋to부정사	~하기 위해 멈추다

- I stopped to smoke.

  나는 담배를 피우기 위하여 멈추었다.

- I stopped smoking.

  나는 담배를 피우던 것을 멈추었다. (금연)

- Unless you stop (fighting / to fight), I will call up the police.

  당신들이 싸움을 멈추지 않는다면 나는 경찰에 전화를 할 것이다.

5 형식에 따라 준동사를 달리 취하는 동사

(1) allow, permit

- He allowed (to smoke / smoking). 〈3형식〉

  그는 담배 피우는 것을 허용했다.

- He allowed us (to smoke / smoking). 〈5형식〉

  그는 우리가 담배 피우는 것을 허용했다.

  cf CHAPTER 01, Unit 14 목적격 보어 자리에 to부정사 · 원형부정사 · 분사

(2) wish, expect, want, hope 등 소망동사

① wish, expect, want, hope 등은 to부정사를 목적어로 취한다.

- I (expect / hope / want) to go there.

② want는 that절을 목적어로 취할 수 없다.

- I (expect / hope / want) that you will go there.

③ hope는 5형식을 취할 수 없다.

- I (expect / hope / want) you to go there.

  cf CHAPTER 01, Unit 14 목적격 보어 자리에 to부정사 · 원형부정사 · 분사

④ 과거에 이루지 못한 소망이나 의도 : ~하려 했으나 하지 못했다

> 소망동사(미래동사)의 과거+완료부정사(to have p.p.)
> 소망동사(미래동사)의 과거완료+단순부정사(to R)

- I hoped to win the game, but I couldn't.
  = I hoped to have won the game.
  = I had hoped to win the game.
  = I had hoped that I would win the game.
  *I had hoped to have won the game. (×)
  나는 그 시합에 이기길 희망했는데 이기지 못했다.

Unit 04   준동사의 주어

1 **부정사의 의미상 주어**

(1) 부정사의 의미상 주어가 일반인이거나 문장의 주어나 목적어와 일치할 경우에는 쓰지 않는다. 부정사의 의미상 주어를 써줄 경우에는 「for+목적격」이 원칙이다.

- To tell a lie is wrong. 〈일반인 주어는 생략〉
  거짓말하는 것은 나쁘다.
- I hope to go to Bhutan. 〈문장의 주어와 일치〉
  나는 부탄에 가고 싶다.
- I want you to marry Jack. 〈문장의 목적어와 일치〉
  나는 네가 잭과 결혼했으면 한다.
- There are many things that I should do today.
  = There are many things for me to do today.
  오늘 내가 해야 할 일이 많다.
- It is difficult for him to read the book.
  그가 그 책을 읽는 것은 어렵다.

(2) 사람의 성격 · 품성을 나타내는 인성 형용사(kind, unkind, good, rude, nice, bad, wise, clever, foolish, silly, stupid, polite, impolite, careful, careless, thoughtful, sensible, considerate 등) 뒤에서 행위자에 초점을 두는 경우 「of+목적격」을 쓴다.

- It is not wise that you should be angry with him.
  = It is not wise of you to be angry with him.
  그에게 화를 내다니 너는 현명치 못하구나.
- It is (considerable / considerate) of you to help the poor.
  네가 가난한 사람들을 돕다니 사려 깊다.

(3) 난이도 · 쾌편 형용사(easy, hard, difficult, tough, convenient, pleasant 등), 가 / 불 형용사
(possible, impossible 등)

① 원칙적으로 사람을 주어로 할 수 없으며, 의미상의 주어가 앞으로 올 수 없다. 단, 예외적으로 to부정
사의 목적어가 상승 시에는 가능하다. → 목적어의 상승 규칙

- Come whenever (you are convenient / it is convenient to you).
  당신이 편리할 때 언제든 오시오.
- He was (pleasant / pleased) to hear the news.
  그는 소식을 듣고 기뻤다.
- It is difficult for Tom to master English.
  → Tom is difficult to master English. (×)
  → English is difficult for Tom to master. (○)
  탐이 영어를 마스터 하는 것은 어렵다.
  cf It is foolish of you to do the work.
  → You are foolish to do the work. (○)

② 난이도 · 쾌편 형용사는 that절을 진주어로 쓸 수 없으나 가 / 불 형용사는 that절을 진주어로 사용할
수 있다. 난이도 · 쾌편 형용사는 부정사 구문을 진주어로 써야 한다.

- It is (easy / possible) that she mastered English.
  그녀가 영어를 정복하는 것은 가능하다.
  cf It is easy for her to master English.

2 동명사의 의미상 주어

동명사의 의미상 주어가 일반인이거나 문장의 주어와 일치할 경우에는 쓰지 않는다. 동명사의 의미상 주
어는 소유격이 원칙이나 현대영어에서는 목적격도 흔하게 쓴다.

- Swimming is a good excercise. 〈일반인 주어는 생략〉
  수영은 좋은 운동이다.
- He enjoyed hunting. 〈문장의 주어와 일치〉
  그는 사냥을 즐겼다.
- I am sorry that my son offended you.
  = I am sorry for my son(= my son's) having offended you.
  내 아들이 당신의 기분을 상하게 한 것에 대해 죄송합니다.
- She insisted that he should be sent to a mental hospital.
  = She insisted on his(= him) being sent to a mental hospital.
  그녀는 그를 정신병원에 보내야 한다고 주장했다.
- They insist that I (should) go there.
  = They insist (on going / on my going) there.
  그들은 내가 거기에 갈 것을 주장한다.
- As soon as he saw her, she ran away.
  = (On seeing / On his seeing) her, she ran away. 〈on -ing 구문 의미상 주어 확인〉
  그가 그녀를 보자마자 그녀는 도망갔다.

cf 의미상의 주어가 무생물인 경우 명사(목적격)를 그대로 둔다.
- I don't like the room being messy. → the room's being (×)

  나는 방이 지저분한 것을 좋아하지 않는다.

③ 준동사 주어 확인(현수구문)

- To win the game, (much training is needed / <u>we need much training</u>).

  그 경기를 이기기 위해, 우리는 많은 훈련을 필요로 한다.

- On arriving at the station, (the train leaved / <u>we saw the train leave</u>).

  역에 도착했을 때, 우리는 기차가 떠나는 것을 보았다.

- I appreciate (sending me the gift / <u>your sending me the gift</u>).

  = I appreciate being sent the gift.

  네가 내게 선물 보낸 것을 감사한다.

- Forgive (calling you up / <u>my calling you up</u>).

  전화 걸어 깨운 것을 용서해라.

Unit 05   준동사의 시제

---

① 부정사의 시제

(1) 단순시제(to R) : 술어동사의 시제와 같거나, (동사에 따라) 그 이후, 즉 미래의 내용을 나타내기도 한다.

- He seems <u>to be</u> rich. 〈술어동사와 같은 시제〉

  = It seems that he is rich.

  그는 부유해 보인다.

- He seemed <u>to be</u> rich.

  = It seemed that he was rich.

  그는 부유해 보였다.

  cf 희망, 기대 등을 나타내는 동사(hope, expect, want, wish, offer, promise 등)의 다음에 오는 단순부정사는 그 이후, 즉 미래의 내용을 나타낸다.

  - I hope <u>to meet</u> her again. 〈술어동사보다 미래 내용〉

    = I hope that I will meet her again.

    나는 그녀를 다시 만나길 희망한다.

  - I expected <u>to meet</u> her again. 〈술어동사보다 미래 내용〉

    = I expected that I would meet her again.

    나는 그녀를 다시 만나길 기대했다.

(2) 완료시제(to have p.p.) : 술어동사의 시제보다 앞선 시제를 나타낸다.

- He seems to have been rich. 〈술어동사보다 이전〉

  = It seems that he was[has been] rich.

  그는 부유했던 것처럼 보인다.

- He seemed to have been rich. 〈술어동사보다 이전〉

  = It seemed that he had been rich.

  그는 부유했던 것처럼 보였다.

2 동명사의 시제

(1) 단순시제(R-ing) : 술어동사의 시제와 같거나, (동사에 따라) 그 이전이나 이후의 시제를 나타내기도 한다.

- She is proud of living in Gangnam. 〈술어동사와 같은 시제〉

  = She is proud that she lives in Gangnam.

  그녀는 강남에 사는 것을 자랑스러워 한다.

- He was ashamed of being poor. 〈술어동사와 같은 시제〉

  = He was ashamed that he was poor.

  그는 가난한 것을 부끄럽게 여겼다.

- I remember seeing her somewhere. 〈술어동사보다 이전〉

  = I remember that I saw her somewhere.

  나는 어디선가 그녀를 본 기억이 있다.

(2) 완료시제(having p.p.) : 술어동사의 시제보다 앞선 시제를 나타낸다.

- He is ashamed of having been poor. 〈술어동사보다 이전〉

  = He is ashamed that he was poor.

  그는 가난했던 것을 부끄럽게 여긴다.

- She denied having seen her boyfriend there. 〈술어동사보다 이전〉

  = She denied that she had seen her boyfriend there.

  그녀는 그곳에서 자신의 남자친구를 본 것을 부인했다.

3 준동사 단순시제 vs. 완료시제

- He is reported (to be killed / to have been killed) in the war.

  그는 전쟁터에서 죽었다고 보고된다. → 죽은 것이 보고된 것보다 먼저 발생

- I am ashamed of (behaving / having behaved) rudely last night.

  나는 어젯밤 무례하게 행동한 것에 대해 부끄럽다.

Unit 06 준동사의 부정

1 부정사

- I waited not to get in the way.

  나는 방해가 되지 않기 위해서 기다렸다.

2 동명사

- He is proud of never having accepted bribes.

  그는 결코 뇌물을 받아본 적이 없는 것을 자랑스럽게 여긴다.

Unit 07 준동사의 태

1 부정사

- The baby is expected to be taken good care of.

  그 아기는 잘 돌봐질 것으로 기대된다.

- There is some money to be used.

  사용될 돈이 조금 있다.

  cf He has some money to use.

  그는 쓸 돈이 있다.

2 동명사

- I don't like being treated as a child.

  나는 아이처럼 대접받는 것을 싫어한다.

- When is this news being made?

  이 뉴스가 나간 시점은 언제인가?

Unit 08 독립부정사

문장 전체를 수식하는 일종의 부사구로서 to부정사의 관용적 용법에 해당된다.

1 not to speak of : ~은 말할 것도 없고

- He can play the piano, not to speak of the guitar.
  = He can play the piano, to say nothing of the guitar.
  = He can play the piano, not to mention the guitar.
  = He can play the piano, let alone the guitar.
  그는 기타는 물론 피아노도 연주할 줄 안다.

2 so to speak : 말하자면, 소위

- He is, so to speak, a man of an iron will.
  = He is, as it were, a man of an iron will.
  말하자면, 그는 철의 의지를 가진 사나이이다.

3 to make matters worse : 설상가상, 엎친 데 덮친 격으로

- To make matters worse, she lost her health.
  = To add her miseries[difficulties], she lost her health.
  설상가상, 그녀는 건강마저 잃었다.

4 to begin with : 우선, 무엇보다도(= above all, first of all)

- To begin with, I don't like his appearance.
  우선, 난 그의 외모가 마음에 안 들어.

5 to do justice : 공평하게 말하면, 공정하게 평한다면

- To do him justice, he has many faults, but is not an ill-natured man.
  공정하게 평한다면, 그는 결점이 많으나, 성질이 고약한 사람은 아니다.

Unit 09   대부정사

앞쪽 동사를 반복할 때 to만으로 부정사를 나타낸다.

• I will exercise if you advise (me / <u>me to</u>).
  네가 충고한다면 나는 운동을 할 것이다.

Unit 10   부정사의 관용표현

cf CHAPTER 19, Unit 05 to부정사의 관용적 표현

Unit 11   동명사의 관용표현

cf CHAPTER 19, Unit 06 동명사의 관용적 표현

Unit 12   사물 주어

1 so ~ that 구문 vs. 부정사

부정사구에서 부정사의 의미상 목적어가 앞에 표시되어 있으면 생략하지만, 절에서는 표시한다.

- The ice was <u>so</u> thick <u>that</u> we (can / could) walk on <u>it</u>.

  = The ice was <u>thick enough</u> to walk on.

  그 얼음은 (그 위를) 걸을 정도로 두꺼웠다.

- The book is <u>too</u> difficult for a child (<u>to read</u> / to read it).

  그 책은 너무 어려워서 어린이가 읽을 수 없다.

- The old man is <u>too</u> old <u>to walk</u>.

  = The old man is <u>so</u> old <u>that</u> he <u>cannot walk</u>.

  그 노인은 걷기에 너무 늙었다.

2 수동의 의미의 동명사

> want, need, require, deserve+~ing(수동 의미의 동명사) / to be p.p.(수동 부정사) : ~을 필요로 하다

- My chair <u>wants</u> <u>mending</u>.

  = My chair <u>wants</u> to be mended.

  *My chair wants being mended. (×) / *My chair wants to mend. (×)

  내 의자는 수리를 요한다.

- This watch needs (<u>repairing</u> / <u>to be repaired</u> / being repaired / to repair).

  이 시계는 수리될 필요가 있다.

Check ⓟoint │ 사물 주어가 아닌 경우

- to부정사 목적어 : The boy wants <u>to wash</u> his face.
- 동명사 수동태 : She objected to <u>being treated</u> like that.
- 조동사, 본동사 need : He needs <u>to go</u> there.

분사(Participle)

☑ 최신 출제경향 **파악하기**

01 우리말을 영어로 가장 잘 옮긴 것은?

> 그는 옷을 모두 입은 채 물속으로 곧장 걸어갔다.

① While putting on all of his clothes, he walked straight into the water.

② On wearing all of his clothes, he walked straight into the water.

③ He walked straight into the water, dressing all of his clothes.

④ He walked straight into the water with all of his clothes on.

분석

④ **with 분사구문** 「with+명사+분사」는 '명사가 ~한 채'라는 의미로, 명사의 상태를 나타낸다. '그의 옷을 모두 입은 채'로 해석되므로 적절하게 쓰였다.

① **접속사 while** while은 '~동안'을 의미하며, '그가 옷을 입는 동안 물에 들어갔다'라고 해석되므로 주어진 우리말과 맞지 않다.

② **on R-ing** 「on R-ing」는 '~하자마자'를 의미한다. 옷을 입자마자 물에 들어간 것은 주어진 우리말과 맞지 않다.

③ **동사 dress / 분사구문의 이해** dress는 '옷을 입히다'라는 의미로, dressing 이하는 '옷을 입히면서'라는 동작을 강조하게 되어 주어진 우리말과 맞지 않다.

어휘

□□□	put on	~을 입다[쓰다/끼다/걸치다]
□□□	straight	곧장, 똑바로

정답 ④

출제 Ⓟoint

'with 분사구문'은 부대상황을 설명하며, 형태는 「with+명사+분사/형용사/부사/전치사구」이다. 주된 상황에 덧붙여진 행위가 동시에 일어날 때 동작의 생생한 묘사적 효과를 주기 위해 사용한다. 특히 문법과 독해에서 자주 출제되는 개념이므로 꼼꼼한 학습이 요구된다.

02 우리말을 영어로 잘못 옮긴 것은?

① 모든 정보는 거짓이었다.

   → All of the information was false.

② 토마스는 더 일찍 사과했어야 했다.

   → Thomas should have apologized earlier.

③ 우리가 도착했을 때 영화는 이미 시작했었다.

   → The movie had already started when we arrived.

④ 바깥 날씨가 추웠기 때문에 나는 차를 마시려 물을 끓였다.

   → Being cold outside, I boiled some water to have tea.

분석

④ **분사구문의 의미상 주어 / 비인칭주어 it**   Being cold outside의 경우, 날씨를 나타내기 때문에 비인칭주어 it이 분사구문의 주어가 되어야 한다. 이때 주절의 주어인 I와 일치하지 않으므로 주어를 생략할 수 없다. 따라서 Being cold outside를 'It being cold outside'로 고쳐야 한다.

① **all of + 가산명사 / 불가산명사 / 불가산명사 information / 주어-동사 수일치**   'all of' 뒤에는 가산명사와 불가산명사 모두 쓸 수 있고, 뒤에 오는 명사에 따라 동사의 수일치가 일어난다. information은 불가산명사이므로 단수동사 was가 적절하다.

② **should have p.p.**   '~했어야 했다'라는 과거의 후회를 의미하기 위해 should have p.p가 적절하다.

③ **동사의 시제**   주절의 부사 already를 통해 주절의 시제가 when 부사절보다 이전에 일어난 사건임을 알 수 있다. 부사절은 과거시제를 사용하고 있으므로 주절에는 이보다 한 시제 더 앞선 대과거인 had started가 적절하다.

어휘

□□□	apologize	사과하다
□□□	boil	끓이다[끓다]

정답 ④

출제 ⓟoint

분사구문의 의미상의 주어가 주절의 주어와 같을 때는 생략할 수 있지만 다를 때는 생략할 수 없다. 특히 비인칭주어가 분사구문의 주어로 등장하는 경우가 종종 출제되므로 분사의 의미상의 주어와 주절의 주어가 일치하는지 논리적으로 따져봐야 한다.

Unit 01 동명사와 현재분사의 구별

동명사와 현재분사는 그 형태는 「R-ing」로 같으나, 그 용법이 서로 다르다.

1 동명사

동명사는 명사의 역할을 하며 용도나 목적을 표시한다.

2 현재분사

현재분사는 형용사와 동사의 역할을 하며 동작의 진행을 나타낸다.

a swimming suit	a suit (which is used) for swimming 수영복
a swimming girl	a girl who is swimming 수영하고 있는 소녀

현재분사(동작의 진행)	동명사(용도)
• a sleeping baby 잠자는 아기 • a waiting lady 기다리고 있는 숙녀 • a walking dictionary 걸어 다니는 사전(똑똑한 사람, 박식한 사람)	• a sleeping bag 침낭 • a waiting room 대기실 • a walking stick 지팡이

- This is my cousin running a small shop. 〈현재분사〉

  이 사람이 작은 가게를 경영하고 있는 나의 사촌이다.

- Running a small shop is never easy. 〈동명사〉

  작은 가게를 운영하는 것은 결코 쉽지 않다.

Check Ⓟoint | 현재분사와 동명사의 주어 비교

- Rising food prices have forced the poor people to either eat less or skip meals. 〈현재분사〉
  식료품 가격이 올라서 가난한 사람들은 어쩔 수 없이 식사를 적게 하거나 거르게 되었다.
- Starting the day actively with morning exercise is the key to losing weight. 〈동명사〉
  아침 운동으로 활기차게 하루를 시작하는 것이 살을 빼는 비결이다.

cf 과거동사와 과거분사의 구별

- The color changed by the filter(과거분사) changed(과거동사) the feelings of the object.

  필터에 의해 변화된 색깔이 그 물체의 느낌을 바꾸었다.

- The efforts made by many organizations(과거분사) made(과거동사) the company put off the destruction of the old building.

  많은 조직들에 의해 이루어진 노력은 회사가 옛 건물의 파괴를 연기하도록 만들었다.

❶ 분사의 한정적 용법

명사의 앞뒤에서 그 명사를 수식한다. 단독으로 쓰이는 분사는 명사 앞에서, 수식어 · 목적어가 있으면 명사 뒤에서 수식한다.

현재분사	과거분사
• falling leaves 떨어지고 있는 나뭇잎 • The country using natural gas 천연가스를 사용하고 있는 나라 • people making cars 자동차를 만들고 있는 사람들	• fallen leaves 떨어진 나뭇잎 • the gas used in the country 그 나라에서 사용되는 천연가스 • cars made in Korea 대한민국에서 만들어진 자동차

❷ 분사의 서술적 용법

분사가 주격 보어와 목적격 보어로 쓰이는 경우이다.

(1) 현재분사 : 자동사 – 진행 / 타동사 – 능동 · 사역

- Tae-woo lay whistling on the grass.

  태우는 잔디에 누워서 휘파람을 불고 있었다.

- Elizabeth saw Tae-woo flying a kite.

  엘리자베스는 태우가 연을 날리는 것을 보았다.

(2) 과거분사 : 자동사 – 완료 / 타동사 – 수동

- He lies buried in that churchyard.

  그는 저 교회 묘지에 안장되어 있다.

- Alice found her horse tied to a tree.

  앨리스는 자신의 말이 나무에 묶여 있는 것을 발견했다.

Unit 03 감정유발동사(감정을 유발하면 ing / 감정을 받으면 ed)

surprise(놀라게 하다), excite(흥분시키다), bore(지루하게 만들다), interest(~의 관심을 끌다), embarrass(당황스럽게 만들다), annoy(짜증나게 하다), astonish(깜짝 놀라게 하다), please(기쁘게 하다), amaze(놀라게 하다), disappoint(실망시키다), puzzle(어리둥절하게 만들다), confuse(혼란시키다), move(가슴이 뭉클해지게 하다), touch(감동시키다), bewilder(어리둥절하게 하다) 등

- English interests me.
- I am interested in English.
- English is interesting.
- English is an interesting subject.
- He is a terrifying man. → 위협을 하는 사람(강도)
- He is a terrified man. → 겁먹은 사람(피해자)
- It was a surprising news.
  그것은 놀라운 소식이었다.
- The result made the master satisfied.
  그 결과는 주인을 만족하게 했다.
- I am (confusing / confused) at the result.
  나는 그 결과를 보고 혼란스럽다.
- The result is (confusing / confused).
  그 결과는 혼란스럽다.

Unit 04 분사 출신의 형용사

demanding(힘든, 요구가 많은), missing(사라진, 실종된), challenging(도전적인, 힘든), lasting(지속적인), leading(주도적인), promising(전도유망한), attached(애착을 가진, 첨부된), complicated(복잡한), distinguished(유명한), limited(제한된), experienced(숙련된), qualified(자격을 갖춘), sophisticated(세련된, 정교한), learned(박식한) 등

- It's been physically demanding.
  육체적으로 엄청 힘들었어요.
- The missing cat is to seek.
  사라진 고양이가 아직 발견되지 않았다.
- He is a promising soccer player.
  그는 전도가 유망한 축구 선수이다.
- Learned men are not necessarily wise.
  박식한 사람이라고 반드시 현명한 것은 아니다.

Unit 05 　자동사 분사의 후치 수식

우리말 해석으로는 수동태 · 과거분사를 사용할 것 같지만, 영어로는 능동태 · 현재분사를 사용한다.

> disappear(사라지다), look(보다), belong to(~에 속하다), consist of(~로 구성되다), result from(~이 원인이다), suffer from(~로 고통 받다) 등

- I saw a happy-looking mother.
  나는 행복해 보이는 한 엄마를 보았다.
- There are many people suffering from a drought.
  가뭄으로 고통 받고 있는 사람들이 많다.
- The law will be evaluated by a committee (consisting of / consisted of) experts.
  그 법은 전문가들로 구성된 위원회에 의해 평가될 것이다.
- It was an accident (resulting from / resulted from) carelessness.
  그것은 부주의로부터 생겨난 사고였다.

Unit 06 　유사분사(형용사 / 명사+ed) : ~을 가진, ~의 특성을 가진

유사분사란 「형용사+명사」에 '-ed'가 붙은 것이다. 수동의 의미는 없으며 '소유'의 의미인 '~를 가진'이라는 뜻을 나타낸다.
- red-haired boy
  빨간 머리를 한 소녀
- hot-tempered youth
  성미가 급한 젊은이
- one-eyed captain
  애꾸눈의 선장
- broad-minded man
  마음이 넓은 사람

Unit 07 　분사구문(부사절의 축약형)

현재분사, 과거분사, 형용사를 이용하여 부사절을 부사구로 전환한 것을 분사구문이라 한다. 분사구문은 문맥에 따라서 여러 가지 의미를 가지는데, 그 의미는 주절과 분사구문의 논리적인 관계에 따라 결정된다.

1 분사구문 만드는 법

(종속절 = 부사절), (주절)

접속사+S'+V', S+V

→ 동사원형+ing, S+V

cf 분사구문은 문장의 앞, 중간 또는 뒤에 오기도 한다. 접속사는 그 의미를 명확하게 하기 위해, 생략하지 않고 그대로 둘 수 있다.

(1) 접속사 생략

시간	when, after, while, as 등
이유	as, because, since 등
조건	if, whether, once, unless 등
양보	though, although 등
동시 · 연속동작	as, and 등

(2) 주어 생략 여부

- S' = S → 주절의 주어와 종속절의 주어가 같으면 생략한다.
- S' ≠ S → 주절의 주어와 종속절의 주어가 다르면 생략하지 않고 그대로 둔다.

(3) 시제

- V' = V → 종속절 동사의 시제가 주절 동사의 시제와 같으면 단순시제(R-ing)로 전환한다.
- V' > V → 종속절 동사의 시제가 주절 동사의 시제보다 한 시제 빠르면 완료시제(having p.p.)로 전환한다.

※ being 또는 having been은 생략이 가능하다.

2 분사구문의 종류

(1) 시간(after, when, while)의 관계일 때는 '~할 때, ~하는 동안, ~하고 나서'로 해석한다.

- When you cross the street, you should look both ways.

  = Crossing the street, you should look both ways.

  길을 건널 때는, 너는 길 양쪽을 살펴야 한다.

(2) 이유(because, as, since)를 나타내는 경우 '~때문에, ~이므로'로 해석한다.

- As she was rich at her days, she could go aboard.

  = (Being) Rich at her days, she could go aboard.

  그녀가 한창때에는 부유했기 때문에 해외에 갈 수 있었다.

(3) 조건(if)인 경우에는 '만약 ~하면'으로 해석한다.

- I'm planning to go mountain climbing, if the weather permits.

= I'm planning to go mountain climbing, <u>weather permitting</u>.

날씨가 허락한다면, 나는 등산하러 갈 계획이에요.

(4) 양보(though, although, even if)인 경우에는 '비록 ~일지라도'로 해석한다.

- Though he is old, he works hard.

= <u>(Being) Old</u>, he works hard.

그는 나이가 많지만 열심히 일한다.

(5) 동시동작(as, while)인 경우에는 '~하면서', 시간의 차이를 두고 일어나는 연속적인 동작(and then)인 경우에는 '그러고 나서 ~하다'라고 해석한다.

- He watched television while he was drinking a glass of beer.

= He watched television, <u>drinking</u> a glass of beer.

그는 맥주 한 잔을 마시면서, 텔레비전을 보았다.

- Suddenly he stood up, and he went out.

= Suddenly he stood up, <u>going out</u>.

갑자기 그는 일어서서 밖으로 나갔다.

Check Point | 분사구문의 해석이 안 되는 경우

> 분사구문은 '~해서, ~하면서'로 해석하면 거의 다 해석이 된다. 문법 문제를 푸는 경우에는 현재분사, 과거분사 앞으로 생략된 주어, 즉 주절의 주어를 가져와서 능동·진행의 의미, 수동·완료의 의미를 파악한다.

3 분사구문의 시제

다른 준동사와 마찬가지로, 시제가 같을 때는 단순분사구문(R-ing)으로, 주절의 시제보다 앞선 경우에는 완료분사구문(having p.p.)으로 시제를 나타낸다.

- As the book was written in haste, it has many mistakes.

= <u>(Having been) Written</u> in haste, the book has many mistakes.

그 책은 급하게 집필되었기 때문에 오류가 많다.

4 분사구문의 종속절이 형용사·수동태·진행형일 경우 분사구문의 being 또는 having been은 생략할 수 있다.

- As I had been deceived by him, I couldn't trust him.

→ <u>(Having been) Deceived</u> by him, I couldn't trust him.

그에게 속았기 때문에 나는 그를 믿을 수 없었다.

- When he was frightened by the news, he turned pale.

→ <u>(Being) Frightened</u> by the news, he turned pale.

그 소식에 깜짝 놀라서 그는 창백해졌다.

5 분사구문의 의미를 명료하게 하기 위해 접속사를 생략하지 않을 수 있다.

- While staying in Paris, I got to know Elizabeth.
  파리에 있는 동안 엘리자베스를 알게 되었다.
- If used wisely, it will be very useful.
  현명하게 사용된다면, 그것은 유용할 것이다.

6 독립분사구문

주절과 종속절의 주어가 같을 때에는 종속절의 주어를 반드시 생략하지만, 다를 경우 주어를 생략할 수 없다. 이를 분사의 '의미상의 주어'라고 하고, 이러한 분사구문을 '독립분사구문'이라 한다.

- As there was no bus service, I had to walk all the way.
  → <u>There being</u> no bus service, I had to walk all the way.
  버스가 없어서, 나는 내내 걸어야 했다. (there를 형식상의 주어로 취급)
- (Being / <u>There being</u>) no evidence against him, he was released.
  불리한 증거가 없어서 그는 석방되었다.
  ※ 분사구문과 동명사에서 '교통수단, 방, 강, 공간, 증거 등이 있다, 없다'의 의미인 경우 there를 확인
- (Being / <u>It being</u>) cloudy, I stayed at home.
  구름이 끼어서, 나는 집에 머물렀다.
  ※ 날씨에서 비인칭주어 It을 확인
- As the sun had risen, we started.
  → <u>The sun having risen</u>, we started.
  해가 떴으므로 우리는 출발했다.
- (Permitting / <u>Weather permitting</u>), the race will take place as scheduled.
  날씨가 허락한다면 경기는 예정대로 열릴 것이다.

cf (있다, 없다 there) 동명사

- I never dreamed <u>of there being a river</u> in the deep forest.
  나는 그 깊은 숲속에 강이 있으리라곤 꿈에도 생각하지 못했다.
- No one thought <u>of there being</u> such a place.
  누구도 그런 곳이 있을 것이라고 생각하지 못했다.

7 분사구문의 부정 : 부정어는 분사 앞에 사용한다.

- As he did not want to wake her up, he left silently.

  → Not wanting to wake her up, he left silently.

  그녀를 깨우기를 원하지 않았기 때문에, 그는 조용히 떠났다.

8 무인칭 독립분사구문

종속절의 주어가 일반인을 지칭하는 막연한 상황에서는 주절과 종속절의 주어가 다르다고 하여도 종속절의 주어를 생략한다. 이를 '무인칭 독립분사구문'이라고 한다.

- considering ~을 고려할 때
- frankly speaking 솔직히 말한다면
- providing that 만약 ~이라면
- judging from ~로 판단하건대
- generally speaking 일반적으로 말한다면
- roughly speaking 대충 말한다면
- strictly speaking 엄밀히 말한다면

- Generally speaking, women are more emotional than men.

  일반적으로 말해서, 여성이 남성보다 더 감성적이다.

- Taking all things into consideration[account], you are wrong.

  = When I take all things into consideration, you are wrong.

  = Considering all things, you are wrong.

  = All things taken into consideration, you are wrong.

  = All things considered, you are wrong.

  모든 것을 고려할 때, 네가 틀렸다.

9 부대상황

「with+O+(V-ing 또는 p.p.)」는 주된 상황에서 부수적으로 일어나는 상황을 설명하며, 목적어(O)가 '~한 채로, ~하면서, ~하여'라고 해석한다. 목적어와의 관계가 능동인 경우에는 현재분사(V-ing)가 이어지며, 수동인 경우에는 과거분사(p.p.)가 이어진다. 위 구문에서 형용사나 부사(구)도 올 수 있는데, 이것은 형용사와 부사(구) 앞에 'being'이 생략된 형태로 파악하면 된다.

(1) with+O+(V-ing 또는 p.p.)

- With night coming on, we went back home in a hurry.

  = As night came on, we went back home in a hurry.

  밤이 다가와서 우리는 서둘러서 집으로 돌아갔다.

- She went out, with tears falling.

  그녀는 눈물을 흘리면서 밖으로 나갔다

- He was sitting with his arms folded[crossed].

  그는 팔짱을 끼고 앉아 있었다.

(2) with+O+형용사

- With his comrades dead, he could not carry out his mission any more.

  전우들이 죽어서, 그는 그의 임무를 더 이상 수행할 수가 없었다.

- Don't talk with your mouth (being) full.

  입에 음식을 가득 넣고 말하지 마라.

- Her son went out with the door open.

  그녀의 아들이 문을 열어 놓은 채 외출했다.

(3) with+O+부사(구)

- The detective came in with his shoes on.

  형사가 신발을 신은 채로 들어왔다.

- She went shopping with television on.

  그녀는 TV를 켜 놓은 채로 쇼핑하러 갔다.

(3) with+O+전치사구

- with a book under his arm

  겨드랑이에 책을 끼고

- with his hands in his pockets

  호주머니에 양손을 넣은 채

- The man stood with his back (being) against the wall.

  남자는 등을 벽에 기댄 채 서 있었다.

🔟 분사구문 강조

> - 현재분사+as+주어+do동사
> - 과거분사(형용사)+as+주어+be동사

- Standing as it does on a hill, the hotel commands a fine view.

  사실 높은 언덕에 서 있어서, 그 호텔은 전망이 좋다.

- Written as it is in plain English, the letter is easy to read.

  사실 쉬운 영어로 쓰였기 때문에, 그 편지는 읽기 쉽다.

접속사(Conjunction)

☑ **최신 출제경향 파악하기**

01 빈칸에 들어갈 단어로 가장 옳은 것은?

> The term 'subject' refers to something quite different from the more familiar term 'individual.' The latter term dates from the Renaissance and presupposes that man is a free, intellectual agent and _____ thinking processes are not coerced by historical or cultural circumstances.

① that   ② what   ③ which   ④ whose

분석

① **병렬구조**   presupposes의 목적어 자리에 that절 두 개가 and로 연결되고 있는 것을 보아야 한다. 빈칸은 and 앞의 that과 병렬로 연결되고 있다. 그리고 빈칸 뒤는 수동태의 완전한 절이므로 빈칸에는 명사절 접속사 that이 적절하다.

해석

'주체'라는 용어는 좀 더 친숙한 용어인 '개인'과 상당히 다른 것을 가리킨다. 후자의 용어는 르네상스 시대에서 시작되어 인간은 자유로운 지적 행위자이며, 사고 과정은 역사적 또는 문화적 환경에 의해 강요되지 않는다고 가정한다.

어휘

□□□	subject	주제; 과목; 대상[소재]; 연구 대상; ~될 수 있는
□□□	refer to	~에 대해 언급하다
□□□	latter	후자의; 마지막의; 후반의; 후자
□□□	presuppose	예상하다, 상정하다
□□□	coerce	강압하다[강제하다]
□□□	circumstance	상황, 정황

정답 ①

출제 Ⓟoint

명사절을 이끄는 접속사 that은 완전한 절을 이끌며, 문장에서 주어 · 목적어 · 보어의 역할을 한다. 명사절 접속사 what과 비교해서 이해해야 한다. 또한 문장에서 that절을 보면 명사절 접속사 that인지, 관계대명사 that인지 먼저 구분해서 접근해야 한다.

02 우리말을 영어로 잘못 옮긴 것은?

① 대다수의 기관에서 가장 중요한 것은 유능한 관리자들을 두는 것이다.
→ What matters most in the majority of organizations is having competent managers.

② 많은 진료소들이 치료법을 안내하기 위해 유전자 검사를 이용하고 있다.
→ Many clinics are using therapy to guide gene tests.

③ 요즘에는 신문들이 광고에서 훨씬 더 적은 돈을 번다.
→ Nowadays, newspapers make much less money from advertisements.

④ 통화의 가치는 대개 한 국가 경제의 힘을 반한다.
→ A currency's value usually reflects the strength of a country's economy.

분석

② **영작문 우리말 불일치** 영작문과 우리말의 내용이 상이해서 옳지 않다. 우선 영작문의 목적어가 therapy인데 우리말에서 해당하는 목적어는 '유전자 검사'이다. 따라서 using 뒤에는 gene tests가 와야 한다.
→ Many clinics are using gene tests to guide gene tests.

① **수일치 / 명사절 what** 주어 자리에 명사절이 위치했다. 명사절이나 구가 주어 자리에 오게 되면 단수 취급하므로 단수동사 is가 적절하다.

③ **비교급 강조 부사** 비교급 less를 강조하기 위해 부사인 much가 앞에 위치했다. 이 외에도 'much, a lot, still, far, even' 등을 통해 비교급 수식(강조)이 가능하다.

④ **타동사 reflect** 타동사 reflect는 목적어가 필요하다. 명사구 'the strength ~'가 reflect의 목적어로 적절하다.

어휘

☐☐☐	majority	다수
☐☐☐	organization	기관, 조직, 단체; 구성
☐☐☐	competent	능숙한, (수준이) 만족할 만한
☐☐☐	gene	유전자
☐☐☐	currency	통화; 통용
☐☐☐	reflect	반영하다; 반사하다, 비추다

정답 ②

출제 Point

명사절을 이끄는 접속사 what은 불완전한 절을 이끌며, 문장에서 주어 · 목적어 · 보어의 역할을 한다. 명사절 접속사 that과 비교해서 이해해야 한다. 명사절 접속사 that은 뒤에 완전한 절이 오는 반면, what은 뒤에 주어나 목적어 자리가 비어 있다. 명사절 접속사 what을 보통 선행사를 포함한 관계대명사라고 부르기도 한다. 용어에 헷갈리지 말자.

Unit 01 　 접속사의 분류

1 　 **두 개의 절이 동등한지 혹은 종속되었는지에 따라**

등위접속사	동등한 비중을 가지는 단어 · 구 · 절을 연결하는 접속사 → but, (n)or, for, and so(BOYFANS로 암기)
종속접속사	종속절을 주절에 연결시키는 접속사

2 　 **종속접속사가 이끄는 종속절의 역할에 따라**

명사절	주어, 목적어, 보어, 동격 자리에서 사용 → that, whether, if, 의문사, 관계대명사 what, 복합관계대명사 whoever 등
형용사절	명사 뒤에서 앞 명사(선행사)를 수식(관계대명사, 관계부사, 관계형용사) → who, whom, whose, which, that, where, when, why
부사절	문장 전체 수식 → 원인(because), 조건(if), 시간(when), 동시 · 연속동작(as), 양보(though), 결과(so that), 목적(so[in order] ~ that), 장소(where), 양태(as), 비교(as, than), 대조(while, whereas)

Unit 02 　 등위접속사(coordinate conjunction)

등위접속사는 문법적으로 대등한 관계에 있는 '단어 · 구 · 절'을 연결한다. 단, for, so는 절과 절만을 연결한다.

1 　 **단어(word)를 연결할 때**

- He is marvelous. Nice and witty and down to earth.
  그는 멋진 사람이에요. 친절하고, 재치 있고, 실제적이죠.

2 　 **구(phrase)를 연결할 때**

- To be or not to be, that is the question.
  죽느냐, 사느냐 이것이 문제로다.

3 　 **절(clause)을 연결할 때**

- The sun set and the moon rose.
  해가 지고 달이 떴다.

Unit 03 　등위접속사 and

1 **'~와/과, 그리고'라는 나열(연속), 순접의 의미**

- Do it slowly and carefully.
  천천히 그리고 조심스럽게 그것을 하렴.
- I went to his house and he came to mine.
  나는 그의 집으로 갔고, 그는 내 집으로 왔다.

2 **명령문**

명령문, and 명령문 : ~해라, 그러면 ~할 것이다

- Turn to the right, and you'll find the building.
  오른쪽으로 돌면, 그 건물을 발견할 것이다.
- A step further, and you will topple down.
  한 걸음 더 나아가면, 앞으로 고꾸라질 것이다.
  ※ 명사구와 등위접속사를 이용하여 조건을 표현할 수 있다.
  cf 명령문 뒤에서 때때로 else를 동반하여 부정 조건의 결과 표현 : '그렇지 않으면'
  　　• Go at once, or (else) you will miss the bus.
  　　　지금 당장 가거라. 그렇지 않으면 버스를 놓칠 것이다.

3 **등위상관접속사 both[alike, at once] A and B : A와 B 둘 다(모두)**

- I like both swimming and running.
  나는 수영과 달리기 둘 다 좋아한다.
- The cell phone is alike good and cheap.
  그 휴대폰은 품질이 좋기도 하고 값도 싸다.

Unit 04   등위접속사 but

1   역할

앞의 단어 · 구 · 절과 반대 또는 대조되는 단어 · 구 · 절을 이끌어 '그러나, 하지만, 그런데' 등의 의미로 쓰인다.

- My house is small but beautiful.
  나의 집은 작지만, 아름답다.
- He is lazy but you are diligent.
  그는 게으르지만, 너는 부지런하다.

2   등위상관접속사 not A but B(A가 아니고 B이다), not only A but (also) B(A뿐만 아니라 B도)

- It is not red but black.
  그것은 붉은색이 아니고 검은색이다.
- He not only could do it but (also) wanted it.
  = Not only could he do it, but he (also) wanted it.
  그는 그것을 할 수 있었을 뿐 아니라 그것을 원했다.

Unit 05   등위접속사 or

1   역할

선택해야 할 단어 · 구 · 절을 동격으로 결합하여 '또는, 혹은, ~이든가'라는 '선택'의 의미를 나타낸다.

- Is she a teacher or a student?
  그녀는 선생입니까 아니면 학생입니까?
- Shall I call you, or will you call me?
  제가 전화를 걸까요, 아니면 당신이 전화를 해주시겠습니까?

2   등위상관접속사 either A or B(A나 B 어느 한 쪽)

- Either you or I am wrong.
  너와 나 둘 중 하나가 잘못했다.

  cf or 앞에 보통 콤마가 있으면 '환언'의 의미 → 즉, 다시 말하면(= that is to say, namely, in other words)

  - She majored in ecology, or the science of the environments.
    그녀는 생태학, 즉 환경에 대한 과학을 전공했다.

Unit 06　등위접속사 so

절의 연결에만 쓰이며 '그래서, 그러므로'라는 결과의 의미를 나타낸다.
- It grew darker, <u>so</u> I went home.
  날이 더욱 어두워져서 집으로 돌아갔다.
- He worked hard, <u>so</u> he succeeded in life.
  그는 열심히 일해서 출세했다.

Unit 07　등위접속사 for

앞서 진술한 것에 대하여 추가적인 부연설명을 할 때 쓰인다.
- He took a taxi, <u>for</u> it was raining.
  그는 택시를 탔는데, 왜냐하면 비가 오고 있었기 때문이었다.
- Mary must have been sick, <u>for</u> she was absent.
  결석한 것을 보니, 메리는 아팠음에 틀림없다.
  cf because는 직접적인 원인 · 이유를 밝힌다.
  - Mary was absent <u>because</u> she was sick.
    메리는 아파서 결석했다.

Unit 08　명사절

주어와 동사로 이루어진 명사절이 문장에서 주어 · 목적어 · 보어의 명사 역할을 하는 것을 말하며, 명사절 that을 목적어로 가지는 동사는 i) 생각 동사류, ii) 주장 · 제안 · 명령의 동사류, iii) 사실을 나타내는 동사류로 나눌 수 있다.

1 명사절 that : ~사실, ~것

(1) 주어

- That he is guilty is certain.
  = It is certain that he is guilty.
  그가 유죄인 것은 확실하다.

(2) 보어

- The trouble is that he has no will.

  문제는 그가 의지가 없다는 것이다.

  ※ be동사의 보어는 명사절이 되어야 한다.

- The reason is (that / because) she lost her train.

  그 이유는 그녀가 기차를 놓쳤기 때문이다.

(3) 목적어

- I think that he is right.

  나는 그가 옳다고 생각한다.

(4) 동격

- There is every possibility that the defendant will be defeated.

  피고가 패소할 가능성이 아주 많다.

  ※ 동격의 that절은 명사절로 'fact, doubt, advice, news, idea, possibility, rumor, claim' 등 주로 추상명사 뒤에서 보충설명을 해주는 기능을 하는데, 앞의 추상명사와 의미적으로 동격관계를 이룬다.

Check (P)oint | 추상명사 뒤 동격 that(완전한 문장)과 관계대명사 that(불완전한 문장)의 구별

- She was astounded by the news (which / that) he had won the contest. 〈동격〉

  그녀는 그가 경연대회에서 1등을 했다는 소식에 깜짝 놀랐다.

- The college newspaper prints only the news (which / that) is of interest to the students and faculty. 〈관계대명사〉

  그 대학신문은 학생과 교직원에게 관심이 있는 기사만 내보낸다.

(5) 「전치사 + that」의 형태로는 사용하지 못한다.

- I am sure (that / of that) she will win.

  나는 그녀가 이길 것이라고 확신한다.

2 **명사절을 이끄는 종속접속사 whether, if : ~인지 아닌지**

주어와 전치사의 목적어 자리, 그리고 or not이 바로 이어지는 경우는 if가 아닌 whether를 쓴다. 그 외에 보어, 타동사의 목적어는 if와 whether 둘 다 가능하다.

(1) 주어 자리 : whether만 가능
- (Whether / if) he will succeed or not is not certain.
  그가 성공할지는 확실치 않다.
  cf 가주어-진주어 자리에 명사절 if 가능
  - It doesn't matter if my baby is a son or a daughter.
    나의 아기가 아들인지 딸인지는 중요치 않다.

(2) 보어 자리 : whether, if 둘 다 가능
- The point is (whether / if) he will accept it.
  그가 그것을 받아들이느냐가 요점이다.

(3) 목적어 자리 : whether, if 둘 다 가능
- I don't know whether he will succeed (or not).
  = I don't know if he will succeed (or not).
  그가 성공할지 어떨지 알 수 없다.

(4) 전치사의 목적어 자리 : whether만 가능
- No one worried about (whether / if) it was right.
  그것이 옳은지에 대해 아무도 신경 쓰지 않았다.

(5) whether to : if to 불가능
- I can't decide whether to postpone or (to) cancel it.
  *I can't decide if to postpone or (to) cancel it. (×)
  그것을 연기해야 할지 그만두어야 할지 정하지 못하고 있다.
  cf whether는 '~이든 아니든'의 의미로 양보의 부사절을 이끌기도 한다.
  - Whether we win or lose, we must play fairly.
    이기든 지든 정정당당하게 싸워야 한다.

(6) 명사절 that(확실한 사실)과의 비교
- I asked him (that / if) he had been to Busan.
  나는 그가 부산에 가본 적이 있었는지 물었다.

3 간접의문문(의문사+S+V 어순)

- I don't know who sent this present.
  나는 누가 이 선물을 보냈는지 모른다.
- I don't know how (I can solve / can I solve) this problem.
  나는 이 문제를 어떻게 해결할지 모른다.

4 관계대명사 what

- What he said proved to be false.
  그가 말한 것은 거짓으로 드러났다.
- This is just what I wanted to eat.
  이것이 바로 내가 먹기를 원했던 것이다.

5 복합관계대명사

- Whatever you likes will be given to you. (= Anything that)
  네가 좋아하는 것은 무엇이든지 너에게 주어질 것이다.

6 명사절 that vs. what vs. whether vs. if vs. 형용사절 that vs. 동격 that

- That he is guilty is certain. 〈명사절 that〉
  그가 유죄라는 것은 확실하다.
- What he said proved to be false. 〈명사절 what〉
  그가 말했던 것은 거짓으로 판명되었다.
- Whether he will succeed or not is not certain. 〈명사절 whether〉
  그가 성공할지 아닐지는 확실하지 않다.
- I doubt if she would come. 〈명사절 if〉
  나는 그녀가 올지 의문이다.
- The old man that I met on the street was wearing a red cap. 〈형용사절 that〉
  내가 거리에서 만났던 노인은 빨간 모자를 쓰고 있었다.
- You must be aware of the fact that he is a liar. 〈동격 that〉
  너는 그가 거짓말쟁이라는 사실을 알고 있어야 한다.

Unit 09   부사절

1 시간 부사절

> as(~할 때, ~하는 동안에), when(~할 때, ~하면), while(~하는 동안), since(~한 이후로), after(~후에), before(~전에), until / til(~할 때까지), as soon as(= instantly, immediately, the moment, the instant, on ~ing)(~하자마자), as long as(= while)(~하는 한), by the time(~할 때까지, 즈음엔) 등

- When she pressed the button, the elevator stopped.
  그녀가 버튼을 눌렀을 때, 엘리베이터가 멈추었다.
- As I left the house, I remembered the key.
  내가 집을 떠날 때, 열쇠가 생각났다.
- Mary hasn't phoned since she went to London.
  메리는 런던으로 간 이후로 전화를 하지 않았다.
- By the time we arrived home, it was quite dark.
  우리가 집에 도착했을 때에는, 꽤 어두웠다.
- It will not be long before spring comes.
  = Soon[Before long] spring will come.
  곧 봄이 올 것이다.
- It was three days before the letter arrived.
  사흘이 지나서 편지가 도착했다.
- As soon as he saw me, he ran away.
  그는 날 보자마자 도망갔다.

2 이유 부사절

> because(~때문에), as(~때문에), since(~이므로), now that(~이므로), seeing[considering] that(~이므로; ~을 고려하면), in that(~라는 점에서), inasmuch as(~이므로, ~인 점을 고려하면) 등

- The river has risen, because it has rained.
  비가 왔기 때문에 강물이 불었다.
- We camped there as it was dark.
  어두웠기 때문에 우리는 거기에서 야영을 했다.
- Now that spring has come, we'd better repair the house.
  이제 봄이므로, 우리는 집을 수리하는 것이 낫다.
- She is happy inasmuch as she can be with him.
  그녀는 그와 함께 할 수 있기 때문에 행복하다.
- The film is popular in that it appeals to people.
  그 영화는 사람들에게 호소력을 가진다는 점에서 인기가 있다.

③ 양보 부사절

although / though(비록 ~이긴 하지만; ~일지라도), even if[though](비록 ~일지라도; 설사 ~이라고 할지라도), while(~이지만; ~이긴 하지만) 등

- <u>Although</u> I live next door, I seldom see her.

  나는 옆집에 살지만, 그녀를 좀처럼 보지 못한다.

- Don't waste things <u>even if</u> they're not yours.

  설사 너의 것이 아니라도 낭비하지 마라

- <u>Whether</u> you like it or not, you should do it.

  네가 그것을 좋아하든 아니든 간에, 너는 그것을 해야 한다.

- <u>While</u> I agree with you, they disagree.

  나는 너와 같은 의견인 반면에 그들은 반대한다.

- Boy <u>as</u> I am, I can do it.

  = <u>Though</u> I am a boy, I can do it.

  비록 나는 소년이지만, 나는 할 수 있다.

- Foolish <u>as</u> it sounds, I am in love with her.

  어리석게 들리겠지만, 나는 그녀와 사랑에 빠졌다.

④ 조건 부사절

if(만일 ~한다면, ~이면), once(일단 ~하면), granting (that)(~을 인정은 하지만, ~을 인정은 하더라도), once (일단 ~하면), given (that)(~하는 것을 고려하면), unless(~하지 않는다면; ~하지 않는 한), as long as(~하는 한), only if(~해야만), if any(혹시 있다 해도), in case (that)(~할 경우에 대비하여; ~할 경우라면), on the condition that(~라는 조건으로; 만일 ~이라면) 등

- <u>Once</u> you start, you must attain your goal.

  일단 시작했으면 목표를 달성해야 한다.

- Power is dangerous <u>unless</u> you have humility.

  겸손이 없으면 권력은 위험하다.

- Children are admitted <u>only if</u> accompanied by their parents.

  아동은 부모가 동반해야만 입장이 된다.

- I'm taking my umbrella with me <u>in case (that)</u> it rains suddenly.

  갑자기 비가 내릴 경우를 대비하여 나는 우산을 가지고 다닌다.

5 **목적 부사절**

(1) 긍정의 목적

> • so that 주어+(may, can, will 등) : ～하기 위해서(= in order that)
> • that으로 시작되는 부사절에는 조동사인 'may, can, will' 등이 같이 쓰인다.
> • 목적을 강조하기 위해서는 that 앞에 'so'나 'in order'를 두기도 한다.

• She swims every day <u>in order[so] that</u> she can stay healthy.

= She swims every day <u>in order to</u> stay healthy.

= She swims every day <u>so as to</u> stay healthy.

그녀는 건강을 유지하기 위해 매일 수영한다.

(2) 부정의 목적

> lest ～ should : ～하지 않도록(= for fear that ～ should, that ～ may not, so as not to, in order not to)

• He worked hard <u>in order[so]</u> that he might <u>not</u> fail in the examination.

= He worked hard <u>lest</u> he <u>should</u> fail in the examination. (○)

*He worked hard <u>lest</u> he <u>should not</u> fail in the examination. (×)

그는 시험에 떨어지지 않기 위해 열심히 노력했다.

6 **결과 부사절**

> • so+형/부+that : 너무 형 / 부 해서 ～하다; 매우 형 / 부 이므로 ～하다
> • so that : ～의 결과; 따라서

• It's <u>so</u> warm <u>that</u> you can play out of doors.

밖에 나가 놀 수 있을 정도로 따뜻하다.

• He worked <u>so</u> hard <u>that</u> he finally became a lawyer in 2020.

그는 매우 열심히 공부해서 마침내 2020년에는 변호사가 되었다.

• He stood the test <u>so that</u> he became the governor of the state.

그는 시험을 견뎌내어 주지사가 되었다.

☑ 최신 출제경향 **파악하기**

01 밑줄 친 부분 중 어법상 가장 옳지 않은 것은?

I'm ① <u>pleased</u> that I have enough clothes with me. American men are generally bigger than Japanese men so ② <u>it's</u> very difficult to find clothes in Chicago that ③ <u>fits</u> me. ④ <u>What</u> is a medium size in Japan is a small size here.

분석

③ **관계대명사절 동사의 수일치** 주격 관계대명사 that의 선행사는 clothes이다. clothes는 복수이므로 동사 fits는 fit으로 고쳐야 한다.

① **분사의 태** 감정유발동사의 주체가 사람이기 때문에 기쁨을 당한 것이다. 따라서 수동형의 과거분사 pleased는 적절하다.

② **가주어 it-진주어 to R** to find가 진주어로 사용되었다. 따라서 가주어 it은 적절하다.

④ **what vs. that** 적절한 접속사가 왔는지 묻고 있다. What부터 Japan까지가 주어 역할을 하는 명사절이다. 명사절의 구조를 보았을 때, 명사절 접속사 What 바로 뒤에 동사가 오고 있으므로(불완전하므로) 올바르게 쓰였다. cf 명사절 접속사 that은 완전한 절을 이끈다.

해석

나는 내가 충분한 옷을 가지고 있어서 기쁘다. 미국인은 일반적으로 일본인보다 커서 시카고에서 나에게 맞는 옷을 찾는 것은 매우 어렵다. 일본에서 중간 사이즈인 것이 여기에선 작은 사이즈이다.

어휘

□□□	pleased	기쁜, 만족해 하는
□□□	generally	일반적으로; 대개, 보통
□□□	fit	딱 맞다; 설치하다

정답 ③

출제 Ⓟoint

수일치는 공무원 시험에 매우 자주 등장하는 소재이다. 주격 관계대명사의 수일치 또한 중요한 출제 포인트인데, 동사는 선행사의 인칭과 수에 일치시켜야 한다.

02 다음 ㉠, ㉡에 들어갈 말로 가장 적절한 것은?

- The game industry must (㉠) to changing conditions in the marketplace.
- A tree provides homes for many creatures, all of (㉡) also use it for food.

	㉠	㉡
①	adopt	which
②	adapt	which
③	adopt	them
④	adapt	them

분석

㉠ **자동사 vs. 타동사** adapt는 자동사와 타동사로 모두 쓰이며 자동사일 경우에는 '순응하다, 적응하다', 타동사일 경우에는 '순응시키다, 적응시키다'라는 의미이다. 하지만 adopt는 타동사로만 쓰이며 '채택하다, 도입하다'의 의미를 가진다. 문법상 빈칸 뒤에 목적어가 없으므로 자동사가 온다는 것을 알 수 있고 문맥상으로도 '변화하는 환경에 적응하다'라고 해석하는 것이 적절하므로 adapt가 와야 한다.

㉡ **관계대명사** 빈칸 앞에 완전한 절이 나오고, 뒤에는 동사가 있기 때문에 대명사 them이 아닌 관계대명사 which가 와야 한다. 이 관계사의 선행사는 creatures이고 선행사 다음에 콤마(,)가 있으므로, 관계대명사의 계속적 용법이 사용된 것이다.

해석

- 게임 산업은 시장에서 변화하는 환경에 적응해야 한다.
- 나무는 많은 생명체들에게 보금자리를 제공해 주는데, 그 생물체들 모두는 또한 그것(나무)을 식량으로 이용한다.

어휘

☐☐☐	game industry	게임 산업
☐☐☐	condition	조건; 상태, 환경; 길들이다
☐☐☐	adopt	채택하다, 도입하다; 입양하다
☐☐☐	adapt	적응하다, 순응하다

정답 ②

출제 **P**oint

관계대명사의 계속적 용법은 관계대명사 앞에 콤마(,)가 있는 경우로, 선행사나 앞 문장에 대한 추가적인 정보를 제공해 준다. 독해에서 수시로 등장하기 때문에 정확한 해석을 하기 위해서는 제한적 용법과 계속적 용법을 비교해서 정리해야 한다. 참고로, 관계대명사 that은 계속적 용법이 불가능하다.

1 관계사

(1) 관계대명사(relative pronoun) : who, whom, which, that, what

관계사절에서 관계대명사는 주어 · 목적어 · 보어의 기능을 수행한다. 관계대명사가 이끄는 절은 불완전하다.

> ① 접속사+대명사 → 관계대명사
> ② 관계대명사는 '주격, 목적격'이 있다.
> ③ 관계대명사는 선행사 뒤에 오는 것이 원칙이다.
> ④ 명사를 수식하는 형용사절이므로 해석은 '～하는, ～할'으로 한다.
> ⑤ 관계사절에는 한정적 용법과 계속적 용법이 있다.

※ what은 선행사를 자체에 포함하기 때문에 선행사와 같이 쓰지 않는다. what은 명사절을 이끌어 주어 · 목적어 · 보어의 역할을 한다.

(2) 유사관계대명사 : but, as, than

(3) 관계형용사 : whose+명사, what+명사, which+명사

(4) 관계부사 : when, where, why, how

접속사와 부사 역할을 하여 시간 · 장소 · 방법 · 이유를 나타낸다. 또한 관계부사가 이끄는 절은 완전하다.

(5) 복합관계대명사 : whoever, whomever, whichever, whatever, whosever(관계대명사+ever)

자체에 선행사를 포함하여 「선행사+관계대명사」의 역할을 하며 '명사절과 양보 부사절'을 이끈다.

(6) 복합관계형용사 : whichever+명사, whatever+명사

(7) 복합관계부사 : whenever, wherever, however

시간이나 장소의 부사절 또는 양보 부사절로 사용된다.

2 관계대명사

격(case) 선행사(antecedent)	주격	목적격	소유격
사람	who (= that)	whom (= that)	whose N
사물, 동물	which (= that)	which (= that)	whose N (N of which)
• 복합선행사(사람+동물, 사람+사물), 의문대명사, 서수, 최상급 • all, every, any, no • the very, the same, the only	that	that	×
선행사를 포함하는 경우 (= the thing which, all that)	what	what	×
no, not, hardly, never 등 부정문의 주절 혹은 수사의문문에서	but (= that ~ not)	×	×
such, the same, as가 앞에 있는 경우	as	as	×
비교급	than	than	×

Unit 02 관계대명사 who, whom, which

관계대명사 who, whom, which는 '대명사+접속사' 역할을 하며, 선행사를 수식하여 형용사절을 이끈다. 이때 형용사절(종속절)의 동사의 수는 선행사에 일치시킨다.

1 선행사를 사람으로 하는 주격 관계대명사 who

주격 관계대명사 who는 형용사절에서 사람을 선행사로 하여 주어 역할을 한다.

- I encountered a boy. + He was carrying a bag on his back.
  - → I encountered a boy who was carrying a bag on his back.

  나는 가방을 등에 지고 있는 소년과 마주쳤다.

  cf I know who broke the window. 〈의문대명사 who〉

  나는 누가 그 창문을 깼는지 알고 있다.

2 선행사를 사람으로 하는 목적격 관계대명사 whom

목적격 관계대명사 whom은 형용사절에서 사람을 선행사로 하여 목적어 역할을 한다.

- The woman is looking for you. + You met her at the station.
  → The woman whom you met at the station is looking for you.
  네가 역에서 만났던 그 여자가 너를 찾고 있다.

3 선행사를 사물과 동물로 하는 주격 · 목적격 관계대명사 which

which는 형용사절에서 사물과 동물을 선행사로 하여 주어나 목적어 역할을 한다.

- The road is narrow. + It leads to the park.
  → The road which leads to the park is narrow.
  공원으로 가는 길은 좁다.
- Pass me the newspaper. + You have read it.
  → Pass me the newspaper which you have read.
  네가 읽은 신문을 내게 건네 달라.
- Korea is the place. + I was born in it.
  → Korea is the place which I was born in.
  → Korea is the place in which I was born.
  한국은 내가 태어난 곳이다.

4 선행사와 떨어져 있는 관계사

- The time will surely come when my words will come true.
  나의 말이 실현되는 시간이 확실히 올 것이다.
- I spoke to a few people at the ceremony (who / which) knew her.
  나는 행사에서 그녀를 알고 있는 몇몇 사람들에게 말을 걸었다.

5 복잡한 관계사절(이중 수식) : 앞쪽 관계대명사를 '~ 중에서'로 해석

- Is there anyone (that) we know who is as gifted as Jane?
  우리가 알고 있는 사람 중에서 제인만큼 재능 있는 사람이 있느냐?

6 주격 관계대명사의 수일치

- Water which (consist of / consists of) oxygen and hydrogen (is / are) very useful.
  산소와 수소로 구성된 물은 매우 유용하다.

- He is one of my friends that are able to help me.
  그는 나를 도울 수 있는 내 친구들 중 한 명이다.

  cf the only one이 선행사로 나올 때는 단수동사를 쓴다.
  - She is the only one of the students who (wear / wears) a skirt.
    그녀는 학생들 중에서 유일하게 치마를 입고 있다.

Unit 03   소유격 관계형용사 whose

1 선행사를 사람으로 하는 소유격 관계형용사 whose

소유격 관계형용사 whose는 「whose+명사」의 형태로 형용사절에서 사람을 선행사로 하여 소유격 역할을 한다.
- This is the girl. + Her father is a teacher.
  → This is the girl whose father is a teacher.
  이 소녀의 아버지는 선생님이다.

2 선행사를 사물과 동물로 하는 소유격 관계형용사 whose, of which

whose는 형용사절에서 사물과 동물을 선행사로 하여 소유격 역할을 한다.
- Look at the mountain. + Its top is covered with snow.
  → Look at the mountain whose top is covered with snow.
  정상이 눈으로 덮인 저 산을 보렴.
- Look at the mountain. + The top of it is covered with snow.
  → Look at the mountain the top of which is covered with snow.
  = Look at the mountain of which the top is covered with snow.
  = Look at the mountain which the top of is covered with snow.

Check Ⓟoint │ 관사·한정사와 소유격의 표현

관사, 한정사와 소유격은 나란히 쓸 수 없다.
① 소유격 관계사 : the its, its the (×)
  - I met a girl whose dress was very luxurious.
  - There are many organization of which the purpose is to help endangered animals.
② 이중 소유격 : 명사+of(소유격)+소유대명사 **cf** CHAPTER 12, Unit 09 소유격
  - She is (a my friend / a friend of mine).
③ 소유격+최상급 : 'the+최상급'이 원칙이지만 '소유격+최상급'도 가능하다. **cf** CHAPTER 11, Unit 04 최상급 비교
  - He is my best friend.

1 관계대명사 that만 쓰는 경우 : 한정적 의미가 강할 때

(1) the only, the very, the same, the main, the rest 등이 선행사인 경우, the+최상급, the+서수가 선행사인 경우

(2) -thing 또는 -body로 끝나는 단어(something, somebody 등)가 선행사인 경우

(3) 사람+동물(boy and dog, girl and cat 등)이 선행사인 경우

(4) 의문대명사인 who, which, what이 선행사인 경우

- Look at the boy and his dog that are running there.
  저기로 달려가고 있는 소년과 그의 개를 보아라.
- He is the only friend that I met in Busan.
  그는 내가 부산에서 만난 유일한 친구이다.
- This is the best book that I have (ever / never) read.
  이것은 내가 읽었던 책 중에서 가장 좋은 책이다.
- I drank something cold that there was in refrigerator.
  나는 냉장고 안에 있는 차가운 것을 마셨다.
- Who that has read his great poems can forget his name?
  그의 위대한 시를 읽은 사람이 그의 이름을 잊을 수가 있을까?

2 관계대명사 that을 쓸 수 없는 경우

(1) 전치사 뒤에 올 경우

- This is the man (for whom / for that) I was waiting.
  이 사람은 내가 기다리고 있었던 사람이다.

(2) 계속적 용법에서

모든 관계사 중 한정성이 가장 강하기 때문에 그 앞에 콤마를 두는 계속적 용법에서는 사용할 수 없다.

- I don't like the boy, (who / that) is dishonest.
  나는 그 소년을 좋아하지 않는데, 그는 정직하지 않다.

Unit 05 관계대명사의 두 가지 용법

한정적(제한적) 용법	계속적(서술적) 용법
관계대명사 앞에 콤마(,)를 두지 않는다.	관계대명사 앞에 콤마(,)를 둔다.
선행사를 한정(제한 · 수식)한다.	• 선행사를 보충 설명한다. • '접속사(and, but, for, though)+대명사'의 역할을 하며 생략이 불가능하다.
모든 관계대명사 가능	who, whom, whose, which만 가능

1 한정적 용법과 계속적 용법의 비교

- There were very few passengers who escaped without serious injury. 〈한정적 용법〉
  심각한 부상을 입지 않고 탈출한 승객은 거의 없었다.
- There were very few passengers, who escaped without serious injury. 〈계속적 용법〉
  승객은 거의 없었는데, 모두 심각한 부상 없이 탈출했다.
- She bought a book, whose cover was red.
  그녀는 책 한 권을 샀는데, 그 표지는 빨간색이었다.
- I know the woman, whom you met at the station.
  나는 그 여자를 안다. 그런데 너는 그 여자를 역에서 만났다.

2 which의 계속적 용법

앞 문장의 단어, 구, 절을 받을 수 있다.

- The girl has a doll, which her mother made her.
  그 소녀는 인형을 가지고 있다. 그리고 그것은 그녀의 엄마가 그녀에게 만들어 주었다.
- I tried to persuade her, which I found impossible.
  나는 그녀를 설득하려 애썼다. 그런데 나는 그것이 불가능하다는 것을 알았다.
- He always arrives late, which makes me annoyed.
  그는 항상 늦게 온다. 그리고 그것은 나를 화나게 만든다.

3 부정대명사(all, both, some, any, none, most), 명사의 관계사

- We have two computers, both of which are out of order.
  우리는 컴퓨터 두 대를 가지고 있다. 그런데 그 둘 다 고장 났다.
- Much oil was spilled, the effects of which are dangerous.
  기름이 많이 쏟아졌다. 그리고 그 결과는 위험하다.
- I have encountered many people, (most of whom / and most of them / most of who) are good.
  나는 많은 사람들과 마주쳤다. 그리고 그들 중 대부분은 선하다.

Unit 06   관계사의 생략

1 한정적 용법으로 쓰인 목적격 관계대명사 whom, which, that

계속적 용법과 전치사가 목적격 관계대명사 앞에 위치할 경우 생략 불가능하다.

- That's the lady (whom) James loves. 〈whom 생략 가능〉
  저 사람이 제임스가 사랑하는 숙녀이다.
- This is the man (whom) I spoke of. 〈whom 생략 가능〉
  이쪽이 내가 말한 그 남자이다.
- This is the man of whom I spoke. 〈whom 생략 불가능〉
  이쪽이 내가 말한 그 남자이다.
- This is the house in which he was born. 〈which 생략 불가능〉
  여기가 그가 태어난 집이다.

2 「주격 관계대명사＋be동사」는 함께 생략 가능

- The girl (who is) singing on the stage is my daughter. 〈who is 생략 가능〉
  무대에서 노래를 부르고 있는 소녀는 내 딸이다.
- I received a letter (which was) written in English. 〈which was 생략 가능〉
  나는 영어로 쓰인 편지 한 통을 받았다.

3 관계부사

- The reason (why) we're so late is (that / because) our car broke down.
  우리가 늦은 이유는 우리의 자동차가 고장났기 때문이다.

  cf 관계대명사 that이 관계사절 속 be동사의 보어일 때 생략 가능하다.
  - He is not the man (that) he used to be ten years ago. 〈that 생략 가능〉
    그는 10년 전의 그가 아니다.

Unit 07   관계대명사 what

1 역할

관계대명사 what은 선행사를 자체에 포함하여 명사절을 이끈다. 즉, 「선행사＋관계대명사(접속사＋대명사)」이므로 세 가지 역할을 동시에 한다.

> 관계대명사 what = the thing(s) which, that(those) which, all that

- Happiness is <u>what</u> everyone seeks after. (= the thing which)
  행복은 모든 사람들이 추구하는 것이다.
- <u>What</u> is beautiful is not always good. (= The thing which)
  아름다운 것이 항상 좋은 것은 아니다.
- Alice spends <u>what</u> she earns. (= all that)
  앨리스는 번 것을 모두 써버렸다.

2 관계대명사 what과 접속사 that의 구별

구분	관계대명사 what	접속사 that
차이점	what은 관계대명사이며, 뒤에 따르는 절의 형태가 불완전하다.	that은 접속사이며 뒤에 따르는 절의 형태가 완전하다.
예문	I know what you want.	I know that you want money.

- (<u>What</u> / That) he discovered was a method.
  그가 발견한 것은 방법이었다.

Check Point | 형용사절 관계대명사 that

> - He wants anything that everybody has.
>   그는 모든 사람이 가지고 있는 어떤 것이든 원한다.

3 관계대명사 what의 관용적 용법

(1) what 주어 be : 주어의 인격이나 모습 / what 주어 used to be : 과거의 주어의 모습(혹은 인격)

- He is no more <u>what he was</u>. (= what he used to be)
  그는 이제 과거의 그가 아니다.

(2) **what 주어 have** : 주어의 재산

- He is charmed by what she is, not by what she has.

  그는 그녀의 재산이 아니라 그녀의 인격에 매력을 느꼈다.

  cf what 주어 do : 주어의 행동이나 직업

(3) **A is to B what[as] C is to D** : A와 B의 관계는 C와 D의 관계와 같다.

- Reading is to the mind what[as] food is to the body.

  = Just as food is to the body, so is reading to the mind.

  독서와 마음의 관계는 음식과 신체의 관계와 같다.

(4) **what 주어 call** : 소위, 이른바(= what is called)

- He is what you call a grown-up baby.

  그는 소위 다 큰 아기이다.

  cf what is worse 설상가상으로, what is better 금상첨화로, 게다가

(5) **what by A, and (what by) B** : 한편으로는 A에 의해서, 또 한편으로는 B에 의해서

- What by luck, and (what by) effort, he succeeded.

  한편으로는 행운에 의해, 또 한편으로는 노력에 의해 그는 성공했다.

Unit 08 유사(의사)관계대명사 but, as, than

주로 접속사로 쓰이는 것이 특정한 선행사가 올 경우 관계대명사로 쓰이는데 이를 '유사관계대명사'라고 한다.

1 유사관계대명사 but

「부정어구(no, not, few) ~ but」, 「수사의문문 ~ but」에서 유사관계대명사 but은 'that ~ not'의 의미를 갖는다.

- There is no rule but has some exceptions.

  = There is no rule that doesn't have some exceptions.

  예외 없는 규칙은 없다(모든 규칙은 예외가 있다).

- Who is there but makes errors?

  = Who is there that does not make errors?

  실수하지 않는 사람이 어디 있는가(모든 사람은 실수한다)?

- There is no rule but has some exceptions. 〈유사관계대명사 but+불완전한 문장〉
  예외 없는 규칙은 없다.
- There is no doubt that he is guilty. 〈동격 that+완전한 문장〉
  그가 유죄라는 것은 의심의 여지가 없다.
- There is no knowing what will become of us. 〈명사의 관용적 표현〉
  우리가 어떻게 될지 아는 것은 불가능하다.

2 유사관계대명사 as

(1) 선행사에 as, such, the same이 포함되어 있을 때

- This is the same cell phone as I lost. 〈동일 종류〉
  이것은 내가 잃어버린 것과 같은 종류의 휴대폰이다.
- This is the same cell phone that I lost. 〈동일물〉
  이것은 내가 잃어버린 바로 그 휴대폰이다.

Check Ⓟoint │ General(동일 종류)과 Special(동일물)의 비교

General(동일 종류)	Special(동일물)
① 부정관사 a, an	정관사 the
② 대명사 one	대명사 it
③ 부정대명사 another	부정대명사 the other
④ 유사관계대명사 as	관계대명사 that

① I have a dog. The dog does many tricks.
② A : Do you have a pencil? B : Yes, I have one.
　A : Did you find your pencil? B : Yes, I found it just now.
③ To know is one thing, and to teach is another.
　She has two dogs; one is black and the other is white.
④ This is the same pen as I lost. 〈동일 종류〉
　This is the same pen that I lost. 〈동일물〉

(2) 앞뒤에 오는 절이나 절의 일부를 받는 경우

- As is often the case with him, he will not come in time.
  = As is the custom with him, he will not come in time.
  = As is usual with him, he will not come in time.
  흔히 그러하듯이, 그는 제시간에 오지 않을 것이다.

3 유사관계대명사 than

선행사에 비교급이 있을 때 유사관계대명사 than이 쓰인다.

- Don't ask <u>more</u> money <u>than</u> is needed.
  필요한 것보다 더 많은 돈을 요구하지 말라.
- The Milky Way is made of <u>more</u> stars <u>than</u> anybody can count.
  은하수는 어느 누가 셀 수 있는 것보다 더 많은 별들로 이루어져 있다.

Unit 09   관계부사

관계부사는 '접속사+부사'의 역할을 하며, 「전치사+which」로 바꿔 쓸 수 있다.

1 관계부사 when

선행사가 시간 명사일 때 쓴다.

- Do you know <u>the day</u>? + He arrived on <u>the day</u>.
  → Do you know the day <u>which</u> he arrived <u>on</u>?
  → Do you know the day <u>on which</u> he arrived?
  → Do you know the day <u>when</u> he arrived?
  너는 그가 언제 도착했는지 아니?

2 관계부사 where

선행사가 장소 명사일 때 쓴다.

- This is <u>the place</u>. + I first met her in <u>the place</u>.
  → This is the place <u>which</u> I first met her <u>in</u>.
  → This is the place <u>in which</u> I first met her.
  → This is the place <u>where</u> I first met her.
  → This is <u>where</u> I first met her. 〈선행사 the place가 생략됨으로써 명사절이 됨〉
  이곳이 내가 처음 그녀를 만난 곳이다.
  cf 관계부사의 선행사가 시간(time, day), 장소(place), 이유(reason) 명사일 경우 선행사를 생략하기
  도 한다.
  - Sunday is (the day) <u>when</u> I am busy.
    일요일은 내가 바쁜 날이다.
  cf 선행사가 situation, stage, cases, activity, position 등일 경우 where를 사용할 수 있다.
  - Poverty is a situation <u>where</u> a person has no opportunity.
    가난은 사람에게 기회가 없는 상황이다.

3 관계부사 why

선행사가 이유 명사일 때 쓴다.

- This is the reason. + I left early for the reason.
  - → This is the reason which I left early for.
  - → This is the reason for which I left early.
  - → This is the reason why I left early.
  - → This is why I left early. 〈명사절〉

  이것이 내가 일찍 떠난 이유이다.

4 관계부사 how

선행사 the way(방법 명사)를 수식하지 않고 단독으로 쓰인다. 즉, the way how는 현대영어에서 쓰이지 않고 the way나 how 둘 중 하나만 쓴다.

- Teach me the way. + You solved it in the way.
  - → Teach me the way which you solved it in.
  - → Teach me the way that you solved it in. 〈관계대명사 that〉
  - → Teach me the way in which you solved it.
  - → Teach me the way that you solved it. 〈관계부사 that〉
  - → Teach me the way you solved it.
  - → Teach me how you solved it.
  - → Teach me the way how you solved it. (×)

  당신이 그것을 해결한 방법을 내게 가르쳐 주시오.

5 관계부사의 계속적 용법

when과 where는 계속적 용법으로도 쓰인다. 그러나 how, why는 계속적 용법이 불가능하다.

- The sisters went into the woods, where they got lost. (= and there)

  자매는 숲으로 들어갔다. 그런데 그곳에서 길을 잃었다.
- I was in bed till noon, when she came. (= and then)

  나는 정오까지 침대에 누워 있었는데, 그때 그녀가 왔다.

6 관계부사 that

that은 관계부사를 대용해서 쓸 수 있다. 하지만 where의 경우 that이 대용해서 사용되는 경우는 극히 드물고, 구어체에서만 간혹 사용될 뿐이다.

- Do you know the day that he arrived? (= when)

  그가 도착한 시간을 알고 있나요?
- This is the reason that I left early. (= why)

  이것이 내가 일찍 떠난 이유이다.
- This is the way that he did it.

  이것이 그가 그것을 한 방법이다.

7 전치사+관계대명사

(1) 관계부사

- This is the city (where / in which) she lives.

  이곳이 그녀가 살고 있는 도시이다.

- This is the reason (why / for which) I got angry with you.

  이것이 내가 너에게 화났던 이유이다.

(2) 동사 관련 전치사(전치사를 동사 뒤로 보내서 해석)

- He is not the man (by whom / on whom) you can depend.

  그는 네가 믿을 수 있는 사람이 아니다.

- History is the subject (to which / in which) I am interested.

  역사는 내가 흥미를 가지는 과목이다.

- It's not easy to find a job (by which / with which) you can be satisfied.

  네가 만족할 수 있는 직업을 찾는 것은 쉽지 않다.

Unit 10 복합관계대명사

 역할

whoever, whomever, whosever, whichever, whatever의 형태로 자체 내에 선행사를 포함하고 있으며, (강조의) 명사절을 이끄는 경우와 양보 부사절을 이끄는 두 가지 용법이 있다.

Check **Point** │ 명사절과 양보 부사절을 이끄는 복합관계대명사

주격	소유격	목적격

• whoever V
  = anyone who V(명사절)
  = no matter who V(양보 부사절)
• whichever V
  = anything (that) V(명사절)
  = no matter which V(양보 부사절)
• whatever S+V
  = anything (that) V(명사절)
  = no matter what V(양보 부사절)
	• whosever N
	  = anyone whose N(명사절)
	  = no matter whose N(양보 부사절)
		• whomever S+V
		  = anyone whom S+V(명사절)
		  = no matter whom S+V(양보 부사절)
		• whichever S+V
		  = anything (that) S+V(명사절)
		  = no matter which S+V(양보 부사절)
		• whatever S+V
		  = anything that S+V(명사절)
		  = no matter what S+V(양보 부사절)

※ 해석은 명사절인 경우에는 '~이든지(나)', 양보 부사절인 경우는 '~(라) 하더라도(일지라도)'로 한다.

① 선행사를 포함하고 있으므로 선행사와 같이 사용할 수 없다.
② 복합관계대명사의 격은 관계사절 안에서 비어 있는 문장의 필수 구성요소에 따라 결정된다.

- Anyone will be punished. + He comes late.
  → Anyone who comes late will be punished.
  → Whoever comes late will be punished. 〈명사절 주어〉
  누구든지 늦는 사람은 처벌될 것이다.
- Whoever may come late, he will be punished. 〈양보절〉
  = No matter who may come late, he will be punished.
  누가 늦더라도, 그는 처벌될 것이다.

2 명사절

- Give the book to whoever wants it. (= anyone who)
  그것을 원하는 어떤 사람이든지 그에게 그 책을 주어라.
- You may choose whichever you like. (= anything that)
  너는 마음에 드는 어느 것이든 선택해도 좋다.
- Whatever you likes is given to you. (= Anything that)
  네가 좋아하는 것은 무엇이든지 너에게 주어질 것이다.

3 양보 부사절

- Whoever may do the work, nobody will succeed it. (= No matter who)
  누가 그 일을 한다 할지라도, 아무도 성공하지 못할 것이다.
- Whichever she may choose, she cannot be delighted. (= No matter which)
  그녀가 어느 것을 고른다 할지라도, 그녀는 기뻐하지 않는 것이다.
- Whatever you may say, I will not believe it. (= No matter what)
  네가 무슨 말을 한다 할지라도, 나는 그것을 믿지 않겠다.

4 복합관계대명사의 격의 결정은 관계사절 안에서 결정한다.

- Give the book to whoever wants it.
  → 관계사절에 wants의 주어가 없으므로 주격인 whoever가 쓰였다.
- Give the book to whomever you'd like to give.
  → 관계사절에 give의 목적어가 없으므로 목적격인 whomever가 쓰였다.

5 복합관계대명사 명사절과 부사절의 비교

- Whoever(= Anyone who) reveals the secret will be sent to prison. 〈명사절 주어〉
  누구든지 비밀을 누설하는 사람은 감옥에 갈 것이다.
- Whoever(= No matter who) calls, tell them I'm out. 〈양보 부사절〉
  누가 전화하더라도, 저는 없다고 하세요.

Unit 11   복합관계부사

1 정의

복합관계부사는 when, where, how에 ever를 붙인 whenever, wherever, however를 말하는데, 복합관계부사 역시 선행사를 포함하여 부사절을 이끈다.

구분	구조 및 의미	예문
whenever	시간 부사절 : ~할 때는 언제나 (= at any time when)	• I'll see you whenever you like to come. 네가 오고 싶은 때는 언제나 너를 만나겠다.
	~할 때마다 (= every time)	
	양보 부사절 : 언제 ~할지라도 (= no matter when)	• Whenever you (may) come, you'll be welcomed. 언제 오더라도 환영을 받을 것이다.
wherever	장소 부사절 : ~하는 곳은 어디든지 (= at any place where)	• Sit wherever you like. 어디든지 마음에 드는 곳에 앉으세요. • I'll be with you wherever you are. = I'll be with you at any place where you are. 네가 어디에 있든지, 나는 너와 함께 할 거야.
	양보 부사절 : 어디에서 ~할지라도 (= no matter where)	• Wherever he may be, he thinks of you. 그가 어디에 있을지라도, 그는 너를 생각한다.
however	양보 부사절 : 아무리 ~할지라도 (= no matter how)	• However carefully I explained, she still didn't understand. 내가 아무리 세심하게 설명을 해도 그녀는 여전히 이해하지 못했다.
	접속부사 : 그렇지만, 그러나	• He was feeling bad. However, he went to work, and tried to concentrate. 그는 몸이 좋지 않았다. 하지만, 출근을 하여 집중해 보려고 애썼다. • I cannot agree with you, however. 그렇지만, 나는 당신에게 찬성할 수는 없다.

2 복합관계부사 however

However가 이끄는 부사절 내에 부사 또는 보어로 사용되는 형용사가 있으면, 그 부사와 형용사는 however의 뒤로 이동시켜서 「however+형용사/부사+S+V」의 형태가 되어야 한다.

• However carefully I explained, she still didn't understand.

= No matter how carefully I explained, she still didn't understand.

*However I explained carefully, she still didn't understand. (×)

*However careful I explained, she still didn't understand. (×)

아무리 내가 세심하게 설명해도, 그녀는 여전히 이해하지 못했다.

• However difficult it may be, I will do it.

그것이 아무리 어렵다 할지라도, 나는 할 것이다.

3 **복합관계대명사 양보 부사절 vs. however 양보 부사절 vs. how+S+V (명사절)**

- Whatever happens, I will go. 〈불완전한 문장〉
  무엇이 일어나든 간에, 나는 갈 것이다.
- However difficult it may be, I will do it. 〈완전한 문장, 뒤에 형용사 또는 부사〉
  그것이 아무리 어렵다 할지라도, 나는 그 일을 할 것이다.
- How tall he is does not matter to me. 〈완전한 문장, 뒤에 형용사 또는 부사〉
  그가 키가 얼마나 큰지는 나에게 중요치 않다.

Unit 12 삽입절이 있는 문장에서 관계대명사의 격

관계대명사가 이끄는 절에 '주어+think[believe, suppose, guess, imagine, know, feel, say, claim]'이 있는 경우, 우선 이들이 없다고 생각하고 (삽입 부분이 없는 것처럼 생각하고) 격을 결정한다. 단, 위의 동사들 뒤에 동사가 아닌 to부정사나 형용사가 오는 경우에는 삽입절이 아닌 5형식 동사 구조이다.

- He is the man who (we believe) is very competent.
  우리가 믿기에, 그는 아주 유능하다.
- Mom gave some money to the man who (she thought) was poor. 〈she thought는 삽입절〉
  엄마는, 그녀가 생각하기에, 가난한 그 남자에게 돈을 약간 주었다.
- Mom gave some money to the man whom she thought poor. 〈she thought는 삽입절 아님, 5형식 구조〉
  엄마는 가난하다고 생각되는 그 남자에게 돈을 약간 주었다.
- I bought some oranges which (I supposed) were organic. 〈I supposed는 삽입절〉
  나는, 추측컨대, 유기농인 오렌지를 몇 개 샀다. 〈which 주격 관계대명사, 생략 ×〉
- I bought some oranges which I supposed to be organic. 〈I supposed는 삽입절 아님, 5형식 구조〉
  나는 유기농이어야 하는 오렌지를 몇 개 샀다. 〈which 목적격 관계대명사, 생략 ○〉

cf 모든 관계사 문장 안에 삽입절 문장이 들어갈 수 있다.
- I will always do what (I think) is best for everybody. 〈관계대명사 what〉
  나는, 내가 생각하기에, 모두에게 최고인 것을 항상 할 것이다.
- You can give it to whoever (you think) is honest. 〈복합관계대명사〉
  당신은, 당신이 생각하기에, 솔직한 사람 누구에게든지 그것을 줘도 좋다.

cf Give the book to whomever you'd like to give.
당신이 주고 싶은 사람 누구에게든지 그 책을 주어라.

CHAPTER 09

수의 일치(Subject–Verb Agreement)

☑ 최신 출제경향 **파악하기**

01 밑줄 친 부분 중 어법상 가장 옳지 않은 것은?

> The idea that justice ① in allocating access to a university has something to do with ② the goods that ③ universities properly pursue ④ explain why selling admission is unjust.

[분석]

④ **주어-동사 수일치 / 의문사절**　explain의 목적어로 의문사 why절은 적절하지만 동사 explain의 주어는 The idea(단수)이므로 explains로 고쳐야 한다.

① **전치사 + 명사(구 / 절)**　전치사 뒤에는 명사(구) 또는 명사절이 와야 한다는 것을 기억해야 한다. 또한 전치사 뒤에는 명사적 용법의 to부정사가 쓰일 수 없고 동명사만 가능하다. 따라서 올바르게 쓰였다.

② **good 가산 vs. 불가산명사**　제시문의 'the goods'는 도덕적으로 올바른 행동 또는 행위를 뜻한다. 행동 또는 행위는 가산명사로 취급하고, 복수형으로 올바르게 쓰였다.

③ **부사 vs. 형용사**　복수로 쓰인 universities가 아닌 properly에 집중해야 한다. 부사가 등장하면 부사가 맞는지 아니면 형용사로 바꿔야 하는지 따져야 한다. 동사 pursue를 properly가 수식하므로 올바르게 쓰였다.

[해석]

대학으로 접근(입학)을 할당하는 데 있어서 정당성은 대학이 제대로 추구해야 하는 공익과 관련이 있다는 개념이 대학 입학(증)을 판매하는 것이 왜 공정하지 못한지를 설명해 준다.

[어휘]

□□□	allocate	할당하다
□□□	access	(장소로의) 입장[접근]; 접근 기회
□□□	have something to do with	~와 관련이 있다
□□□	properly	제대로, 적절히
□□□	admission	입학, 입장, 들어감; (잘못에 대한) 시인[인정]
□□□	unjust	부당한, 불공평한

정답 ④

출제 Ⓟoint

주어와 동사 수일치를 묻는 문제는 항상 출제예상 1순위라는 것을 명심하자. 길이가 긴 주어, 등위상관접속사, 부분·비율 등을 나타내는 명사, 예외까지 모두 꼼꼼하게 정리하여 학습해야 한다.

02 어법상 가장 옳지 않은 것은?

① Culture shock is the mental shock of adjusting to a new country and a new culture which may be dramatically different from your own.

② A recent study finds that listening to music before and after surgery helps patients cope with related stress.

③ By brushing at least twice a day and flossing daily, you will help minimize the plaque buildup.

④ The existence of consistent rules are important if a teacher wants to run a classroom efficiently.

분석

④ **주어-동사 수일치** 주어가 The existence이므로 동사는 are가 아닌 is가 와야 한다.

① **관계대명사 which / A is different from B** which의 선행사는 mental shock이다. 따라서 관계대명사 which의 쓰임이 적절하며 'A는 B와 다르다'는 「A is different from B」라고 표현하므로 올바르게 쓰였다.

② **find 목적어 자리에 들어간 that절 / 준사역동사 help** find는 타동사이기 때문에 목적어를 가지며 그 자리에 명사절인 that절을 가질 수 있다. 준사역동사 help가 5형식에 쓰이면 목적격 보어 자리에는 to부정사 또는 원형부정사가 온다.

③ **help + (to) R** help가 5형식이 아닌 3형식으로 쓰이게 되면 목적어 자리에 to부정사 또는 원형부정사가 올 수 있다.

해석

① 문화 충격은 자신의 것과는 크게 다른 새로운 나라와 문화에 적응하는 정신적 충격이다.

② 수술 전후 음악을 듣는 것이 스트레스 해소에 도움이 된다는 연구 결과가 나왔다.

③ 하루에 적어도 두 번 양치질을 하고 매일 치실을 사용하면, 여러분이 플라크 축적을 최소화하는 데 도움이 될 것이다.

④ 교사가 교실을 효율적으로 운영하기를 원한다면 일관된 규칙의 존재는 중요하다.

어휘

□□□	adjust	조절[조정]하다; 적응하다
□□□	cope with	～에 대처[대응]하다
□□□	floss	치실질을 하다; 치실
□□□	plaque	플라크[치태]
□□□	consistent	한결같은, 일관된

정답 ④

출제 Ⓟoint

동사는 항상 주어의 인칭과 수에 일치시켜야 한다. 하지만 주어가 길거나 복잡한 경우, 도치된 문장 등 주어를 헷갈리게 만들어 출제하기 때문에 문장의 수식어를 모두 괄호를 쳐서 주어를 찾은 후, 그 주어에 동사의 수일치를 시킨다.

Unit 01   주어

전치사의 영향을 받지 않고 문장 맨 앞에 있는 명사가 주어이다. 'with, along with, together with, as well as, including' 등의 부사는 괄호를 친다.

- Tom (along with his wife and three children) is going to Boston.
  탐은 그의 아내와 세 명의 아이들과 함께 보스턴으로 갈 예정이다.
- A common mistake (in talking to teachers) (is / are) to assume that they treat their students with love.
  교사들에게 이야기할 때 흔히 저지르는 실수는 그들이 학생들을 사랑으로 대한다고 가정하는 것이다.
- Children (with histories of maltreatment, such as physical and psychological neglect and physical abuse) (is / are) at risk of developing psychiatric problems.
  육체적, 심리적 방임 또는 육체적 학대와 같은 학대 경험이 있는 아이들은 정신질환이 발생할 위험에 처하게 된다.

Unit 02   수식어구

주어와 동사 사이의 수식어구인 형용사구와 형용사절은 괄호를 친다.

- The two hardest things (to handle in life) are failure and success.
  인생에서 다루기 가장 힘든 두 가지가 실패와 성공이다.
- A book (written by a famous writer) is not always a good book.
  유명 작가가 쓴 책이 항상 좋은 책인 것만은 아니다.
- People (living in town) (don't know / doesn't know) the pleasures of country life.
  도시에서 사는 사람들은 전원생활의 기쁨을 모른다.
- The book (which you are looking for) (is / are) in the drawer.
  당신이 찾고 있는 그 책은 서랍 안에 있다.

Unit 03   and로 연결된 주어는 복수 취급(원칙)

1 관사와 소유격 확인

- The poet and the painter live in this apartment.

  시인과 화가가 이 아파트에 살고 있다. 〈두 사람이기 때문에 복수〉
- The poet and painter Jim is dead.

  시인이자 화가인 짐이 죽었다. 〈한 사람이기 때문에 단수〉

  cf 「Every+단수명사 and 단수명사」는 단수 취급

  - Every girl and boy is interested in the singing contest.

    모든 소녀와 소년이 그 노래자랑에 관심이 있다.

2 단수 취급하는 명사구

and가 연결하고 있는 두 개의 명사가 하나의 의미로서 밀접한 관계를 이룰 경우에는 단수 취급한다.

- whisky and soda[water] 소다수[물]를 탄 위스키
- bread and butter 버터를 바른 빵(= buttered bread)
- curry and rice 카레라이스
- trial and error 시행착오
- all work and no play 일만하고 놀지 않는 것
- a watch and chain 줄 달린 시계(= a watch with chain)

※ and는 with의 뜻으로 한 개의 것으로 간주한다.

- All work and no play makes Jack a dull boy.

  일만 하고 놀지 않으면 바보스러운 아이가 된다.
- Early to bed and early to rise is effective in studying.

  일찍 자고 일찍 일어나는 것이 공부할 때 효율적이다.
- The bread and butter on the table is for you.

  저 테이블 위의 버터 바른 빵은 너를 위한 것이다.

  cf Bread and butter have risen in price.

  빵과 버터는 가격이 올랐다. 〈복수〉

Unit 04   준동사구 또는 명사절 주어

부정사구, 동명사구, 명사절이 주어인 경우는 단수 취급한다.

• Hiking on the mountain is my great pleasure.
  산을 오르는 것은 내가 매우 즐기는 것이다.
• How they got there doesn't concern me.
  그들이 그곳에 어떻게 갔는지는 나와 관계없다.

> **cf** what절은 내용에 따라 수를 일치시킨다. 대부분 단수 취급한다.
> • We should not need any more bread. What we have is sufficient.
> • We should not need any more apples. What we have are sufficient.

Unit 05   a number of, the number of

> • the number of+복수명사+단수동사
> • a number of+복수명사+복수동사 (a number of = many)
> • a great deal of, a large amount of+불가산명사+단수동사

• A number of boys in this team are absent.
  이 팀의 많은 소년들이 결석했다.
• The number of boys in this team is thirty.
  이 팀의 소년들의 수는 30명이다.
• There is a great deal of furniture.
  가구가 많이 있다.
• (A / The) number of laborers are still on strike.
  많은 노동자들이 여전히 파업 중이다.

Unit 06   부정대명사(부분)+of+명사

부분을 나타내는 부정대명사는 of 뒤의 명사에 의해 수가 결정된다.

> • most/the majority/the rest/some/half/분수/비율 of 복수명사+복수동사
> • most/the majority/the rest/some/half/분수/비율 of 단수명사+단수동사

- Half of the apple is rotten.
  그 사과의 반이 썩었다.
- Half of the apples are rotten.
  그 사과들의 반이 썩었다.
- Most of his friends were hurt.
  그의 친구들 중 대부분이 다쳤다.
- Two thirds of the pear is rotten.
  그 배의 3분의 2가 썩었다.

Unit 07   either, neither, each, one → 단수 취급

- Neither of the criminals (was / were) captured.
  범인 둘 모두 생포하지 못했다.
- Each student has a unique personality or soul.
  각각의 학생은 자신만의 개성이나 영혼이 있다.

Unit 08   There is+단수, There are+복수

- There is a car in the parking lot.
  주차장에는 차가 한 대 있다.
- There (is / are) many cars in the parking lot.
  주차장에는 차가 여러 대 있다.

Unit 09   관계절 안의 동사는 선행사에 수일치

- The girls who (is / are) dancing on the stage (is /are) my friends.
  무대 위에서 춤추고 있는 소녀들은 내 친구들이다.

Unit 10   단위를 나타내는 숫자(가격/시간/거리/중량) → 단수 취급

- Three years (are / <u>is</u>) a long time to wait.
  3년은 기다리기에는 긴 시간이다. → 3년이라는 시간을 하나의 덩어리로 취급
- Ten kilometers (are / <u>is</u>) not too far.
  10킬로미터는 그리 멀지 않다.
  cf 시간의 '경과'를 나타낼 때는 복수 취급
    - Five years (<u>have</u> / has) passed since he died.
      그가 죽은 지 5년이 지났다.

Unit 11   many+복수명사+복수동사, many a+단수명사+단수동사

- Many a kid (love / <u>loves</u>) cookies.
  많은 아이들이 쿠키를 좋아한다.
- Many kids (<u>love</u> / loves) cookies.
  많은 아이들이 쿠키를 좋아한다.

Unit 12   상관접속사의 수일치

「Not A but B」, 「Not only A but (also) B(= B as well as A)」, 「B, not A」, 「B, and not A」가 주부인 경우 B에 따라 동사의 단 · 복수가 결정된다.
- You as well as I <u>are</u> to blame.
  나뿐만 아니라 너도 비난받아야 한다.
- You, not I, <u>are</u> to blame.
  내가 아니라 네가 비난받아야 한다.
- Either I or you <u>are</u> to blame.
  나 또는 너 둘 중의 한 명이 비난받아야 한다.
- Neither you nor I <u>am</u> going to the party.
  너와 나 둘 다 파티에 가지 않을 것이다.
  cf 「either / neither+of+명사」인 경우 단수 취급한다.
    - Either of your opinions <u>is</u> reasonable.
      당신 의견의 어느 하나는 합리적이다.
    - Neither of the machines <u>is</u> in good working condition.
      기계 중 어느 것도 제대로 작동하지 않는다.

Unit 13   단수 취급하는 명사

'-s'가 붙었다고 무조건 복수는 아니다.

학문명	economics(경제학), linguistics(언어학), physics(물리학), politics(정치학), ethics(윤리학), phonetics(음성학) 등
국가명	United States(미국), the Philippines(필리핀) 등
서적·잡지명	Gulliver's Travels(걸리버 여행기), The New York Times(뉴욕 타임즈) 등
병명	measles(홍역), diabetes(당뇨병), mumps(이하선염), rabies(광견병) 등
게임·운동명	darts(다트), cards(카드놀이), billiards(당구), athletics(육상 경기), gymnastics(체조) 등
기타	news(뉴스) 등

- Billiards is usually played by two persons.
  당구는 보통 두 사람이 경기한다.
- There is much news about the accident.
  그 사고에 대한 많은 뉴스가 있다.
- United States refuses to accept the Tokyo protocol.
  미국은 도쿄 의정서를 받아들이기를 거부하고 있다.
- Economics is an important branch of learning.
  경제학은 학문의 중요 분야이다.

  cf 학문 명칭이 다른 의미로 사용되는 경우는 복수로 취급한다.

  statistics(통계, 통계자료, 통계수치), politics(정견, 정치적 견해), economics(경제 상황) 등

  - The statistics (indicate / indicates) that car accidents are on the increase.
    통계(수치)는 자동차 사고가 증가하고 있음을 보여주고 있다.

Check Point │ 시간·학문명의 단수·복수의 표현

시간·학문명은 단수 취급, 시간의 흐름·학문명의 다른 뜻은 복수 취급한다.
- Ten years is long time.
  10년은 긴 시간이다.
- Ten years (has / have) passed since he died.
  그가 죽은 지 10년이 흘렀다.
- Statistics is a type of mathematics.
  통계학은 수학의 한 분야이다.
- Statistics (show / shows) that recession will be over soon.
  통계자료는 조만간 경기침체가 끝날 것을 보여주고 있다.

Unit 14   단수명사와 쓰이는 한정사

a/an, another, every/each, much, a little/little, this/that＋단수명사＋단수동사

- Every man and woman was willing to help.
  모든 남자와 여자가 기꺼이 돕고 있었다.
- There is little time for hesitation.
  주저할 시간이 거의 없다.
- Quite a little money is needed.
  많은 돈이 필요하다.

Unit 15   복수명사와 쓰이는 한정사

both, many, a few/few, these/those, various/a variety of＋복수명사＋복수동사

- Few know the fact.
  그 사실을 아는 사람들은 거의 없다.
- Not a few soldiers were armed.
  많은 병사들이 무장했었다.

Unit 16   항상 복수 취급하는 명사

Police형 집합명사	police(경찰)
Cattle형 집합명사	cattle(소), poultry(가금), clergy(성직자)
쌍을 이루는 명사	scissors(가위), trousers(바지), stockings(스타킹) 등 cf a pair of로 연결되면 단수 취급

- The police are trying to catch the criminals.
  경찰은 범인을 잡으려고 노력하고 있다.
- Cattle are grazing beside the river
  소들이 강가에서 풀을 뜯고 있다.

Unit 17   family형 집합명사의 수일치

> family(가족), committee(위원회), audience(청중), staff(직원), attendance(출석자), class(학급), team(팀, 조), community (지역사회), jury(배심원단) 등

문맥상 단위로 보면 단수 취급(주로 large, small 표현), 개별 구성원들(주로 all, their, them, 의견 표현)로 보면 복수 취급을 한다.

- My family is a large one. 〈하나의 단위〉
  나의 가족은 대가족이다.

- My family are all early risers. 〈구성원들〉
  나의 가족은 모두 일찍 일어나는 사람들이다.

- The committee consists of seven members. 〈하나의 단위〉
  그 위원회는 7명의 회원으로 구성되어 있다.

- The committee all agree to the proposal. 〈구성원들〉
  위원들은 모두 그 제안에 동의한다.

  cf Our team are wearing (its / their) new jerseys.
    우리 팀원들은 새 운동 셔츠를 입고 있다.

가정법(Subjunctive Mood)

☑ 최신 출제경향 **파악하기**

01 다음 빈칸에 들어갈 표현으로 가장 적절한 것은?

> Rachel impressed her superiors so much that _____ a position available, they would have promoted her immediately.

① had been   ② there had been

③ had there been   ④ if there were

분석

③ **if 생략 가정법 / 가정법 과거완료**   so ~ that 구문의 that 부사절 안에서 'they would have promoted~'가 주절이므로 빈칸에는 부사절, 혹은 부사구가 와야 한다. 주절의 시제 would have p.p.를 보아 가정법 과거완료임을 알 수 있으므로 빈칸에는 가정법 과거완료의 if절이 와야 한다. '공석이 있었다면'이라는 가정법 과거완료의 if절을 만들기 위해서는 「If+주어+had p.p.」가 되어야 하므로 if there had been이 적절하지만 선택지에 없으므로 if를 생략하여 주어와 동사가 도치된 had there been이 정답이다.

해석

레이첼은 그녀의 상사들에게 매우 깊은 인상을 남겨서, 만약 공석이 있었다면 그들은 그녀를 즉시 승진시켰을 것이다.

어휘

□□□	impress	깊은 인상을 주다, 감명을 주다
□□□	superior	상관, 상급자, 윗사람
□□□	position available	공석
□□□	promote	승진[진급]시키다

정답 ③

출제 ⓟoint

가정법 과거완료는 '과거 사실에 대한 반대'를 가정한다. if가 생략되면 조동사 had가 문두로 이동하여 주어와 동사의 위치가 바뀌게 된다.

02 어법상 옳은 것은?

① Please contact to me at the email address I gave you last week.

② Were it not for water, all living creatures on earth would be extinct.

③ The laptop allows people who is away from their offices to continue to work.

④ The more they attempted to explain their mistakes, the worst their story sounded.

분석

② **were it not for 가정법** 'Were it not for ~'는 if를 생략하여 주어와 동사의 어순이 도치된 것으로 '~이 없다면'을 의미한다. 현재의 반대 사실을 가정하기 때문에 주절의 동사는 가정법 과거의 형태인 「조동사 과거형+동사원형」이 되어야 하는데, would be가 온 것으로 보아 가정법 과거가 올바르게 쓰였다.

① **완전 타동사 contact** contact는 완전 타동사(3형식 동사)이므로 뒤에 전치사 없이 목적어 me가 바로 와야 한다. 따라서 contact to me를 contact me로 고쳐야 한다.

③ **수일치 / to부정사를 목적격 보어로 취하는 불완전 타동사** 'who ~ offices'는 people을 수식하는 주격 관계대명사절이다. 관계대명사 who의 선행사가 people로 복수이므로 is를 are로 고쳐야 한다. 한편 allow는 to부정사를 목적격 보어로 취하는 5형식 동사로, 목적어 people과 목적격 보어 to continue가 올바르게 쓰였다.

④ **the 비교급, the 비교급** 「the 비교급, the 비교급」은 '~하면 할수록 더욱 더 …하다'를 의미하는 표현이다. 이때 정관사 the 뒤에는 최상급이 아닌 비교급을 써야 하므로 최상급 worst를 비교급 worse로 고쳐야 한다.

해석

① 지난주에 제가 당신에게 드렸던 이메일 주소로 연락해 주세요.

② 만약 물이 없다면, 지구상의 모든 생명체들은 멸종될 것이다.

③ 이 노트북은 사무실 밖에서 일하는 사람들이 계속 일할 수 있도록 한다.

④ 그들이 자신들의 실수를 설명하려고 더 노력하면 할수록, 그들의 이야기는 더욱 나쁘게 들렸다.

어휘

□□□	contact	(전화 · 편지 등으로) 연락하다; 연락[접촉]
□□□	creature	생물(체)
□□□	extinct	멸종된, 더 이상 존재하지 않는
□□□	away from	~에서 떠나서
□□□	attempt	시도하다, 애써 해보다; 시도

정답 ②

출제 Ⓟoint

정해진 문법 포인트에서 출제되는 공무원 시험 특성상 가정법 구문은 출제빈도가 높다. 특히 헷갈릴 수 있는 개념인 if 생략 도치와 가정법 대용표현에 대해 잘 숙지해 두자.

Unit 01   법(mood)

법이란 말하는 사람의 심적 태도를 나타내는 동사의 형태적 변화인데, 직설법, 명령법, 가정법의 세 종류가 있다.

1 직설법(indicative)

어떤 사실을 그대로 진술한다.

- I went to Suwon and met my brother.

  나는 수원에 가서 내 동생을 만났다.

- As he is poor, he can not go to college.

  그는 가난해서 대학에 갈 수 없다.

2 명령법(imperative)

명령, 요구, 금지 등을 표현하는 것으로, 동사는 언제나 원형을 쓴다.

- Be quiet.

  조용히 해.

- Don't go anywhere.

  어디에도 가지 마라.

3 가정법(subjunctive)

어떤 일을 가정 또는 상상하여 화자의 심리적 영상을 통해서 주관적인 감정으로 사실이 전혀 아니었던 것을 표현한다. 현재 사실을 가정하는 가정법 과거와 과거 사실을 가정하는 가정법 과거완료가 있다.

- If I were a bird, I would fly to you. 〈가정법 과거〉

  내가 새라면 당신에게 날아갈 텐데.

- If I had been hungry, I would have eaten something. 〈가정법 과거완료〉

  배가 고팠었더라면, 뭔가를 먹었을 텐데.

Unit 02   조건절과 가정법의 구분

현재 또는 미래의 대략 50%의 가능성의 조건을 표현한다.

조건절(if절)	주절	의미
If+S+동사의 현재형	S+will(shall/can/may)+동사원형	현재 또는 미래에 가능성이 꽤 있는 경우를 표현한다. 즉, 사실의 반대인 거짓말이 아닌 단순한 조건을 표현한다.
(확실치 않지만) 만약 ~한다면	~할 것이다(할 텐데)	

1 조건절

- If he comes, he will be pleased.
  만일 그가 온다면, 그는 기뻐할 것이다.
- If water is frozen, it will expand.
  만일 물이 얼면, 그것은 팽창할 것이다.

2 가정법

- If he came, he would be pleased.
  만일 그가 온다면, 그는 기뻐할 텐데 (올 수가 없다).
- If she had had time, she would have gone to a concert.
  만일 그녀가 시간이 있었다면, 그녀는 음악회에 갔었을 텐데 (시간이 없었다).

Unit 03   직설법의 가정법으로의 전환

1 직설법 현재(= 가정법 과거)

- As I am not in America, I can't learn English better. 〈직설법 현재〉
  나는 미국에 있지 않기 때문에, 영어를 더 잘 배울 수 없다.
  → If I were in America, I could learn English better. 〈가정법 과거〉
  내가 미국에 있다면, 영어를 더 잘 배울 수 있을 텐데.

2 직설법 과거(= 가정법 과거완료)

- As he was not honest, I didn't employ him. 〈직설법 과거〉
  그는 정직하지 않았기 때문에, 나는 그를 고용하지 않았다.
  → If he had been honest, I would have employed him. 〈가정법 과거완료〉
  그가 정직했었더라면, 나는 그를 고용했을 텐데.

- would : 의지, 미래
- might : 가능
- could : 능력, 가능

Unit 04   가정법 과거

가정법 과거는 현재 사실이 전혀 아닌 것을 표현한다.

형태	If+주어+과거동사, 주어+조동사 과거형+동사원형
의미	(현재) ~한다면, ~할 텐데(사실은 그렇지 못하다)

[cf] be동사는 were를 사용한다.

- If I <u>were</u> younger, I <u>could play</u> football with you.
  = As I <u>am not</u> younger, I <u>cannot play</u> football with you.
  내가 더 젊다면, 너와 축구를 할 수 있을 텐데.
- If I <u>knew</u> her address, I <u>would tell</u> it to you.
  = As I <u>don't know</u> her address, I <u>cannot tell</u> it to you.
  그녀의 주소를 안다면, 그것을 너에게 말해줄 텐데.

Unit 05   가정법 과거완료

가정법 과거완료는 과거의 사실이 전혀 아니었던 것을 표현한다.

형태	If+주어+had p.p.(과거완료), 주어+조동사 과거형+have p.p.
의미	(과거에) ~했다면, (과거에) ~했을(였을) 텐데(사실은 그렇지 못했다)

- If it <u>had been</u> fine, we <u>could have taken</u> a walk. 〈가정법 과거완료〉
  날씨가 좋았더라면, 우리는 산책을 했었을 텐데.
  → As it <u>was not</u> fine, we <u>couldn't take</u> a walk. 〈직설법 과거〉
    날씨가 좋지 않았으므로 우리는 산책을 할 수 없었다.
- If Cleopatra's nose <u>had been</u> a little shorter, the history of the world <u>might have changed</u>.
  만약 클레오파트라의 코가 좀 더 낮았다면, 세계 역사는 바뀌었을 텐데.

Unit 06   혼합가정법

과거 사건의 결과가 현재에 미치는 경우에 사용한다.

형태	If+주어+had p.p.(과거완료), 주어+조동사 과거형+동사원형
의미	(과거에) ~했더라면, (현재) ~할 텐데(그렇지 못하다)

- If it had not rained last night, it would not be so muddy now.
  = As it rained last night, it is so muddy now.
  만약 어제 비가 오지 않았다면, 지금 그렇게 질척거리지는 않을 텐데.
- If the doctor had come earlier, she would be alive now.
  = As the doctor did not come earlier, she is dead now.
  만약 의사가 더 일찍 왔다면, 그녀는 지금 살아 있을 텐데.
  cf If he were a good husband, he would have helped his wife then.
  만약 그가 훌륭한 남편이라면, 그때 자신의 아내를 도왔을 것이다.

Check Point | 가정법 과거완료와 혼합가정법의 구별

- If I had had enough time, I could have done it better. 〈가정법 과거완료〉
  시간이 충분했다면, 나는 그것을 더 잘할 수 있었을 텐데.
- If he had taken his patron's advice then, he might be alive now. 〈혼합가정법〉
  그때 후원자의 충고를 받아들였더라면, 그는 지금 살아 있을지도 모른다.

Unit 07   가정법 미래

 should 조건절 : 미래에 일어날 가능성이 매우 희박한 경우

조건절(if절)	주절	의미
If+should+동사원형	주어+will[shall / can / may / would / should / could / might] +동사원형 (혹은) 명령문	미래에 대한 화자의 강한 의심을 표현한다.
(가능성이 거의 없지만) 혹시라도 만약 ~한다면	~할 것이다(할 텐데)	

- If I should fail the exam, my mother would be disappointed.
  혹시 내가 실패하면, 어머니는 실망하실 것이다.
- If it should snow tomorrow, I would go skiing.
  = Should it snow tomorrow, I would go skiing. 〈if 생략〉
  (가능성은 희박하지만 혹시나) 내일 눈이 내리면 스키 타러 갈 텐데.

2 were to 조건절 : 실현 가능성이 전혀 없는 순수 가정

조건절(if절)	주절	의미
If+주어+were to+동사원형	S+would[should / could / might] +동사원형	화자의 입장에서 실현 가능성이 전혀 없는 것을 표현한다.
(가능성이 전혀 없지만) 만약 ~한다면	~할 것이다(할 텐데)	

- If I <u>were</u> to be born again, I <u>would</u> be with you forever.
  만약 내가 다시 태어난다면, 나는 영원히 너와 함께할 것이다.

- If the sun <u>were</u> to rise in the west, I <u>would</u> not change my mind.
  해가 서쪽에서 뜬다 할지라도, 나는 내 마음을 바꾸지 않겠다. 〈were to 양보절〉

Unit 08   가정법 도치

if가 생략되면 주어와 (조)동사가 도치된다.

1 가정법 과거

- <u>Were</u> I a bird, I <u>could fly</u> to you.
  = If I were a bird, I could fly to you.
  내가 새라면, 나는 너에게 날아갈 텐데.

- <u>Were</u> he wise enough, he <u>would do</u> otherwise.
  그가 매우 현명하다면, 그는 다른 방식으로 할 텐데.

2 가정법 과거완료

- <u>Had I had</u> enough time, I <u>could have done</u> it better.
  = If I had had enough time, I could have done it better.
  내가 시간이 많았다면, 나는 그것을 더 잘할 수 있었을 텐데.

- <u>Had you been</u> more careful, you <u>would not have broken</u> your leg.
  네가 더 조심했었다면, 다리가 부러지지 않았을 텐데.

3 가정법 미래

- Should you help me, I could succeed.

  = If you should help me, I could succeed.

  당신이 나를 도와준다면 나는 성공할 수 있을 텐데.

- Should I be given another chance, I would do my best.

  나에게 기회가 한 번 더 온다면, 나는 최선을 다할 것이다.

Unit 09   특수 가정법

---

1 형태와 시제

I wish와 as if 가정법은 형태가 같다. 앞쪽은 직설법이다.

I wish 가정법 과거	• I wish I knew his address now. 〈현재 상황을 현재 바람〉 = I'm sorry I don't know his address now. 나는 지금 그의 주소를 알기를 바라는데. • I wished I met her then. 〈과거 상황을 과거에 바람〉 = I was sorry I did not meet her then. 나는 그때에 그녀를 만났기를 바랐는데.
I wish 가정법 과거완료	• I wish I had known his address then. 〈과거 상황을 현재 바람〉 = I'm sorry I didn't know his address then. 나는 그때 그의 주소를 알았었기를 바라는데. • I wished I had met her before. 〈과거 상황을 과거에 바람〉 = I was sorry I had not met her before. 나는 그녀를 전에 만났었기를 바랐는데.
as if 가정법 과거	• He talks as if he knew her. 〈현재 ~인 것처럼 현재 말함〉 그는 마치 그녀를 아는 것처럼 말한다. • He talked as if he knew her. 〈과거에 ~였던 것처럼 과거에 말함〉 그는 마치 그녀를 아는 것처럼 말했다.
as if 가정법 과거완료	• He talks as if he had been ill. 〈과거에 ~였던 것처럼 현재 말함〉 그는 마치 전에 아팠던 것처럼 말했다. • He talked as if he had been ill. 〈더 이전 과거에 ~였던 것처럼 과거에 말함〉 그는 마치 전에 아팠던 것처럼 말했다.

2 소망 가정법(I wish 가정법)

I wish 구문도 마찬가지로 동사가 과거형이면 현재의 실현될 수 없는 소망을 나타내고, 과거완료형이면 과거에 실현되지 못한 일에 대한 소망을 나타낸다.

① 가정법 과거

> I wish+주어+과거동사/could[would]+동사원형
> ~이면 좋을 텐데

- I wish I were rich now. 〈가정법〉
  지금 부자라면 좋으련만.
- I am sorry I am not rich now. 〈직설법〉
  지금 부자가 아니라 유감이다.

② 가정법 과거완료

> I wish+주어+had p.p.
> ~였으면 좋았을 텐데

- I wish I had learned English then. 〈가정법〉
  그때 영어를 배웠다면 좋으련만.
- I am sorry I did not learn English then. 〈직설법〉
  그때 영어를 배우지 않아 유감이다.

3 as if(as though) 가정법

'마치 ~인 것처럼'이라는 뜻의 'as if'나 'as though' 뒤 역시 가정법 동사가 올 수 있다.

① 가정법 과거

> 주절+as if+주어+과거동사
> 마치 ~인 것처럼

- He speaks English as if he were American. 〈가정법〉
  그는 마치 미국인인 것처럼 영어를 말한다.
- In fact, he is not American. 〈직설법〉
  사실, 그는 미국인이 아니다.

② 가정법 과거완료

> 주절+as if+주어+had p.p.
> 마치 ~이었던 것처럼

- He acted as if nothing had happened. 〈가정법〉
  그는 마치 아무 일도 일어나지 않은 것처럼 행동했다.
- In fact, something happened. 〈직설법〉
  사실, 무언가가 발생했다.

Check ⓟoint 1 │ as if 가정법과 as if 직설법의 구별

- Tom talks as if he were rich. 〈가정법〉
  탐은 마치 부자인 것처럼 말한다. → 실제는 부자가 아님
- Tom looks as if he is rich. 〈직설법〉
  탐은 부자처럼 보인다. → 실제로 부자일 수도 있음

Check ⓟoint 2 │ 가정법 as if, as though vs. 양보절 even if, even though

- He acts as if he were an actor. 〈가정법〉
  그는 마치 배우인 것처럼 행동한다.
- Even if your plan is very good, we cannot afford to carry it out right now. 〈양보절〉
  너의 계획이 아무리 좋을지라도 우리는 지금 당장 그 일을 실행할 여력이 없다.

4 기타 가정법 표현 : but for, without, except for

- If he were not poor, he could join the club.

  = As he is poor, he cannot join the club. 〈직설법 현재〉

  = Were he not poor, he could join the club.

  = If it were not for his poverty, he could join the club.

  = Were it not for his poverty, he could join the club.

  = Without(= But for) his poverty, he could join the club.

  만약 그가 가난하지 않다면, 그는 그 클럽에 가입할 수 있을 텐데.

- If he had not been poor, he could have joined the club.

  = As he was poor, he could not join the club. 〈직설법 과거〉

  = Had he not been poor, he could have joined the club.

  = If it had not been for his poverty, he could have joined the club.

  = Had it not been for his poverty, he could have joined the club.

  = Without(= But for) his poverty, he could have joined the club.

  만약 그가 가난하지 않았다면, 그는 그 클럽에 가입할 수 있었을 텐데.

Unit 10   it is time 가정법

「It is (high, about, the very, the right) time (that) 주어+과거동사」구문은 아직 하지 않은 행동에 대해 '~해야 할 때가(시간이) 되었다'라는 어감을 전달할 때 쓴다.

- It is time you (go / <u>went</u>) to bed.
  = It is time you should go to bed.
  = It's time for you to go to bed.
  네가 자러 가야 할 때이다.

Unit 11   if절이 없는 가정법 구문

가정법 문장에 반드시 if절이 있어야 하는 것은 아니다. if절이 생략되거나 주어나 부사구 속에 if절의 의미가 내 포되어 있어 문장의 전후 관계로 그 의미를 파악할 수 있는 경우도 있다. 부정사, 전명구, 명사가 if절을 대신해 서 가정법을 나타낼 수 있다.

- <u>To see</u> him dance, you would burst into laughter.
  = If you saw him dance, you would burst into laughter.
  그가 춤추는 것을 본다면, 너는 웃음을 터뜨릴 것이다.
- <u>With your help</u>, we could overcome this difficulty.
  = If you helped me, we could overcome this difficulty.
  너의 도움이 있다면, 우리는 이 어려움을 극복할 수 있을 텐데.
- You must do your best; <u>otherwise</u> you will not accomplish anything.
  너는 최선을 다해야 한다. 그렇지 않으면 너는 어떤 것도 이루지 못할 것이다.
- <u>A true friend</u> would not betray you.
  = If he were a true friend, he would not betray you.
  진정한 친구는 너를 배신하지 않을 텐데.

Unit 12   접속사 if 대용어구

> in case, on condition that, provided, providing, suppose, supposing, as[so] long as 등

- Unless it rains, I'll pick you up.
  비가 내리지 않는다면, 나는 너를 태우러 갈 것이다.
- I carry a spare wheel in case I should have a puncture.
  나는 타이어가 펑크 날 경우를 대비하여 예비 타이어를 가지고 다닌다.
- If only I were young again!
  = Would that I were young again!
  = I wish I were young again!
  내가 다시 젊기만 한다면!
- Supposing your father knew it, what would he say?
  만약 너의 아버지가 아신다면, 그는 뭐라고 말할까?
- We'll have the meeting, provided no one objects.
  아무도 반대하지 않는다면, 모임을 가질 것이다.
- Granting that it is true, I cannot but fire him.
  그것이 사실이라 할지라도, 나는 그를 해고할 수밖에 없다.
- What if the plane is late?
  비행기가 늦으면 어쩌지?

Unit 13   but[except, save] that 구문 (직설법)

가정법 과거		+	but, except, save (that)	+	직설법 현재 : ~만 않다면	
가정법 과거완료					직설법 과거 : ~만 않았다면	

- He would have attended the party but that he was busy.
  = He would have attended the party if I had not been busy.
  그가 바쁘지 않다면, 그는 파티에 참석했을 텐데.

CHAPTER 11
비교(Comparison)

☑ 최신 출제경향 **파악하기**

01 우리말을 영어로 잘못 옮긴 것은?

① 그 연사는 자기 생각을 청중에게 전달하는 데 능숙하지 않았다.

　→ The speaker was not good at getting his ideas across to the audience.

② 서울의 교통 체증은 세계 어느 도시보다 심각하다.

　→ The traffic jams in Seoul are more serious than those in any other city in the world.

③ 네가 말하고 있는 사람과 시선을 마주치는 것은 서양 국가에서 중요하다.

　→ Making eye contact with the person you are speaking to is important in western countries.

④ 그는 사람들이 생각했던 만큼 인색하지 않았다는 것이 드러났다.

　→ It turns out that he was not so stingier as he was thought to be.

분석

④ **as ~ as 원급 비교** 「A+not as[so] 형용사/부사 원급 +as B」는 'A는 B만큼 ~하지 않다'라는 의미를 갖는 원급 비교의 구문으로 as[so]와 as 사이에는 형용사나 부사의 원급이 와야 한다. 따라서 stingier를 stingy로 고쳐야 한다.

① **전치사의 목적어** 전치사 at 뒤에서 동사가 전치사의 목적어 역할을 하기 위해서는 동명사가 되어야 하므로 get이 동명사 getting으로 올바르게 사용되었다.

② **최상급 대용표현 / 비교대상의 일치 / 지시대명사 수일치** 「주어+비교급+than+any other+단수명사」는 비교급을 이용한 최상급의 표현이다. 비교급 more serious와 than any other city가 나와 올바르게 쓰였고, 접속사 than 뒤에 비교대상인 traffic jams가 복수로 쓰였으므로 지시대명사 those가 적절하다.

③ **동명사 주어 / 목적격 관계대명사 whom** 동명사가 주어로 쓰일 때는 단수 취급한다. Making eye contact가 주어이므로 단수동사 is 가 적절하다. 'with the person (whom) you are speaking to'에서 the person은 선행사이며 목적격 관계대명사 whom이 생략되었음을 알 수 있다. 이처럼 전치사 to의 목적어 역할을 하는 목적격 관계대명사가 생략되는 경우 전치사(to)는 관계대명사 앞으로 갈 수 없고, 절 내에 위치해야 한다.

어휘

☐☐☐	get across	(의미가) 전달[이해]되다
☐☐☐	traffic jam	교통 체증
☐☐☐	turn out	나타나다, 되다
☐☐☐	stingy	인색한

정답 ④

출제 Ⓟoint

원급 비교는 'as+형용사/부사+as'의 형태를 가지며, as와 as 사이에 들어가는 품사, 원급 비교의 부정형, 배수사, 비교급 수식 표현 등이 주로 출제된다.

02 어법상 가장 옳은 것은?

① If the item should not be delivered tomorrow, they would complain about it.

② He was more skillful than any other baseball players in his class.

③ Hardly has the violinist finished his performance before the audience stood up and applauded.

④ Bakers have been made come out, asking for promoting wheat consumption.

분석

① **가정법 미래** 미래에 발생할 가능성이 매우 희박한 일을 가정할 때 가정법 미래를 사용한다. 가정법 미래는 「If+주어+should/were to +동사원형, 주어+조동사 과거형+동사원형」의 구조를 취한다. tomorrow를 보아 가정법 미래가 쓰여야 함을 알 수 있으며, 그 형태가 올바르게 사용되었다. **cf** should는 일어날 가능성이 희박한 미래를, were to는 가능성이 없는 것을 가정하는 순수 가정을 나타낸다.

② **최상급 대용표현** 「주어+비교급+than any other」는 최상급을 대신하기 위한 비교급 표현이다. than any other 뒤에는 단수명사가 오므로 players를 player로 고쳐야 한다.

③ **Hardly[Scarcely] ~ when[before]** Hardly[Scarcely] ~ when[before] 구문은 「Hardly[Scarcely]+had+주어+p.p., when[before]+주어+과거동사」의 형식으로 쓰인다(~하자마자 …하다). 따라서 has를 had로 고쳐야 한다.

④ **사역동사 make의 수동태** 사역동사 make는 능동태로 쓰일 경우 목적격 보어로 원형부정사를 취한다. 그러나 수동태가 될 경우 원형 부정사였던 목적격 보어는 to부정사로 바뀌므로 come out을 to come out으로 고쳐야 한다.

해석

① 만약 물건이 내일 배달되지 않으면, 그들은 그것에 대해 불평할 것이다.

② 그는 그의 반의 다른 야구 선수들보다 더 능숙했다.

③ 바이올린 연주자가 그의 연주를 끝마치자마자 청중은 일어나서 박수를 보냈다.

④ 제빵사들이 소비 촉진을 요구하며 거리로 나오게 되었다.

어휘

□□□	deliver	(물건 등을) 배달하다, (연설 등을) 하다, 넘겨주다
□□□	skillful	숙련된, 솜씨 좋은; 잘 만들어진
□□□	applaud	박수를 치다, 갈채를 보내다
□□□	promote	촉진[고취]하다; 홍보하다; 승진시키다
□□□	consumption	소비[소모]

정답 ①

출제 ⓟoint

원급이나 비교급을 이용해서 최상급의 의미를 나타낼 수 있는데, 최상급 대용표현으로 '부정어+원급/비교급'을 쓰거나 '비교급+than any other 단수명사'를 쓸 수 있다. 원급에 의한 최상급 표현, 비교급에 의한 최상급 표현, 최상급 문장을 전환해 보면서 학습하도록 한다.

Unit 01   비교급의 정의

형용사나 부사는 그 형태에 일정한 변화를 주어 그 성질이나 정도, 수량 등의 차이를 나타내는데, 이를 '비교 변화'라고 한다.

비교에는 '원급', '비교급', '최상급' 비교가 있는데, 원급 비교와 비교급 비교는 둘 사이의 비교를, 최상급 비교는 셋 이상을 비교하여 '가장 ~한'이라는 의미를 나타낸다.

- Jack is as kind as Tom.
  잭은 탐만큼 친절하다.
- Jack is kinder than Tom.
  잭은 탐보다 더 친절하다.
- Jack is the kindest of the boys.
  잭은 그 소년들 중에서 가장 친절하다.

Unit 02   원급 비교

「as A as B」는 'B만큼 A한(하게)'라는 의미의 원급 동등 비교, 「not ~ as[so] A as B」는 'B만큼 A하지 않은(않게)'라는 원급의 열등 비교를 나타낸다. 이때 앞에 있는 as는 부사이고 뒤의 as는 접속사이다(A는 형용사/부사의 원급, B는 비교대상).

1 동등 비교(as 원급 as) : ~만큼 …한

as ~ as 사이에 비교급이나 강조어를 사용할 수 없다.

- He is as tall as I (am tall).
  그는 나만큼 키가 크다.
- My house is as large as yours.
  나의 집은 너의 집만큼 넓다.

2 열등 비교(not so 원급 as) : ~만큼 …하지 못한

- She is not so happy as I.
  그녀는 나만큼 행복하지 않다.
- He is not as[so] tall as I (am tall).
  그는 나만큼 키가 크지 않다
  *He is so tall as I. (×)

3 배수사

'무엇이 무엇보다 몇 배 더 많다, 크다' 등의 표현을 배수 비교 표현이라고 하는데, 배수사는 비교급 앞에 위치한다.

- Our school is twice as big as yours.
  = Our school is twice the size of yours.
  = Your school is half as big as mine.
  우리 학교는 너희 학교보다 두 배 더 크다.
  cf twice는 비교급에 사용하지 못하며 원급 형태와 함께 쓰인다.
    - This house is twice as big as that house.
      = This house is (two times / twice) bigger than house.

Check Ⓟoint | 형용사(be동사, 오감동사의 보어)와 부사(일반동사 수식)의 구별

- He drives more carefully than Jack.
  그는 잭보다 더 주의 깊게 운전한다.
- She looks as (pretty / prettily) as a movie star.
  그녀는 영화배우만큼 예뻐 보인다.
- He understands the situation (clearer / more clearly) than I.
  그는 그 상황을 나보다 더 분명하게 이해하고 있다.

4 원급을 이용한 관용표현

cf CHAPTER 19, Unit 07 원급을 이용한 관용표현

Unit 03   비교급 비교

---

1 역할

「A(주어) ~ 비교급 than B(비교대상)」는 'A는 B보다 더 ~하다'의 의미로 두 가지를 비교할 때 쓴다.

2 비교급과 최상급 만드는 방법

(1) 규칙 변화

① 1·2음절어에는 '-er, -est'를 붙인다.

원급	비교급	최상급
tall	taller	tallest
wise	wiser	wisest
happy	happier	happiest

② 3음절 이상의 단어와 어미가 '-ous, -ful, -ive, -able, -less, -ed, -ing, -ish' 등으로 끝나는 2음절어는 'more, most'를 붙인다.

원급	비교급	최상급
beautiful	more beautiful	most beautiful
difficult	more difficult	most difficult
useful	more useful	most useful

• That sight was (formidabler / more formidable) than any other.
　그 광경은 어떤 다른 것보다 더 무시무시했다.

(2) 불규칙 변화

- good(well)-better-best
- bad(ill)-worse-worst
- many(much)-more-most
- little-less-least
- late-later(더 늦은)-latest(최근의) 〈시간〉
- late-latter(더 후반부의)-last(마지막의) 〈순서〉
- far-farther(더 먼)-farthest(가장 먼) 〈거리〉
- far-further(더, 더 멀리)-furthest(가장 멀리) 〈정도+거리〉

3 우등 비교 : ~보다 더 …한

• You are richer than I.
　너는 나보다 더 부유하다.

4 열등 비교 : ~보다 덜 …한

• You are less rich than I.
　너는 나보다 덜 부유하다.

5 비교급 강조 표현

비교급을 강조할 때는 'much, even, still, far, a lot, by far, a great deal' 등을 비교급 앞에 쓰게 되는데 이때 '훨씬, 더욱'의 의미를 갖는다. very는 비교급을 수식하지 못하므로 주의하여야 한다.

• I faced a much harder problem than yours.
　나는 너의 것보다 훨씬 더 어려운 문제를 마주쳤다.
• Mary was even later than Tom.
　메리는 탐보다 훨씬 더 늦었다.

　cf 최상급 강조 → much, far, by far

• They are by far the most dangerous things.
　그것은 단연코 가장 위험한 것들이다.

6 라틴어 유래 비교급

양자를 비교할 때 어미가 −or로 끝나는 라틴어에서 온 형용사 'inferior, superior, senior, junior, major, minor' 등은 접속사 than 대신에 전치사 'to'를 쓰므로 뒤에는 목적격이 온다.

- He is <u>superior to</u> his friends in math.

  그는 수학에 있어서 그의 친구들보다 우수하다.

- She is <u>senior</u> (to / than) me by two years.

  = She is two years <u>senior to</u> me.

  = She is two years <u>older than</u> I.

  = She is <u>older than</u> I by two years.

  그녀는 나보다 두 살 더 많다.

---

prefer A(n/−ing) to B(n/−ing) : B하기보다는 A하는 것을 좋아하다

- I <u>prefer</u> staying at home to going out.

  나는 외출하는 것보다 집에 있는 것을 더 좋아한다.

---

prefer to R rather than (to) R : B하기보다는 A하는 것을 좋아하다

- I <u>prefer</u> to stay at home rather than (to) go out.

  나는 외출하기보다는 집에 있고 싶다.

  cf 라틴어 유래 비교급 수식은 very가 아닌 much로 수식한다.

  - The new boss is (much / very) superior to the previous one.

    새로 온 사장은 전임 사장보다 훨씬 우수하다.

Check Ⓟoint | more superior, more better (x)

- She is (superior / more superior) to me in studying.

  그녀는 공부에서 나보다 더 우월하다.

---

7 비교급 앞에 정관사 the를 붙이는 경우

비교급 앞에는 원칙적으로 정관사 the를 붙일 수 없지만, 다음의 경우는 예외적으로 정관사를 비교급 앞에 붙인다.

(1) 'of A and B' 또는 'of the two'의 어구가 있을 때

- Jack is <u>the taller</u> of the twins.

  잭이 그 쌍둥이들 중에서 더 키가 크다.

- Tom is <u>the naughtier</u> of the two.

  둘 중에서 탐이 더 개구쟁이다.

  cf Tom <u>is the naughtiest</u> of the three. → 셋 이상은 최상급으로 나타냄

(2) 이유 부사절(because, as, since, for＋주어＋동사)이나 이유 부사구(because of, owing to, on account of)가 들어간 문장에서

- I love him (all) the better for his frankness.
  나는 그의 솔직함 때문에 그만큼 더 그를 사랑한다.
- I like him (all) the better because he is kind to everyone.
  나는 그가 모든 사람들에게 친절하기 때문에 그를 더욱 좋아한다.

(3) 「the＋비교급, the＋비교급」 형태는 '~하면 할수록 점점 더 …하다'의 의미를 갖는다. 이때 각 절의 '주어＋동사'의 어순은 「동사＋주어」의 어순으로 도치될 수 있다. 또한 정보가치가 없는 '주어＋동사'는 생략도 가능하다.

- The older he grew, the more cautious he became.
  = As he grew older, he became more cautious.
  그는 나이가 들면 들수록 더욱 더 신중해졌다.
- The more he read about it, the more confused he became.
  그가 그것에 관하여 많이 읽으면 읽을수록, 더욱더 혼란에 빠졌다.
- The more, the better.
  많으면 많을수록 더 좋다.

  cf more and more : 점점 더, worse and worse : 설상가상으로
  - She ate less and less and became thinner and thinner.
    그녀는 점점 더 적게 먹었고 점점 더 야위어 갔다.

8 비교급을 이용한 관용표현

cf CHAPTER 19, Unit 08 비교급을 이용한 관용표현

Unit 04 최상급 비교

1 역할

셋 이상을 비교하여 '그중에서 가장 ~한'이라는 의미를 나타낸다. 최상급 앞에는 원칙적으로 정관사 the를 써야 하고, of 다음에는 복수명사를 사용하는 한편, in 다음에는 장소나 범위를 나타내는 단수명사를 쓴다.

- The boy is the happiest in this town.
  그 소년은 이 마을에서 가장 행복하다.
- Iron is the most precious of all metals.
  철이 모든 금속 중에서 가장 귀중하다.
- This dress is the least expensive of the three.
  이 옷이 그 세 개 중에서 가장 덜 비싸다.

2 **최상급 앞에 정관사 the를 붙이지 않는 경우**

최상급 앞에는 원칙적으로 정관사를 붙여야 하지만, 다음의 경우에는 예외적으로 정관사를 최상급 앞에 붙이지 않는다.

(1) 동일인, 동일물의 성질을 자체 비교할 때

- This mountain is highest at this point.

  이 산은 이 지점이 가장 높다. 〈동일한 산에서〉

  cf Mt. Baekdu is the highest mountain in Korea.

  백두산은 한국에서 가장 높은 산이다. 〈다른 산들과 비교되어서〉

- He was happiest when he was with her.

  그는 그녀와 함께 있을 때 가장 행복했다.

(2) 최상급 앞에 소유격 형용사가 올 때

- He is my best friend.

  그는 내 최고의 친구이다.

- It is Tom's greatest pleasure to read comic books.

  만화책을 읽는 것이 탐의 가장 큰 즐거움이다.

(3) 부사의 최상급 앞에서

- I like basketball (the) best of all sports.

  나는 모든 운동 중에서 농구를 가장 좋아한다.

  cf 미국식 영어에서는 부사의 최상급에 the를 붙여 쓰기도 한다.

3 **the + 최상급 + 명사**

양보의 뜻을 갖는다.

- The wisest man cannot know everything.

  가장 현명한 사람조차도 모든 것을 알 수 있는 것은 아니다.

- I don't have the slightest idea of it.

  나는 그것을 전혀 모르겠다.

① 동일물이나 동일인의 '성향, 성질'을 비교할 때는 형용사의 음절에 관계없이 항상 「more＋원급＋than＋원급」의 형태를 취한다. 이때 more는 rather '오히려'의 뜻이다.

- He is more smart than cunning. 〈1명〉
  그는 교활하기보다는 오히려 영리하다.
- He is smarter than his brother. 〈2명〉
  그는 그의 형보다 더 똑똑하다.

② 동일인, 동일물의 성질을 자체 비교할 때 정관사를 최상급 앞에 붙이지 않는다.

- This mountain is highest at this point. 〈동일한 산 하나〉
  이 산은 이 지점이 가장 높다.
- Mt. Baekdu is the highest mountain in Korea. 〈다른 산들 셋 이상〉
  백두산은 한국에서 가장 높은 산이다.

Unit 05   최상급 표현

1 원급과 비교급을 이용한 최상급 표현

- Jack is the most hardworking boy.

  = No other boy is so hardworking as Jack.

  그의 학급의 어떤 다른 소년도 잭만큼 부지런하지 않다.

  = No other boy is more hardworking than Jack.

  그의 학급에 있는 어떤 다른 소년도 잭보다 더 부지런하지 않다.

  = Jack is more hardworking than any other boy in his class.

  잭은 그의 학급에 있는 어떤 다른 소년보다 더 부지런하다.

  = Jack is more hardworking than all the other boys in his class.

  잭은 그의 학급에 있는 모든 다른 소년들보다 더 부지런하다.

  = Jack is more diligent than anyone else in his class.

  잭은 그의 학급에 있는 그 밖의 어떤 사람보다 더 부지런하다.

   other는 명사 앞에 위치하고, 같은 의미를 가진 else는 '−thing, −body, −one'으로 끝나는 대명사 뒤에 온다.

2 최상급과 유사한 표현(원급 관련)

- Tom is as diligent as any boy in his class.
  탐은 그의 학급에 있는 어떤 소년 못지않게 부지런하다.
- Tom is as brave a soldier as ever lived.
  탐은 일찍이 살았던 누구 못지않게 용감한 군인이다.

3 최상급 뒤의 관계사절

'～한 중에서'의 의미로 부정절은 성립하지 않는다.

- He is the kindest man (that) I've (ever / never) met.
  그는 내가 만난 사람 중에서 가장 친절한 사람이다.

4 There's nothing 비교급 than : ～보다 더 한 것은 없다

- There's nothing like more than baseball.
  야구보다 더 한 것은 없다.

5 second to none : 최고의

- Mary is second to none in swimming.
  메리는 수영에서는 최고이다.

6 최상급 but : ～을 제외하고 가장 …한

- He was the last but one to arrive.
  그는 한 사람을 제외하고 마지막으로 도착한 사람이다. 〈끝에서 두 번째〉

7 최상급을 이용한 관용표현

cf CHAPTER 19, Unit 09 최상급을 이용한 관용표현

Unit 06   비교대상의 일치

> 원급, 비교급, compared to, be different from, be similar to, be like, outgrow, excel, exceed, surpass, outscore 등

- His task was <u>more</u> difficult <u>than</u> mine.
  그의 일은 나의 것보다 더 어렵다.
- Riding a horse is not <u>as</u> easy <u>as</u> riding a motorcycle.
  말을 타는 것은 오토바이를 타는 것만큼 쉽지 않다.
- The salary of a truck driver is <u>as</u> high <u>as</u> that of a teacher.
  트럭 기사의 봉급은 교사의 그것(봉급)만큼 높다.
- My feeling <u>is different from</u> yours.
  나의 느낌은 너의 것(너의 느낌)과 다르다.
- The climate of Rome <u>is similar to</u> (Seoul / <u>that of Seoul</u>).
  로마의 기후는 서울의 그것(기후)과 비슷하다.
- Your son's hair is <u>the same</u> color <u>as</u> (your / <u>yours</u>).
  당신 아들 머리는 당신 머리와 같은 색깔이다.

Unit 07   비교를 이용한 추가 긍정 · 부정

- She can speak French, <u>still[much] more</u> English.
  그녀는 프랑스어를 할 수 있으며, 하물며 영어는 더 잘한다.
- She can't speak English, <u>still[much] less</u> French.
  그녀는 영어를 할 수 없으며, 하물며 프랑스어는 더 못한다.

Unit 08   as, than 이하의 동사

시제가 동일한 같은 종류의 동사는 생략할 수 있고, 앞의 동사를 받는 대동사를 사용할 수 있다. 또한 주어가 길면 도치가 되기도 한다.

- He <u>is aware of</u> the changes as well as <u>are the other boys</u>.
  그는 다른 소년들만큼 그 변화를 잘 알고 있다.

명사(Noun)

☑ 최신 출제경향 **파악하기**

01 Which of the following is not grammatically correct?

> (A) Just as a picture or a furniture (B) takes on much more interest if you know its history, (C) so does a man (D) become more real once the ancestral elements (E) that shaped him are known.

① (A)   ② (B)   ③ (C)   ④ (D)   ⑤ (E)

분석

① **가산 vs. 불가산명사** furniture는 불가산명사이므로 a furniture를 a piece of furniture로 고쳐야 한다.

② **비교급 강조 부사** much는 비교급을 강조해 주는 부사로, 제시문에서 much가 비교급 more를 강조하고 있으므로 적절하다.

③ **부사 강조 도치** 동의를 나타내는 의미로 so가 문두에 나가면 주어와 동사가 도치된다. 제시문에서 so 뒤에 does(조동사) a man(주어)의 어순이 나오고 있으므로 도치가 올바르게 이루어졌다.

④ **2형식 동사 become** become은 2형식 동사(불완전 자동사)로 뒤에 주격 보어를 취한다. 이때 보어 자리에 올 수 있는 것은 명사나 형용사인데, 제시된 문장에서는 형용사 real이 주격 보어로 나왔으므로 적절하다.

⑤ **주격 관계대명사 that** 선행사 the ancestral elements를 수식하고 있으며 관계대명사가 이끄는 절에서 주어가 빠져 불완전하므로 주격 관계대명사 that이 적절하다.

해석

마치 그림이나 가구가 만약 당신이 그것의 역사를 안다면 훨씬 더 많은 흥미를 가지는 것처럼, 사람도 일단 그를 이루는 조상의 부류를 알게 되면 더 현실적이게 된다.

어휘

□□□	as ~, so …	~하는 것처럼, …하다
□□□	take on	(특정한 특질 · 모습 등을) 띠다
□□□	ancestral	조상의, 조상 전래의
□□□	shape	모양[형태]으로 만들다; 형성하다

정답 ①

출제 Point

불가산명사의 출제 포인트는 바로 '셀 수 없음'이다. 셀 수 없기 때문에 단수 취급하며, 복수형이 존재하지 않고, 부정관사와 함께 쓸 수 없다.

02 어법상 옳은 것을 고르시오.

① Undergraduates are not allowed to using equipments in the laboratory.

② The extent of Mary's knowledge on various subjects astound me.

③ If she had been at home yesterday, I would have visited her.

④ I regret to inform you that your loan application has not approved.

분석

③ **가정법 과거완료** '어제 그녀가 집에 없어서 방문하지 못했다'라고 과거 사실에 대한 반대를 가정하는 것이므로 가정법 과거완료를 써야 한다. 「If+주어+had p.p., 주어+조동사 과거형+have p.p.」의 가정법 과거완료가 올바르게 사용되었다.

① **수동태의 전치사 / 가산 vs. 불가산명사** 5형식 문장이 수동태로 사용된 것으로, allow의 목적격 보어로는 to부정사가 와야 한다. 따라서 to using을 to use로 고쳐야 한다. 한편 equipment는 불가산명사로, 복수형으로 쓸 수 없으므로 equipments를 equipment로 고쳐야 한다.

② **주어-동사 수일치** 전치사구인 'of ~ subjects'를 제외한 나머지 주어는 The extent이다. 따라서 동사 astound를 주어의 수에 맞춘 astounds로 고쳐야 한다.

④ **능동태 vs. 수동태 / to부정사 vs. 동명사** 대출은 '승인되지 않은' 것이며, approve는 타동사인데 뒤에 목적어가 없으므로 수동태가 되어야 한다. 또한 regret은 to부정사와 동명사 둘 다 목적어로 가질 수 있는데, 「regret+동명사」는 '~했던 것을 후회하다'를 의미하며 「regret+to부정사」는 '~하게 되어 유감이다'를 의미한다. 대출 승인이 거절된 것을 알리게 되어 유감이라는 의미이므로 to부정사가 오는 것은 적절하다.

해석

① 학부생들은 실험실 장비를 사용하도록 허락되지 않는다.

② 다양한 주제들에 대한 메리의 지식의 범위가 나를 놀라게 만들었다.

③ 그녀가 어제 집에 있었다면, 나는 그녀를 방문했을 텐데.

④ 당신의 대출 신청서가 승인되지 않았음을 알려드리게 되어 유감입니다.

어휘

	undergraduate	학부생, 대학생
□□□	equipment	장비, 용품
□□□	laboratory	실험실
□□□	extent	(크기 · 중요성 등의) 정도[규모], 범위[범주]
□□□	astound	큰 충격을 주다, 경악시키다
□□□	inform	알리다[통지하다]
□□□	loan application	대출 신청

정답 ③

출제 ⓟoint

불가산명사는 복수형이 없으므로 수량을 표시할 때 단위명사와 함께 쓴다는 것을 알아두어야 한다(**cf** a cup of water). 또한 각 물질명사별로 자주 쓰는 단위명사를 암기하고 수일치에 유의하자.

Unit 01 명사의 의미

명사는 우주 삼라만상에 존재하는 형태 있는 것과 없는 것 가릴 것 없이 이름 붙일 수 있는 모든 것을 나타내는 품사이다. 즉, 인간의 눈에 보이고 실존하는 구체적인 사물이나 동물뿐만 아니라, 눈에 보이지 않고 다만 인간의 머릿속에서 생각되는 추상적인 개념도 명사이다.

Unit 02 명사의 종류

가산명사 (countable)	• 보통명사, 집합명사 • 부정관사(a / an)가 붙을 수 있고 복수형이 가능하다.
불가산명사 (uncountable)	• 물질명사, 고유명사, 추상명사 • 부정관사(a / an)가 붙을 수 없고 복수형이 불가능하다.

1 보통명사

일정한 모양을 가지고 있는 셀 수 있는 개체에 공통적으로 이름 붙여진 명사 혹은 구체적인 형태가 없어도 일정한 구분을 나타내는 명사를 의미한다.

> tree, dog, desk, doctor, house, day, year 등

- A butterfly is sitting on the flower.
  나비가 꽃에 앉아 있다.
- I met her three days ago.
  나는 그녀를 3일 전에 만났다.

2 집합명사

(1) 둘 이상의 개체가 모여 하나의 집합체를 이룬 명사를 의미한다.

구분	대표 집합명사	특징
family형	family(가족), committee(위원회), audience(청중), staff(직원), attendance(출석자), class(학급), team(팀), community(지역사회), jury(배심원단) 등	단수형과 복수형이 있다. (a family, two families)
police형	(the) police(경찰), the clergy(성직자들), the nobility(귀족들), the peasantry(농민들, 소작인), the aristocracy(귀족) 등 ※ police의 경우 현대영어에서는 무관사 형태로 많이 쓴다.	정관사 the가 함께 사용되며, 복수 취급한다.
cattle형	cattle(소떼), fish(물고기), vermin(해충 떼), poultry(가금류), people(사람들) 등	자체가 복수 의미를 갖는다. a / an과 같이 쓰이지 않으며 복수 취급한다. 특정한 무리를 가리킬 경우 the가 붙는다.

- The jury found him guilty on all counts.

  배심원들은 그가 기소된 모든 항목에서 유죄라는 평결을 내렸다.
- Three families live in the house.

  세 가구가 그 집에 산다.
- The police are on the track of the robber.

  경찰은 그 강도를 추적 중이다.
- Cattle are selling for recorded price.

  소가 기록적인 가격에 팔리고 있다.

  cf 경찰관 1명 → a policeman, 배심관 1명 → a juryman

(2) (단순) 집합명사와 군집명사

집합명사를 하나의 단위체로 취급할 때는 집합명사로 취급하여 단수형 동사를 쓰고, 집합체의 구성원 개체를 중심으로 볼 때에는 군집명사로 취급하여 복수형 동사를 사용한다.

- My family is a large one.

  나의 가족은 대가족이다.
- My family are at breakfast.

  나의 가족은 아침식사 중이다.

(3) people

> - many people 많은 사람들
> - a people 민족
> - many peoples 많은 민족들

- There are so many people.

  많은 사람들이 있다.
- The Koreans are a dynamic people.

  한국 사람들은 역동적인 민족이다.
- Asia is a home of many peoples.

  아시아는 많은 민족들의 본거지이다.

3 물질명사

일정한 형태가 없는 물질이나 재료를 나타내는 명사를 의미한다. 물질명사에는 water, gas, gold, sand, thunder 등 액체 · 기체 · 알갱이 · 재료 · 물리적 현상 등이 있으며 항상 단수 취급한다. 셀 수 없는 명사이므로 단 · 복수의 구별이 없다.

(1) 물질명사를 '수'로 나타낼 때는 「수사＋단위명사＋of＋물질명사」의 형태로 표시한다.

> • a glass of water 물 한 잔 → two glasses of water 물 두 잔
> • a spoonful of sugar 설탕 1스푼 → three spoonfuls of sugar 설탕 3스푼
> • a bottle of wine 포도주 한 병
> • a loaf of bread 빵 한 덩이
> • two sheets of paper 종이 두 장
> • two pieces of chalk 분필 세 개
> • a cup of tea 차 한 잔
> • a pound of salt 소금 1파운드

(2) 물질적 집합명사(집단명사)

비정형 사물의 집합체를 의미한다. 물질명사가 되어 부정관사를 붙일 수 없고, 항상 단수 취급을 하기 때문에 단수동사가 온다. 수를 나타낼 때는 many, few가 아니라, 양을 나타내는 much, little로 수식한다.

> furniture(가구), clothing(의류), baggage[luggage](여행용 짐), machinery(기계류), poetry(시), food(음식), produce(농산물) 등

• There is little furniture in this room.
   이 방에는 가구가 별로 없다.
• Much clothing is needed in cold countries.
   추운 나라에서는 의류가 많이 필요하다.

Check ⓟoint │ 물질명사의 수량 표현

> • much / little / some / any furniture (○) **cf** many / few furnitures (×)
> • a piece of / many pieces of furniture (○)

4 **고유명사**

고유[유일]한 한 개체에 하나씩 이름이 붙여진 명사로서 지명이나 인명, 요일명 등이 고유명사에 해당된다. 항상 단수 취급하고 대문자로 시작한다.

> Seoul, America, Mary, Smith, Sunday, Suckchon lake 등

- Seoul is the capital of Korea.
  서울은 한국의 수도이다.

5 **추상명사**

(1) 사람이나 사물의 성질, 동작, 상태 등의 추상적인 개념을 나타내는 것으로 대부분은 동사, 형용사에서 파생되었다. 항상 단수 취급한다.

> love(사랑), joy(기쁨), truth(진리), happiness(행복), cruelty(잔인함), kindness(친절), advice(충고), information (정보) 등

- Health is better than wealth.
  건강이 재산보다 낫다.
- He is famed for his cruelty.
  그는 잔인함으로 유명하다.

(2) 「of+추상명사」는 '형용사' 역할을 한다.

> - of ability 능력 있는(= able)
> - of importance 중요한(= important)
> - of no importance[consequence] 중요하지 않은(= unimportant)
> - of use 쓸모 있는, 유용한(= useful)
> - of no use 쓸모없는(= useless)
> - of value 귀중한(= valuable)
> - of no value 가치가 없는(= valueless)

- This book is of use.
  이 책은 유용하다.
- This jewel is of great value.
  이 보석은 대단히 가치가 있다.
- This project is of great importance to us.
  이 계획은 우리에게 아주 중요하다.

(3) 「전치사＋추상명사」는 '부사' 역할을 한다.

with	with care(신중하게)(= carefully), with ease(손쉽게, 용이하게)(= easily)
on	on purpose(고의로, 일부러)(= purposely), on occasion(가끔씩)(= occasionally)
by	by accident(우연히)(= accidentally), by luck(운좋게도)(= luckily, fortunately)
without	without doubt(틀림없이)(= undoubtedly), without fail(어김없이, 꼭)
at	at random(무작위로, 멋대로), at will(맘대로, 자유로이), at stake(위태로운)
in	in private(은밀하게)(= privately), in earnest(진지하게)(= earnestly, 본격적으로)
to	to the point(간결하게), to excess(지나치게), to the full(충분히), to the extent that(~인 정도까지), to the extent of(~의 정도까지), to one's joy (기쁘게도), to one's surprise(놀랍게도), to one's disappointment(실망스럽게도), to one's relief(안심하게도), to one's satisfaction(만족하게도)

- He gave the distorted report <u>on purpose</u>.
  그는 사실을 고의로 왜곡해서 보고했다.
- <u>Without doubt</u>, Korea is the most democratic country in Asia right now.
  의심할 바 없이(확실히), 한국은 이제 아시아에서 가장 민주적인 국가이다.
- <u>To everyone's great joy</u>, the war is finally over.
  대단히 기쁘게도, 전쟁은 마침내 끝이 났다.

(4) 추상명사＋itself = all＋추상명사, very＋형용사

- She is <u>kindness itself</u>.
  = She is <u>all kindness</u>.
  = She is <u>very kind</u>.
  그녀는 매우 친절하다.
- He is <u>attention itself</u>.
  = He is <u>all attention</u>.
  = He is <u>very attentive</u>.
  = He is <u>all eyes and ears</u>.
  그는 매우 주의 깊다.

(5) have the 추상명사 to R : 매우 ~하게도 …하다

- She <u>had the kindness to</u> show me the way.
  = She <u>had enough kindness to</u> show me the way.
  = She <u>had the kindness of</u> showing me the way.
  = She <u>was so kind as to</u> show me the way.
  그녀는 친절하게도 내게 길을 알려주었다.

6 불가산명사인 <u>물질명사, 고유명사, 추상명사</u>의 보통명사화

(1) 물질명사의 보통명사화

뜻이 변하여 그 물질로 만든 제품, 물질의 종류 등을 나타내는 경우에는 '보통명사화'하여 부정관사가 붙고 복수형으로도 쓸 수 있다.

- There is no smoke without <u>fire</u>. 〈물질명사〉
  아니 땐 굴뚝에 연기 날까.
- A <u>fire</u> broke out in my neighborhood last night. 〈보통명사〉
  어젯밤 이웃에서 화재가 발생했다.
- We have <u>many fires</u> in winter. 〈보통명사〉
  겨울에는 화재가 많이 발생한다.
- Strike while the <u>iron</u> is hot. 〈물질명사〉
  쇠는 달았을 때 두드려라(쇠뿔도 단김에 빼라).
- We have curling <u>irons</u> in the market. 〈보통명사〉
  시장에 컬링용 아이론(고데기)이 있다.

(2) 고유명사의 보통명사화

고유명사에 부정관사 a/an, 정관사 the가 붙거나 복수형으로 쓰이게 되면 고유명사가 '보통명사화'한 것으로 다음과 같은 뜻을 갖게 된다.

- <u>Edison</u> is very diligent. 〈고유명사〉
  에디슨은 매우 부지런하다.
- He will become <u>an Edison</u>. 〈보통명사〉
  그는 에디슨과 같은 발명가가 될 것이다.
- <u>Picasso</u> is a distinguished painter. 〈고유명사〉
  피카소는 훌륭한 화가이다.
- There is <u>a Picasso</u> on the wall. 〈보통명사〉
  벽에 피카소 작품 한 점이 걸려 있다.
- <u>Mr. Thomson</u> called at our office. 〈고유명사〉
  톰슨 씨가 우리 사무실을 방문했다.
- She met <u>a Mr. Thomson</u> at the party. 〈보통명사〉
  나는 파티에서 톰슨이라는 사람을 만났다.

(3) 추상명사의 보통명사화

추상명사가 구체적인 행위, 경험, 기회 등을 나타낼 때에는 보통명사처럼 쓰여 부정관사를 붙이거나 복수형을 쓸 수 있게 된다. 이를 추상명사의 '보통명사화'라고 한다.

- <u>Beauty</u> is but skin-deep. 〈추상명사〉
  미모(美貌)는 단지 피부 한 꺼풀이다.
- She was <u>a beauty</u> in her days. 〈보통명사〉
  그녀는 한창 때 미인이었다.

- Virtue is its own reward. 〈추상명사〉
  선행은 그 자체가 보답이다.
- Courage is a virtue. 〈보통명사〉
  용기는 미덕의 하나이다.
- Necessity knows no law. 〈추상명사〉
  궁핍하면 법을 모른다.
- Food is one of the basic necessities of life. 〈보통명사〉
  음식은 생활의 기본적인 필수품이다.

Check Point | the＋보통명사(보통명사가 추상적인 뜻)

- She felt the mother rise in her heart. 〈모성애〉
  그녀 마음속에서 모성애가 일어났다.
- The pen is mightier than the sword. 〈문필, 무력〉
  文은 武보다 강하다.

7 대표적 불가산명사

information(정보), advice(충고), evidence(증거), news(뉴스), knowledge(지식), homework(숙제), leisure (여가), poetry(시), money(돈), clothing(의류), jewelry(보석류), stationery(문구류), machinery(기계), furniture (가구), equipment(장비), luggage(짐) 등

- He will not listen to even (a good advice / a good piece of advice).
  그는 좋은 충고조차 귀를 기울이려 하지 않는다.
- We have various (information / informations).
  우리는 여러 종류의 정보를 가지고 있다.

Unit 03   명사의 수(number)

단수명사를 복수명사로 만들 때에는 '–s' 혹은 '–es'를 붙이는 규칙 복수형태와 기타 불규칙 복수형태로 구분할 수 있다. 기타 불규칙 복수형태에는 i) 단수와 복수의 형태가 같은 경우, ii) 모음이 불규칙적으로 변하는 경우, iii) 외국에서 들어온 외래어의 복수형태 등 여러 가지가 있다.

1 규칙 복수형태

단수형태 어미에 '–s'나 '–es'를 붙여 만든다.

2 불규칙 복수형태

모음이 불규칙적으로 변하는 경우 고대영어에서는 모음을 변화시켜서 복수형을 만드는 명사가 많았으나 현재에는 대략 7개 정도만 남아 있다. 모음을 변화시켜서 복수를 만드는 형태가 사라진 이유는 '-s, -es'를 붙이는 것이 사용하기 더 쉽고 일반화되었기 때문이다.

(1) 모음이 변화하는 것

- foot(발) → feet
- goose(거위) → geese
- woman → women
- tooth(이, 치아) → teeth
- man → men
- mouse(생쥐) → mice

- The poles stand at intervals of five feet. (○)
  기둥은 5피트 간격으로 서 있다.

(2) 어미+r(en)

- child(아이) → children
- brother(형제) → brethren(동포)
- ox(황소) → oxen

(3) 단 · 복수 동형

- sheep(양) → sheep
- Chinese(중국어) → Chinese
- fish(물고기) → fish
- aircraft(비행기) → aircraft
- deer(사슴) → deer
- corps(군단) → corps

3 외래어 복수형태 : 'us → i, sis → ses, on → a, um → a, a → e'로 변화

그리스어, 라틴어, 기타 외국어에서 들어온 특수한 복수형태이다. 원래가 불규칙하고 복잡하여 점점 '-s'의 형태로 대치되려는 경향이 있다.

- phenomenon(현상) → phenomena/phenomenons
- focus(초점) → foci/focuses
- curriculum(교과과정) → curricula/curriculums
- spectrum(범위, 스펙트럼) → spectra/spectrums
- medium(수단, 매개물) → media/mediums

cf 여전히 특수한 형태를 유지하는 복수형태

- datum(자료) → data
- memorandum(비망록) → memoranda
- criterion(기준) → criteria
- stimulus(자극) → stimuli

- These data are accurate.
  이 데이터는 정확하다.

4 **복합명사의 복수형**

두 개 이상의 단어로 구성되어 있는 복합어가 복수형태가 될 때에는 대체로 마지막 단어에 '–s'를 붙인다. 하지만 복합어가 「명사＋전치사구」, 「명사＋형용사 / 부사」의 형태인 경우 명사를 복수형태로 하는 것이 일반적이다. 물론, 예외도 존재한다.

(1) 마지막 단어에 '–s'를 붙이는 경우

- fountain pen(만년필) → fountain pens
- go–between(중개자) → go–betweens

(2) 명사에 '–s'를 붙이는 경우

- looker–on(구경꾼) → lookers–on
- passer–by(행인, 통행인) → passers–by
- brother–in–law(처남) → brothers–in–law

(3) 예외

- grown–up(성인) → grown–ups
- forget–me–not(물망초) → forget–me–nots

Unit 04   상시 복수형태로 쓰이는 명사

---

1 **짝으로 구성된 명사**

주로 좌우가 대칭으로 구성되거나 분리할 수 없는 2개의 요소로 구성되어 있는 도구(물건)나 의류를 의미하며 복수로 취급하므로 복수의 동사로 수일치를 해야 한다. 하나, 둘, 셋으로 셀 때에는 a pair of 등을 사용한다.

clothes(옷), glasses(안경), shoes(구두), gloves(장갑), pants(바지), shorts(반바지), trousers(바지), scissors(가위) 등

2 학문 명칭의 명사

학문 명칭이면 단수로 취급을 하고 다른 의미로 사용되는 경우는 복수로 취급한다(수일치 참조).

학문명칭 – 단수 취급	다른 의미 – 복수 취급
statistics(통계학)	statistics(통계, 통계 자료, 통계수치)
politics(정치학, 정치)	politics(정견, 정치적 견해)
ethics(윤리학)	ethics(도덕, 예법)
mathematics(수학)	mathematics(계산 능력)
economics(경제학)	economics(경제 상황)

3 형태는 복수이지만 단수로 취급하는 명사

병명	measles(홍역), the blues(우울증), diabetes(당뇨병), strokes(뇌졸중) 등
게임 명칭	billiards(당구), checkers(장기) 등
국가(도시) 명칭	the United States(미국), the Philippines(필리핀), Naples(나폴리) 등
기타	news(소식), means(수단), odds(차이, 가능성, 배당), wages(임금), amends(배상) 등

Unit 05 상호복수 명사 표현

명사가 복수형태로 하나의 관용어구를 구성한다. 따라서 단수로 사용할 수 없고, 복수로 사용한다.

- shake hands with ~와 악수하다
- be on good terms with ~와 사이가 좋다, ~와 좋은 사이다
- make friends with ~와 친구가 되다
- change dresses/flights 옷을 갈아입다/비행기를 갈아타다
- exchange greetings with ~와 인사를 나누다
- take turns (in) R-ing 교대로 ~을 하다
- come to terms with 인정하다, 받아들이다(= accept)

- I changed trains at Seoul station.
  나는 서울역에서 기차를 갈아탔다.
- We keep on good terms with our friends.
  우리는 친구들과 좋은 사이로 지내고 있다.

Unit 06 분화복수

복수형이 되면 단수형태가 가지는 의미가 달라지는 명사가 있다. 이들 명사의 단수와 복수형태에 주의해야 하고, 특히 문맥에 따른 의미 파악도 유의해야 한다.

• advice(충고) – advices(통지)	• air(공기) – airs(허풍, 으스대는 태도)
• arm(팔) – arms(무기)	• authority(권위) – authorities(당국)
• content(만족) – contents(목차)	• custom(습관; 관습) – customs(관세; 세관)
• damage(피해) – damages(손해배상금)	• glass(유리) – glasses(안경)
• good(이익, 선) – goods(상품, 재화)	• iron(철) – irons(쇠사슬, 족쇄)
• letter(문자) – letters(문학, 서식)	• look(얼굴, 봄) – looks(용모, 외모)
• odd(이상한) – odds(승산, 차이)	• manner(방법) – manners(예의, 예절)
• mean(중간; 중용) – means(방법, 수단)	• pain(고통) – pains(수고, 노력)
• paper(종이, 신문) – papers(서류, 문서)	• provision(준비) – provisions(비상식량)
• regard(관심, 고려) – regards(안부)	• remain(나머지) – remains(유해, 잔해)
• respect(존경) – respects(인사, 안부)	• sand(모래) – sands(사막)
• saving(절약) – savings(저축)	• time(시간, 기간) – times(시대, ~번)
• water(물) – waters(특정한 물; 영해)	• work(일) – works(작품)

• Don't put on airs.
  거드름 피우지 마라.

• They took pains to master English.
  그들은 영어를 정복하느라 애를 썼다.

• Caterpillars spend most of their time eating tree leaves.
  애벌레는 나뭇잎을 먹으면서 대부분의 시간을 보낸다.

• Many people are jobless in these hard times.
  요즘 같은 불경기에는 많은 사람들이 실직한 상태이다.

Check Point | 분화복수 관련 복합명사

• customs office 세관 사무소	• arms race 무기경쟁
• futures market 선물시장	• goods train 화물열차
• savings account 저축계좌	• sales promotion 판매촉진
• public relations department 홍보부	• human resources department 인사부

Unit 07 복합명사(명사+명사)

복합명사란 '명사+명사'로 이루어진 구조로, 보통 두 번째 명사는 복합명사가 가지는 것들의 일반적인 분류 정보이다. 첫 번째 명사는 그 분류 내에서 (구체적) 형태를 의미하며, 보통 단수형이다.

- book store 책방
- shoe store 신발가게
- mountain range 산맥
- answer sheet 답안지
- blood type 혈액형
- police station 경찰서
- mathematics teacher 수학 선생님
- university library 대학 도서관

Unit 08 명사의 격(case)

1 주격 · 목적격의 형태

명사는 주격과 목적격의 형태가 같은 반면, 인칭대명사는 주격과 목적격의 형태가 다르다(2인칭 you 제외). 주격 보어 자리에는 주격, 목적격 보어 자리에는 목적격이 온다.

(1) 명사의 주격 · 목적격

- Tom loves Mary. 〈주격〉
  탐은 메리를 사랑한다.
- Mary loves Tom. 〈목적격〉
  메리는 탐을 사랑한다.

(2) 인칭대명사의 주격 · 목적격

- He loves her. 〈주격〉
  그는 그녀를 사랑한다.
- She loves him. 〈목적격〉
  그녀는 그를 사랑한다.

Unit 09 소유격

1 소유격의 형태

(1) 사람, 생물(동물)을 소유격으로 표시할 때 → 「명사+'s」
- George's books
- my father's house

(2) 무생물을 소유격으로 표시할 때 → 「명사+of+명사」
- the legs of the table(= the table leg) *the table's legs (×)
- the top of the mountain(= the mountain top) *the mountain's top (×)

2 소유격의 용법

무생물에는 원래 소유격을 쓸 때 of를 사용하지만 예외적으로 「's」를 붙이는 경우가 있다.

시간	today's newspaper 오늘의 신문
가격	two dollars' worth of silver 2달러 가치의 은
무게	a pound's weight 1파운드의 무게
거리	ten minutes' walk 걸어서 10분 거리
명사의 의인화	mind's eye 마음의 눈, 심안
관용구	• within a stone's throw 가까운 거리에 • at one's fingers' ends ~을 잘 알고 있는 • at one's wit's end ~에 당황한, 어찌할 바를 모르는 • by a hair's breadth 간발의 차이로 • for conscience' sake 양심에 거리낌이 없도록

cf 어미가 s로 끝나는 복수명사인 경우에는 「'」만을 붙인다.
- a girls' high school
- schoolboys' clothes

3 소유격 다음의 명사를 생략하는 경우

독립 소유격이라고 하는데, 명사의 반복을 생략하는 경우와 주로 거주의 장소(residence), 상점(store), 교회(church), 은행(bank) 등의 공공건물이나 장소를 가리킬 때 명사를 생략하고 소유격만을 사용하는 경우이다.

- at my uncle's 삼촌 댁에서(= uncle's house)   • at the barber's(shop) 이발소에서

- I have been to the dentist's.
  나는 치과에 갔다 왔다.

4 이중 소유격

주요 한정사(determiner : a(n), this, these, that, those, some, any, no, another, what, which 등 명사를 한정하는 말)와 소유격은 명사 앞에 나란히 겹쳐 쓸 수 없다. 한 개의 명사에 2개 이상의 한정사를 연달아 사용하지 않는다는 원칙하에 한정사와 소유격을 함께 사용할 때에는, 반드시 이중 소유격(한정사+명사+of+소유대명사) 형태로 표현한다.

> • a friend of his 그의 한 친구 / *a his friend (×)
> • this book of Kevin's 케빈의 책 / *Kevin's this book (×)

• He is (a my friend / a friend of mine).
  그는 내 친구이다.

Unit 10 '명사+전치사'의 표현

1 명사+to

> alternative / answer / approach / attitude / attention / damage / devotion / key / way / solution 등 + to

• Nuclear energy is a good alternative to fossil fuels.
  원자력은 좋은 화석연료 대체물이다.
  cf I approach to her. (×)

2 명사+of

> description / impression / knowledge / memories 등 + of

• He denied all knowledge of the incidents.
  그는 그 사건들에 대해 전혀 알지 못했다고 부인했다.

3 명사+on

> attack / effect / influence / reliance / tax 등 + on

• This budget will have a net expansionary effect on the economy.
  이 예산안은 전반적인 경제 신장효과를 가져올 것이다.

4 명사+about[on]

> comment / curiosity / information / report 등 + about[on]

- He refused to <u>comment about</u> the rumors surrounding his latest movie.
  그는 자신의 최근 영화를 둘러싼 소문에 대해 언급하기를 거부했다.

5 명사+for

> cure / demand / precedent / prerequisite / reason 등 + for

- There is no <u>precedent for</u> it.
  그것에 대한 선례가 없다.

6 명사+in

> confidence / increase / interest / fall / rise 등 + in

- She has every <u>confidence in</u> her students' abilities.
  그녀는 자기 학생들의 능력을 대단히 신뢰한다.

Unit 11   명사 뒤 '-s' 유무 구별

1 불가산명사+-s (×)

- We have little <u>furniture</u>.
  우리는 가구가 얼마 없다.
- He takes much (<u>baggage</u> / baggages) on business trips.
  그는 출장 갈 때 짐을 많이 가져간다.

2 상호복수+-s (○)

- I changed trains at Seoul Station.
  나는 서울역에서 기차를 갈아탔다.
- We keep on good terms with my parents.
  나는 부모님과 사이가 좋다.

3 분화복수+−s (O)

- The customs office works hard to keep out fake goods.
  세관은 위조 상품 반입을 막기 위해 열심히 노력한다.
- Don't put on airs.
  잘난 척하지 말게.

4 one of 복수명사/최상급 복수명사+−s (O)

- He is one of the greatest singers in the history of the world.
  그는 세계 역사상 가장 위대한 가수 중 한 명이다.

5 수 단위명사 (복수) of+명사 (막연한 복수)+−s (O)

- hundreds of books
  수백여 권의 책들

6 민족+−s (O)

- Asia is a home of many (people, peoples).
  아시아는 많은 민족들의 본거지이다.

7 both, many, a few/few, these/those, various/a variety of, several+복수명사+복수 동사+−s (O)

- Not a few soldiers were armed.
  많은 병사들이 무장했었다.

8 another, every/each, much, a little/little, this/that+단수명사+단수동사+−s (×)

- Every man and every woman was willing to help.
  모든 남자와 여자가 기꺼이 돕고 있었다.

9 A number of+복수명사+복수 동사+−s (O), The number of+복수명사+단수 동사+−s (×)

- A number of boys in this team are absent.
  이 팀의 많은 소년들이 결석했다.

CHAPTER 13
관사(Article)

☑ 최신 출제경향 **파악하기**

01 밑줄 친 부분 중 어법상 가장 옳지 않은 것은?

> Strange as ① it may seem, ② the Sahara was once an expanse of grassland ③ supported the kind of animal life ④ associated with the African plains.

분석

③ **분사의 태** supported는 앞의 an expanse of grassland를 수식하고 있다. 의미상 초원이 동물의 생태를 (능동적으로) 지탱하였으므로 현재분사로 고쳐야 한다.

① **it의 주어 / 접속사 as + S + V** it이 사하라를 지칭하고 있으므로 단수 지시대명사 it이 적절하다. as는 전치사와 접속사의 역할을 할 수 있는데, 여기에서는 접속사 역할을 하여 뒤에 주어와 동사가 왔다.

② **관사 the의 쓰임** 사하라 사막은 이 세상에 하나밖에 없는 고유명사이므로 정관사 the가 적절하다.

④ **분사의 태 / 전치사의 종류** 과거분사 associated는 animal life를 수식하는 형용사의 역할을 하며, 전치사 with와 함께 쓴다는 것을 기억해야 한다.

해석

이상하게 보일지 모르지만, 사하라 사막은 한때 아프리카 평원과 관계가 있는 동물의 생태를 지탱하는 광활한 초원이었다.

어휘

☐☐☐	expanse	넓게 트인 지역
☐☐☐	grassland	초원, 풀밭
☐☐☐	associate	관계[관련]시키다; 연상시키다
☐☐☐	plain	평원, 평지; 분명한

정답 ③

출제 Ⓟoint

정관사 the는 앞에 나온 명사의 반복, 수식어구 한정 명사 외에 세상에 유일한 것, 최상급, 서수, 복수형의 국가명과 함께 쓰인다. 정관사 the의 쓰임과 관용표현을 학습해 두자.

02 우리말을 영어로 잘못 옮긴 것을 고르시오.

① 나는 매달 두세 번 그에게 전화하기로 규칙을 세웠다.

   → I made it a rule to call him two or three times a month.

② 그는 나의 팔을 붙잡고 도움을 요청했다.

   → He grabbed me by the arm and asked for help.

③ 폭우로 인해 그 강은 120cm 상승했다.

   → Owing to the heavy rain, the river has risen by 120cm.

④ 나는 눈 오는 날 밖에 나가는 것보다 집에 있는 것을 더 좋아한다.

   → I prefer to staying home than to going out on a snowy day.

> **분석**

④ **prefer (동)명사 to (동)명사, prefer to부정사 rather than (to) 동사원형**　「prefer A(n / -ing) to B(n / -ing)」와 「prefer A(to부정사) rather than B((to) 동사원형)」의 형태를 묻는 문제로, A자리에 to부정사가 들어갈 경우 후자의 형태로 써야 한다. 따라서 'prefer to stay home rather than (to) go out ~' 또는 'prefer staying home to going out ~'의 형태로 고쳐야 한다.

① **가목적어 it-진목적어 to부정사**　5형식 문장에서 목적어가 복잡하고 길 경우 진목적어인 to부정사나 that절을 뒤로 이동시키고, 그 자리를 대신해서 가목적어 it을 쓴다. 시험에 자주 나오는 표현인 「make it a rule to부정사」가 'to부정사 하는 것을 규칙으로 세우다'로 해석된다는 것을 외우는 것도 좋은 방법이다.

② **정관사 the의 용법**　정관사 the의 용법을 물어보는 문제로, 「동사＋사람(목적어)＋by＋the＋신체일부」로 쓴다.

③ **전치사로 사용된 '~ 때문에'**　'~덕분에' 또는 '~때문에'를 표현할 때, due to, owing to 또는 thanks to 등을 사용한다. 이때 to는 전치사이므로 명사 또는 동명사가 이어진다.

정답 ④

출제 ⓟoint

> 정관사 the는 신체 일부를 표현하는 명사 앞에서 관용적으로 쓰인다. 이때 소유격이나 부정관사는 쓸 수 없고 반드시 정관사 the를 쓴다는 점에 유의한다. →「주어＋동사＋목적어＋전치사＋the＋신체 일부」

Unit 01 　관사의 개요

관사는 명사 앞에 쓰여 막연한 하나를 표시하는지 구체적인 것을 지칭하는지를 표시한다. 관사는 명사와의 직접적인 관계를 나타내므로 명사가 나오면 명사의 종류와 관사의 유무를 반드시 확인한다.

> • 부정관사 : 막연한 하나를 표시하는 a / an
> • 정관사 : 구체적으로 지칭하는 the

Unit 02 　부정관사(indefinite article)

one(하나)에서 생긴 an은 발음이 모음으로 시작할 때 쓰이고, a는 발음이 자음으로 시작할 때 쓴다. 막연한 하나('어떤, 하나의, 같은, ~마다' 등으로 해석)를 나타낼 때 쓰인다. 가산명사(보통명사, 집합명사)에만 붙을 수 있다.
관사에는 부정관사(a/an), 정관사(the) 두 종류가 있으며 그 용법은 다음과 같다.

❶ 부정관사

(1) one : '하나'의 뜻

수사 'one'의 원래 뜻이 남아 있는 용법이다. 즉, 셀 수 있는 명사(가산명사)의 단수형이 처음으로 화제에 등장할 때 사용한다.

> • a doctor(의사 / 의사 한 명) 　　　　　　• a computer(컴퓨터/컴퓨터 한 대)

- Rome was not built in a day.
  로마는 하루아침에 이루어지지 않았다.

(2) a certain : '어떤'의 뜻

- A student came to see you.
  어떤 학생이 당신을 만나러 왔었다.

(3) some : '좀, 약간'의 뜻

- Please wait for a moment.
  잠시 기다려 주세요.

(4) the same : '같은, 동일한'의 뜻('of a 명사'의 형태로)

- They are all of a mind[size].
  모두 한 마음[같은 크기]이다.

(5) per, each : '~마다, ~당, 매'의 뜻(단위를 나타내는 말, 구체적 수치와 함께)

- She watches TV 5 hours <u>a day</u>.

  그녀는 하루에 5시간 TV를 시청한다.

- We pay a hundred dollars (<u>a day</u> / the day).

  우리는 하루에 100달러를 지불한다.

  > **cf** 시간 · 계량의 by the
  >
  > - We are paid <u>by the day</u>.
  >
  >   우리는 일당으로 지불받는다.
  >
  > - The sugar is sold (by a pound / <u>by the pound</u>).
  >
  >   설탕은 파운드로 팔린다.

(6) 종족 대표

단수명사 앞에 쓰여 그 부류를 통칭할 때 가벼운 의미의 any 또는 every는 '~이란 것, 모두, 어느 것이나'를 나타내며 그 종류의 전체를 대표한다.

- <u>A dog</u> is a faithful animal.

  = The dog is a faithful animal.

  = Dogs are faithful animals.

  개는 충직한 동물이다.

Unit 03   부정관사와 함께 쓰이는 관용어구

---

cf CHAPTER 19, Unit 10 부정관사와 함께 쓰이는 관용어구

Unit 04 정관사(definite article)

정관사 the는 수많은 사람이나 사물 중에서 어떤 한 사람 또는 사물을 가려내거나 지적하는 역할을 한다. 즉, 'that, this, these, those'의 통합된 형태로서 셀 수 있는 명사의 하나 또는 여럿일 때 모두 사용이 가능하다. 또한 셀 수 없는 명사일 때도 지정하는 의미로 쓰인다. 무엇 무엇이라고 지정할 필요가 없는 고유명사(proper noun)나 호칭명사(noun in the vocative case)에는 정관사를 붙이지 않는다.

1 용법

(1) 앞에 나온 명사가 다시 언급될 때

- I have a dog. The dog is cute.
  나는 개 한 마리를 가지고 있다. 그 개는 귀엽다.

(2) (실상 그렇지 않을 수도 있으나) 유일한 것이라 여기는 혹은 방향을 나타내는 명사 앞에서

• the Bible 성서	• the Almighty 전능하신 신
• the Devil 마왕	• the earth 지구
• the moon 달	• the sun 태양
• the east 동쪽	• the right 오른쪽
• the world 세계	• the sky 하늘

(3) 구체적으로 서로 말하지 않아도 주변 상황으로 분명히 알 수 있는 명사 앞에서

- Tom is in the garden. (= the garden of this house.)
  탐은 정원에 있다.
- Please open the window. (= the window of this room.)
  창문을 열어 주세요.

(4) 수식어(전치사구, 형용사구나 형용사절)가 붙어서 한정된 특정한 명사 앞에서

- She is the person I am looking for.
  그녀는 내가 찾고 있는 사람이다.
- Seoul is the capital of Korea.
  서울은 한국의 수도이다.

(5) 최상급을 사용하여 '가장 ~한 것'이라는 의미는 특정화된 사람이나 사물 앞에서

- She is the best actress in Korea.
  그녀는 한국에서 최고의 여배우이다.
- Seoul is the most beautiful city in the world.
  서울은 세계에서 가장 아름다운 도시이다.

(6) 서수로 첫 번째, 두 번째 등 순서를 구체적으로 정할 때

- I met Jane on the third of May.

  나는 5월 3일에 제인을 만났다.
- I went on a diet for the first time this year.

  나는 올해 들어 처음으로 다이어트를 시작했다.

(7) same, very, only로 수식을 받는 명사 앞에서

- That is the same watch I lost.

  저것은 내가 잃어버린 것과 똑같은 시계이다.
- She is the very person that I want to see.

  그녀는 내가 만나고 싶은 바로 그 사람이다.

(8) 악기 앞에서

- She plays the guitar with great dexterity.

  그녀는 기타를 아주 능숙하게 연주한다.

  cf 운동, 질병, 게임, 학문, 식사, 계급은 무관사
  - She plays tennis well.

    그녀는 테니스를 잘 친다.

(9) 제3자의 신체부위

「타동사＋사람 목적어＋전치사(by, on, in)＋the＋신체부위」의 구조

① 보다 → stare[gaze, look]＋사람＋in the 신체부위
  - She looked me in (the / a / an / my) face.

    그녀는 내 얼굴을 쳐다보았다.

② 붙잡다 → hold[catch, seize, grasp]＋사람＋by the 신체부위
  - He seized me by (the / a / an / my) hand.

    그는 내 손을 잡았다.

③ 치다 → hit[pat, strike, tap, touch, kiss]＋사람＋on the 신체부위
  - Don't strike me on (the / a / my) head.

    내 머리를 치지 마라.

    cf 자신의 신체부위에는 the나 소유격을 사용한다.
    - I broke my leg.

      나는 다리가 부러졌다.

Unit 05 무관사 명사

원칙적으로 불가산명사(셀 수 없는 추상명사, 정해지지 않은 물질명사, 고유명사)에는 관사를 붙이지 않는다.

1 교통 및 통신수단 : 「by+명사」의 전치사구로 추상화(~편으로) 되어 쓰이는 경우

- by bus[train/ship/plane] 버스[기차/배/비행기] (편으)로
- by land 육로로
- by sea 해로로
- by mail 우편으로
- by telephone 전화로

cf 그 외 표현

- on foot 도보로
- on horseback 말을 타고; 말을 이용하여
- in person 인편으로

2 식사, 스포츠, 학문, 계절, 질병 이름

- Tae-woo usually has sandwiches for lunch.
  태우는 점심으로 대개 샌드위치를 먹는다.
- Soccer is one of the most popular sports.
  축구는 가장 인기 있는 운동 중 하나이다.
- I majored in chemistry.
  나는 화학을 전공했다.
- The doctor has made a diagnosis of the illness as cancer.
  의사는 그 질병을 암으로 진단했다.
  cf have a headache[stomachache] 두통[복통]이 있다

3 두 개의 명사가 접속사나 전치사로 대조적인 구를 이룰 경우 → 관사 생략

- from morning till night 아침부터 저녁까지
- hand in hand 손에 손을 잡고
- from door to door 이집 저집, 집집으로
- arm in arm 팔짱을 끼고; 제휴하여(with)
- face to face 얼굴을 맞대고
- step by step 점차로, 단계적으로
- side by side 나란히
- day by day 내내(줄곧); 조금씩

4 불완전 타동사의 보어 자리에 직책명이 쓰일 때

- They elected him <u>President</u>.
  그들은 그를 대통령으로 선출했다.
- We elected him <u>mayor</u> of the city.
  우리는 그를 그 도시의 시장으로 뽑았다.

5 종류(kind, sort, type)

- This kind of (<u>apple</u> / an apple) is delicious.
  이런 종류의 사과는 맛있다.
- These kinds of apple(s) are delicious.
  이런 종류의 사과들은 맛있다.

6 양보 구문에서 보어(명사)가 문두에 올 때 : 보어+as+주어+동사

- Woman as she is, she is strong. (= Though she is a woman, ∼)
  여성임에도 불구하고, 그녀는 강하다.

Unit 06　관사의 위치

---

1 관사의 일반적인 위치

「관사＋부사＋형용사＋명사」의 어순을 취한다.

- He is <u>a very important</u> person.
  그는 매우 중요한 인물이다.

2 「so[as, too, how, however]＋형용사＋부정관사(a / an)＋명사」

- I have never seen so <u>kind a man</u>.
  나는 그렇게 친절한 사람을 본 적이 없다.
- He is as (a kind boy / <u>kind a boy</u>) as you.
  그는 너만큼 (그 정도로) 친절한 사람이다.
- This is too <u>good a chance</u> to lose.
  이것은 너무 좋은 기회라 놓칠 수 없다.

3 「such[quite, rather, what]＋부정관사(a / an)＋형용사＋명사」

- I have never seen such a kind man.

  나는 그렇게 친절한 사람을 본 적이 없다.
- What a terrible sight it was!

  그것은 얼마나 끔찍한 광경이었는지!

  cf 부정관사가 없을 경우 such만 가능
  - so good boys (×) → such good boys (○)

4 「all[both, half, double]＋정관사(소유격)＋명사」

- All the rooms are already booked out.

  = All of the rooms are already booked out.

  모든 방이 이미 다 예약이 됐어요.
- Both my parents work.

  = Both of my parents work.

  우리 부모님은 두 분 다 직장에 다니신다(일을 하신다).
- I paid half the price for it.

  나는 그것을 반값에 샀다.

  cf half와 rather는 현대영어에서 관사 뒤에 위치하기도 한다.

Unit 07   정관사 the 유무에 따른 원래 목적, 단순한 장소의 의미

장소(school, church, court), 건물(prison, hospital), 가구(bed) 등이 원래 목적을 나타내는 경우에 이들 명사 앞에 관사를 붙이지 않는다. 장소의 개념으로 사용되는 경우에 정관사 'the'를 붙인다.

구분	원래의 목적으로 사용될 때	단순한 장소의 의미로 사용될 때
school	go to school 공부하러 학교에 가다, 등교하다	go to the school 학교로 가다(다른 목적으로)
church	go to church 예배드리러 가다	go to the church 교회로 가다
hospital	in[out of] hospital 입원 중인[퇴원 하여]	in[at] the hospital 병원에서
class	in class 수업 중인	in the class 교실에서
bed	go to bed 잠자리에 들다	go to the bed 침대로 가다

Unit 08 관사의 유무에 따라서 의미가 달라지는 표현

> • of the moment 현재의; 현재 아주 유명한[중요한](= current)
> • of moment 아주 중요한(= momentous, of importance, important, of importance)

- She's the movie star of the moment.

  그녀는 현재 아주 유명한 영화배우이다.

- I hold that the matter is especially of moment.

  나는 그 사건을 특히 중요하다고 생각한다.

> • behind the times 시대에 뒤떨어진(= out of date), 구식의(= old-fashioned, obsolete)
> • behind time (시간에) 늦은, (열차 따위가) 정각보다 늦게, 지각하여(= late)

- That bag is extremely behind the times.

  저 가방은 구식이에요.

- The train was thirty minutes behind time.

  기차가 30분 늦었다.

> • out of the question 전혀 불가능한(= quite impossible), 의심스러운(= doubtful), 생각조차 할 수 없는
> • out of question 의심할 여지없이(= without doubt, beyond question), 확실한(= sure), 쉬운(= easy)

- Your offer is out of question.

  당신이 제안한 것은 고려할 가치도 없어요.

- It's out of the question for me to finish the work in a month.

  그 일을 한 달 안에 끝내는 것은 불가능합니다.

> • take the place of ~을 대신하다(= replace)
> • take place 발생하다, 일어나다(= happen, occur), 거행하다, 실시되다(= be held, come off)

- Nothing in the world can take the place of persistence.

  그 어떤 것도 세상에서 인내를 대신할 수 없다.

- The drowning accident took place in the river.

  강에서 익사 사고가 있었다.

Unit 09 관용어구에서 관사의 생략

cf CHAPTER 19, Unit 11 관용어구에서 관사의 생략

대명사(Pronoun)

01 밑줄 친 부분 중 어법상 가장 옳지 않은 것은?

> When you find your tongue ① twisted as you seek to explain to your ② six-year-old daughter why she can't go to the amusement park ③ that has been advertised on television, then you will understand why we find it difficult ④ wait.

분석

④ **가목적어 it-진목적어 to부정사** why절에서 목적어로 it이, 목적격 보어로 difficult가 사용된 문장으로, 이때 it은 가목적어이며 밑줄 친 부분이 진목적어이므로 to부정사의 형태로 써야 한다. 따라서 wait을 to wait로 고쳐야 한다.

① **5형식 동사 find** find는 뒤에 목적어와 목적격 보어를 취하는 5형식 동사(불완전 타동사)이다. 이때 목적격 보어 자리에는 분사가 올 수 있는데, 현재분사가 오는지 과거분사가 오는지 여부는 목적어와 목적격 보어의 관계를 살펴봐야 한다. 목적어인 your tongue이 스스로 꼬는 것이 아니라 '꼬이게 된다'는 수동의 의미이므로 과거분사인 twisted가 목적격 보어로 온 것은 적절하다.

② **수사-(단수)명사 + 명사** 「수사+명사」가 형용사로 쓰일 때, 수사 바로 뒤에 오는 명사는 단수가 된다.

③ **주격 관계대명사 that** 주격 관계대명사는 관계대명사절에서 주어의 역할을 하는 관계대명사를 의미하며 선행사를 수식한다. that이 동사 has been advertised의 주어 역할을 하므로 주격 관계대명사이고, 선행사 the amusement park를 올바르게 수식하고 있다.

해석

6살짜리 딸에게 왜 그녀가 TV에서 광고된 놀이공원에 갈 수 없는지 설명하려고 하면 당신의 혀가 꼬이는 것을 알게 될 때, 당신은 왜 우리가 기다리는 것을 어려워하는지 이해할 것이다.

어휘

□□□	tongue	혀, 헛바닥
□□□	seek	찾다, 구하다, 추구하다
□□□	amusement park	놀이공원

정답 ④

출제 Ⓟoint

'수사+단위명사'에서 수사와 단위명사가 하이픈(-)으로 연결된 경우에는 '수사+단위명사'가 하나의 형용사 역할을 하므로 단위명사는 복수형으로 쓰지 않는 것에 주의한다.

02 다음의 우리말을 영어로 가장 알맞게 옮긴 것은?

① 내 인생에서 가장 중요한 목표는 인정을 받는 것보다는 성공을 하는 것이다.

→ The most important goal in my life is not so much achieving success as receiving recognition.

② 스마트폰은 내가 집중력을 향상시킬 필요가 있을 때는 언제나 유용하지 않다.

→ A smartphone is not always useful for me when I need to increase my concentration.

③ 그는 네가 파티에 가도록 끝까지 너를 설득할 사람이다.

→ He would be the last person to persuade you to go to the party.

④ 너는 어머니가 상 차리시는 것을 도와주는 것보다 차라리 빨래를 너는 편이 낫겠다.

→ You may as well hang the washing out to dry as help your mother set the table.

분석

④ **may as well A as B** 「may as well A as B」는 'A하는 것이 B하는 것보다 더 낫다'를 의미한다. 제시된 우리말과 의미가 같다.
  cf may as well ~하는 것이 낫다

① **not so much A as B** 「not so much A as B」는 'A라기보다는 B인'이라는 표현이다. A와 B의 위치가 바뀌어 'not so much receiving recognition as achieving success'로 표현되어야 제시된 우리말과 뜻이 같아진다.

② **not always** 「not always」는 부분 부정 표현으로 '항상 ~인 것은 아니다'로 해석한다. 따라서 '스마트폰은 내가 집중력을 향상시킬 필요가 있을 때 나에게 항상 유용한 것은 아니다'로 해석되는데, 이는 제시된 우리말과 다르다.

③ **the last person + to부정사** 「be the last person to부정사」는 'to부정사 할 가장 마지막 사람이다'를 의미한다(결코 to부정사 할 사람이 아니다). 따라서 제시된 우리말과 일치하지 않는다.

어휘

□□□	recognition	인정[승인], 알아봄
□□□	concentration	정신 집중; 집중
□□□	set the table	상을 차리다

정답 ④

출제 Ⓟoint

부분 부정이란 전체를 나타내는 단어와 부정어가 함께 쓰여 전체가 아닌 부분만 부정하는 것을 의미한다. 영작 문제에 자주 출제되므로 전체 부정(완전 부정)과 구분하여 부분 부정을 나타내는 형용사나 부사를 암기하자.

Unit 01   대명사의 개요

대명사는 말 그대로 명사를 대신하는 품사이다.

영어는 효율성을 중시해서 같은 단어를 반복하는 것을 싫어하기에, 대명사가 특히 발달했다. 대명사에는 사람을 대신 받는 '인칭대명사'와 정해져 있지 않은 무언가를 대신하는 '부정대명사', 주어와 같은 인물, 사물을 지칭하는 '재귀대명사' 그리고 명사를 지정해서 대신하는 '지시대명사' 등이 있다.

Unit 02   인칭대명사(personal pronoun)

인칭대명사는 말 그대로 주로 사람을 가리키는 대명사이지만, it, they의 경우 사람뿐 아니라 사물(동물)을 가리키기도 한다.

인칭	수 · 성		주격	목적격	소유격	소유대명사	재귀대명사
1인칭	단수		I	me	my	mine	myself
	복수		we	us	our	ours	ourselves
2인칭	단수		you	you	your	yours	yourself
	복수		you	you	your	yours	yourselves
3인칭	단수	남성	he	him	his	his	himself
		여성	she	her	her	hers	herself
		중성	it	it	it	–	itself
	복수		they	them	their	theirs	themselves
사용			주어, 주격 보어	목적어, 목적격 보어	명사 앞 (한정사적)	소유격+명사, 이중소유격	재귀용법, 강조용법

Check Point | 인칭대명사의 격

인칭대명사는 일부를 제외하고 격에 따라 그 형태가 다르며, 격의 결정은 문장에서 차지하고 있는 그 위치로 결정된다.

• All were present except you and her.
  너와 그녀를 제외하고 모든 사람이 참석했다.

Unit 03 소유대명사(possessive pronoun)

소유대명사는 「소유격＋명사」를 대신한다.

1 비교급 비교대상의 일치

- Your house is much larger than mine.
  당신의 집은 내 집보다 훨씬 크다.

2 이중 소유격

- A friend of mine is a math teacher.
  내 친구 중 한 명은 수학 선생님이다.

Unit 04 재귀대명사(reflexive pronoun)

1 재귀용법

타동사의 목적어, 전치사의 목적어가 되어 주어가 행한 동작이 다시 주어 자신에게 영향을 미치는 용법이다. 즉 목적어가 주어와 동일 인물인 경우 반드시 재귀대명사를 써야 한다(이때 재귀대명사는 생략 불가).

- She saw herself in the mirror.
  그녀는 거울 속의 자기 자신을 보았다.
- Help yourself to this cake.
  이 케이크를 마음껏 먹어라.

2 강조용법

강조를 위해 (대)명사 뒤에서 동격이 되어 그것을 강조하는 용법이다(이때 재귀대명사는 생략 가능).

- Life itself is a mystery.
  인생 자체가 하나의 불가사의이다.
- It was the king himself that met the farmer.
  그 농부를 만난 사람은 바로 왕 자신이었다.

3 **관용표현**

(1) for oneself : 자기 힘으로(= without other's help); 자신을 위해서(= for one's own sake)

- You must plan your future <u>for yourself</u>.
  너는 혼자 힘으로 너의 미래를 계획해야 한다.

(2) by oneself : 혼자서(= alone)

- The child went to Seoul <u>by himself</u>.
  그 아이는 혼자서 서울에 갔다.

(3) beside oneself : 제정신이 아닌(= insane, lunatic, crazy, out of one's senses)

- The actress is <u>beside herself</u> with anger.
  그 여배우는 화가 나서 거의 미칠 지경이었다.

(4) in spite of oneself : 자기도 모르게(= unconsciously, unwillingly)

- Byron became famous <u>in spite of himself</u>.
  바이런은 자신도 모르게 유명해졌다.

(5) of itself : 저절로(= spontaneously, automatically)

- The door opens <u>of itself</u>.
  문이 저절로 열렸다.

(6) in itself : 원래, 그것 자체가(= essentially, as such)

- What is alive on the accident is a miracle <u>in itself</u>.
  사고에서 살아 있다는 자체가 기적이다.

(7) between oneself : 남몰래, 우리끼리 얘기지만(= between you and me, in secret, in confidence)

- <u>Between ourselves</u>, I am going to resign my post.
  우리끼리 이야기인데, 나는 사임하려고 한다.

(8) have ~ to oneself : ~을 독점하다(= monopolize)

- She wants to <u>have</u> the room to <u>herself</u>.
  그녀는 방을 독차지하기 원한다.

Unit 05 대명사 it

❶ 앞에 언급된 명사, 구, 절을 받는 it → '그것'으로 해석

- I bought a novel and lent it to him.
  나는 소설책 한 권을 샀는데 그에게 그것을 빌려 주었다.
- She is a liar and I know it well.
  그녀는 거짓말쟁이인데 나는 그것을 잘 알고 있다.
- He smokes in the room. I dislike it.
  그는 방에서 담배를 피운다. 나는 그게 싫다.

❷ 비인칭주어 it

시간, 날씨, 요일, 날짜, 거리, 명암, 막연한 상황 등을 나타낼 때와 주어로 마땅히 쓸 말이 없어서 비인칭주어 it을 주어로 쓰는 경우가 있다.

- It is cloudy.
  구름이 끼었다.
- How long does it take to get to the office?
  사무실까지 가는 데 얼마나 걸리나요?
- How far is it from here to there?
  여기에서 그곳까지 얼마나 먼가요?
- Take it easy.
  마음 편히 가져.

❸ 가주어 it

주어가 부정사, 동명사, 명사절일 경우 두부과대(頭部過大) 현상을 기피하는 영어의 특성상, (문장에 안정감을 주기 위해) 진주어를 문장의 후미로 보내고 문장의 주어 자리에 it을 위치시키는데, 이를 가주어 it이라고 한다.

- It is interesting to learn English.
  영어를 배우는 것은 재미있다.
- It is no use crying over spilt milk.
  엎질러진 우유를 보고 울어도 소용없다.
- It is necessary that we should listen to his advice.
  그의 충고에 귀를 기울일 필요가 있다.
- It doesn't matter to me what you do and where you go.
  네가 무엇을 하고 어디에 가든지 나와는 아무 상관없다.

4 가목적어 it

가주어와 마찬가지로 문장에 안정감을 주기 위해 긴 목적어(부정사, 동명사, 명사절)를 목적보어 뒤에 위치시키고 원래 목적어 자리에 it을 위치시키는데, 이를 가목적어 it이라고 한다. 부정사나 명사절이 목적어로 올 경우, 반드시 가목적어 it을 써야 한다.

cf 동명사 목적어는 가목적어를 취하지 않을 수도 있다.

가목적어 it을 갖는 주요동사	leave, make, believe, keep, think, find, consider, feel 등

- I found to swim alone in the lake dangerous. (×)
  → I found it dangerous to swim alone in the lake. (○)
  나는 그 호수에서 혼자 수영하는 것이 위험하다는 것을 알았다.
- She didn't think it wise to give an opinion.
  그녀는 어떤 의견을 내는 것이 현명하다고 생각하지 않았다.
- I found it difficult singing a song for an hour.
  나는 한 시간 동안 노래 부르는 것이 어렵다는 것을 알았다.

Unit 06 it ~ that 강조 구문 vs. 가주어-진주어 구문

It be동사와 that 사이에 (주어, 목적어 역할을 하는) (대)명사나 시간, 장소 등을 나타내는 부사 상당어구(부사, 부사구, 부사절)를 위치시켜 강조하는 경우를 말한다.

※ 강조하는 (대)명사가 사람일 경우 (격에 따라) who(m), 사물일 때는 which, 시간 부사어구는 when, 장소 부사어구는 where를 that 대신 쓸 수도 있다.

- Jake kissed your girlfriend in the park last night.
  → It was Jake that(who) kissed your girl friend in the park last night.
  → It was your girl friend that(whom) Jake kissed in the park last night.
  → It was in the park that(where) Jake kissed your girl friend last night.
  → It was last night that(when) Jake kissed your girl friend in the park.
  제이크가 어젯밤 공원에서 네 여자친구에게 키스를 했다.
- It is (we / us) who are responsible.
  책임 있는 사람은 바로 우리이다.

Check Ⓟial | 가주어-진주어

- It is an important idea that we should plant trees.
  우리가 나무를 심어야 한다는 것은 중요한 생각이다.

Unit 07 　지시대명사 this(these), that(those)

1 　역할

말하는 사람을 기준으로 거리적, 심리적으로 더 가까운 것은 this, 더 먼 것은 that으로 표현한다. 이들 뒤에 명사가 오면 지시형용사, 형용사나 부사가 오면 지시부사로 쓰인다.

- This car is mine, and that's my father's. 〈this는 지시형용사, that은 지시대명사〉
  이 차는 내 것이고, 저 차는 우리 아버지의 것이다.
- Can you run that fast? 〈지시부사〉
  저렇게 빨리 달릴 수 있어?
- I wish I were this tall. 〈지시부사〉
  내가 이만큼 키가 크면 좋으련만.

2 　that은 전자(= the one, the former), this는 후자(= the other, the latter)

- Health is above wealth, for this cannot give so much happiness as that.
  건강은 재산보다 귀중한데 왜냐하면 이것(재산)은 저것(건강)만큼 많은 행복을 줄 수 없기 때문이다.

3 　'~하는 사람들'로 해석되는 those

those가 형용사 상당어구의 수식을 뒤에서 받으면 '사람들(people)'의 의미를 갖는다.

- Those present agreed to the proposal.
  출석자들은 그 제안에 찬성했다.
- (They / Those) who are poor in mind are happy.
  마음이 가난한 사람들은 행복하다.

  > **cf** and that : '더구나, 게다가, 그것도' → 앞 문장의 반복을 피하고, 강조
  > - He makes mistakes, and that very often.
  >   그는 실수를 한다, 그것도 매우 자주.

Unit 08   비교 구문에서 명사의 반복을 피하기 위한 that, those

• The buttons of this shirt are larger than <u>those of</u> that one.

이 셔츠의 단추들은 저 셔츠의 단추들보다 더 크다.

*The buttons of this shirt are larger than that one. (×)

*The buttons of this shirt are larger than that of that one. (×)

*The buttons of this shirt are larger than this of that one. (×)

*The buttons of this shirt are larger than one of that one. (×)

*The buttons of this shirt are larger than it of that one. (×)

Unit 09   지시대명사 such

 의미

such가 지시대명사로 쓰일 때는 '그러한 사람(것)'의 의미로 쓰인다.

• Lend money only to <u>such</u> as will repay it. 〈지시대명사〉

　돈은 되갚을 사람에게만 빌려주어라.

• You are a student, so you must act as <u>such</u>. 〈such = a student〉

　너는 학생이다. 그러니 그렇게 행동해야 한다.

• She's <u>such</u> a mild lady that no one has a quarrel with her. 〈지시형용사〉

　그녀는 매우 온순한 사람이어서 그녀와 말다툼하는 사람은 없다.

2 역할

앞 문장을 받는 경우 such는 주어 자리, so는 목적어와 보어 자리에 주로 쓰인다.

• I may have offended him, but <u>such</u> was not my intention.

　내가 그를 화나게 했을지도 모른다. 그러나 그것은 나의 의도가 아니다.

• I may have offended him, but my intention was not <u>so</u>.

　내 의도는 그렇지 않다.

Unit 10　대명사 so

1 역할

주로 타동사 'think, hope, say, do, tell, speak, suppose, imagine, remain' 등의 목적어로 쓰인다. 부사처럼 '그렇게'로 해석한다.

- The soldier became an invalid and remained so ten years.

  그 군인은 병에 걸려 10년 동안을 그렇게 (환자로) 지냈다.

- Do you think Tae-woo is a nice guy? Yes, I think so.

  태우가 멋진 남자라고 생각합니까? 네, 그렇게 생각합니다.

2 the same의 의미를 갖는 보어로 쓰이는 so

「So 주어+동사」(같은 사람 / 물건)와 「So 동사+주어」(다른 사람 / 물건) : 동사는 be동사, 조동사는 그대로 사용하고, 일반동사는 대동사 do[does, did]를 사용한다.

A : I am pretty.
B : So am I. (= I'm pretty, too.) So is Olivia. (= Olivia is pretty, too.)
A : 나는 예쁘다.
B : 나도 예뻐. 올리비아도 예뻐.

A : You are pretty.
B : So I am. (= Yes, I am pretty, indeed)
A : 너는 예쁘구나.
B : 응, 난 정말 예쁘지.

A : I love you.
B : So do I.
A : 당신을 사랑합니다.
B : 저도요.

A : I have a yacht.
B : So does my uncle.
A : 나는 요트를 가지고 있어.
B : 나의 삼촌도 갖고 계셔.

3 부정의 뜻에 동의를 표할 때

A : I don't like him.
B : I don't like him, either. = Neither do I. / Nor do I. / Me neither.
A : 나는 그 사람이 싫어.
B : 나도 마찬가지야.

• He didn't like math, and neither[nor] did she. (= she didn't like math, either.)
그는 수학을 싫어했고, 그녀도 또한 싫어했다.

Unit 11   부정대명사(indefinite pronoun)

 one

(1) 일반인을 나타내는 one(총칭 인칭)

• One has to do one's best.
사람은 최선을 다해야 한다.

• One must not tell a lie.
사람은 거짓말을 해서는 안 된다.

(2) one은 수식어가 붙을 수 있고, 복수형(ones)이 될 수도 있다.

• There are three tulips, a white one and two red ones.
튤립이 세 송이 있는데, 한 송이는 희고 두 송이는 붉다.

(3) one을 쓸 수 없는 경우

① 불가산명사(물질 · 추상 · 고유명사)를 받을 수 없다.
   • I like white wine better than red wine. 〈wine은 물질명사, red one 불가능〉
   나는 적포도주보다 백포도주가 더 좋다.
② 가산명사라도 소유격 다음에는 올 수 없다.
   • This house is more expensive than yours(= your house). 〈your one 불가능〉
   이 집이 당신 집보다 더 비싸다.
③ 기수사 다음에는 올 수 없다.
   • He has three cars and I have two cars. 〈two ones 불가능〉
   그는 자동차 세 대를, 나는 두 대를 가지고 있다.

(4) one과 it의 구별

one은 「a＋단수명사」로 '같은 종류'를 가리키고, it은 「the＋단수명사」로 '동일물'을 가리킨다.

> A : Do you have a pencil?
> B : Yes, I have one. (= a pencil)
> A : 연필 있어요?
> B : 네, 한 자루 있습니다.

> A : Did you find your pencil?
> B : Yes, I found it just now. (= the pencil)
> A : 당신 연필 찾았나요?
> B : 네, 조금 전에 찾았습니다.

(5) another＋단수 가산명사, other＋복수명사

- He came up with another idea.
  그는 다른 생각을 제시했다.
- There are many other opinions.
  다른 의견도 많다.

2 other

other는 형용사로 '다른'의 의미를 가지며, 복수 가산명사와 불가산명사를 수식한다. 부정대명사로 other 는 others, the others, the other로 쓰이는데, others는 '다른 사람들(것들)', the others는 '나머지 다른 사 람들(것들)', the other는 '(둘 중) 나머지 다른 하나'를 의미한다.

- Are there any other questions? 〈형용사〉
  무슨 다른 질문 있으세요?
- This dress is preferable to any other. 〈대명사〉
  이 드레스가 다른 어느 것보다 더 좋다.
- He raised one arm and then the other. 〈대명사〉
  그가 한쪽 팔을 들더니 이어서 다른 한쪽 팔도 들었다.
- Don't chop in while others are speaking. 〈대명사〉
  다른 사람들이 말할 때 끼어들지 마라.

3 another

another는 「an＋other」가 합쳐진 말로 '또 다른 하나'가 그 기본적 의미이다. 따라서 형용사로 쓰일 경우 복수명사 앞에는 쓰지 않는다.

(1) 하나 더(one more)의 뜻

- Would you have <u>another</u> cup of coffee?
  커피 한 잔 더 드시겠어요?

(2) 다른(different)의 뜻

- This towel is wet. Hand me <u>another</u>.
  이 수건은 축축해요. 다른 것을 주세요.

(3) 아주 비슷한(very similar)의 뜻

- If he is a fool, you are <u>another</u>.
  그가 바보라면, 너도 바보다.

(4) A is one thing and B is another : A와 B는 전혀 다르다[별개다]

- To know is one thing and to teach is <u>another</u>.
  아는 것과 가르친다는 것은 전혀 별개이다.

4 one, another, other, some이 들어간 주요 표현

(1) the one, the other : (순서 있는 것 중) 전자는 ~이고, 후자는 …이다

- Tom loves Mary; <u>the one</u> often visits <u>the other</u>.
  탐은 메리를 사랑하는데 탐은 메리를 자주 찾아간다.

(2) one, the other : (둘 중) 하나는 ~이고, 나머지 하나는 …이다

- I have two beads; <u>one</u> is red and <u>the other</u> is blue.
  나는 구슬 두 개가 있다. 하나는 빨간색이고, 나머지 하나는 파란색이다.

Check Ⓟoint | two와 three 이상의 비교

two	three 이상
비교급	최상급
between	among
the other	another

- Between two boys, one is much taller <u>than the other</u>.
  두 명의 소년들 중에서 한 명이 다른 한 명보다 훨씬 키가 크다.

(3) one, another : (셋 이상 중) 하나는 ~이고, 또 다른 하나는 …이다

- I have several beads; <u>one</u> is red and <u>another</u> is blue.
  나는 구슬 몇 개가 있다. 하나는 빨간색이고 다른 하나는 파란색이다.

(4) one, another, the other : (셋 중) 하나는 ~이고, 또 다른 하나는 ~이고, 나머지 하나는 …이다

- There are three flowers. <u>One</u> is a rose, <u>another</u> (is) a tulip, and <u>the other</u> (is) a lily.
  세 송이의 꽃이 있다. 한 송이는 장미, 또 다른 한 송이는 튤립, 그리고 나머지 한 송이는 백합이다.

(5) one, the others : 하나는 ~이고, 나머지 전부는 …이다

- There are five cars. <u>One</u> is mine and <u>the others</u> are my father's.
  다섯 대의 자동차가 있다. 한 대는 나의 것이고 나머지 전부는 우리 아버지의 것이다.

(6) some, others : 일부는 ~이고, 또 일부는 …이다

- <u>Some</u> like kimchi but <u>others</u> don't.
  김치를 좋아하는 사람들도 있고, 또 그렇지 않은 사람들도 있다.

(7) some, the others : 일부는 ~이고, 나머지 전부는 …이다

- There were ten hats. <u>Some</u> were on the shelf and <u>the others</u> in the box.
  모자가 10개 있었다. 몇 개(일부)는 선반에, 나머지 전부는 상자 안에 있었다.

5 some, any

(1) some : 긍정문에 쓰는 것이 원칙이나, <u>권유 · 의뢰 또는 긍정의 답을 기대할 경우 의문문에도 쓸 수 있다.</u>

- If you have <u>any</u> money, would you lend me <u>some</u>?
  돈 가진 것 있으면 좀 빌려 주시겠습니까?
- Would you like <u>some</u> coffee?
  커피 좀 드실래요?

(2) any : 부정문, 의문문, 조건문에 쓰는 것이 원칙이나, <u>긍정문에 쓰이면 '모든'의 뜻이 된다. 긍정문에서 any는 무제한의 의미를 가진다.</u>

- If <u>any</u> one calls, tell him to wait.
  만약 어떤 사람이 전화하면, 기다리라고 해라.
- <u>Any</u> one knows the rumor.
  누구나 그 소문을 안다.

6 each, every

each는 대명사와 형용사(한정용법)가 모두 가능하지만, every는 형용사(한정용법)로만 쓰이고 대명사 용법은 없다. each와 every가 주어 자리에 있을 경우 모두 단수 취급한다. 또한 each와 every는 소유격과 대명사도 단수 취급한다.

- Everyone <u>has</u> his own room. (○) / *Every has his own room. (×)
  각자 자기의 방을 가지고 있다.

- Every boy and girl loves (<u>his or her</u> / their) parents.
  모든 소년, 소녀들은 자신의 부모님을 사랑한다.
- Each of us <u>has</u> a map.
  우리 각각은 지도 한 장씩을 가지고 있다.
- Each day and each hour <u>brings</u> us something new.
  매일과 매시간은 우리에게 무언가 새로운 것을 가져다준다.

7 all, both, either, neither

(1) all : everything의 의미이면 단수, all people의 의미이면 복수 취급한다.

- All <u>are</u> well.
  모두가 편안하다.
- All <u>is</u> not gold that glitters.
  반짝이는 것이라고 모두 금은 아니다.
- All (of) the students in the class <u>have</u> passed the test.
  그 반의 모든 학생들이 시험에 합격했다.
- All (of) the money <u>has</u> gone.
  그 돈 전부가 사라졌다.

(2) both : 둘에 대하여 '둘 모두(양자 긍정)'의 의미를 갖는다. 항상 복수 취급한다.

- Both <u>are</u> diligent.
  둘 모두 부지런하다.
- Both (of) his daughters <u>are</u> beautiful.
  = His daughters are <u>both</u> beautiful. 〈both는 부사〉
  = His daughters <u>both</u> are beautiful. 〈both는 대명사, his daughters와 동격〉
  그의 두 딸 모두 아름답다.

(3) either : 둘에 대하여 '둘 중 하나(양자택일)'의 의미를 갖는다. 항상 단수 취급한다.

- Either of the two boys <u>is</u> expected to win.
  두 소년 중 어떤 한 명이 이길 것으로 예상된다.

Check ⓟoint | either

부정문에서 '역시'의 뜻으로 either가 쓰인다. 〈긍정문에서는 too〉
- If you don't go, I will not, either.
  네가 가지 않으면 나도 역시 가지 않겠다.
- I love you, too.
  나도 당신을 사랑하오.

(4) neither : 둘에 대하여 '둘 중 어느 쪽도 ~아니다(양자 부정)'의 의미를 갖는다. 단수 취급하는 것이 원칙이나 구어에서는 복수 취급하기도 한다. 〈공무원 시험에서는 단수 취급〉

- Neither of the two is Tom's wife.
  둘 중 어느 누구도 탐의 아내가 아니다.
- Neither candidate was selected for the job.
  그 일자리에는 (그 두 사람 중) 어느 지원자도 선발되지 않았다.

(5) none : '아무도 ~않다'의 의미를 갖는다. 사람을 나타낼 때는 복수 취급하고, 양을 나타낼 때는 불가산명사와 함께 쓰여 단수 취급한다.

- None of the students were present.
  그 학생들 중 누구도 참석하지 않았다.
- None of the money was spent on books.
  그 돈 중 어떤 것도 책에 쓰이지 않았다.

Unit 12　　부분 부정(partial negation)

부정어(not, no, never 등)와 전체를 나타내는 표현(all, both, every, whole, entirely, completely, necessarily, always, quite, altogether)이 결합하면 부분 부정이 된다.

- I teach all of them. 〈완전 긍정〉
  나는 그들 모두를 가르친다.
- I don't teach all of them. 〈부분 부정〉
  나는 그들 모두를 가르치지는 않는다. (= I teach some of them.)
- I don't teach any of them. 〈완전 부정〉
  나는 그들 중 어느 누구도 가르치지 않는다. (= I teach none of them.)
- Everybody does not hate him. 〈부분 부정〉
  모든 사람이 그를 싫어하는 것은 아니다.
- Nobody hates him. 〈완전 부정〉
  아무도 그를 싫어하지 않는다.
- Both of them don't go to the movie. 〈부분 부정〉
  그들 둘 다 영화관에 간 것은 아니다.
- The poor are not always unhappy. 〈부분 부정〉
  가난한 사람들이 항상 불행한 것은 아니다.
- It is not completely true. 〈부분 부정〉
  그것은 완전한 사실은 아니다.

Unit 13   이중 부정으로 쓸 수 없는 경우(중복 부정)

'거의 ~않다'의 의미를 가진 준부정어 'hardly, scarcely, seldom, rarely'와 부정어 'not, no, never'와는 함께 쓰일 수 없다.

- I can hardly wait any more. / *I can't hardly wait any more. (×)

  나는 더 이상 기다릴 수 없다.

- Advice is seldom welcome. / *Advice is never seldom welcome. (×)

  충고는 거의 환영받지 못한다.

  cf not seldom : 이따금, 흔히 / seldom or never : 좀처럼[전혀] ~않다

  - She does not seldom smoke.

    그녀는 때때로 담배를 피운다.

  - I seldom or never scolds my children.

    나는 여간해서는 아이들을 꾸짖지 않는다.

Unit 14   most, almost

1 most

most가 형용사로 쓰일 때 → 뒤에 일반명사 / most가 부정대명사로 쓰일 때 → 뒤에 「of+the+일반명사」

- Most students were present.

  대부분의 학생들이 참석했다.

- Most of the students were present.

  그 학생들 중 대부분이 참석했다.

- Most of the loss was ignored.

  손실 중 많은 것이 무시되었다.

2 almost

almost가 부사로 쓰일 때 → 뒤에 형용사, 부정대명사

- Almost all the people have ambition.

  = Almost all of the people have ambition.

  거의 모든 사람들이 야망을 가지고 있다.

  cf almost of the students (×), almost students (×)

CHAPTER
15

형용사(Adjective)

☑ 최신 출제경향 **파악하기**

01 어법상 옳은 것은?

① Top software companies are finding increasingly challenging to stay ahead.

② A small town seems to be preferable than a big city for raising children.

③ She destined to live a life of serving others.

④ A week's holiday has been promised to all the office workers.

분석

④ **소유격의 이해**　소유격은 단순한 소유의 뜻 이외에도 다양한 의미로 사용한다. 특히 '시간, 거리(길이), 가치 등'과 함께 쓰여 단위나 척도를 나타낼 수 있다. A week's holiday는 '일주일간의 휴가'라는 의미로 적절하다.

① **분사의 태 / 가목적어 it**　find는 뒤에 동명사 목적어를 가지지 않는다. 하지만, 5형식으로 사용되었을 때 목적격 보어 자리에 현재분사를 사용할 수 있기에 challenging은 현재분사로 볼 수 있지만 목적어가 없이 목적격 보어가 왔으며 목적격 보어 뒤에는 to부정사가 왔으므로 올바르지 않다. 목적어에 가목적어 it이 오고, to부정사는 진목적어로 사용해야 한다. → finding it increasingly challenging to stay ahead

② **라틴계 비교**　prefer는 라틴어에서 유래한 비교급 형태이므로 than이 아니라 to와 함께 쓴다. preferable 역시 마찬가지로 than이 아닌 to와 쓰는 것이 적절하다. 따라서 than을 to로 고쳐야 한다.

③ **태**　destine은 '~을 운명 짓다'를 의미하는 타동사이다. 주어가 '~할 운명이다'로 표현하기 위해서는 수동태인 'be destined to'의 형태로 사용되어야 한다. 제시문은 '타인을 돕는 인생을 살 운명이었다'를 의미하므로 destined를 was destined로 고쳐야 한다.

해석

① 최고의 소프트웨어 회사들은 앞서 나가기 위해 끊임없이 도전하고 있다.

② 아이들을 키우는 데 큰 도시보다 작은 도시가 더 나은 것 같다.

③ 그녀는 다른 사람을 섬기는 삶을 살 운명이었다.

④ 일주일간의 휴가가 모든 사무직 직원들에게 약속되었다.

어휘

□□□	increasingly	점점 더, 갈수록 더
□□□	preferable	더 좋은, 나은, 선호되는
□□□	be destined to	~할 운명이다
□□□	promise	약속하다; ~일 것 같다; 약속; 가능성

정답 ④

출제 Ⓟoint

　라틴어 유래 비교급은 어원이 라틴어인 형용사(junior, superior, inferior 등)가 비교급을 표현할 때 more 대신 to를 쓴다.

02 어법상 옳은 것은?

① She was noticeably upset by how indignant he responded to her final question.

② Obviously, this state of affairs is known to the ambassadors, who reacts unfavorably to it.

③ I walked on as briskly as the heat would let me until I reached the road which led to the village.

④ Although there are some similarities in the platforms of both candidates, the differences among them are wide.

분석

③ **as ~ as 원급 비교 / 형용사 vs. 부사** 'as ~ as' 사이에 부사 원급이 위치하였다. 이 부사가 적절하게 왔는지를 알기 위해서는 문장구조를 살펴봐야 한다. 우선 'as ~ as'를 삭제하고 생각해 보자. walk (on)는 자동사이기 때문에 walk를 수식할 수 있는 품사는 부사이다. 따라서 원급 비교 구문은 적절하다.

① **how + 형용사 / 부사 / 형용사 vs. 부사** 감탄문에서 의문사 how 뒤에는 형용사 보어나 부사가 올 수 있다. how indignant는 적절해 보이지만 indignant가 수식하는 것은 동사 responded이기 때문에 부사 indignantly로 고쳐야 한다.

② **주어-동사 수일치** who의 선행사 ambassadors는 복수이기 때문에 reacts를 react로 고쳐야 한다.

④ **among vs. between** among은 불특정한 셋 이상일 때 사용하고 between은 특정한 둘을 나열할 때 사용한다. 제시된 문장은 두 명의 후보자를 비교하기 때문에 among을 between으로 고쳐야 한다.

해석

① 그녀는 그녀의 마지막 질문에 그가 얼마나 분개했는지에 대해 몹시 속상했다.

② 명백히, 그 일의 상태는 그것에 불리하게 반응하는 대사에게 알려졌다.

③ 나는 마을로 이어진 길에 다다를 때까지 (뜨거운) 열이 나를 허용하는 선에서 활기차게 계속 걸었다.

④ 비록 양쪽 후보의 공약에 몇 가지 유사점이 있지만, 차이점의 간격은 넓다.

어휘

□□□	noticeably	두드러지게, 현저히
□□□	indignant	분개한, 성난
□□□	ambassador	대사
□□□	unfavorably	불리하게, 비판적으로
□□□	briskly	활발하게, 씩씩하게

정답 ③

출제 Ⓟoint

원급 비교는 형태가 「as + 원급 + as」로, 원급 자리에는 형용사 또는 부사가 올 수 있다. 이때 'as ~ as' 사이에 형용사와 부사 중 어떤 것이 와야 하는지 묻는 문제에는 'as ~ as'가 없다고 가정하고 문장의 구조를 통해 품사를 찾거나 'as ~ as' 앞에 나오는 동사에 주목해서 문제를 풀 수 있다.

Unit 01 형용사의 역할

1 한정적 용법

형용사는 명사(대명사)를 앞뒤에서 직접 수식한다.

- She is a beautiful girl. 〈명사를 전치 수식〉

  그녀는 아름다운 소녀이다.

- Those present were in favor of the new contract.

  참석한 사람들은 새로운 계약에 찬성했다.

  ※ 대명사는 단독 수식이라도 후치 수식한다.

2 서술적 용법

형용사는 주격 보어, 목적격 보어로 쓰인다.

- She is beautiful.

  그녀는 아름답다.

- He makes his wife happy.

  그는 자신의 아내를 행복하게 해 준다.

3 한정적 용법으로만 쓰이는 형용사

drunken(술이 취한), golden(황금빛의), brazen(황동색의), maiden(처녀의), wooden(목재의), woolen(양모의), leading(선두적인), total(전체의), thorough(철저한), utter(완전한), sheer(순전한), very(바로 그), former(이전의), latter(후자의), inner(내부의), main(주된), mere(단지), only(유일한), outer(외부의), sole(유일한) 등

- the only daughter

  외동딸

- the outer world

  외계

- a former husband

  전 남편

- the upper class

  상류층

- This is a wooden house.

  이 집은 통나무집이다.

- The drunken driver who crashed into a school bus killed two.

  술 취한 운전자가 스쿨버스와 충돌하여 두 명이 사망했다.

4 서술적 용법으로만 쓰이는 형용사

afraid(두려워하는), alike(비슷한), alive(살아 있는), alone(혼자), ashamed(부끄러운), asleep(잠이 든), awake (깨어 있는), aware(알고 있는), content(만족하는), liable(~하기 쉬운), unable(~할 수 없는), unlike(서로 다른), worth(~의 가치가 있는) 등

- They are alike.
  그들은 똑같다.
- The vet found the bald eagle still alive.
  수의사는 대머리 독수리가 아직도 살아 있다는 것을 알았다.

5 한정적 용법과 서술적 용법에 따라 뜻이 달라지는 형용사

(1) present

present	① 현재의
	② 참석한

- He is the present president.
  그는 현 대통령이다
- The president was present at the meeting.
  대통령이 회의에 참석했다.

(2) late

late	① 죽은, 고인의
	② 늦은

- The late Jonson is his friend.
  죽은 존슨은 그의 친구이다.
- Jonson was often late for school.
  존슨은 학교에 가끔 늦는다.

(3) certain

certain	① 어떤
	② 확실한

- I met a certain person at the party.
  나는 파티에서 어떤 사람을 만났다.
- The word is certain.
  그 소식은 확실하다.

(4) ill

ill	① 나쁜, 사악한(bad, wicked)
	② 아픈

• He is an ill man.
그는 사악한 사람이다.

• He is ill in bed.
그가 아파서 침대에 누워 있다.

Unit 02   형용사의 어순

관사, 대명형용사	수량형용사	성상형용사					명사
		대소	성질	색	신구	재료, 소속	
a/the, this/these, my	second, five, 서수＋기수	small, big, tall	pretty, cute	red, blue	old, new	wooden, Korean	desk, book

• She read all those five thick English books within a week.
그녀는 저 두꺼운 5권의 영어책을 모두 일주일 안에 읽었다.

Unit 03   후치 수식

1 형용사구, 형용사절

• This is the book useful to elementary school students.
이 책은 초등학생들에게 유용한 책이다.

• He is a teacher respected by every student.
그는 모든 학생들에게 존경받는 선생님이다.

2 '-thing, -body'를 수식하는 형용사

• Give me something cold to drink?
시원한 것 좀 좀 주실래요?

• There is nothing new under the sun.
이 세상에 새로운 것은 없다.

• We need somebody younger to do the job.
그 일을 하려면 더 젊은 사람이 필요하다.

3 서술용법의 형용사가 명사를 수식하는 경우

- He caught a tiger alive.

  그는 호랑이를 산 채로 잡았다.

- All fish asleep stay still.

  자고 있는 물고기들은 모두 가만히 있다.

4 '–able, –ible'로 끝나는 형용사가 최상급, all, every 다음에 오는 명사를 수식하는 경우

- I tried every means possible.

  나는 가능한 모든 수단을 다 시도해 보았다.

- That was the best method conceivable.

  그것은 생각할 수 있는 최선의 방법이었다.

5 관용적인 표현

- the sum total 총계
- God almighty 전능의 신
- Asia Minor 소아시아
- the authorities concerned 관계당국
- court martial 군법회의
- things Korean 한국의 풍물

Unit 04   형용사와 명사의 수일치

다음과 같이 수를 한정하는 형용사는 반드시 그 뒤에 나오는 명사와 수를 일치해야 한다.

가산명사(셀 수 있는 명사 앞)		불가산명사 (셀 수 없는 명사 앞)	가산, 불가산 둘 모두 앞에
단수 가산명사 앞	복수 가산명사 앞		
• each • every • a • many a • one • another • this • that	• few • a few • a couple of • several • various • a variety of • many • a great(good) many • quite a few • not a few • a number of • the number of • hundreds of • thousands of • these • those	• little • a little • much • a great deal of • a large[small] amount of	• a lot of • lots of • plenty of • some • any • most • all • no • other

- I hiked for a few days.

  나는 며칠 동안 하이킹을 했다.

- He is afraid of even a little work.

  그는 사소한 일도 두려워한다.

- Although the hurricane swept through this town, little damage was done.

  허리케인이 이 마을을 휩쓸었지만, 피해는 거의 없었다.

Unit 05 혼동되는 형용사

• credible 믿을 만한 • credulous 남의 말을 쉽게 믿는	• healthful 건강에 좋은, 위생적인 • healthy 건강한
• amoral 도덕에 관계없는 • immoral 부도덕한	• imaginary 가공의, 상상의 • imaginative 상상력이 풍부한 • imaginable 상상할 수 있는
• intelligible 알기 쉬운, 이해하기 쉬운 • intelligent 총명한, 지성을 가진	• industrial 공업[산업]의 • industrious 근면한, 부지런한
• comparable 비교되는, 필적하는 • comparative 비교적인, 상당한	• literal 문자의, 글자 그대로의 • literary 문학의, 학문의 • literate 읽고 쓸 수 있는, 학식 있는
• popular 인기 있는, 대중의 • populous 인구가 많은, 붐비는	• moral 도덕의, 윤리적인 • morale 사기, 의욕 • mortal 죽을 운명의, 치명적인
• momentary 순식간의, 순간적인 • momentous 중요한	• respectable 존경할 만한 • respectful 공손한 • respective 각각의
• negligent 부주의한, 무관심한 • negligible 하찮은	• sensible 분별 있는, 현명한 • sensitive 민감한, 예민한 • sensual 관능적인, 세속적인 • sensuous 감각적인, 심미적인
• disinterested 공평한 • uninterested 무관심한	• stationary 움직이지[변화하지] 않는 • stationery 문방구
• economic 경제의, 실용의 • economical 경제적인(= thrifty)	• successful 성공한, 번창하는 • successive 잇따른, 계속되는
• eminent 저명한 • imminent 임박한	

• She was so <u>considerate</u> as to take care of the children.
  그녀는 사려 깊어서 그 아이들을 돌보았다.

• I need to address one (<u>economic</u> / economical) question.
  나는 한 가지 경제 문제를 고심해야 한다.

• Compact car is more (economic / <u>economical</u>).
  소형차는 더 경제적이다.

• The meeting was really (<u>successful</u> / successive).
  그 회의는 정말로 성공적이었다.

• They won five (successful / <u>successive</u>) games.
  그들은 다섯 번 연속으로 경기를 이겼다.

Unit 06   주의할 형용사 형태(명사+ly)

lovely(사랑스러운), lonely(외로운), friendly(친절한), orderly(정돈된), costly(많은 비용이 드는), timely(시기적절한), manly(남자다운), cowardly(겁이 많은) 등

- He smiled at me in a friendly way.
  그는 나를 보고 호의적으로 미소 지었다.
- Though admiring critics speak of him sometimes as "manly" or "(courageous / courageously)", he is actually timid almost to the point of burlesque — the anti-type of the foolhardy Tom.
  비록 찬양하는 비평가들이 그에 대해 '남자답다'거나 '용기있다'고 말하지만, 그는 사실 아주 우스울 정도로, 무모한 인간 유형의 정반대에 속한다고 할 만큼 소심하다.

Unit 07   수량 형용사

측정 단위명사	dollar, won, year, day, story, foot 등
수 단위명사	dozen, score, hundred, thousand, million, billion 등

1 「수량형용사+측정 단위명사」가 서술적 용법으로 사용되면 단위명사는 복수로 쓴다.

- He is ten years old.
  그는 열 살이다.
- The room is 200-square-feet.
  그 방은 200평방피트이다.

2 「수량형용사+수 단위명사」가 한정적 용법으로 사용되면 단위명사는 단수로 쓴다.

(1) 「수량형용사+수 단위명사(단수)+명사」

- five hundred books (○)
- a few thousand boxes (○)
- five hundreds books (×)
- a few thousands boxes (×)

(2) 「수량형용사+측정 단위명사+명사」 : 하이픈으로 연결

- a five-year-old girl (○)
- a twenty-dollar bill (○)
- a 200-square-foot room (○)
- a five-years-old girl (×)
- a twenty-dollars bill (×)
- a 200-square-feet room (×)

③ 「수 단위명사(복수)+of +명사」: 막연한 복수를 나타냄

- hundreds of books
  수 백 권의 책들
- thousands of boxes
  수 천 개의 상자들

Unit 08   주의할 형용사와 부사

집합 · 수량 의미의 명사(population, family, audience, amount, number, sum, scale, vocabulary 등)는 정도를 표시할 때 형용사 large나 small을 사용하며, 수치 의미의 명사(demand, price, rate, speed, salary, level, temperature, supply 등)는 정도를 표시할 때 형용사 high나 low를 사용한다.

- The population of this city is large.
  그 도시 인구는 많다.
- The price is too (high / expensive).
  가격이 너무 높다.

Unit 09   형용사가 명사로 사용되는 경우

「the+형용사」는 복수 보통명사인 경우와 추상명사인 경우, 두 가지로 쓰인다.

① 복수 보통명사가 되는 경우

> the young(= young people), the old(= old people), the rich(= rich people), the poor(= poor people), the disabled(= disabled people) 등

- The young(= Young people) must be respectful to the old(= old people).
  젊은이들은 노인들에게 공손해야 한다.

② 추상명사가 되는 경우

> the true(= truth), the good(= goodness), the beautiful(= beauty), the sublime(= sublimity) 등

- There are best three prizes in Miss Korea Contest: the true, the good and the beautiful.
  미스코리아 대회에는 최고 세 개의 상이 있다. 그것들은 진, 선, 미이다.

CHAPTER 16 부사(Adverb)

☑ 최신 출제경향 파악하기

01 어법상 옳은 것을 고르시오.

① My father was in the hospital during six weeks.

② The whole family is suffered from the flu.

③ She never so much as mentioned it.

④ She would like to be financial independent.

[분석]

③ **비교급 관용구 / 전치사를 취할 수 없는 완전 타동사** not[never] so much as '∼조차도 하지 않다'를 의미하는 비교급 관용구로, 그 구조가 적절하다. mention은 타동사로 뒤에 전치사 없이 바로 목적어를 취해야 한다. 올바르게 사용되었다.

① **시간의 부사와 시제일치** for는 '일반적인 시간의 길이'를 의미하여 보통 숫자표현과 함께 오는 반면 during은 '특정한 기간 동안'을 의미하여 주로 특정일과 함께 쓰인다. 6주라는 일반적 시간을 의미하므로 during 대신 for를 써야 한다.

② **태** suffer가 '시달리다, 고통 받다'를 뜻할 경우에는 전치사 from과 함께 자동사로 사용된다. 따라서 이때 suffer는 자동사이므로 수동 태로 사용할 수 없다. is suffered from을 능동인 suffers from으로 고쳐야 한다.

④ **형용사 vs. 부사** '재정적으로 독립적이 되는 것'을 의미하므로 financial이 형용사인 independent를 수식하고 있다. 형용사를 수식할 수 있는 것은 부사이므로 financial을 부사 financially로 고쳐야 한다.

[해석]

① 우리 아버지는 6주 동안 병원에 계셨다.

② 가족 전체가 독감으로 고통 받고 있다.

③ 그녀는 그것을 언급조차 하지 않았다.

④ 그녀는 재정적으로 독립하기를 원한다.

[어휘]

□□□	suffer from	∼로 고통 받다
□□□	financial	금융[재정]의; 돈이 있는
□□□	independent	독립된, 독립적인

정답 ③

출제 Ⓟoint

형용사와 부사를 구별하는 문제가 종종 출제된다. 형용사 자리인지 부사 자리인지 확인하면서 부사가 어떤 요소를 수식하는지 부사의 위치를 파악하자.

02 다음 중 문법적으로 올바른 문장은?

① Both adolescents and adults should be cognizant to the risks of second-hand smoking.

② His address at the luncheon meeting was such great that the entire audience appeared to support him.

③ Appropriate experience and academic background are required of qualified applicants for the position.

④ The major threat to plants, animals, and people is the extremely toxic chemicals releasing into the air and water.

분석

③ **be required of**   require를 3형식이나 수동태로 쓸 경우 간접 목적어에 해당하는 명사 앞에 전치사 of를 사용하여 '~에게'의 의미를 나타내므로 적절하다.

① **be cognizant of**   '~을 인식하고 있는'을 의미하는 표현은 「be cognizant of」이다. 따라서 to를 of로 고쳐야 한다.

② **so vs. such**   such ~ that과 so ~ that은 모두 '너무 ~해서 …하다'라는 의미를 가지지만 so는 부사이므로 형용사와 부사를 수식하고 such는 형용사이므로 명사를 수식한다는 점에서 차이가 있다. 제시된 문장에서는 형용사 great가 위치하고 있으므로 such를 so로 고쳐야 한다.

④ **분사의 태**   의미상 화학물질이 '방출되는'의 수동의 의미이며, 문법상 release는 타동사이므로 능동태로 쓰일 경우 목적어를 취하는데, releasing 뒤에 목적어가 없으므로 releasing을 과거분사 released로 고쳐야 한다.

해석

① 청소년과 성인 모두 간접흡연의 위험성을 인지해야 한다.

② 오찬 모임에서 그의 연설은 너무 훌륭해서 모든 청중들이 그를 지지하는 듯 보였다.

③ 자격을 갖춘 지원자는 적절한 경력과 학력이 요구된다.

④ 식물, 동물, 그리고 사람들에 대한 가장 큰 위협은 공기와 물로 방출되는 매우 유독한 화학물질이다.

어휘

☐☐☐	address	연설; 연설하다; (문제 등을) 고심하다
☐☐☐	luncheon	오찬
☐☐☐	appropriate	적절한; 도용[전용]하다
☐☐☐	release	방출하다, 풀어주다; 석방

정답 ③

출제 Ⓟoint

「so+형용사/부사+that」 구문에서 so는 부사이므로 앞 문장에 의해 형용사가 올지, 부사가 올지 결정된다. 'so ~ that'이 없다고 가정하고 문장의 구조를 통해 품사를 찾을 수 있다.

1 역할

부사는 동사 그리고 형용사, 다른 부사를 수식하며 때로는 구와 절, 문장 전체를 수식하기도 한다.

- I work hard. 〈동사 수식〉
- She is very pretty. 〈형용사 수식〉
- She speaks English very well. 〈부사 수식〉
- You are entirely in the wrong. 〈구 수식〉
- Everyone likes him only because he is honest. 〈절 수식〉
- Surely, he will succeed. 〈문장 수식〉

- The girl speaking English (fluent / fluently) is my sister.
  영어를 유창하게 말하는 소녀는 나의 여동생이다.
- She is proud of singing a song (good / well).
  그녀는 노래를 잘 부르는 것을 자랑스러워한다.

2 형태

고유한 부사의 형태도 있지만, 주로 형용사에 '–ly'를 붙여서 만든다. 또한 형용사와 모양이 같은 경우도 있고, '–ly'를 붙이면 뜻이 달라지는 경우도 있다.

고유한 형태	then, too, very, even, already, still 등
형용사+'–ly'	kindly, fluently, brightly, carefully
	true+ly → truly, gentle+ly → gently
	full+ly → fully
	happy+ly → happily, easy+ly → easily
	dramatic+ly → dramatically
형용사와 형태가 같은 부사	fast, low, hard, early, well, daily, monthly 등
둘 모두 부사지만 뜻이 다른 경우	late/lately, hard/hardly, high/highly, pretty/prettily 등

- He is a fast runner. 〈형용사〉
  그는 빨리 뛰는 사람이다.
- He runs fast. 〈부사〉
  그는 빨리 뛴다.

형태 변화에 따라 의미 변화를 갖는 부사

구분	형용사	부사	구분	부사
late	늦은	늦게	lately	최근에
hard	어려운, 딱딱한	열심히	hardly	거의 ~않다
high	높은	높게	highly	매우
near	가까운	가까이, 가깝게	nearly	거의
wide	넓은	넓게	widely	널리
short	짧은	짧게	shortly	곧
deep	깊은	깊게	deeply	매우
pretty	예쁜	꽤, 매우	prettily	예쁘장하게

- He bought the book dear.

  그는 그 책을 비싸게 샀다.
- She loved him dearly.

  그녀는 그를 몹시 사랑한다.
- He studied very hard.

  그는 열심히 공부했다.
- He will hardly be shocked.

  그는 거의 충격을 받지 않을 것이다.
- Raise your hand high.

  손을 높이 올려라.
- He is highly respected.

  그는 매우 존경받는다.
- Better late than never.

  늦어도 하지 않는 것보다는 낫다.
- I haven't seen him lately.

  최근에(요즘) 그를 보지 못했다.
- The music was pretty bad.

  그 음악은 형편없다.
- The living room was prettily decorated.

  거실이 예쁘게 장식되었다.

Unit 03   장소부사

장소부사 'home, downtown, abroad, indoors, outdoors' 앞에는 전치사 to를 쓰지 않는다.

- I'd like to (<u>go home</u> / go to home).

  나는 집에 가고 싶다.

  cf He returned from abroad.

       그는 해외에서 돌아왔다.

Unit 04   접속부사

접속부사는 단지 앞 문장과의 의미를 연결시키는 부사이기에, 접속사의 기능이 없다. 즉, 절과 절을 연결할 수 없다.

역접 · 양보	however, nevertheless, nonetheless, still 등
대조	in contrast, conversely 등
결과	therefore, thus, as a result, consequently, accordingly 등
부가 · 추가	moreover, furthermore, additionally, in addition, besides 등

- It was cold and windy. <u>Still</u>, we had a great time.

  날씨는 춥고 바람 불었다. 그런데도 우리는 대단히 즐거운 시간을 보냈다.

- The weather is not cooler today; <u>rather</u> it is hotter.

  날씨는 오늘 시원해지기는커녕 오히려 더 덥다.

- Though God may forgive, man is not <u>therefore</u> to forget.

  비록 신이 용서해도 인간은 잊어서는 안 된다.

- <u>Moreover</u>, I think we need not only family but also friends.

  게다가, 나는 가족뿐만 아니라 친구들도 필요하다고 생각해.

Unit 05 주의할 부사의 위치

1 enough : 형용사나 부사를 뒤에서 수식한다.

- He is <u>old enough</u> to drive. → enough old (×)

  그는 운전하기에 충분한 나이이다.

  cf enough가 형용사로 쓰여 명사를 수식할 경우 앞에서 수식하는 것이 일반적이나 후치 수식도 가능하다.

  - We have <u>enough water</u>.

    = We have <u>water enough</u>.

    우리는 충분한 물을 가지고 있다.

2 빈도(횟수)부사 : 일반동사 앞, be동사와 조동사 뒤에 위치한다.

주요 빈도부사	always, usually, often, scarcely, rarely, never 등

- She was <u>sometimes</u> late for school.

  그녀는 가끔 수업에 지각했다.

- I <u>always</u> went to the restaurant.

  나는 항상 그 식당에 갔다.

- Tom should <u>never</u> have married her.

  탐은 그녀와 절대 결혼하지 말았어야 했어.

Unit 06 주요 부사의 용법

1 ago vs. before

(1) ago

ago는 '지금으로부터 ~전'이므로 동사의 과거형과 함께 쓰고, 완료시제와는 쓰지 않는다. 단독으로 쓰이는 경우가 없고「기간을 의미하는 숫자+ago」형태로 쓴다.

- I <u>saw</u> her seven years <u>ago</u>.

  나는 7년 전에 그녀를 보았다.

(2) before

before는 단독으로 쓰이는 경우, 동사는 현재완료, 과거완료, 과거 중에서 아무거나 쓸 수 있지만, 'the day before, two days before' 등과 같은 부사구의 경우, '과거의 어느 때로부터 ~전'이기 때문에, 동사는 과거완료만 쓴다.

- I had seen her seven years before.

나는 7년 전에 그녀를 보았었다.

2 much, very

(1) much

비교급, 최상급(much the 최상급), 과거분사, 서술 형용사(보어), 동사, 전치사구, 절을 수식한다.

- My work is much better than yours.

내 작품이 네 것보다 훨씬 더 좋다.

- He is much the tallest boy of them.

그는 그들 중에서 가장 크다.

- These two look much alike.

이 둘은 아주 똑같아 보인다.

(2) very

원급, 최상급(the very 최상급), 현재분사, 형용사화된 과거분사를 수식한다. 동사 수식은 불가능하다.

- He is the very tallest boy of them.

그는 그들 중에서 단연코 가장 크다.

3 already, still, yet

(1) already : 이미, 벌써 〈긍정문〉

- I have already finished it.

나는 이미 그것을 끝냈다.

(2) still : 아직도, 여전히 〈긍정문, 부정문, 의문문〉

- I'm still loving her.

아직도 그녀를 사랑하고 있어요.

- She still cannot remember it.

그녀는 그것을 아직도 기억하지 못한다.

(3) yet : 아직 〈부정문〉 / 이미, 벌써 〈의문문〉

- We have never talked to her yet.

그는 그녀에게 아직 말을 해본 적이 없다.

- Do you have to go home yet?

집에 벌써 가야 하나요?

cf 등위접속사로 쓰인 yet은 '그러나'로 해석된다.

- It feels like summer, yet according to the calendar we're still in early spring.

여름처럼 느껴지지만, 달력에 따르면 우리는 아직 초봄이다.

4 부정문에서 still은 부정어 앞에, yet은 부정어 뒤에 위치한다.

- He <u>still</u> hasn't finished the work.
  = He hasn't <u>yet</u> finished the work.
  그는 그 일을 아직 끝내지 못했다.
- He (<u>still could not see</u> / could not still see) what the problem was.
  그는 문제가 무엇인지 여전히 알지 못했다.

특수구문(Special Construction)

☑ 최신 출제경향 **파악하기**

01 다음의 문장을 영어로 가장 잘 옮긴 것은?

> 그가 핸드폰을 택시에 두고 내린 것을 안 것은 집에 도착해서였다.

① It was not until he arrived home that he found he'd left his cell phone in the taxi.

② It was only after he arrived home that he find he'd not left his cell phone in the taxi.

③ He didn't find he'd left his cell phone in the taxi after he arrived home.

④ Until he arrived home, he found he'd left his cell phone in the taxi.

분석
① **not A until B / It ~ that 강조 구문** 「not A until B」 'B할 때까지는 A하지 않다' → B해서야 비로소 A하다'의 구문을 'It ~ that' 강조구문으로 바꾸면, 「It is+not until B+that+A를 포함한 나머지」가 된다. 알아차린 시점은 과거이므로, 시제는 과거가 되어야 한다.

② **not A until B** 「not A until B」 'B해서야 비로소 A하다'는 「A only after B」 'B 이후에야 A하다'의 구문과 의미상 일치한다. 하지만 that절에서 동사 뒤에 not이 함께 사용되어 '핸드폰을 두고 내리지 않았다'라고 해석되므로 적절하지 않다.

③ 해석하면 '그는 집에 도착한 이후, 택시에 핸드폰을 남겨 두었던 것을 알아차리지 못했다'가 되므로 제시된 문장의 뜻과 다르기 때문에 적절하지 않다.

④ 해석하면 '그가 집에 도착할 때까지, 택시에 핸드폰을 남겨 두었던 것을 알아차렸다'가 되므로 제시된 문장의 뜻과 다르기 때문에 적절하지 않다.

어휘

☐☐☐	cell phone	휴대폰(= cellular phone)
☐☐☐	leave	~을 남기다, 남겨 두다, ~을 떠나다

정답 ①

출제 Ⓟoint

「not A until B」 'B하고 나서야 A하다' 구문에서 온 부정어 not과 until절의 도치, it ~ that 강조 구문으로 not until절을 강조하는 구문을 알아두어야 한다. 기본 문장에서 도치 구문과 강조 구문으로 변형하는 연습을 해보는 것도 좋은 방법이다.

02 다음 문장 중 어법상 옳지 않은 것은?

① Attached is the document file you've requested.

② Never in my life have I seen such a beautiful woman.

③ Should you need further information, please contact me.

④ Hardly has the situation more serious than now.

⑤ Now is the time to start living the life you have always imagined.

분석

④ **부정부사 도치** 부정부사 hardly가 문두에 나와 주어와 동사가 도치되었다. 주어는 the situation이므로 has는 적절하게 왔다. 하지만 동사 뒤 바로 형용사가 오기 위해 2형식 동사가 필요하므로 been이 more 앞에 와야 한다. → Hardly has the situation been more serious now.

① **보어 강조 도치 / 주어-동사 수일치** 보어를 강조하기 위해서 문두로 보내 주어와 동사가 도치되었다. is의 주어는 the document file 이므로 주어와 동사의 수일치가 적절하게 이루어졌다.

② **부정부사구 강조 도치** 부사구 'Never in my life'가 문두로 나와 주어 I와 동사 have seen이 도치되었다. have seen에서 have는 조동사이므로 도치 시 have는 주어 앞으로 이동한다.

③ **가정법 미래 구문의 도치** 가정법 미래는 「if+S+should+S+조동사(과거 or 현재)+동사원형」의 형태로 if가 생략되어 주어와 동사가 도치된 문장이다. 어순이 올바르다.

⑤ **부사 강조 도치** 부사 now를 강조하기 위해 문두로 보내 주어와 동사가 도치되었다. 불가산명사 the time이 주어이기 때문에 동사 is는 적절하다.

해석

① 당신이 요구한 문서 파일이 첨부되어 있습니다.

② 내 인생에서 난 그렇게 아름다운 여인을 본 적이 없다.

③ 정보가 더 필요하면 저에게 연락해 주세요.

④ 지금보다 상황이 더 심각한 적은 없었다.

⑤ 지금이 바로 당신이 항상 상상했던 삶을 살기 시작할 때다.

어휘

□□□	attached	첨부된, 부착된, 애착을 가진
□□□	contact	연락하다, 연락[접촉]
□□□	further	더 이상의, 추가의

정답 ④

출제 Ⓟoint

도치(강조) 구문은 시험의 난도가 높아질수록 출제 가능성이 높아지는 소재이다. 부정어 도치, 보어 도치, 가정법 도치 등 주요 도치 구문을 익히고, 어순에 유의하자.

Unit 01   도치(inversion)

도치란 「주어＋동사(S＋V)」의 보편적인 어순을 취하지 않고 「동사＋주어(V＋S)」 형식을 취하거나 목적어, 보어, 수식어가 주어보다 앞서는 경우를 말하며 어법상 및 관용적 도치, 강조를 위한 도치, 문장의 균형상 도치 등으로 나눈다.

1 어법상 및 관용법상 도치

(1) 의문문, 기원문, 감탄문

- Who are you?
  너는 누구니?
- May you succeed!
  성공하길 바라!
- What a beautiful flower this is!
  얼마나 아름다운 꽃인가!

(2) There / Here＋V＋S

- There once lived a wise king.
  옛날에 한 현명한 왕이 살고 있었다.
- Here is a white cat.
  여기 하얀 고양이가 있다.

  cf 주어가 대명사일 때는 「S＋V」 형식을 취한다.
  - Here it is.
    여기 있습니다.

(3) neither / nor / so＋V＋S

- He is honest, and so is she.
  그는 정직하다. 또한 그녀도 정직하다.
- I am not rich, nor do I wish to be.
  나는 부자가 아니고, 그렇게 되고 싶지도 않다.

(4) 가정법일 때 if 생략 형식에서

- Were I a bird, I could fly to you. (= If I were a bird, ～)
  내가 새라면 당신에게 날아갈 텐데.

(5) 양보 구문 : 형용사 / 명사 / 부사+as+S+V

- Rich <u>as she was</u>, she was not contented.
  그녀는 부자였지만 만족하지 않았다.
- Woman <u>as she is</u>, she is strong.
  그녀는 여자이지만 강하다.

2 강조 도치

(1) 보어의 도치

- Happy <u>is the man</u> who is contented.
  만족한 사람은 행복하다.

(2) 목적어의 도치

- What will become of him <u>I don't know</u>.
  그가 어떻게 될 것인지 나로선 알 수 없다.

(3) 부사(구)의 도치

- Down <u>came the rain</u>.
  비가 내렸다.
  cf Down <u>he came</u>.
    그가 내려왔다.
  cf 주어가 대명사일 때는 「S+V」 형식을 취한다.

(4) 유도부사 there가 문두로 가면 주어와 동사를 도치시킨다.

- A girl is playing the piano there on the stage.
  = There <u>is a girl</u> playing the piano on the stage.
  한 여자가 무대에서 피아노를 치고 있다.

(5) 장소 부사어구가 문두로 나올 경우 〈1형식〉

- An old beggar lay on the street.
  → On the street <u>lay an old beggar</u>.
  거리에 한 늙은 거지가 누워 있었다.
- Tom and Sam were among the students.
  → Among the students <u>were Tom and Sam</u>.
  학생들 중에 탐과 샘도 있었다.
  cf 시간의 부사구는 도치하지 않는다.
    - At certain times (<u>this door may be</u>, may this door be) left unlocked.
      특정 시간대에 이 문은 열려 있을 수[잠겨 있지 않을 수] 있다.

(6) 'only+부사(구, 절)', 'only+목적어'가 앞으로 나가도 도치가 일어난다.

- Only then <u>could I understand</u> what she meant.

  그제야 나는 그녀의 말뜻을 이해했다.

- Only when the problem is settled <u>will we see</u> her smiling face.

  그 문제가 해결되어야만 그녀의 웃는 얼굴을 볼 수 있을 것이다.

  cf only가 주어 앞에 있으면 도치가 일어나지 않는다.

  - <u>Only the owner has</u> authority to sign the contract.

    오직 그 주인만이 그 계약서에 서명할 권한이 있다.

(7) 부정어구의 도치

- Never <u>have I seen</u> such a big spider before.

  나는 결코 그렇게 큰 거미를 전에 본 적이 없었다.

Check Ⓟoint | 부정어구(부사)를 강조할 때

다음의 부정어구(부사)가 문장의 맨 앞으로 나가면 주어와 동사가 도치된다.

- never 결코 ~하지 않다
- little, seldom, hardly 거의 ~아니다(없다)
- neither 둘 다 아니다
- not ~가 아니다
- not only ~뿐만 아니라
- no sooner ~ than ~하자마자
- no longer 더 이상 ~하지 않다

---

① '주어+be동사' 문장의 도치 : be동사가 주어 앞으로 나간다.
- Your visa is no longer valid.
  → No longer is your visa valid.
  당신의 비자는 더 이상 유효하지 않다.
② '주어+can, will, must, should 등의 일반 조동사+동사원형' 문장의 도치 : (내용) 조동사가 주어 앞으로 나간다.
- I will never tell her the truth.
  → Never will I tell her the truth.
  나는 그녀에게 그 진실을 결코 말하지 않을 것이다.
③ '주어+have, has, had 등의 완료형 조동사+과거분사' 문장의 도치 : have 조동사가 주어 앞으로 나간다. 완료형 조동사가 주어 앞으로 나가면 주어 뒤에는 과거분사가 남는다.
- She had no sooner seen him than she burst into tears.
  → No sooner had she seen him than she burst into tears.
  그녀는 그를 보자마자 눈물이 쏟아졌다.
- I have never argued over the issue before.
  → Never have I argued over the issue before.
  나는 그 문제에 대해 논쟁한 적이 없다.
④ '주어+일반동사' 문장의 도치 : 일반동사는 주어 앞으로 나가지 못하기 때문에 조동사 do, does, did가 주어 앞에 쓰인다. 이때 주어 뒤에는 수와 시제와 상관없이 동사원형이 남는다.
- I little dreamed that he would dump me.
  → Little (dreamed I / did I dream) that he would dump me.
  그가 나를 차버릴 거라고는 꿈에도 생각하지 못했다.

⑤ 'not A until B'(B하고 나서야 비로소 A하다) 구문의 도치
· The show did not begin until she appeared.
= It was not until she appeared that the show began. 〈It-that 강조 구문〉
= Not until she appeared did the show begin.
= Only after she appeared did the show begin.
*Not until did she appear the show began. (×)
그녀가 나타나서야 비로소 쇼는 시작했다.
· I did not know the fact until the next morning.
= It was not until the next morning that I knew the fact. 〈It-that 강조 구문〉
= Not until the next morning did I know the fact.
= Only after the next morning did I know the fact.
나는 다음 날 아침이 되어서야 비로소 그 사실을 알았다.

3 균형 도치

문장에 안정감을 주기 위한 도치로 상대적으로 긴 문장 성분이 앞에 오는 것을 싫어하는 영어의 특성이
반영된 도치이다.
· The time will surely come when his words will come true.
그의 말이 실현될 때가 분명히 올 것이다.

4 as 도치

'~처럼'이라는 의미를 가지는 접속사 as는 도치가 될 수 있다. as는 선택적 도치가 가능한 접속사로 의미
의 강조를 원하면 도치 구문으로 사용해도 되고 일반적인 문장으로 써도 된다.
· The sea has its currents, as do the river and the lake.
강과 호수가 그런 것처럼, 바다에는 해류가 있다.

5 so ~ that, such ~ that 구문 도치

· (So / Such) vigorously did he protect that they reconsidered his case.
그가 너무나도 강력하게 항의를 해서, 그들은 그의 사건을 재검토했다.

Unit 02   의문사 · 관계사가 있는 절에서의 삽입

❶ 의문사가 있는 절에서

「의문사+do you think[suppose, imagine, believe, guess 등]+S+V」형식

- How old do you think I am?

  내가 몇 살이라고 생각하나요?

- What do you suppose he is?

  그가 누구라고 생각합니까?

Check Ⓟoint | 이중 의문문 do you think류 동사 vs. do you know?

- When <u>do you think</u> he bought it?

  그가 그것을 언제 샀다고 생각하나요?

- <u>Do you know</u> when she was late?

  그녀가 언제 늦었는지 알고 있나요?

❷ 관계사가 있는 절에서(콤마 없이 사용)

- He is a gentleman who (I think) is very honest.

  그는 내가 생각하기에 매우 정직한 신사이다.

- Do what (you believe) is right.

  옳다고 믿는 일을 하라.

Unit 03   if ever(있다고 하더라도)

- if any 설사 ~하는 일이 있다 해도

- if at all ~한다고 하더라도

- My uncle seldom, <u>if ever</u>, comes to see me.

  나의 삼촌은 좀처럼 나를 보러 오지 않는다.

- He is little, <u>if at all</u>, inferior to me in English.

  그는 영어에서 있다고 하더라도 나보다 거의 열등하지 않다.

CHAPTER 18

전치사(Preposition)

☑ 최신 출제경향 **파악하기**

01 밑줄 친 부분 중 어법상 가장 옳지 않은 것은?

No one can really stop ① growing old; he ② can only cheat himself ③ for not admitting ④ that he is growing old.

분석

③ **전치사의 쓰임** 수단을 나타내기 위해서는 전치사 by가 필요하다. 이 문장의 경우, 인정을 하지 않음으로써 스스로를 속인다고 해석되므로 전치사 for를 by로 고쳐야 한다.

① **stop + 동명사 vs. to부정사** '~하는 것을 멈추다'는 목적어 자리에 동명사를 필요로 하며 '~하기 위해 멈추다'로 해석되면 부사적 용법의 to부정사가 필요하다. 이 문장의 경우, '나이 드는 것을 멈추다'로 해석되고 있기에 동명사가 필요하므로 문맥상 적절하다.

② **부사의 어순** 부사는 일반동사 앞에 위치하므로 적절하다.

④ **admit의 목적어 자리에 위치한 that절** admit은 타동사이기 때문에 목적어를 가질 수 있다. 목적어 자리에 완전한 절을 이끄는 that이 적절하다.

해석

어느 누구도 정말로 늙는 것을 멈출 수 없다. 그는 자신이 나이가 들고 있다는 것을 인정하지 않음으로써 스스로를 속이기만을 할 뿐이다.

어휘

□□□	cheat	속이다, 사기 치다, 부정 행위를 하다
□□□	admit	인정[시인]하다, 자백하다

정답 ③

출제 Ⓟoint

by는 '수단, 방법', '장소', '시간', '정도' 등 다양한 용법을 가지고 있다. 전치사구나 동사구는 많이 외울수록 유리하므로 자신만의 노트에 정리해서 틈틈이 암기하도록 하자.

02 어법상 옳은 것은?

① This book is intended for educators, new or veteran, interested in enhancing student understanding and design more effective curricula.

② Darwin knew far less about the various species he collected on the Beagle voyage than do experts in England at the time who classified these organisms for him.

③ A challenge in reading a text is to gain a deep understanding of what the text might mean, despite of the obstacles of one's assumptions and biases.

④ The software developer works to maximize user-friendliness and to reduce bugs that impede results.

분석

④ **병렬구조 / 주격 관계대명사 that** and를 통해 to부정사구 두 개를 적절하게 병렬로 연결시키고 있다. 관계대명사 that이 bugs를 수식하며, 뒤에 주어가 없는 불완전한 절을 이끌고 있으므로 주격 관계대명사로 적절하게 사용되었다.

① **전치사＋명사** enhancing과 design은 전치사 in의 목적어 역할을 하는 동명사로서 접속사 and로 병치된 구조이다. 따라서 design을 designing으로 고쳐야 한다.

② **대동사 do** than 뒤의 do는 knew를 받는 대동사인데, 문맥상 과거를 나타내므로 did로 고쳐야 한다.

③ **전치사 despite vs. in spite of** 전치사 despite 뒤에는 전치사 of를 사용하지 않으므로 of를 삭제해야 한다. in spite of와 혼동해서는 안 된다.

해석

① 이 책은 학생들의 이해를 높이고 보다 효과적인 교과과정을 설계하는 데 관심이 있는 신규 또는 베테랑 교사를 대상으로 한다.

② 다윈은 비글호 항해에서 수집한 다양한 종들에 대해 그를 위해 이 유기체를 분류한 당시 영국의 전문가들보다 훨씬 덜 알고 있었다.

③ 텍스트를 읽는 데 있어서 난제는 자신의 추정과 편견의 장애에도 불구하고 본문이 무엇을 의미하는지 깊이 이해하는 것이다.

④ 소프트웨어 개발자는 사용자 친화성을 극대화하고 결과를 방해하는 버그를 줄이기 위해 노력하고 있다.

어휘

☐☐☐	intend	의도[작정]하다
☐☐☐	classify	분류[구분]하다
☐☐☐	organism	유기체, 생물
☐☐☐	obstacle	장애, 장애물
☐☐☐	assumption	추정, 상정
☐☐☐	impede	지연시키다[방해하다]

정답 ④

출제 ⓟoint

전치사와 접속사를 구분하는 것도 중요한 출제 포인트 중 하나이다. 전치사 뒤에는 명사가 오고, 접속사 뒤에는 주어와 동사가 온다. 또한 시험에 자주 나오는 전치사와 접속사 세트는 필수로 암기하도록 한다.

Unit 01　전치사의 종류

 시간 관련 전치사

(1) at, in, on

at	짧은 시점 표시 – 분, 시, 정오, 새벽, 밤 등
in	at보다 긴 때 표시 – 월, 계절, 연도, 세기 등
on	일정한 날짜 표시 – 날짜나 일정한 날의 아침, 오전, 오후, 밤 등

- He gets up at six every morning.
  그는 매일 아침 6시에 일어난다.
- New term begins in March.
  새로운 학기가 3월에 시작한다.
- I go to church on Sunday.
  나는 일요일에 교회에 간다.

(2) in, within

in	때의 경과(지나서), 앞으로 있을 사실
within	기간(내에)

- He will return in a few days.
  그는 며칠 지나서 돌아올 것이다.
- He will call on me within a few days.
  그는 며칠 이내에 나를 방문할 것이다.

(3) till, by

till	동작 · 상태의 계속(까지)
by	동작의 완료 표시(까지)

- Stay here untill(till) the end of next month.
  다음 달 말까지 여기 있어라.
- I will be back by six.
  나는 6시까지는 돌아올 것이다.

2 장소 표시 전치사

(1) at, in

at	비교적 좁은 장소(에)
in	비교적 넓은 장소 및 내부(에)

- The library is located at Jongno in Seoul.
  그 도서관은 서울 종로에 있다.

(2) on, beneath

on	표면에 접착(위)
beneath	표면에 접착(아래)

- There are many flies on the ceiling.
  천장에 파리들이 많이 붙어 있다.
- The ship sank beneath the waves.
  그 배는 파도 밑으로 가라앉았다.

(3) over, under

over	공간 바로 위
under	공간 바로 아래

- There is a long bridge over the river.
  강 위로 긴 다리가 하나 있다.
- There is a cat under the table.
  식탁 밑에 고양이 한 마리가 있다.

(4) above, below

above	~보다 높은 위(위에)
below	~보다 낮은 아래(아래에)

- The sun has risen above the horizon.
  해가 지평선 위에 떴다.
- The moon has sunk below the horizon.
  달이 지평선 아래로 졌다.

(5) up, down

up	운동 동반(위로)
down	운동 동반(아래로)

- He was climbing <u>up</u> the mountain.

  그는 산 위로 올라가고 있었다.

- He was running <u>down</u> the stairs.

  그는 계단 아래로 달려 내려가고 있었다.

(6) before, behind

before	정지 상태의 앞(~앞에)[= in front of]
behind	정지 또는 움직이고 있는 것의 뒤(~뒤에)

- You must stand <u>before</u> me.

  너는 반드시 내 앞에 서야 한다.

- I hid myself <u>behind</u> the curtain.

  나는 커튼 뒤에 몸을 숨겼다.

(7) along, across, through

along	~을 따라서
across	~을 횡단하여
through	~을 지나서, 관통하여

- He walked <u>along</u> the street.

  그는 거리를 따라 걸었다.

- He ran <u>across</u> the road.

  그는 길을 뛰어서 건넜다.

- The river flows <u>through</u> the city.

  그 강은 도시를 통과해서 흐른다.

(8) about, round, around

about	막연한 주위(주위에)
round	운동 상태(주위에)
around	정지 상태(주위에)

- She wore a shawl <u>about</u> her shoulders.

  그녀는 어깨에 솔을 두르고 있었다.

- The earth moves <u>round</u> the sun.

  지구는 태양의 주위를 공전한다.

- They sat <u>around</u> the fire.

  그들은 난로 주위에 둘러앉았다.

  cf round, around는 흔히 구별 없이 쓰기도 한다.

(9) to, for, toward

to	방향과 도착지점(~에)
for	목적지로(~로 향하여)
toward	운동의 방향만 표시(~쪽으로)

- He has gone to America.

  그는 미국에 가버렸다.
- He left for Seoul.

  그는 서울을 향해 떠났다.
- On my entering, she turned towards me.

  내가 들어가자, 그녀는 내 쪽으로 몸을 돌렸다.

3 원인 · 이유 표시 전치사

(1) from, through, of

from	피로 · 부상 · 과로 등으로 인한 원인(~으로, 때문에)
through	매개의 수단 · 소극적인 원인(~으로, 때문에)
of	질병의 원인(~으로, 때문에)

- He was taken ill from eating too much.

  그는 과식해서 병을 얻었다.
- He was dismissed through neglect of duty.

  그는 직무태만으로 해고당했다.
- He died of cholera.

  그는 콜레라로 죽었다.

(2) for, with, out of

for	(행위의 이유 · 원인) ~으로
with	(추위 · 두려움 · 흥분 등 행위의 원인) ~때문에
out of	(동기 · 원인) ~에서

- She blushed with shame.

  그녀는 수치심에 얼굴을 붉혔다.
- We wept for joy.

  우리는 기뻐서 울었다.
- I saved him out of pity.

  나는 가엾어서 그를 구해주었다.

(3) at, in, over

at	감정의 원인(~보고, 듣고)
in	기쁨 · 자부심의 원인(~으로, 때문에)
over	감정의 원인(~에 관해서, 대하여)

- She was surprised at the news of his death.

  그녀는 그의 사망 소식을 듣고 놀랐다.
- They mourned over his death.

  그들은 그의 죽음에 대해 애도했다.
- We rejoiced in her success.

  우리는 그녀의 성공을 기뻐했다.

4 원료 · 재료의 전치사

of	성질 보존(~으로)
from	형태 · 성질 변화(~으로)
into	원료가 제품이 될 때(~으로)

- This house is made of stone.

  그 집은 돌로 만들었다.
- Wine is made from grapes.

  포도주는 포도로 만든다.
- Milk is made into butter.

  우유는 가공되어 버터가 된다.

5 도구 · 수단의 전치사

with	(도구 · 수단 · 재료) ~으로, ~을 사용하여
by	통신수단 · 교통수단

- He stirred with a spoon.

  그는 숟가락으로 휘저었다.
- I came here by plane.

  나는 비행기 편으로 왔습니다.

6 주요 구전치사

• according to ~에 따라서	• in honor of ~을 기념하여, ~에게 경의를 표하며
• on account of ~ 때문에	• in consequence of ~의 결과로서; 때문에
• instead of ~의 대신에, ~하지 않고	• in addition to ~을 더하여, ~일 뿐 아니라
• on[in] behalf of ~을 대신해서, ~을 위해서	• in case of ~인 경우에
• in search of ~을 찾아서	• in front of ~앞에
• in spite of ~에도 불구하고	• in favor of ~에 찬성하여, ~을 위하여
• in pursuit of ~을 추구하여	

Unit 02   전치사와 접속사의 구별

구분	의미	전치사	종속접속사
이유	~때문에	because of (= due to, owing to, on account of)	because (= as, since, now that)
양보	~에도 불구하고	despite (= in spite of, with all, for all)	though (= although, even though, even if)
시간	~할 때	in, at	when
	~하는 동안에	during	while
	~하자마자	on	as soon as
	~할 때까지	by	by the time that
조건	~할 경우를 대비하여	in case of (= in the event of)	in case that (= in the event that)
	~을 고려하면	considering (= given)	considering (that) (= given that)
	~라는 조건으로	on (the) condition of	on (the) condition that
목적	~하지 않기 위해서	for fear of	for fear that ~ (should)

Unit 03   until vs. by

둘 다 '~까지'라는 의미이지만 함께 쓰는 동사가 다르다.

until (계속 동사와 결합, 행위 '지속')	wait, stand, stay, study, work, continue 등
by (완료 동사와 결합, 행위 '완료')	arrive, submit, receive, finish, deliver, complete 등

- Let's wait (by / <u>until</u>) the rain stops.
  비가 그칠 때까지 기다리자.
- Can you finish the work (<u>by</u> / until) five o'clock?
  그 일을 다섯 시까지 끝낼 수 있겠어요?
- He continued working up (by / <u>until</u>) his death.
  그는 바로 죽기 전까지 일을 계속했다.
- You can stay on the bus (by / <u>until</u>) London.
  런던까지는 버스를 타고 계속 그대로 있으면 돼요.
- You should arrive (<u>by</u> / until) 2:00.
  당신은 2시까지는 도착해야 해요.

Unit 04   특이한 형태의 전치사

1 두 단어 또는 그 이상으로 이루어진 전치사

이유 · 원인	because of, due to, owing to, on account of, on the ground of, thanks to 등
첨가 · 부연	in addition to, on top of, apart from 등
양보	in spite of, with[for] all, irrespective of, in the face of, regardless of 등
비교 · 대조	compared with, in comparison with, contrary to, in contrast with 등
목적	for the purpose of, with a view to, with the intention of 등
기타	on behalf of, such as, next to, more than, less than, in front of, in case of 등

- We are expecting consumer inflation to pick up to 6 percent in 2019 <u>due to</u> increased domestic demand.
  2019년에 증가된 국내 수요 때문에 우리는 소비자 물가가 6% 상승할 것으로 예상하고 있다.

2 **–ing로 끝나는 전치사**

> • concerning[regarding] ~에 관하여
> • using ~을 사용해서
> • including ~을 포함하여 (↔ excluding ~을 제외하고)
> • following ~이후에
> • barring ~을 제외하고

• We had a discussion <u>regarding</u> global warming at the conference.
우리는 그 회의에서 지구 온난화에 관해 토론했다.

Unit 05 　전치사 관련 관용어구

cf CHAPTER 19, Unit 12 전치사 관련 관용어구

CHAPTER

19

PART 01 문법

관용적 표현(Idiomatic Expression)

☑ 최신 출제경향 **파악하기**

01 어법상 옳지 않은 것은?

① A few words caught in passing set me thinking.

② Hardly did she enter the house when someone turned on the light.

③ We drove on to the hotel, from whose balcony we could look down at the town.

④ The homeless usually have great difficulty getting a job, so they are losing their hope.

분석

② **'~하자마자 …했다' / 시제** 「Hardly A when B(A하자마자 B했다)」의 구조로 먼저 일어난 A에 과거완료시제를 쓰는 것이 원칙이다.
→ Hardly had she entered ~

① **분사의 태 / set 동사의 변화** set이 쓰인 5형식 문장으로 의미상 words라는 명사는 catch할 수 있는 주체가 아니기 때문에 과거분사 caught가 온 것이 적절하다. '생각하게 만들었다'라는 과거로 표현되었기 때문에 set의 과거시제가 set이라는 것을 알고 있어야 한다.

③ **전치사의 쓰임 / 소유격 관계대명사의 쓰임** 전치사가 두 개 연이어 있다고 해서 잘못 쓰인 건 아니다. on은 '계속해서', to는 '~로(도착지)', from은 '~로부터'를 나타낸다. 여러 전치사들이 의미에 맞게 올바르게 쓰였다.

④ **the + 형용사 / have difficulty + R-ing** 「the + 형용사」는 '~한 사람들'로 해석할 수 있고 복수 취급을 한다. 따라서 has가 아닌 have로 올바르게 수일치가 되었다.

해석

① 지나가면서 들은 몇 단어가 나를 생각하게 만들었다.

② 그녀가 집에 들어가자마자 누군가가 불을 켰다.

③ 우리는 호텔로 차를 계속 몰고 갔는데, 그 호텔의 발코니에서 우리는 마을을 내려다볼 수 있었다.

④ 노숙자들은 대개 직업을 얻는 것이 매우 어렵기 때문에 그들은 자신의 희망을 잃어가고 있다.

어휘

□□□	drive on	(차를 몰고) 계속 가다
□□□	look down at	~을 내려다보다

정답 ②

출제 Ⓟoint

'~하자마자 …했다'는 「hardly ~ when …」, 「no sooner ~ than …」 등으로 나타낼 수 있는데, 이 표현들은 부정어와 비교급, 시제, 접속사 등을 복합적으로 담고 있기 때문에 영작 문제에 출제될 가능성이 높다.

02 우리말을 영어로 옳게 옮긴 것은?

① 내 컴퓨터가 작동을 멈췄을 때, 나는 그것을 고치기 위해 컴퓨터 가게로 가져갔어.

→ When my computer stopped working, I took it to the computer store to get it fixed.

② 내가 산책에 같이 갈 수 있는지 네게 알려줄게.

→ I will let you know if I can accompany with you on your walk.

③ 그 영화가 너무 지루해서 나는 삼십 분 후에 잠이 들었어.

→ The movie was so bored that I fell asleep after half an hour.

④ 내가 열쇠를 잃어버리지 않았더라면 모든 것이 괜찮았을 텐데.

→ Everything would have been OK if I haven't lost my keys.

분석

① **to부정사 vs. 동명사 / 분사의 태** 「stop+동명사」는 '~하는 것을 멈추다', 「stop+to부정사」는 '~하기 위해 멈추다'를 의미한다. 작동 하는 것을 멈춘 것이므로 stopped 뒤에 working이 올바르게 쓰였다. 또한 get은 5형식으로 사용할 수 있는데, 목적어 it은 computer 를 의미하고 목적격 보어인 fixed와의 관계가 수동이므로 형태가 적절하다.

② **전치사를 취할 수 없는 완전 타동사** accompany는 타동사이므로 전치사 없이 바로 목적어를 가진다. 따라서 with를 삭제해야 한다.

③ **감정유발동사 / so ~ that 구문** bore는 감정유발동사이며 영화가 '지루함을 느끼게 하는 것'이므로 능동형의 현재분사 boring을 써야 한다. 「so+형용사/부사+that」의 '너무 ~해서 …하다'의 구문은 적절하다.

④ **가정법 과거완료** 과거에 대한 반대 사실을 가정하므로 가정법 과거완료를 써야 한다. 가정법 과거완료는 「if+주어+had p.p., 주어+조 동사 과거형+have p.p.」이다. 따라서 if절의 동사 haven't는 hadn't가 되어야 한다.

어휘

□□□	fix	수리하다, 바로잡다, 해결책
□□□	accompany	동반하다, 동행하다
□□□	fall asleep	잠들다

정답 ①

출제 Ⓟoint

타동사 다음에는 전치사가 올 수 없다. 시험에 자주 출제되는 완전 타동사를 정리해서 암기해야 하며, 이에 상응하는 자동사와 전치사 도 암기하는 것이 좋다.

1 '~하자마자 …했다'

- I had no sooner arrived home than I fell asleep.
  = I had hardly[scarcely] arrived home when[before] I fell asleep.
  = No sooner had I arrived home than I fell asleep.
  = Hardly[Scarcely] had I arrived home when[before] I fell asleep.
  = As soon as I arrived home, I fell asleep.
  = The moment[Momently] I arrived home, I fell asleep.
  = On arriving home, I fell asleep.
  나는 집에 도착하자마자 잠이 들었다.

2 과거에 이루지 못한 소망이나 기대의 표현

소망이나 기대를 나타내는 동사 expect, want, hope, desire, intend 등의 i) 「과거완료형+to R」, ii) 「과거형+to have p.p.」, iii) 「과거완료형+that S+would+V」의 형태로 '~하려고 했으나 …하지 못했다'라는 과거에 이루지 못한 소망이나 기대감을 표현한다.

- I had hoped to see you.
  = I hoped to have seen you.
  = I had hoped that I would see you.
  = I hoped to see you, but couldn't.
  나는 너를 보기를 바랐지만 그러지 못했다.
  cf I had hoped to have seen you. (×)

3 A도 안 되어서 B했다(A하기 전에 B하였다)

> S+had not p.p.(A) ~ before[when] S+과거동사(B)

- We (had / has) not gone a mile before we got tired.
  1마일도 못 가서 우리는 지쳤다.

1 cannot ~ too : 아무리 ~해도 지나치지 않다

- We <u>cannot</u> emphasize the importance of health <u>too</u> much.
  = We <u>cannot</u> <u>over</u>emphasize the importance of health.
  = It is <u>impossible</u> to <u>over</u>emphasize the importance of health.
  우리는 건강의 중요성을 아무리 강조해도 지나치지 않는다.

2 cannot ~ without … : ~하지 않고는 ~못하다, …하면 반드시 ~하다

- She <u>cannot</u> eat anything <u>without</u> worrying about calories.
  = <u>Whenever</u> she eats something, she worries about calories.
  그녀는 무엇을 먹을 때는 꼭 칼로리를 생각한다.

3 can't help ~ing : ~하지 않을 수 없다

- I <u>can't help</u> laughing at your lie.
  = I <u>can't avoid</u> laughing at your lie.
  = I <u>can't help[choose]</u> but laugh at your lie.
  = I <u>have no choice[alternative]</u> but to laugh at your lie.
  나는 당신의 거짓말에 웃지 않을 수 없다.

1 may well+동사원형 : ~하는 것도 당연하다(= have good reason to+V), 아마 ~일 것이다

- She <u>may well</u> get angry.
  = She gets angry and well she may.
  = She <u>has good reason to</u> get angry.
  = She gets angry and with good reason.
  그녀가 화를 내는 것도 당연하다.
- It <u>may well</u> be that he will come back within a few days.
  = <u>The chances are that</u> he will come back within a few days.
  어쩌면 그는 2~3일 안에는 돌아올 것이다.

2 may as well : ~하는 편이 좋다

원래 이 구문은 두 번째 as 뒤에 not이 있으며, '않느니보다 ~하는 편이 좋을 것이다'의 뜻이었다. had better보다 뜻이 약하고 완곡하다. 진술 내용의 불가능성을 강조하거나 진술에 완곡한 어조를 더할 때에는 조동사 may 대신 might를 사용한다.

- You <u>may as well</u> go to bed early.
  = You <u>had better</u> go to bed early.
  = You <u>do well</u> to go to bed early.
  너는 일찍 잠자리에 드는 편이 낫다.
- You <u>may as well</u> try it again as <u>give</u> up.
  = You <u>had better</u> try it again than <u>give</u> up.
  너는 포기하는 것보다 그것을 다시 해보는 것이 더 낫다.
- You <u>may as well not</u> give it up.
  너는 그것을 포기하지 않는 것이 더 낫다.

Unit 04   조동사 would의 관용적 표현

---

1 would like to : ~하고 싶다(= want to R)

- I <u>would like to</u> have some food.
  나는 음식 좀 먹고 싶다.
- I <u>would like you to</u> help me.
  나는 네가 나를 도와주기를 바란다.

2 would rather : 차라리 ~하겠다

- I <u>would rather drive</u> than <u>take</u> the train.
  나는 기차를 타느니 차라리 운전하겠다.
- I <u>would rather not</u> get money by unlawful means.
  나는 부정한 방법으로는 차라리 돈을 벌지 않겠다.
  cf would rather 다음에 절이 오면 가정법의 형식이 된다.
  - I <u>would rather that</u> you paid in cash.
    나는 네가 현금으로 지불하면 좋겠다.

- manage to R 가까스로 ～하다, 간신히 ～하다
- cannot afford to R ～할 여유가 없다
- have no choice[option, alternative, other way] but to R ～하지 않을 수 없다
  - = cannot but 동사원형
  - = cannot help ～ing
  - = cannot choose but 동사원형
- be the last man to R 결코 ～하지 않다
  - = be far from ～ing
  - = be above ～ing
  - = be least likely to부정사
- be able to R ～할 수 있다
  - = be capable of ～ing
- be eligible to R ～할 권리가 있다
- be likely to R ～할 것 같다
  - = be (least < less < more < most) likely to R 거의 안 그럴 것 같다 < 반드시 그럴 것 같다
- be ready to R ～할 준비가 되다
- be apt to R ～하기 쉽다
- be anxious to R 몹시 ～하고 싶다
- be about to R 막 ～하려고 하다
  - = be on the point[brink, verge, edge] of ～ing
- be scheduled to R ～하기로 예정되어 있다
- be glad to R ～하게 되어서 기쁘다
- be eager to R 몹시 ～하고 싶다
- be liable to R ～할 책임이 있다
- be pleased to R : ～하게 되어서 기쁘다
- be willing to R 기꺼이 ～하다
- be reluctant to R ～하는 것을 꺼리다
- make it a rule[point] to R 반드시 ～하다, 꼭 ～하다, ～하는 것을 규칙으로 삼다
  - = make a point of ～ing
  - = be in the habit of ～ing
- be sorry to R ～하게 되어서 유감이다
- be sure to R 반드시 ～하다
  - = be certain to R
- in an effort to R ～하기 위한 노력으로
- never to R ～할 권리가 있다, ～했으나 ～하지 못했다
- fail to R ～하지 못하다
- never fail to R 반드시 ～하게 되다
- know better than to R ～할 정도로 어리석지는 않다
- be used to R ～에 사용되다
  - **cf** be used[accustomed] to ～ing ～에 익숙하다
  - **cf** used to R ～하곤 했다(과거의 규칙적인 습관)

- needless to say ~는 말할 것도 없이
  = to say nothing of
  = not to mention
  = let alone
- It is needless to say that ~은 말할 필요도 없다
  = It goes without saying that
  = It is a matter of course that
  = It is not too much to say that

Unit 06 　동명사의 관용적 표현

1 be on the verge of ~ing : 막 ~하려 하다, 막 ~하려는 참이다

- He was on the verge of leaving the room.
  = He was on the point of leaving the room.
  = He was on the edge of leaving the room.
  = He was on the brink of leaving the room.
  = He was about to leave the room.
  그는 막 방을 나서려던 참이었다.

2 feel like ~ing : ~하고 싶은 기분이다

- I don't feel like having dinner now.
  = I don't feel inclined to have dinner now.
  = I am not disposed to have dinner now.
  나는 지금 저녁을 먹고 싶지 않다.

3 It is no use ~ing : ~하는 것은 소용없다

- It is no use[good] crying over spilt milk.
  = It is of no use to cry over spilt milk.
  = It is useless to cry over spilt milk.
  = There is no use (in) crying over spilt milk.
  엎질러진 우유를 보고 울어봤자 소용없다.

- be busy (in) ~ing ~하느라 바쁘다
  = be busy with 명사
- be capable of ~ing ~할 수 있다
  = be able to R
- be committed to ~ing ~에 헌신·전념하다
  = be devoted[dedicated] to ~ing
- be far from ~ing 결코 ~하지 않다
  = be above ~ing
  = be the last man to R
  = be least likely to R
- come near (to) ~ing 거의 ~할 뻔하다
  = nearly[barely, narrowly] escape from ~ing
- feel like ~ing ~하고 싶다
  = feel inclined to R
- go on ~ing 계속 ~하다
  = keep (on) ~ing
- go ~ing ~하러 가다
- have difficulty[trouble, struggle, a hard time] (in) ~ing ~하는 데 어려움을 겪다
  = It is difficult for 의미상의 주어+to부정사
- It goes without saying that ~는 말할 필요도 없다
  = It is needless to say that
  = It is a matter of course that
  = It is not too much to say that
- look forward to ~ing ~하기를 고대하다
- make a point of ~ing ~하는 습관이 있다
  = be in the habit of ~ing
  = make it a rule[point] to R
- object to ~ing ~을 반대하다
  = be opposed to ~ing
- of one's own ~ing 자기 자신이 직접 ~한
- spend 시간/돈 (in) ~ing / on 명사 ~하는 데 시간·돈을 쓰다
- There is no ~ing ~하는 것은 불가능하다
  = It is impossible to R
- What do you say to ~ing? ~하는 게 어때?
  = How about ~ing?
  = Why don't you R?
  = Let's R
  = Shall we R?
- when it comes to ~ing ~에 관해서 말하자면
- 주어+be worth ~ing ~할 만한 가치가 있다
  = 주어+be worthy of ~ing
  = 주어+deserve ~ing
  = 주어+deserve to be p.p.

- 부정어(not, never) ··· without ~ing ~하면 반드시 ···하다
  = 부정어(not, never) ~ but 주어 동사
  = Whenever 주어 동사, 주어 동사
  = When 주어 동사, 주어 always 동사
  ex I never see her without thinking of my mom.
      난 그녀만 보면 엄마가 생각나.
- by ~ing ~함으로써
- on ~ing ~하자마자(= as soon as)
- in ~ing ~할 때(= when)

Unit 07　원급을 이용한 관용표현

① as 원급 as possible : 가능한 ~하게

- I will be back as soon as I (can / could).
  = I will be back as soon as possible.
  가능한 한 나는 빨리 돌아올 것이다.

② as A as can be : 더할 나위 없이 A한

- Olivia is as happy as (happy) can be.
  = Olivia is as happy as anything.
  올리비아는 더할 나위 없이 기쁘다.

③ as ~ as ever : 여전히 ~한(= as ~ as usual)

- He is as handsome as ever.
  그는 여전히 잘생겼다.

④ as ~ as ever+과거동사/현재완료 : 지금까지 ~한 누구보다 (못지않게) ~한

- She is as kind a waitress as (has) ever worked in the restaurant.
  그녀는 지금까지 레스토랑에서 일했던 어느 누구보다 친절한 여종업원이다.

⑤ as ~ as any+단수명사 : 어느 누구보다 (못지않게) ~한

- She is as bright as any girl in the world.
  그녀는 이 세상의 어느 누구보다 더 밝다.

6 as good as : ～나 다름없는(= no better than, little better than, almost, all but)

- He is as good as dead.

  그는 죽은 것이나 다름없다.

- He is no better than a cheat.

  그는 사기꾼이나 다름없다.

- Your guess is as good as mine.

  나도 모르긴 마찬가지야.

7 as good as one's word : 늘 약속을 잘 지키는

- My friend is as good as his word.

  내 친구는 약속을 잘 지킨다.

8 not so much A as B : A라기보다는 오히려 B인

- She is not so much a writer as an actor.

  = She is more[rather] an actor than a writer.

  = She is less a writer than an actor.

  그녀는 작가라기보다는 연기자이다.

9 not[without] so much as : ～조차도 않다(= not even)

- He cannot so much as write his name.

  그는 그의 이름조차도 못 쓴다.

10 직유표현

> - as cool as a cucumber 매우 냉정한
> - as poor as a church mouse 매우 가난한
> - as blind as a bat 아주 눈이 먼
> - as cheerful as a lark 매우 유쾌한
> - as proud as a peacock 매우 거만한
> - as bashful as a camel 매우 부끄러운

1 no more than : 겨우, 단지(= only, nothing more than)

- He has no more than 100 dollars.

  그는 겨우 백 달러를 갖고 있다.

2 no less than : 자그마치, ~만큼이나(= as many as, as much as)

- He has no less than 100 dollars.

  그는 백 달러씩이나 갖고 있다.

3 not more than : 많아야, 기껏해야(= at (the) most)

- He has not more than 100 dollars.

  그는 많아야 백 달러를 갖고 있다.

4 not less than : 적어도, 최소한(= at (the) least)

- He has not less than 100 dollars.

  그는 적어도 백 달러를 갖고 있다.

5 no less A than B : B만큼 A한(= (just) as A as B)

- He is no less innocent than she is.

  그는 그녀만큼 순수하다.

6 not less A than B : B 못지않게 A한(= perhaps more A than B)

- The baby is not less pretty than her mom.

  그 아기는 그녀의 엄마 못지않게 예쁘다.

7 no more A than B : (주어)가 A가 아닌 것은 B가 A가 아닌 것과 같다(= not A any more than B)

- A whale is no more a fish than a horse is (a fish).

  = A whale is not a fish any more than a horse is (a fish).

  고래가 물고기가 아닌 것은 말이 물고기가 아닌 것과 같다.
- Jenny had no more capacity for figures than Petter had.

  제니는 피터와 마찬가지로 수리 능력이 없다.

8 know better than to do : ～할 정도로 어리석지 않다

- I know better than to do such a thing.
  = I am wise enough not to do such a thing.
  = I am not so foolish as to do such a thing.
  = I am not such a fool as to do such a thing.
  나는 그런 짓을 할 만큼 어리석지는 않다.

9 go from bad to worse : 갈수록 더 악화되다(= get worse every day)

- His health went from bad to worse.
  그의 건강은 더욱 나빠졌다.

10 be better off : 형편이 더 낫다(= be well off), be worse off : 궁핍하다(= be badly off)

- I am much better off now than before.
  나는 이제 전보다 훨씬 더 잘 산다.

11 get the better of : 이기다(= defeat, overcome), get the worst of : 지다(= be defeated)

- No one can get the better of him in math.
  수학에서 그를 이길 사람은 없다.

12 see better days : 한창 때가 지나다, (사람) 옛날에는 잘 살았다, (물건) 낡았다

- That fellow has seen better days.
  저 친구도 한가락 하던 위인이다.

13 take a turn for the better : 호전되다

- Recently the economy has taken a turn for the better.
  최근에 와서 경제 사정이 호전되었다.

14 much[still] more : ～은 말할 것도 없이 〈긍정〉, much[still] less : ～은 말할 것도 없이 〈부정〉

- He can speak English, much[still] more French.
  그는 영어를 할 수 있고, 말할 것도 없이 프랑스어도 할 수 있다.
- He cannot speak English, much[still] less French.
  그는 영어를 할 수 없고, 말할 것도 없이 프랑스어도 할 수 없다.

1 the last man[person] to+동사원형 : 결코 ~할 사람이 아니다

- He is the last to tell a lie.
  그는 결코 거짓말을 할 사람이 아니다.
- He is the last man to deceive us.
  = He is above deceiving us.
  그는 결코 우릴 속일 사람이 아니다.

2 for the most part : 대체로

- For the most part, men of genius have been hard-working man.
  대체로 천재들은 열심히 노력하는 사람이다.

3 make the most (use) of : ~을 최대한 이용하다

- Mary made the most of her opportunities.
  메리는 그녀의 기회를 최대한 이용했다.

4 the most : 최상급

- He is the most intelligent in his class.
  그는 학급에서 가장 영리하다.

5 a most : 매우(= very)

- She is a most famous critic.
  그녀는 매우 유명한 비평가이다.

6 most : 대부분의

- Most people agree the proposal.
  대부분의 사람들이 그 제안에 동의한다.

Unit 10   부정관사와 함께 쓰이는 관용어구

- all of a sudden 갑자기(= suddenly)
- in a jam 궁지에 몰려, 곤경에 빠져
- in a row 여러 번 잇달아, 연이어
- give a speech 연설을 하다
- come to an end 끝나다
- have an appointment 약속이 있다
- have an eye for ~에 안목이 있다
- keep an eye for ~을 감시하다
- make a profit 이익을 내다

- at a loss 어찌할 바를 모르는
- in a hurry 급히
- in a way 어느 정도는, 어떤 면에서
- be a steal (값이 너무 싸서) 거저나 마찬가지이다
- come to a stop[halt] 정지하다
- have a word with ~와 이야기를 나누다
- have an eye on ~을 유의하다
- make a scene 소란을 피우다

Unit 11   관용어구에서 관사의 생략

- at (the) best 기껏해야
- in defiance of ~에 도전하여
- take place 일어나다, 발생하다
- at hand 가까이
- take care of ~을 돌보다
- make room 자리를 만들다
- take pride in ~을 자랑하다
- come into effect 실시하다, 발효하다
- have difficulty (in) ~ing ~하는 데 애먹다

- at (the) least 적어도
- by mistake 실수하여
- in hot water 곤경에 처해서
- pay attention to ~에 주의하다
- at last 마침내
- on business 사업차
- take part in 참가하다
- make haste 서두르다

Unit 12 전치사 관련 관용어구

1 in과 관련된 숙어

- be absorbed in ~에 몰두하다
- be engaged in ~에 종사하다
- be in charge of ~을 책임지다
- in the end 결국에
- in the light of ~의 관점에서
- have confidence in ~을 신뢰하다, 믿다
- consist in ~에 놓여 있다
- differ in ~에 있어서 다르다
- dwell in ~에 거주하다
- in vain 헛되이, 아무런 성과가 없는
- invest A in B A를 B에 투자하다
- in vogue 유행하는
- in writing 서면으로
- result in ~을 초래하다, 발생하다
- in addition to ~뿐만 아니라
- in advance 미리, 사전에
- in a jam 곤경에 처하여
- in a timely manner 시기적절하게
- in bulk 대량으로
- in cash 현금으로
- in case of ~할 경우에
- in consequence 결과적으로
- in detail 자세히
- in error 실수로, 잘못하여
- in no time 즉시, 지금, 곧, 바로
- in place 제자리에, 적소에, 알맞게

- in return for ~의 답례로, ~의 대가로
- in search of ~을 찾아서
- be in one's shoes ~의 입장에 서다
- be interested in ~에 관심이 있다
- be involved in ~에 포함되다
- in the way 방해가 되는
- in time 때맞추어, 제시간에
- on time 정시에(예정대로)
- in turn 차례로, 번갈아
- every once in a while 때때로
- excel in ~에서 뛰어나다
- fill in ~을 채우다
- have ~ in mind ~을 고려하다
- result from ~로부터 기인하다
- stop in ~에 들르다
- participate in ~에 참여하다
- persist in ~을 주장[고집]하다
- play a part in ~역할을 하다
- put in for ~을 신청하다
- succeed in ~에 성공하다
- take in ~을 받아들이다,~를 속이다
- take part in ~에 참가하다
- up in the air 불확실한, 확정되지 않은
- wait in line 줄 서서 기다리다
- in place of ~대신에

2 by와 관련된 숙어

- abide by ~을 고수하다, 지키다
- by accident 우연히
- by check 수표로
- by telephone 전화로
- by halves 불완전하게
- by hand 손수, 직접
- by land 육로로
- by law 법에 의해
- by leaps and bounds 빠르게, 급속히
- by nature 타고날 때부터, 천성적으로
- put by 저축하다

- by no means 결코 ~이 아니다
- by the way 그런데
- by turns 교대로
- by virtue of ~때문에, ~덕분에
- by way of ~를 경유하여, ~를 거쳐서
- come by ~에 들르다, ~을 획득하다
- learn by heart 외우다, 암기하다
- stand by 지지하다, 후원하다, 대기하다
- stop by ~에 들르다
- play it by ear 즉흥적으로 하다

3 beyond와 관련된 숙어

- beyond one's ability 자신의 능력을 벗어난
- beyond description 설명할 수 없는
- beyond one's control 통제 불가능한

- beyond one's expectations ~의 기대 이상으로
- beyond doubt 확실히
- beyond repair 수리가 불가능한

4 at과 관련된 숙어

- all at once 갑자기
- arrive at ~에 도착하다
- at a ~ degree ~온도(정도)로
- at a loss 당혹스러운
- at a low price 낮은 가격으로
- at all costs 무슨 수를 써서라도
- at all times 항상
- at best 잘해봐야
- at first 처음에
- at first hand 직접적으로
- at home 마음 편히
- at least 적어도
- have at one's fingers' ends ~에 정통하다

- at one's disposal ~의 처분에 맡기는
- at one's expense ~의 비용으로
- at one's wits' end 난처하여
- at once 즉시, 동시에
- at random 임의로, 무작위로
- at stake 위기에 처한
- at the latest 늦어도
- at the rate of ~의 비율(속도)로
- at the risk of ~의 위험을 무릅쓰고
- at times 때때로
- call at ~에 방문하다
- at most 기껏해야

5 of와 관련된 숙어

- ahead of ~보다 앞서
- approve of ~을 승인하다
- assure A of B A에게 B에 대해 확신시키다
- aware of ~을 알고 있는(= cognizant of)
- be capable of ~을 할 수 있다
- be composed of ~으로 이루어지다
- be dependant on ~에 의존하다(= depend on)
- be independent of ~으로부터 독립하다
- be made up of ~으로 구성되다
- beware of ~을 주의하다
- by means of ~을 수단으로, ~을 이용하여
- by virtue of ~에 의하여, ~때문에
- rid A of B A에게서 B를 제거하다
- clear A of B A에게서 B를 치우다
- remove A of B A에게서 B를 제거하다
- free A of B A에게서 B를 없애주다
- as a result (of) ~의 결과로
- run short of ~이 다 떨어지다
- speak ill of ~을 비난하다
- stand a chance of ~할 가능성이 있다
- take advantage of ~을 이용하다
- think of ~을 생각하다
- think of A as B A를 B로 여기다
- inform A of B A에게 B에 대해 알려주다
- in honor of ~을 기념하여
- instead of ~을 대신하여
- in token of ~의 증거로, ~의 표시로
- keep a record of ~을 기록하다
- keep track of ~을 놓치지 않고 따라가다
- let go of ~을 놓치다, 풀어주다
- lose track of ~을 모르다, 잊어버리다
- be made of ~로 만들어지다, 구성되어 있다
- make a point of ~ing ~하는 것을 규칙으로 삼다
- make the best[most] of ~을 최대한 이용하다
- make use of ~을 이용하다(= avail oneself of)
- on behalf of ~을 대신하여
- regardless of ~에 상관없이
- relieve A of B A에게서 B를 덜어주다
- rob A of B A에게서 B를 강탈하다
- strip A of B A에게서 B를 벗기다; 박탈하다
- deprive A of B A에게서 B를 박탈하다
- consist of ~으로 구성되다
- convince A of B A에게 B에 대해 확신시키다
- warn A of B A에게 B에 대해 경고하다
- dispose of ~을 처분하다, 처리하다
- drain A of B A에게서 B를 고갈시키다
- fall short of (기대나 수준에) 못 미치다
- get in the way of ~에 방해가 되다
- get the better of ~을 이기다, ~을 앞지르다
- notify A of B A에게 B를 상기시키다
- in charge of ~을 담당하여
- in terms of ~의 관점에서, ~의 견지에서

6 on과 관련된 숙어

- be based on ~에 근거를 두다
- brush up on ~을 복습하다
- call on (사람을) 방문하다, 들르다
- carry on 계속 진행하다, (사업 등을) 경영하다
- contingent on ~을 조건으로 하는, ~에 달려 있는
- collaborate on+일 ~에 관해서 협동하다
- count on ~을 신뢰하다, ~에 기대다
- cut back on ~을 줄이다, ~을 삭감하다
- cut down on ~을 감소시키다, ~을 줄이다
- dwell on[upon] ~을 곰곰이 생각하다
- depend on ~에 의존하다
- off duty 비번으로, 비번인
- on behalf of ~을 위하여, ~을 대표하여
- on business 업무차
- on (the) air 방송 중인
- on edge 초조하여, 불안하여; 가장자리에 놓인
- on pins and needles 바늘방석 위에 앉은
- on good terms with ~와 좋은 사이로
- on leave 휴가 중인
- on one's own 스스로
- on end 계속해서; 세로로(모로 세워)
- on purpose 고의로, 일부러
- on second thought 다시 생각한 끝에
- on account of ~때문에
- spend A on B B하는 데에 A의 시간을 보내다
- tax on ~에 대한 세금
- off and on 가끔

- on a regular basis 정기적으로
- on a roll 잘 굴러가는, 잘 나가는, 계속 이겨
- on[upon] arriving 도착하자마자
- on[upon] delivery 배달 시에, 인도와 동시에
- on[upon] request 요청 시에
- on the house (술집이나 식당에서) 무료로 제공되는
- on the other hand 한편으로, 그와 반대로
- on the spot 현장에서, 즉시
- on the wane 쇠퇴하여, 쇠퇴하는
- on the whole 주로, 대체로, 전반적으로
- on duty 당번으로, 근무 중인
- emphasis on ~에 대한 강조
- every hour on the hour 매 정시마다
- fall back on ~에 의지하다
- fall on (~날에) 해당하다
- focus on ~에 집중하다(= concentrate on)
- get on ~에 타다
- go on 계속해서 ~하다
- hold on ~을 기다리다, ~을 붙잡다
- keep an eye on ~을 감시하다
- let on (비밀을) 누설하다
- look back on ~을 되돌아보다
- look down on ~을 무시하다
- work on ~에 관한 일을 하다
- take on[over] ~을 떠맡다[책임지다]
- on and on 계속해서

Unit 13   부정사 to vs. 전치사 to

** to 부정사**

> be going to(~할 셈이다), be likely to(~할 것 같다), be liable to(~하기 쉽다), be about to(막 ~하려는 참이다), be supposed to(~하기로 되어 있다), be expected to(~하기로 기대되다), be intented to(~할 작정이다), be doomed to(~할 운명이다, ~하게 마련이다), be destined to(~할 운명이다), be able to(~할 수 있다), be ready to(~할 준비가 되어 있다), be willing to(기꺼이 ~하다), be sure to(반드시 ~하다), be bound to(~할 의무가 있다), be eager to(~을 하고 싶어 하다), be 감정 형용사 to, be used to(사용되다), used to(~하곤 했다) 등

- The change is not likely to be reversible.
  변화는 되돌릴 수 없다.
- I'm willing to do whatever is necessary.
  필요한 건 무엇이든 기꺼이 하겠다.
- Don't be surprised to read my obituary in the paper.
  신문에서 내 부고를 읽고 놀라지 마.

2 전치사 to N/V-ing

> be accustomed to(~에 익숙하다), be dedicated to(~에 전념하다), be committed to(~에 헌신, 전념하다), be devoted to(~에 전념하다), be opposed to(~에 반대하다), be used to(~에 익숙하다), look forward to(~을 기대하다), object to(~에 반대하다), contribute to(~에 기여하다), with a view to(~할 목적으로), when it comes to(~에 관한 한), what do you say to(~하는 게 어때) 등

- I have to devote myself to spending my life writing music.
  나는 나의 삶을 작곡하는 데 헌신해야 한다.
- Please come to my place prior to attending the official meeting.
  그 공식 회의에 참석하기 전에 나의 자리로 오세요.
- When it comes to hiring two more engineers, we need more detailed plans.
  엔지니어 두 명을 더 고용하는 것에 대해서 우리는 더 세부적인 계획이 필요하다.

① lest ~ should(= for fear that ~ should)

- He worked hard lest he should fail in the examination.

  그는 시험에 떨어지지 않기 위해 열심히 공부했다.

② unless

- Unless it rains, I'll pick you up.

  비가 내리지 않는다면, 나는 너를 태우러 갈 것이다.

③ 유사관계대명사 but

- There is no rule but has some exceptions.

  예외 없는 규칙은 없다.

④ be above ~ing(= be far from ing, the last man to R)

- He is the last to tell a lie.

  그는 결코 거짓말을 할 사람이 아니다.

⑤ neither

- Neither of the two students was present.

  그 두 학생 중 둘 다 참석하지 않았다.

⑥ nor(= and neither)

- He had no money, nor did he have any friend.

  = He had no money, and neither did he have any friend.

  = He had no money, and he did not have any friend, either.

  그는 돈이 없었다, 또한 어떤 친구도 없었다.

⑦ know better than to R

- He knows better than to do such as thing.

  그는 그러한 짓을 할 만큼 어리석지 않다.

PART

02

실전독해

실전독해 01~50

01

Which of the following best fits in the blank?

Most cases of emotional maladjustment are due to the fact that people will not accept themselves. They keep daydreaming about _____ if they had another's chance. And so, disregarding their own possibilities, they never make anything worthwhile out of themselves. Well, anybody can find sufficient cause to dislike their own lot. But the most stimulating successes in history have come from persons who, facing some kind of limitations and handicaps, took them as part of life's game and played splendidly in spite of them.

① the things they've done
② all the things they do
③ what had been done
④ what they would do
⑤ which would have done

□□□	maladjustment	부적응, 불균형, 부조화; 조절 불량
□□□	keep ~ing	계속해서 ~하다
□□□	daydream	공상에 잠기다; 백일몽
□□□	disregard	무시[묵살]하다; 무시, 묵살
□□□	lot	운명; 제비뽑기; 몫
□□□	stimulating	자극적인, 고무적인
□□□	take A as B	A를 B로 받아들이다
□□□	splendidly	빛나게, 훌륭하게

Most cases / of emotional maladjustment / **are** due to the fact / [that people will not accept themselves].

대부분의 사례들은 / 정서적 부적응의 / 사실 때문이다 / 사람들이 그들 자신을 받아들이지 않을 것이라는

They **keep daydreaming** / about what they would do / if they had another's chance.

그들은 공상을 계속한다 / 하고자 한 것에 관하여 / 만약 그들이 다른 기회가 있었다면

And so, / disregarding their own possibilities, / they **never make** anything worthwhile / out of themselves.

그래서 / 그들 자신의 가능성을 무시하면서 / 그들은 결코 가치 있는 것을 만들어내지 못한다 / 그들 스스로에게서

Well, / anybody **can find** / sufficient cause / [to dislike their own lot].

그런데 / 누구든지 찾을 수 있다 / 충분한 이유를 / 자신의 운명을 싫어할

But / the most stimulating successes / in history / **have come** from persons / who, [facing some kind of limitations and handicaps], / took them / as part of life's game / and played splendidly / in spite of them.

그러나 / 가장 고무적인 성공들은 / 역사에서 / 사람들에게서 왔다 / 제약과 장애와 같은 것들에 마주했음에도 불구하고 / 그것들을 받아들인 / 삶의 게임의 부분으로 / 그리고 훌륭하게 경기를 했던 / 그것들에도 불구하고

분석

빈칸 뒤의 if절을 통해 가정법 과거시제가 사용되고 있다는 것을 알 수 있다. if절의 내용인 '만약 그들이 다른 기회가 있었다면'과 그다음 문장인 '그들 스스로 결코 가치 있는 것을 만들어내지 못한다'는 내용으로 보아 빈칸에는 ④ what they would do(그들이 하고자 한 것)가 오는 것이 가장 적절하다. 이때 would는 일어나지 않은 일을 뜻한다.

해석

대부분의 정서적 부적응의 사례들은 사람들이 자신을 받아들이지 않을 것이라는 사실 때문이다. 그들은 또 다른 기회가 있었다면 하고자 한 것에 대해 공상을 계속한다. 그래서 그들 자신의 가능성을 무시하고, 그들 스스로 결코 가치 있는 것을 만들어내지 못한다. 그런데, 누구든지 자신의 운명을 싫어할 충분한 이유를 찾을 수 있다. 그러나 역사상 가장 고무적인 성공은 일종의 제약과 장애에 직면했음에도 불구하고, 그것들을 삶의 게임의 일부로 받아들이고 훌륭하게 경기를 했던 사람들에게서 나왔다.

정답 ④

02

다음 빈칸 (A), (B)에 들어갈 표현으로 어법상 가장 적절한 것을 고르시오.

> Modern industrial societies and their problems are becoming increasingly complex, and because __(A)__ one person today can master all the social sciences, growing emphasis is placed on the interdisciplinary approach to many social problems. The interdisciplinary approach means __(B)__ a group of social scientists with different specialties will work together on a certain problem, not all of whose aspects any one of the group fully understands.

	(A)	(B)
①	no	that
②	any	that
③	no	what
④	any	what

어휘

□□□	industrial	산업[공업]의
□□□	increasingly	점점 더, 갈수록 더
□□□	social science	사회학, 사회 과학
□□□	emphasis	강조, 역점, 주안점; 강한 어조
□□□	interdisciplinary	학제 간의
□□□	specialty	전공(speciality); 특수성
□□□	aspect	측면, 양상
□□□	fully	충분히, 완전히

Modern industrial societies and their problems / **are becoming** / increasingly complex,

현대 산업사회와 그리고 그것들의 문제들은 / 되고 있다 / 점점 더 복잡하게

and because no one person today / can master all the social sciences, / growing emphasis **is placed on** / the interdisciplinary approach / to many social problems.

그리고 오늘날 어느 누구도 / 모든 사회 과학을 통달할 수 없기 때문에 / 강조점이 놓이고 있다 / 학제 간 접근법에 / 많은 사회 문제들에 대한

The interdisciplinary approach **means** / that a group of social scientists / with different specialties / will work together / on a certain problem,

학제 간 접근법은 의미한다 / 사회 과학자 그룹이 / 다른 전공을 지닌 / 함께 일하는 것을 / 특정 문제에 대해

not / all of whose aspects / any one of the group / fully understands.

못하는 / 그 특정 문제의 측면들 전부를 / 그 그룹의 어느 누구도 / 완전히 이해하지

분석

(A) 앞의 학제 간 접근법이 필요하다는 내용으로 보아 어느 누구도 모든 사회 과학을 통달할 수 없다는 부정의 의미로 이어지는 것이 자연스러우므로 (A)에는 no가 와야 한다. (B)에는 means의 목적어 자리이고 뒤에 완전한 절이 뒤따르므로 명사절 접속사 that이 온다.

해석

현대 산업사회와 그리고 그것들의 문제들은 점점 더 복잡해지고 있으며, 오늘날 어느 누구도 모든 사회 과학을 통달할 수 없기 때문에, 많은 사회 문제에 대한 학제 간 접근법에 중점을 두고 있다. 학제 간 접근법은 서로 다른 전문성을 가진 사회 과학자 그룹이 특정 문제에 대해 함께 일하는 것을 의미하며, 그 그룹의 어느 누구도 그 특정 문제의 측면들 전부를 완전히 이해하는 것은 아니다.

정답 ①

03

밑줄 친 부분 중 어법상 옳지 않은 것은?

According to a recent report, three quarters of Airbnb listings in New York City were illegal. It also ① founded that commercial operators — not the middle-class New Yorkers in the ads — were making millions renting spaces exclusively to Airbnb guests. In a letter sent to ② elected officials last week, Airbnb said that most of its local ③ hosts — 87 percent — were residents who rented their spaces infrequently "to pay their bills and ④ stay in their homes."

어휘

□□□	quarter	4분의 1; 15분
□□□	illegal	불법적인; 불법 체류자[노동자]
□□□	commercial	상업의, 상업적인, 이윤을 낳는; 광고(방송)
□□□	operator	경영자, 운영자
□□□	make millions	많은 돈을 벌다; 백만장자가 되다
□□□	host	집주인, 주최자; 주최하다, 진행하다
□□□	resident	거주민
□□□	infrequently	드물게, 어쩌다

According to a recent report, / three quarters of Airbnb listings / in New York City / were illegal.

최근 보고에 따르면 / 에어비앤비 명단의 4분의 3이 / 뉴욕시에 있는 / 불법이었다

It also found / that commercial operators — not the middle-class New Yorkers in the ads — were making millions / renting spaces / exclusively to Airbnb guests.

그것은 또한 발견했다 / 상업적 운영자들이 – 광고에서 중산층의 뉴요커가 아닌 – 많은 돈을 벌고 있다는 것을 / 공간을 임대해 주면서 / 에어비앤비 손님들에게 독점적으로

In a letter / [sent to elected officials last week], / Airbnb said / that most of its local hosts — 87 percent — were residents / [who rented their spaces infrequently / "to pay their bills and stay in their homes]."

편지에서 / 지난 주 선출직 관료들에게 보내진 / 에어비앤비는 말했다 / 지역 호스트들의 대부분이 – 87%에 해당하는 – 주민들이다 / 그들의 공간을 드물게 렌트한 / '청구서를 지불하고 그들의 집에서 머무르기 위해'

[분석]
① found(설립하다)의 과거형 founded가 아닌 문맥상 '발견하다'라는 의미를 가진 동사인 find의 과거형 'found'로 고쳐야 한다.
② 선출직 관료는 시민이나 국민에 의해 선출되었으므로 과거분사를 써서 'elected official'이라고 표현한다.
③ host는 '주인'을 의미하는 명사인데, 가산명사이고 뒤에 87%를 보아 복수형 hosts가 적절하다.
④ 등위접속사 and로 앞의 to pay와 병렬로 연결되었는데, 두 번째 to부정사구에서는 to를 생략할 수도 있다.

[해석]
최근 보고에 따르면, 뉴욕시에 있는 에어비앤비 명단의 4분의 3이 불법이었다. 그것은 또한 상업적 운영자들이 – 광고와 같은 중산층 뉴요커들이 아닌 – 에어앤비 손님들에게 독점적으로 공간을 임대해 주면서 많은 돈을 벌고 있다는 것을 발견했다. 지난 주 선출직 공무원들에게 보내진 편지에서, 에어비앤비는 지역 호스트들의 대부분이 – 87%에 해당하는 – '청구서를 지불하고 그들의 집에 머무르기 위해' 드물게 그들의 공간을 렌트한 주민들이었다고 말했다.

정답 ①

04

밑줄 친 부분 중 어법상 가장 옳지 않은 것은?

A swing vote is a vote that ① <u>is seen</u> as potentially going to any of a number of candidates in an election, or, in a two-party system, may go to either of the two dominant political parties. Such votes ② <u>are usually sought after</u> in election campaigns, since they can play a big role in determining the outcome. A swing voter or floating voter is a voter who may not ③ <u>be affiliated with</u> a particular political party(Independent) or who will vote across party lines. In American politics, many centrists, liberal Republicans, and conservative Democrats are considered "swing voters" since their voting patterns cannot ④ <u>predict with</u> certainty.

어휘

□□□	swing vote	부동표(선거 때 그때그때의 기분이나 상황의 변화에 따라 지지하는 정당이나 후보자를 바꾸는 불투명한 표)
□□□	potentially	가능성 있게, 잠재적으로; 어쩌면
□□□	two-party system	양당제
□□□	election campaign	선거 운동
□□□	play a role in	~에서 역할을 하다
□□□	determine	결정하다; 알아내다, 밝히다
□□□	floating voter	부동층의 유권자
□□□	be affiliated with	~와 관계가 있다
□□□	centrist	중도주의자
□□□	certainty	확실성; 확실한 것

A swing vote **is** a vote / [that is seen as potentially going / to any of a number of candidates / in an election], / or, in a two-party system, / **may go** / to either of the two dominant political parties.

부동표는 표이다 / 잠재적으로 갈 수 있는 것으로 보이는 / 수많은 입후보자들 중 어느 누구에게나 / 선거에서 / 혹은 양당제에서 / 갈 수 있는 / 두 지배적인 정당 중 어느 곳으로도

Such votes **are** usually **sought after** / in election campaigns, / since they can play a big role / in determining the outcome.

그러한 표들은 대개 얻으려고 애써진다 / 선거 운동에서 / 그것들이 큰 역할을 할 수 있기 때문에 / 결과를 결정하는 데 있어서

A swing voter or floating voter / **is** a voter / [who may not be affiliated with a particular political party(Independent) / or who will vote across party lines].

부동층, 즉 부동층의 유권자는 / 투표자이다 / 특정 정당과 관계가 있지 않을지도 모르는(무소속) / 혹은 정치적 노선을 초월해 투표를 할

In American politics, / many centrists, liberal Republicans, and conservative Democrats **are considered** / "swing voters" / since their voting patterns / cannot be predicted with certainty.

미국 정치에서 / 많은 중도주의자들, 진보 공화당원들, 그리고 보수 민주당원들은 간주된다 / '부동층'으로 / 그들의 투표 패턴이 / 확실하게 예측될 수 없기 때문에

분석

④ 투표 패턴은 예측되는 것이므로 수동태가 되어야 한다. → be predicted with

① 주격 관계대명사 that은 앞의 a vote를 받고 있으므로 주어의 수에 맞춰 is를 올바르게 사용했다. 또한 투표는 다른 사람들에게 보여지는 것이므로 수동태가 적절하고, see A as B는 'A를 B로 보다[간주하다]'라는 의미이다.

② seek after는 '~을 쫓다, 추구하다'라는 의미로 수동태 be sought after가 적절하다. 여기서 온 sought after는 형용사로 '수요가 많은'을 의미한다.

③ 주어 a voter는 정당과 관계되는 대상이므로 수동태가 적절하다.

해석

부동표는 선거에서 수많은 입후보자들 중 어느 누구에게나 잠재적으로 갈 수 있는 표이다. 또는 양당제에서 두 지배적인 정당 중 어느 곳으로도 갈 수 있는 표이다. 그러한 표들은 결과를 결정하는 데 있어서 큰 역할을 할 수 있기 때문에 선거 운동에서 대개 얻으려고 애써진다. 부동층, 즉 부동층의 유권자는 특정 정당과 관계가 있지 않을지도 모르는 투표자(무소속)이거나 정치적 노선을 초월하여 투표할 투표자이다. 미국 정치에서 많은 중도주의자들, 진보 공화당원들, 그리고 보수 민주당원들은 그들의 투표 패턴이 확실하게 예측될 수 없기 때문에 '부동층'으로 간주된다.

정답 ④

05

다음 글의 밑줄 친 부분 중 어법상 옳지 않은 것은?

In criminal cases, the burden of proof is often on the prosecutor to persuade the trier (whether judge or jury) ① that the accused is guilty beyond a reasonable doubt of every element of the crime charged. If the prosecutor fails to prove this, a verdict of not guilty is ② rendered. This standard of proof contrasts with civil cases, ③ where the claimant generally needs to show a defendant is liable on the balance of probabilities (more than 50% probable). In the USA, this is ④ referring to as the preponderance of the evidence.

어휘

□□□	criminal case	형사소송
□□□	burden of proof	입증 책임
□□□	prosecutor	검사
□□□	trier	판결을 내리는 사람
□□□	jury	배심원단
□□□	the accused	피고
□□□	beyond a reasonable doubt	합리적인 의심의 여지를 넘어서는
□□□	charged	기소된
□□□	verdict	평결
□□□	render	판결[평결]을 내리다
□□□	contrast with	~와 대조를 이루다
□□□	civil case	민사소송
□□□	claimant	청구인
□□□	defendant	피고
□□□	on the balance of probabilities	모든 증거를 고려하여
□□□	preponderance	우세함[더 많음]

In criminal cases, / the burden of proof / is often on the prosecutor / [to persuade the trier (whether judge or jury) / that the accused is guilty / beyond a reasonable doubt / of every element / of the crime charged].

형사소송에서 / 입증 책임은 / 종종 검사에게 있다 / 판사나 배심원을 납득시키는 / 피고가 유죄라는 것을 / 합리적인 의심의 여지를 넘어서서 / 모든 면에 대해 / 기소된 범죄의

If the prosecutor / fails to prove this, / a verdict of not guilty / is rendered.

만약 검사가 / 이것을 증명하기를 실패한다면 / 무죄의 판결이 / 내려진다

This standard of proof / contrasts with civil cases, / [where the claimant generally needs to show / a defendant is liable / on the balance of probabilities (more than 50% probable)].

이 증거 기준은 / 민사소송과 대조를 이룬다 / 청구인이 일반적으로 보여줘야 하는 / 피고가 법적 책임이 있다는 것을 / 모든 증거를 고려하여(50% 이상)

In the USA, / this is referred to / as the preponderance of the evidence.

미국에서는 / 이것은 불린다 / 증명의 우월이라고

분석

④ refer to A as B(A를 B라고 부르다)에서 목적어에 해당하는 A가 없으므로 수동태가 되어야 한다. → This is referred to as ~
① that 이하는 persuade의 직접 목적어 역할을 하는 명사절에 해당한다. 뒤에 완전한 절이 뒤따르므로 that이 적절하다.
② 타동사 render 뒤에 목적어가 없으므로 수동태가 적절하다.
③ 관계부사 where 뒤에 완전한 절이 뒤따르므로 관계부사가 올바르게 쓰였다.

해석

형사소송에서 입증 책임은 종종 기소된 범죄의 모든 면에 대해 합리적인 의심의 여지를 넘어서서 피고가 유죄라는 것을 판사나 배심원에게 납득시키는 검사에게 있다. 만약 검사가 이를 증명하지 못하면 유죄가 아니라는 판결이 내려진다. 이 증거 기준은 청구인이 일반적으로 모든 증거를 고려했을 때 피고가 법적 책임이 있다는 것을 보여줄 필요가 있는 민사소송과는 대조를 이룬다(50% 이상). 미국에서는 이것이 증명의 우월이라고 불린다.

정답 ④

06

다음 글의 밑줄 친 부분 중 어법상 옳지 않은 것은?

In the 1860s, the populations of Manhattan and Brooklyn were rapidly increasing, and ① so was the number of the commuters between them. Thousands of people took boats and ferries across the East River every day, but these forms of transport were unstable and frequently stopped by bad weather. Many New Yorkers wanted to have a bridge directly ② connected Manhattan and Brooklyn because it would make their commute quicker and safer. Unfortunately, because of the East River's great width and rough tides, ③ it would be difficult to build anything on it. It was also a very busy river at that time, with hundreds of ships constantly ④ sailing on it.

어휘

□□□	population	인구
□□□	rapidly	빨리, 급속히, 신속히
□□□	commuter	통근자
□□□	transport	수송; 이동(방법), 수송[운송] 수단
□□□	unstable	불안정한
□□□	rough	거친, 파도가 심한
□□□	tide	조수, 밀물과 썰물; 조류
□□□	at that time	그때에
□□□	constantly	끊임없이; 거듭

In the 1860s, / the populations of Manhattan and Brooklyn / were rapidly increasing, / and so was / the number of the commuters / between them.

1860년대에 / 맨해튼과 브루클린의 인구는 / 빠르게 증가했으며 / 마찬가지였다 / 통근자의 수도 / 그들 사이의

Thousands of people / took boats and ferries / across the East River / every day, / but these forms of transport / were unstable / and frequently stopped / by bad weather.

수천 명의 사람들이 / 보트와 페리를 탔다 / 이스트 강을 가로지르는 / 매일 / 하지만 이러한 형태의 운송수단은 / 불안정했다 / 그리고 자주 중단되었다 / 악천후로 인해

Many New Yorkers / wanted to have a bridge / [directly connecting Manhattan and Brooklyn] / because it would make their commute / quicker and safer.

많은 뉴요커들은 / 다리를 가지기를 원했다 / 맨해튼과 브루클린을 직접 연결하는 / 왜냐하면 그것이 그들의 통근을 만들 것이어서 / 더 빠르고 더 안전하게

Unfortunately, / because of the East River's great width and rough tides, / it would be difficult / to build anything on it.

불행하게도 / 이스트 강의 넓은 강폭과 거친 조류 때문에 / 어려웠다 / 그 강 위에 무언가를 짓는 것은

It was also a very busy river / at that time, / with hundreds of ships / constantly sailing on it.

그것은 또한 매우 분주한 강이었다 / 그 당시에는 / 수백 척의 배가 / 끊임없이 항해 중이던

분석

② 뒤에 목적어가 있고 의미상 맨해튼과 브루클린을 연결시켜 주는 능동이므로 현재분사 connecting이 되어야 한다.

① so가 앞으로 나오면서 주어와 동사가 도치되었는데, 주어가 the number이므로 주어의 수에 맞춘 동사 was가 적절하다.

③ to build 이하가 진주어이므로 가주어 it이 적절하다.

④ 'with 분사구문'에서 목적어와 목적격 보어의 관계가 능동이고, sail은 자동사이므로 현재분사로 올바르게 쓰였다.

해석

1860년대에 맨해튼과 브루클린의 인구가 빠르게 증가했으며, 그들 사이의 통근자의 수도 마찬가지였다. 수천 명의 사람들이 매일 이스트 강을 가로지르는 보트와 페리를 탔지만 이러한 형태의 운송수단은 불안정했고, 악천후로 인해 자주 중단되었다. 많은 뉴요커들은 맨해튼과 브루클린을 직접 연결하는 다리를 원했는데, 그것이 통근을 더 빠르고 안전하게 만들 것이기 때문이었다. 불행히도, 이스트 강의 넓은 강폭과 거친 조류 때문에 그 강 위에 무언가를 짓는다는 것은 어려웠다. 그 당시에는 수백 척의 배가 끊임없이 항해 중이던 매우 분주한 강이었다.

정답 ②

07

다음 글의 밑줄 친 부분 중 어법상 옳지 않은 것은?

In recent years, peer-to-peer (P2P) lending has ① become the poster child of the alternative finance industry. In a 2015 report Morgan Stanley predicted that such marketplace lending ② would command $150 billion to $490 billion globally by 2020. P2P lending is the practice of lending money to individuals or businesses through online services that match lenders-investors directly with borrowers, ③ enabled both parties to go around traditional providers such as banks. Lenders typically achieve better rates of return, while borrowers — individuals and SMEs (small and medium-sized enterprises) — get access to flexible and competitively priced loans. For investors, the benefits are attractive. Being ④ matched with a borrower can take anywhere from a few days to a few hours. And where a bank might typically earn under 2% on personal lending, P2P returns can be more than three times that.

어휘

□□□	lending	대출, 대부
□□□	poster child	전형으로 여겨지는 인물
□□□	alternative	대체 가능한, 대안이 되는; 대안
□□□	command	명령하다, 지시하다; ~을 장악하다
□□□	borrower	차용자, 대출자
□□□	rate of return	수익률
□□□	small and medium-sized enterprise	중소기업
□□□	get access to	~에 접근하다
□□□	priced	값이 붙은
□□□	return	수익

In recent years, / peer-to-peer (P2P) lending **has become** / the poster child / of the alternative finance industry.

최근에 / P2P 대출은 되고 있다 / 전형적인 것이 / 대체 금융 산업의

In a 2015 report / Morgan Stanley **predicted** / that such marketplace lending / would command $150 billion to $490 billion globally / by 2020.

2015년도 보고서에서 / 모건 스탠리는 예측했다 / 그러한 시장 대출이 / 전 세계적으로 1,500억 달러에서 4,900억 달러를 장악할 것이라고 / 2020년까지

P2P lending **is** the practice / of lending money / to individuals or businesses / through online services / [that match lenders-investors directly with borrowers], / enabling both parties / to go around traditional providers / such as banks.

P2P 대출은 운영방식이다 / 돈을 빌려주는 / 개인이나 기업에게 / 온라인 서비스를 통해 / 대출기관이자 투자자를 직접적으로 차용자와 연결하는 / 그리고 그것은 양측을 가능하게 한다 / 전통적인 공급자를 거리낌 없이 둘러볼 수 있는 것을 / 은행과 같은

Lenders typically **achieve** / better rates of return, / while borrowers — individuals and SMEs (small and medium-sized enterprises) — get access / to flexible and competitively priced loans.

일반적으로 대출기관은 달성한다 / 더 좋은 수익률을 / 반면 차용자들은 – 개인이나 중소기업 – 접근한다 / 유연하고 경쟁적으로 가격이 붙은 대출에

For investors, / the benefits **are** attractive. / Being matched with a borrower / **can take** anywhere / from a few days to a few hours.

투자자들에게 있어서 / 이익은 매력적이다 / 차용자와 연결되는 것은 / 어디에서든 걸릴 수 있다 / 며칠에서 수 시간까지

And where a bank might typically earn / under 2% on personal lending, / P2P returns **can be** more / than three times that.

그리고 은행이 일반적으로 벌어들일 수 있는 곳에서 / 개인 대출을 통해 2% 미만으로 / P2P 수익은 이상이 될 수 있다 / 그것의 3배보다

분석

③ 분사구문의 의미상의 주어가 P2P 대출이고 뒤에 목적어가 있으므로 능동형 enabling으로 고쳐야 한다.
① 시간을 나타내는 부사 in recent years와 호응하여 현재완료시제가 올바르게 쓰였다. 이때 become은 과거분사이다.
② 주절의 동사가 predicted로 과거이므로 종속절의 동사도 will의 과거형인 would가 적절하다.
④ 타동사 match 뒤에 목적어 없이 전치사구가 왔으므로 수동형이 적절하다.

해석

최근에, P2P 대출은 대체 금융 산업에서 전형적인 것(상징)이 되고 있다. 2015년도 보고서에서 모건 스탠리는 그러한 시장 대출이 2020년까지 전 세계적으로 1,500억 달러에서 4,900억 달러를 장악할 것이라고 예측했다. P2P 대출은 대출기관이자 투자자를 차용자와 직접적으로 연결하는 온라인 서비스를 통해 개인이나 기업에게 돈을 빌려주는 운영방식이며, 그리고 그것은 양측 모두 은행과 같은 전통적인 공급자를 거리낌 없이 둘러보는 것을 가능하게 했다. 일반적으로 대출기관은 더 좋은 수익률을 달성하는 반면, 개인이나 중소기업과 같은 차용자들은 유연하고 경쟁적으로 가격이 붙은 대출에 접근한다. 투자자들에게 있어서 이익은 매력적이다. 차용자와 연결되는 것은 어디에서든 며칠에서 수 시간까지 걸릴 수 있다. 차용자와 연결되는 것은 어디에서든 며칠에서 수 시간까지 걸릴 수 있다. 그리고 은행이 일반적으로 개인 대출을 통해 2% 미만으로 벌어들일 수 있는 곳에서, P2P 수익은 그것의 3배 이상이 될 수 있다.

정답 ③

08

다음 글의 밑줄 친 부분 중 어법상 옳지 않은 것은?

In 2000, scientists at Harvard University suggested a neurological way of ① <u>explaining</u> Mona Lisa's elusive smile. When a viewer looks at her eyes, the mouth is in peripheral vision, ② <u>which</u> sees in black and white. This accentuates the shadows at the corners of her mouth, making the smile ③ <u>seems</u> broader. But the smile diminishes when you look straight at it. It is the variability of her smile, the fact that it changes when you look away from it, ④ <u>that</u> makes her smile so alive, so mysterious.

어휘

☐☐☐	neurological	신경의; 신경학의
☐☐☐	elusive	붙잡기[파악하기] 어려운
☐☐☐	peripheral	주변적인, 지엽적인; 주변부의
☐☐☐	accentuate	강조하다, 두드러지게 하다
☐☐☐	look straight at	~을 직시하다; 잔뜩 노려보다
☐☐☐	diminish	줄어들다, 약해지다
☐☐☐	variability	가변성, 변동성
☐☐☐	look away from	~로부터 눈길을 돌리다
☐☐☐	alive	살아 있는, 존속하는; (생기 등이) 넘치는
☐☐☐	mysterious	기이한, 불가사의한; 신비한; 비밀스러운

In 2000, / scientists at Harvard University / suggested / a neurological way / of explaining Mona Lisa's elusive smile.

2000년에 / 하버드 대학 과학자들은 / 제안했다 / 신경학적 방법을 / 모나리자의 이해하기 힘든 미소를 설명하는

When a viewer looks at her eyes, / the mouth is in peripheral vision, / which sees in black and white.

관찰자가 그녀의 눈을 바라볼 때 / 입은 주변 시야에 있다 / 흑백으로 보이는

This accentuates / the shadows at the corners of her mouth, / making the smile / seem broader.

이것은 강조한다 / 그녀 입가의 그림자를 / 미소를 만들면서 / 더 넓어 보이게

But / the smile diminishes / when you look straight at it.

하지만 / 미소는 줄어든다 / 당신이 그것을 똑바로 볼 때

It is the variability of her smile, / [the fact that it changes / when you look away from it], / that makes her smile / so alive, so mysterious.

그녀 미소의 가변성이다 / 즉 그것이 변한다는 사실이다 / 당신이 그것으로부터 눈길을 돌릴 때 / 그녀의 미소를 만드는 것은 / 너무도 생기 넘치고 신비하게

분석

③ 사역동사 make의 목적어 smile과 목적격 보어인 seem의 관계가 능동이므로 seems를 seem으로 고쳐야 한다.
① 전치사 of의 목적어로 동명사가 적절하다.
② see의 주어 역할을 하는 주격 관계대명사 which가 적절하다.
④ it ~ that 강조구문에서 that이 올바르게 쓰였다.

해석

2000년에 하버드 대학 과학자들은 모나리자의 이해하기 힘든 미소를 설명하는 신경학적 방법을 제안했다. 관찰자가 그녀의 눈을 바라볼 때, 입은 흑백으로 보이는 주변 시야에 있게 된다. 이것은 그녀의 입가의 그림자를 강조하며, 미소가 더 넓어 보이게 한다. 하지만 당신이 그것을 똑바로 보면, 미소는 줄어든다. 그녀의 미소를 너무도 생기 넘치고 신비하게 만드는 것은 그녀의 미소의 가변성인데, 즉 당신이 그것에서 눈길을 돌릴 때 그것이 변한다는 사실이다.

정답 ③

09

밑줄 친 부분 중 어법상 옳지 않은 것은?

Focus means ① getting stuff done. A lot of people have great ideas but don't act on them. For me, the definition of an entrepreneur, for instance, is someone who can combine innovation and ingenuity with the ability to execute that new idea. Some people think that the central dichotomy in life is whether you're positive or negative about the issues ② that interest or concern you. There's a lot of attention ③ paying to this question of whether it's better to have an optimistic or pessimistic lens. I think the better question to ask is whether you are going to do something about it or just ④ let life pass you by.

어휘

□□□	act on	~에 따라 행동하다[조치를 취하다]
□□□	definition	정의, 의미
□□□	entrepreneur	사업가[기업가]
□□□	combine A with B	A와 B를 결합하다
□□□	innovation	혁신, 쇄신; 획기적인 것
□□□	ingenuity	독창성; 기발한 재주
□□□	execute	실행[수행]하다; 처형하다
□□□	dichotomy	이분, 양분
□□□	optimistic	낙관적인, 낙관하는
□□□	pessimistic	비관적인, 비관주의적인

Focus / means / getting stuff done.

집중은 / 의미한다 / 일을 끝내는 것을

A lot of people / have great ideas / but don't act on them.

많은 사람들이 / 훌륭한 생각을 갖고 있지만 / 그것들에 따라 행동하지는 않는다

For me, / the definition of an entrepreneur, / for instance, / is someone [who can combine innovation and ingenuity] / with the ability / [to execute that new idea].

나에게 / 기업가의 정의는 / 예를 들어 / 혁신과 창의성을 결합할 수 있는 사람이다 / 능력을 가지고 / 그 새로운 아이디어를 실행할

Some people think / that the central dichotomy in life / is whether you're positive or negative / about the issues / [that interest or concern you].

어떤 이들은 생각한다 / 삶에서 주요 이분법은 / 당신이 긍정적인지 아니면 부정적인지이다 / 이슈들에 대해 / 당신의 흥미를 끌거나 당신과 관련된

There's a lot of attention / [paid to this question] / of whether it's better / to have an optimistic or pessimistic lens.

많은 관심이 있다 / 이 질문에 기울여진 / 더 좋은지 / 낙관적인 시각을 가지거나 비관적인 시각을 가지는 것이

I think / the better question / [to ask] / is whether you are going to do something about it / or just let life pass you by.

나는 생각한다 / 더 좋은 질문은 / 물어볼 / 그것에 관한 뭔가를 할 것인지 / 아니면 인생이 그저 당신을 지나쳐 가도록 내버려 둘 것인지

분석

③ paying은 attention을 수식하는 분사이며, 관심은 주어지는 것이므로 과거분사 paid로 고쳐야 한다.

① 사역동사 get의 목적어인 stuff와 목적격 보어의 관계가 수동이므로 과거분사 done이 적절하다.

② 선행사 the issues를 수식하는 주격 관계대명사 that이 올바르게 사용되었으며 주어가 복수이므로 동사 interest, concern의 수일치도 적절하다.

④ 사역동사 let의 목적어 life와 목적격 보어인 pass가 의미상 능동이므로 원형(원형부정사)으로 올바르게 사용되었다.

해석

집중은 일을 끝내는 것을 의미한다. 많은 사람들이 훌륭한 생각을 갖고 있지만 그것들에 따라 행동하지는 않는다. 예를 들어, 나에게 기업가의 정의는 그 새로운 아이디어를 실행하는 능력을 가지고 혁신과 창의성을 결합할 수 있는 사람이다. 어떤 이들은 삶에서 주요 이분법은 당신의 흥미를 끌거나 당신에게 영향을 미치는 이슈들에 대해 당신이 긍정적인지 아니면 부정적인지에 관한 것이라고 생각한다. 긍정적인 관점을 가지는 것이 더 나은가 아니면 부정적 관점을 가지는 것이 더 나은가에 대한 이 질문에 보인 관심이 집중되어 있다. 나는 물어보아야 할 더 적절한 질문은 그것에 관한 뭔가를 할 것인지 아니면 인생이 그저 당신을 지나쳐 가도록 내버려 둘 것인지에 관한 것이라고 생각한다.

정답 ③

10

다음 밑줄 친 부분 중 어법상 옳지 않은 것을 고르시오.

In agreement with the Egyptian Supreme Council of Antiquities, Franck Goddio and his team ensured that artifacts ① <u>found</u> in their exploration would remain in the East Port until a decision can be made about the possible creation of an underwater museum at the site. Yet the significance of some of their finds was such that they were unwilling to leave ② <u>them</u> untouched on the seabed without establishing a precise visual record of their appearance that would permit future scholars to study them in detail. The solution lay in temporarily removing some objects from their underwater sites to permit casting and then ③ <u>returning</u> them to the seabed. The replication process ④ <u>overseen</u> by Georges Brocot, a French artist who specializes in molding techniques.

어휘

□□□	agreement	협정, 합의
□□□	Supreme Council	최고 위원회
□□□	antiquity	유물; 고대; 아주 오래됨
□□□	ensure	반드시 ~하게 하다, 보장하다
□□□	artifact	인공물, 인공 유물
□□□	exploration	탐사, 탐험
□□□	significance	중요성, 중대성, 의의
□□□	be unwilling to do	마음 내키지 않다
□□□	seabed	해저
□□□	appearance	모습, 외모; 나타남; 출현
□□□	in detail	상세하게
□□□	temporarily	임시적으로, 일시적으로
□□□	replication	복사; 사본
□□□	oversee	감독하다

In agreement with the Egyptian Supreme Council of Antiquities, / Franck Goddio and his team ensured / that artifacts [found in their exploration] would remain / in the East Port / until a decision can be made / about the possible creation of an underwater museum / at the site.

이집트 고대 유물 보존 위원회와 합의하여 / 프랑크 고디오와 그의 팀은 보장했다 / 그들의 탐사에서 발견된 인공유물이 남아 있을 것이라고 / East Port에 / 결정이 내려질 때까지 / 수중 박물관이 만들어질 가능성에 관한 / 그 자리에

Yet / the significance of some of their finds / was such / that they were unwilling to leave them / untouched on the seabed / without establishing a precise visual record / of their appearance / [that would permit future scholars / to study them in detail].

그러나 / 그들 발견물 중 일부의 중대함은 / 너무나 그러해서 / 그들은 그것들을 남겨두려 하지 않았다 / 손대지 않은 채로 해저에 / 정확한 시각적인 기록의 확립 없이는 / 그것들의 형상에 관한 / 미래의 학자들을 가능하게 하는 / 그것들을 자세히 연구하도록

The solution lay / in temporarily removing some objects / from their underwater sites / to permit casting / and then returning them / to the seabed.

해결책은 있었다 / 일시적으로 일부 물체를 내보내는 데 / 그들의 수중 현장으로부터 / 주조를 허용하기 위하여 / 그런 다음 그것들을 반환하는 데 / 해저로

The replication process / was overseen / by Georges Brocot, / a French artist [who specializes in molding techniques].

복제 과정은 / 감독되었다 / 조지 브로콧에 의해 / 주조 기술을 전문으로 하는 프랑스 예술가인

분석
④ 문장의 본동사가 없고, 복제 과정은 사람에 의해 감독되는 것이므로 overseen을 was overseen으로 고쳐야 한다.
① found는 artifacts를 수식하는 분사이며, '발견된' 인공유물이므로 과거분사가 올바르게 쓰였다.
② them은 앞의 some of their finds를 가리키므로 복수형이 적절하다.
③ and로 연결된 병렬구조에서 앞에 동명사 casting이 왔으므로 동명사 returning이 적절하다.

해석
이집트 고대 유물 보존 위원회와 합의하여, 프랑크 고디오와 그의 팀은 그들의 탐사에서 발견된 인공유물은 그 자리에 수중 박물관의 설립이 가능하다는 결정이 내려지기 전까지는 East Port에 남겨지게 될 것이라고 보장했다. 그러나 그들의 발견물 중 일부는 너무 중대해서 미래의 학자들이 자세히 연구하게 해주는, 그것들의 형상에 대한 정확한 시각적 기록의 확립 없이는 해저에 그대로 둔 채로 남겨두지 않으려 했다. 해결책은 주조를 허용하기 위해 수중 현장으로부터 일시적으로 일부 물체를 내보내고 그런 다음 그것들을 해저에 반환하는 데 있었다. 복제 과정은 주조 기술을 전문으로 하는 프랑스 예술가인 조지 브로콧에 의해 감독되었다.

정답 ④

11

밑줄 친 부분에 들어갈 표현으로 가장 적절한 것을 고르시오.

Ancient navigation relied on the sun, and therefore depended on fair weather; overcast skies could mean extensive delays or worse. The contingencies of weather paired with the lack of more sophisticated navigational tools meant that the Greeks and other ancient Mediterranean civilizations were forced to _____(A)_____ their exploration; trade relations were mostly limited to closely surrounding islands and coasts. Eventually, sailors were able to venture farther out using celestial navigations, which used the positions of the stars relative to the movement of the ship for direction. But even then, few captains dared to travel too far beyond the sight of coastlines for fear of unfavorable currents carrying ships off course into more dangerous waters. Finally, the introduction of the compass to Europe _____(B)_____ the age of explorations and paved the way for future Western European empires.

	(A)	(B)
①	restrict	circumvented
②	expedite	recorded
③	circumscribe	ignited
④	ban	depicted
⑤	facilitate	spurred

어휘

	navigation	항해; (배·항공기의) 운항
□□□	overcast	구름이 뒤덮인, 흐린
□□□	contingency	만일의 사태, 뜻밖의[불의의] 사고, 돌발사건
□□□	paired with	~와 병행된
□□□	sophisticated	(기계·시스템 등이) 정교한, 복잡한; 세련된, 교양 있는
□□□	venture	모험; 모험적 행위[시도]; 벤처 사업; 위험을 무릅쓰고 하다, 과감히 해보다
□□□	celestial	하늘의, 천체의, 천상의
□□□	off course	진로[항로]에서 벗어나서
□□□	compass	나침반; (제도용) 컴퍼스
□□□	pave the way for	~을 위한 길을 닦다[상황을 조성하다]

Ancient navigation / **relied on** the sun, / and therefore **depended on** fair weather;

고대의 항해는 / 태양에 의존했다 / 그래서 좋은 날씨에 좌우되었다

overcast skies / **could mean** / extensive delays or worse.

흐린 하늘은 / 의미할 수 있었다 / 장기적인 지체 혹은 더 나쁜 것을

The contingencies of weather / [paired with the lack of more sophisticated navigational tools] / **meant** / that the Greeks and other ancient Mediterranean civilizations / were forced to circumscribe / their exploration;

날씨의 돌발적인 변화는 / 더 정교한 항해 도구의 부족함과 병행된 / 의미했다 / 그리스인들과 다른 고대 지중해인들이 / 제한할 수밖에 없다는 것을 / 그들의 항해를

trade relations / **were** mostly **limited** / to closely surrounding islands and coasts.

무역과 연관된 곳은 / 주로 제한되었다 / 가까이 둘러싼 섬과 해안으로

Eventually, / sailors **were able to venture** / farther out / using celestial navigations, / which used the positions of the stars / [relative to the movement of the ship] / for direction.

마침내 / 항해사들은 과감하게 나갈 수 있었다 / 더 먼 바다로 / 천문항해술을 활용하여 / 그리고 그것은 별의 위치를 이용했다 / 배의 움직임과 관련된 / 방향을 잡기 위해

But even then, / few captains **dared to travel** / too far / beyond the sight of coastlines / for fear of unfavorable currents / [carrying ships off course / into more dangerous waters].

그러나 그때에도 / 항해하려는 선장들은 거의 없었다 / 아주 멀리 / 해안선이 안 보이는 곳까지 / 불친절한 조류를 두려워하여 / 배를 이탈시키는 / 더 위험한 바다로

Finally, / the introduction of the compass to Europe / **ignited** the age of explorations / and **paved** the way / for future Western European empires.

결국 / 유럽에 나침반의 도입은 / 탐험의 시대를 진작시켰다 / 그리고 길을 닦아 주었다 / 장차 서유럽 제국들을 위한

분석

(A) 앞에서는 정교한 항해 도구가 부족하고, 날씨의 영향을 많이 받았던 고대의 항해술에 대해 설명하고 있고, (A)의 뒤에서는 그로 인해 무역 관계가 주변의 섬과 해안가들로 제한되었음을 말하고 있으므로 빈칸에는 항해가 제한되었다는 의미로 circumscribe (제한하다)가 들어가야 자연스럽다. (B)의 문장에서는 나침반이 도입되어 탐험의 시대가 시작되었다는 말이 되어야 하므로 '불을 붙이다'는 의미의 ignite가 적절하다.

① 제한하다 – 피하다
② 촉진하다 – 기록하다
④ 금지하다 – 묘사하다
⑤ 촉진하다 – 자극하다

해석

고대 항해술은 태양에 의지했고, 그래서 좋은 날씨에 좌우되었다. 흐린 하늘은 대규모의 지연 또는 그 이상의 나쁜 것을 의미할 수 있었다. 정교한 항해 도구의 부족과 짝을 이룬 날씨의 돌발적인 변화는 그리스인들과 다른 고대 지중해인들이 그들의 탐험을 제한할 수밖에 없다는 것을 의미했다. 무역과 연관된 곳은 주로 가까이 둘러싼 섬과 해안으로 제한되었다. 마침내, 선원들은 방향을 잡는 데 배의 움직임에 따른 별의 위치를 이용한 천문항해술을 활용해 과감히 나갈 수 있게 되었다. 그러나 그때에도, 더 위험한 바다로 항로를 이탈하여 배를 이끄는 좋지 않은 조류에 대한 두려움 때문에 해안선이 안 보이는 곳까지 너무 멀리 항해하려는 선장들은 거의 없었다. 마침내, 유럽으로의 나침반의 도입은 탐험의 시대를 진작시켰고, 장차 서유럽 제국들을 위한 길을 닦아 주었다.

정답 ③

12

다음 글의 제목으로 가장 적절한 것을 고르시오.

> Most successful job interviews follow three basic steps. If you know the steps, you increase your chances of getting the job. Step 1 lasts about three minutes and occurs when you first introduce yourself. In these three minutes, you need to demonstrate that you are friendly and at ease with others. This is the time to shake hands firmly, make eye contact, and smile. During Step 2, you need to explain your skills and abilities. This is your chance to show an employer just how capable you are. Step 3 comes at the end of the interview. Although it lasts only a minute or two, this step is still important. When the employer says, "We'll be in touch." you need to say something like, "I'll check back with you in a few days, if you don't mind." A comment like this indicates your commitment to getting the job.

① How to Show Your Commitment to Getting the Job
② Positive Attitudes during the Job Interview
③ Three Steps in the Successful Job Interview
④ The Importance of Showing Your Ability during the Interview
⑤ How to Make Eye Contact and Smile

어휘

□□□	demonstrate	입증[실증]하다
□□□	at ease	마음이 편안한
□□□	check back	다시 연락하다
□□□	commitment	약속, 서약, 공약; 헌신, 전념

Most successful job interviews / follow / three basic steps. / If you know the steps, / you increase / your chances / of getting the job.

가장 성공적인 취업 면접은 / 따른다 / 3가지 기본 단계를 / 그 단계를 알면 / 당신은 높인다 / 당신의 기회를 / 직장을 얻는 것에 대한

Step 1 lasts / about three minutes / and occurs / when you first introduce yourself.

첫 번째 단계는 지속된다 / 3분 정도 / 그리고 일어난다 / 당신이 자신을 처음 소개할 때

In these three minutes, / you need to demonstrate / that you are friendly / and at ease with others.

이 3분 안에 / 당신은 보여줘야 한다 / 당신이 친절하다는 것을 / 그리고 타인들과 편하게 잘 어울린다는 것을

This is the time / [to shake hands firmly, / make eye contact, / and smile]. / During Step 2, / you need to explain / your skills and abilities.

이때가 단계이다 / 굳게 악수를 나눌 / 눈을 맞출 / 그리고 미소를 지을 / 두 번째 단계에서 / 당신은 설명해야 한다 / 당신의 기술과 능력에 대해서

This is your chance / [to show an employer / just how capable you are].

이때가 기회이다 / 당신의 고용인에게 보여줄 / 당신이 얼마나 유능한지

Step 3 comes / at the end of the interview. / Although it lasts / only a minute or two, / this step is still important.

세 번째 단계는 온다 / 면접 마지막에 / 비록 그것은 지속되지만 / 1, 2분 정도만 / 이 단계 역시 중요하다

When the employer says, / "We'll be in touch." / you need to say something like, / "I'll check back with you / in a few days, / if you don't mind."

고용인이 말할 때 / "연락 드릴게요."라고 / 당신은 그런 말을 해야 한다 / "제가 다시 연락 드리겠습니다 / 며칠 후에 / 당신이 괜찮으시다면"

A comment like this / indicates / your commitment / to getting the job.

이와 같은 말은 / 나타낸다 / 당신의 확고한 의지를 / 구직에 대한

분석

제시문의 제목은 첫 문장으로 유추할 수 있다. 성공적인 면접은 세 가지 기본적인 단계를 따른다는 내용으로 제목은 ③ '성공적인 면접의 3단계'이다.
① 취업에 대한 당신의 확고한 의지를 보여주는 방법
② 면접 동안의 긍정적 태도
④ 면접 동안 당신의 능력을 보여주는 것의 중요성
⑤ 눈을 마주치고 미소 짓는 방법

해석

가장 성공적인 면접은 세 가지 기본 단계들을 따른다. 만약 당신이 그 단계들을 안다면, 당신은 당신의 취업 기회를 높이는 것이다. 첫 번째 단계는 약 3분간 지속되고 당신이 처음 자신을 소개할 때 일어난다. 이 3분 내에, 당신은 당신이 친절하다는 것과 타인들과 편하게 잘 어울린다는 것을 보여줘야 한다. 이때는 굳게 악수하고, 눈을 마주치고, 그리고 미소 지을 때이다. 두 번째 단계에서, 당신은 당신의 기술과 능력을 설명해야 한다. 이때가 당신의 고용주에게 당신이 얼마나 유능한지를 보여줄 기회이다. 세 번째 단계는 면접 마지막에 이루어진다. 비록 그것이 단지 1분 또는 2분만 지속되더라도 이 단계는 역시 중요하다. 고용인이 "연락 드릴게요."라고 말할 때, 당신은 "괜찮으시다면 며칠 후에 제가 다시 연락 드리겠습니다."와 같은 말을 해야 한다. 이와 같은 말은 구직에 대한 당신의 확고한 의지를 나타낸다.

정답 ③

13

다음 글에서 밑줄 친 표현이 가리키는 사람은?

In 1910 Branch Rickey was a coach for Ohio Wesleyan. The team went to South Bend, Indiana, for a game. The hotel management registered the coach and the team but refused to assign a room to a black player named Charley Thomas. In those days college ball had a few black players. Mr. Rickey took the manager aside and said he would move the entire team to another hotel unless the black athlete was accepted. The threat was a bluff because he knew the other hotels also would have refused accommodations to a black man. While the hotel manager was thinking about the threat, Mr. Rickey came up with a compromise. He suggested a cot be put in his own room, which he would share with the unwanted guest. The hotel manager wasn't happy about the idea, but he gave in.

① Mr. Rickey　　　　　　　　　　　② Charley Thomas

③ The hotel manager　　　　　　　　④ Mr. Wesleyan

어휘

☐☐☐	register	등록[기재]하다; 등기로 보내다
☐☐☐	assign	~을 맡기다[배정하다, 부과하다]
☐☐☐	take aside	~를 한쪽으로 데리고 가다
☐☐☐	bluff	허풍, 엄포; 허세를 부려서 속이다
☐☐☐	accommodations	숙박시설
☐☐☐	come up with	(해답 · 돈 등을) 찾아내다[내놓다]
☐☐☐	compromise	타협(give-and-take, middle ground); 타협하다(meet halfway)
☐☐☐	cot	간이침대(camp bed); 아기 침대
☐☐☐	unwanted	원치 않는, 반갑지 않은
☐☐☐	give in	마지못해 동의하다[받아들이다]; (~에게) 항복하다

In 1910 / Branch Ricky **was** a coach / for Ohio Wesleyan.

1910년에 / 브랜치 리키는 감독이었다 / 오하이오 웨슬리(대학 야구부)의

The team **went** / to South Bend, Indiana, / for a game.

그 팀은 갔다 / 인디애나의 사우스 벤드로 / 경기를 위해

The hotel management **registered** / the coach and the team / but **refused to assign** a room / to a black player / [named Charley Thomas].

호텔 경영진은 등록했다 / 감독과 팀원을 / 하지만 방을 배정하기를 거부했다 / 흑인 선수에게 / 찰리 토마스라고 불리는

In those days / college ball **had** / a few black players.

그 당시 / 대학 야구부에는 있었다 / 소수의 흑인 선수들이

Mr. Rickey **took** the manager **aside** / and **said** / he would move the entire team / to another hotel / unless the black athlete was accepted.

리키 감독은 호텔 매니저를 따로 데리고 갔다 / 그리고 말했다 / 그가 팀 전체를 옮길 것이라고 / 다른 호텔로 / 흑인 선수가 숙박할 수 없다면

The threat **was** a bluff / because he knew / the other hotels also would have refused accommodations / to a black man.

그 위협은 허풍이었다 / 왜냐하면 그는 알았기 때문에 / 다른 호텔들도 또한 숙박을 거절할 것을 / 흑인에게

While the hotel manager was thinking / about the threat, / Mr. Rickey **came up with** / a compromise.

호텔 매니저가 생각하는 동안 / 그 위협에 대해 / 리키 감독은 생각해냈다 / 한 가지 타협안을

He **suggested** / a cot be put in his own room, / which he would share / with the unwanted guest.

그는 제안했다 / 그의 방에 간이침대를 들일 것을 / 그러면 그는 (그 방을) 함께 쓸 수 있다 / 그 원치 않는 손님과

The hotel manager **wasn't** happy / about the idea, / but he **gave in**.

호텔 매니저는 달갑지 않았다 / 그의 생각에 관해 / 하지만 그는 마지못해 받아들였다

분석

밑줄 친 'the unwanted guest'는 호텔 매니저가 방을 배정하기를 거부한 흑인 선수인 ② Charley Thomas를 가리키는 말이다.

해석

1910년에 브랜치 리키는 오하이오 웨슬리(대학 야구부)의 감독이었다. 그 팀은 경기를 위해 인디애나의 사우스 벤드로 갔다. 호텔 경영진은 감독과 팀원을 등록했지만 찰리 토마스라고 불리는 흑인 선수에게 방을 배정하기를 거부했다. 그 당시 대학 야구부에는 소수의 흑인 선수들이 있었다. 리키 감독은 호텔 매니저를 따로 데리고 가서는 흑인 선수가 숙박할 수 없다면 다른 호텔로 팀 전체를 옮길 것이라고 말했다. 그 위협은 허풍이었는데, 왜냐하면 그는 다른 호텔들도 마찬가지로 흑인에게 숙박을 거절할 것을 알았기 때문이었다. 호텔 매니저가 그 위협에 대해 생각하는 동안, 리키 감독은 한 가지 타협안을 생각해냈다. 그는 그의 방에 간이침대를 들일 것을 제안했는데, 그러면 그는 그 방을 <u>원치 않는 손님</u>과 함께 쓸 수 있다. 호텔 매니저는 그 제안이 달갑지는 않았지만 마지못해 받아들였다.

정답 ②

14

다음 밑줄 친 부분의 설명으로 가장 적절한 문장은?

You'll never get a fair distribution of goods, or a satisfactory organization of human life, until you abolish private property altogether. So long as it exists, the vast majority of the human race, or <u>the morally superior part of it</u>, will inevitably go on laboring under the burden of poverty, hardship, and worry.

(A) Private property assumes that there's nothing wrong with your being rich, when your neighbors all around you are poor. (B) When everyone's entitled to get as much for himself as he can, all available property is bound to fall into the hands of a small minority. (C) This means that everyone else is poor. (D) And wealth will tend to vary in inverse proportion to merit, since the rich will be totally useless greedy characters, while the poor will be simple, honest people whose daily work is profitable to the community.

---

① (A)　　　　　　　　　　　　② (B)

③ (C)　　　　　　　　　　　　④ (D)

[어휘]

□□□	goods	상품, 제품; (부동산 외의) 재산[소유물]
□□□	private property	사유재산 **cf** public property 공공 재산
□□□	altogether	완전히, 전적으로(entirely, completely, utterly)
□□□	inevitably	불가피하게, 필연적으로
□□□	under the burden of	~에 짓눌려, ~에 시달려
□□□	assume	추정[상정]하다(suppose, presume)
□□□	be entitled to do	~할 권리가[자격이] 있다
□□□	be bound to do	반드시 ~하다; ~하려고 마음먹다
□□□	in inverse proportion[ratio] to	~에 반비례하여
□□□	merit	가치; 가치 있는[훌륭한] 요소, 장점

You'll never get / a fair distribution of goods, / or a satisfactory organization of human life, / until you abolish / private property / altogether.

당신은 결코 획득할 수 없다 / 재화의 공정한 분배를 / 혹은 인간 삶의 만족스러운 조직화를 / 당신이 폐지할 때까지 / 사유재산을 / 전적으로

So long as it exists, / the vast majority of the human race, / or the morally superior part of it, / will inevitably go on laboring / under the burden of poverty, hardship, and worry.

그것(사유재산)이 존재하는 한 / 인류의 대다수는 / 즉 도덕적으로 우월한 일원인 / 노동을 필연적으로 계속할 것이다 / 빈곤, 고생, 그리고 걱정에 짓눌려서

Private property assumes / that there's nothing wrong / with your being rich, / when your neighbors all around you / are poor.

사유재산은 상정한다 / 잘못된 것이 없다는 것을 / 당신이 부자인 것이 / 당신 주위의 모든 이웃들이 / 가난할 때

When everyone's entitled to get / as much for himself as he can, / all available property / is bound to fall / into the hands of a small minority.

모든 사람이 가질 자격[권리]이 있을 때 / 가능한 한 그 자신을 위해 많은 것을 / 모든 구할 수 있는 재산은 / 틀림없이 떨어진다 / 소수의 손으로

This means / that everyone else is poor.

이것은 의미한다 / 그 밖의 모든 사람이 가난하다는 것을

And wealth will tend to vary / in inverse proportion to merit, / since the rich will be totally useless greedy characters, / while the poor will be simple, honest people / [whose daily work is profitable / to the community].

그리고 부는 달라지는 경향이 있을 것이다 / 가치에 반비례해서 / 부자는 완전히 쓸모없고 탐욕스러운 인물들이므로 / 가난한 사람들은 소박하고, 정직한 사람들인 반면 / 그들의 매일의 일이 이익이 되는 / 지역사회에

분석

밑줄 친 인류 중 '도덕적으로 우월한 일원'은 or로 연결되어 앞의 '인류의 대다수'와 동격이다. 이어지는 본문의 (D)에서는 부를 가진 소수는 탐욕적인 인물로 설명하고 있고, 가난한 대다수는 정직하고 사회에 이익이 되는 일을 하는 '도덕적으로 우월한 존재'로 보고 있으므로 답은 ④인 (D)이다.

해석

사유재산을 완전히 폐지할 때까지 당신은 재화의 공정한 분배나 인간의 삶에 만족스러운 조직화를 결코 가질 수 없을 것이다. 그것(사유재산)이 존재하는 한 도덕적으로 우월한 일원인, 인류의 대다수는 필연적으로 빈곤, 고생, 그리고 걱정에 짓눌려서 노동을 계속하게 될 것이다. 사유재산은 당신 주위의 모든 이웃들이 가난할 때 당신이 부유한 것에 대해 잘못이 없다고 상정한다. 모든 사람들이 가능한 한 많이 가질 수 있는 자격을 얻을 때, 구할 수 있는 모든 재산은 소수의 수중에 들어가게 되어 있다. 이것은 다른 모든 사람들이 가난해지는 것을 의미한다. 그리고 부는 가치에 반비례하여 달라지는 경향이 있을 것인데, 왜냐하면 부유한 사람들은 전적으로 쓸모없고 탐욕스러운 인물들일 것이고, 반면 가난한 사람들은 매일의 일이 지역사회에 이익이 되는, 소박하고 정직한 사람들일 것이기 때문이다.

정답 ④

15

다음 글의 제목으로 가장 적절한 것을 고르시오.

Late one night, Catherine Ryan Hyde was driving in Los Angeles. In a dangerous neighborhood, her car caught on fire. She got out. Three men ran toward her. She immediately felt afraid of them. They didn't hurt her, though. They put out the fire and called the fire department. When she turned to thank them, they were gone. Years later, that event became the subject of her novel called Pay It Forward. She never forgot that event. In the book, a teacher asks his students to "think of an idea for world change and put it into action." A boy named Trevor suggested doing kind acts for others. They used his ideas. Trevor's idea works like this. Someone chooses three people and does something nice for each one. In return, the recipients of that favor must do favors for three more people. In 2000, the novel inspired a movie.

① The Kindness of Strangers
② A Trauma in Early Childhood
③ A Movie which Influences Real Life
④ An Unintended Violation of Someone's Idea

어휘

☐☐☐	neighborhood	동네, 지역, 지방
☐☐☐	catch	불이 붙다
☐☐☐	Pay It Forward	선행 베풀기
☐☐☐	recipient	(어떤 것을) 받는 사람, 수령[수취]인
☐☐☐	favor	호의, 친절; 친절한 행위; 찬성하다
☐☐☐	inspire	고무[격려]하다; 영감을 주다
☐☐☐	trauma	정신적 외상, 트라우마; 충격적인 경험
☐☐☐	violation	위반; 침해

Late one night, / Catherine Ryan Hyde **was driving** / in Los Angeles.

어느 늦은 밤 / 캐서린 라이언 하이드는 운전을 하고 있었다 / 로스앤젤레스에서

In a dangerous neighborhood, / her car **caught** on fire. / She **got out**. / Three men **ran** toward her.

한 위험한 동네에서 / 그녀의 차는 불이 붙었다 / 그녀는 밖으로 나왔다 / 세 명의 남자들이 그녀를 향해 달려왔다

She immediately **felt** / afraid of them. / They **didn't hurt** / her, though.

그녀는 즉시 느꼈다 / 그들에 대한 두려움을 / 그들은 해치지 않았다 / 그녀를, 그렇지만

They **put out** the fire / and **called** the fire department. / When she turned / to thank them, / they **were gone**.

그들은 불을 껐다 / 그리고 소방서에 전화를 했다 / 그녀가 돌아섰을 때 / 그들에게 감사를 표하기 위해 / 그들은 가고 없었다

Years later, / that event **became** / the subject of her novel / [called Pay It Forward].

몇 년 후 / 그 사건은 되었다 / 그녀의 소설의 주제가 / '아름다운 세상을 위하여'라고 불리는

She **never forgot** / that event. / In the book, / a teacher **asks** / his students / to "think of an idea / for world change / and put it into action."

그녀는 결코 잊지 못했다 / 그 사건을 / 그 책에서 / 한 선생님은 요구한다 / 그의 학생들에게 / '아이디어를 생각해 낼 것을 / 세상의 변화를 위한 / 그리고 그것을 실행할 것을'

A boy [named Trevor] **suggested** / doing kind acts / for others. / They **used** / his ideas.

트레버라는 이름의 소년은 제안했다 / 친절한 행동을 할 것을 / 다른 사람들을 위해 / 그들은 활용했다 / 그의 생각을

Trevor's idea **works** / like this. / Someone **chooses** three people / and **does** something nice / for each one. / In return, / the recipients of that favor / **must do** favors / for three more people.

트레버의 아이디어는 작용을 한다 / 다음과 같이 / 누군가가 세 사람을 선택한다 / 그리고 좋은 어떤 것을 한다 / 각각을 위해 / 그에 대한 보답으로 / 그러한 호의의 수혜자들은 / 호의를 베풀어야 한다 / 다른 세 사람에게

In 2000, / the novel **inspired** / a movie.

2000년에 / 그 소설은 영감을 주었다 / 한 영화에

분석

뜻하지 않은 낯선 사람의 호의에서 시작된 일이 소설이 되고, 영화의 모티브가 되었다는 내용이다. 따라서 이 글의 제목은 ① The Kindness of Strangers(낯선 사람들의 친절한 행동)가 된다.
② 어린 시절의 충격적인 경험
③ 실제 삶에 영향을 주는 한 영화
④ 누군가의 아이디어에 대한 의도치 않은 침해

해석

어느 늦은 밤, 캐서린 라이언 하이드는 로스앤젤레스에서 운전하고 있었다. 한 위험한 동네에서, 그녀의 차에 불이 붙었다. 그녀는 밖으로 나왔고, 세 명의 남자들이 그녀에게 다가왔다. 그녀는 즉시 그들에 대한 두려움을 느꼈다. 그들은 그녀를 해치지 않았다. 그들은 불을 껐고, 소방서에 전화를 했다. 그녀가 그들에게 감사하다고 말하려고 돌아섰을 때, 그들은 사라지고 없었다. 몇 년 후에, 그 일화는 '아름다운 세상을 위하여'라는 제목의 그녀의 소설책의 주제가 되었다. 그녀는 결코 그 일을 잊지 않았다. 그 책에서, 한 선생님이 학생들에게 '세상을 변화시킬 아이디어를 생각하고, 그 생각을 실천으로 옮길 것'을 요구한다. 트레버라는 소년은 남들에게 친절하게 행동할 것을 제안했다. 그들은 그의 생각을 활용했다. 트레버의 아이디어는 다음과 같이 진행된다. 누군가가 세 사람을 선택해서 각각의 사람에게 친절한 어떤 것을 한다. 그에 대한 보답으로, 그 호의를 받은 사람들은 반드시 또 다른 세 명에게 호의를 베풀어야 한다. 2000년에, 그 소설은 한 영화에 영감을 주었다.

정답 ①

16

주어진 글 다음에 이어질 글의 순서로 가장 적절한 것은?

Year after year, a survey sponsored by Scotland's Centre for European Labour Market Research finds the same thing: If you want to be happy in life, be happy in your job. Okay, but what will make me happy in my job? Some researchers at the University of British Columbia in Canada have come up with an interesting way quantifying the seemingly unquantifiable.

(A) For example, trust in management — by far the biggest component of job satisfaction — is worth as much in your overall happiness as a very substantial raise. Say you get a new boss and your trust in your workplace's management goes up a bit.

(B) By analyzing life-satisfaction surveys that consider four key factors in job satisfaction, they have figured out how much each is worth when compared with salary increases.

(C) Even that small increase in trust is like getting a thirty six percent pay raise, the researchers calculate. In other words, that will boost your level of overall satisfaction in life by about the same amount as a thirty six percent raise would.

① (A) − (B) − (C)　　　　　　　② (B) − (A) − (C)
③ (C) − (A) − (B)　　　　　　　④ (C) − (B) − (A)

어휘

☐☐☐	year after year	해마다, 매년
☐☐☐	come up with	(해답 · 돈 등을) 찾아내다[내놓다]
☐☐☐	seemingly	외견상으로, 겉보기에는; 보아하니
☐☐☐	unquantifiable	계량[계측] 불가능한; 정체를 알 수 없는
☐☐☐	overall	종합[전반]적인, 전체의
☐☐☐	substantial	(양 · 가치 · 중요성이) 상당한; 크고 튼튼한
☐☐☐	life-satisfaction	생활 만족도[삶의 만족도]
☐☐☐	figure out	계산[산출]하다; ~을 이해하다[알아내다]
☐☐☐	calculate	계산하다; 추정하다; 판단[평가]하다
☐☐☐	boost	신장시키다, 북돋우다

Year after year, / a survey / [sponsored by Scotland's Centre for European Labour Market Research] / **finds** the same thing: / If you want / to be happy in life, / **be** happy / in your job.

해마다 / 조사는 / 스코틀랜드 유럽 노동시장 연구센터에 의해 후원을 받는 / 다음과 같은 것을 똑같은 것을 발견한다 / 당신이 원한다면 / 삶에서 행복해지기를 / 행복하라 / 당신의 직장에서

Okay, but what / **will make** me happy / in my job? / Some researchers / at the University of British Columbia in Canada / **have come up with** an interesting way / [quantifying the seemingly unquantifiable].

좋다, 하지만 무엇이 / 나를 행복하게 만드는가? / 내 직장에서 / 일부 연구진들은 / 캐나다 브리티시 컬럼비아 대학교의 / 흥미로운 방법을 생각해냈다 / 겉으로 보기에 계량할 수 없는 것을 수량화하는

By analyzing life-satisfaction surveys / [that consider four key factors / in job satisfaction], / they **have figured out** / how much each is worth / when compared with salary increases.

삶의 만족도 조사를 분석함으로써 / 4가지 중요한 요소를 고려한 / 직업 만족에 있어 / 그들은 알아냈다 / 각각의 요소가 얼마나 가치가 있는지 / 급여 인상과 비교했을 때

For example, / trust in management — by far the biggest component of job satisfaction — **is** worth / as much in your overall happiness / as a very substantial raise.

예를 들어 / 경영진에 대한 신뢰는 – 단연코 직업 만족의 가장 큰 요소인 – 가치가 있다 / 당신의 전반적인 행복에 있어 많이 / 매우 상당한 급여 인상만큼

Say / you get a new boss / and your trust / in your workplace's management / **goes up** a bit.

가정해보자 / 당신이 새로운 상사를 맞이한다고 / 그러면 신뢰는 / 당신의 직장 경영진에 대한 / 조금 상승한다

Even that small increase in trust / is like / getting a thirty six percent pay raise, / the researchers **calculate**.

신뢰에서 약간의 증가조차 / 같다고 / 36%의 급여 인상을 얻는 것과 / 연구원들은 계산한다

In other words, / that **will boost** your level / of overall satisfaction in life / by about the same amount / [as a thirty six percent raise would].

다시 말해서 / 그것은 당신의 수준을 높여줄 것이다 / 삶에서 전반적인 만족도의 / 거의 같은 양으로 / 36% 급여 인상이 주는 만큼

분석

우선, (B)의 주어 they가 주어진 문장의 Some researchers를 가리키고 있으므로 (B)가 제일 처음에 온다. 다음으로 (A)의 연결사 For example은 (B)의 four key factors(네 가지 중요한 요소)를 부연 설명하므로 (B) 다음에 (A)가 오게 된다. (C)의 that small increase에서 that은 (A)의 goes up a bit을 가리키므로 글의 순서는 ② (B)-(A)-(C)가 된다.

해석

매년 스코틀랜드 유럽 노동시장 연구 센터에 의해 후원을 받는 조사는 다음과 같은 똑같은 것을 발견한다. 만약 당신이 삶에서 행복해지기를 원한다면 당신의 직장에서 행복하라. 좋다. 하지만 무엇이 내 직장에서 나를 행복하게 만드는가? 캐나다 브리티시 컬럼비아 대학교의 일부 연구진들은 겉으로 보기에 계량할 수 없는 것을 수량화하는 흥미로운 방법을 생각해냈다.

(B) 직업 만족도에서 네 가지 중요한 요소들을 고려한 삶의 만족도 조사를 분석함으로써, 그들은 급여 인상과 비교해 봤을 때 각각의 요소가 얼마나 가치가 있는지 알아냈다.

(A) 예를 들어, 직업 만족도의 단연코 최고의 요소인 경영진에 대한 신뢰는 매우 상당한 급여 인상만큼이나 당신의 전반적인 행복에 가치가 있다. 당신이 새로운 상사를 맞이한다고 하면 직장 경영진에 대한 당신의 신뢰가 약간 상승한다.

(C) 신뢰가 조금만 오르더라도 36%의 급여 인상을 얻는 것과 같다고 연구자들은 계산한다. 즉, 그것(신뢰도의 증가)은 연봉이 36% 오른 것과 거의 같은 삶의 전반적인 만족감의 수준을 향상시킨다.

정답 ②

17

밑줄 친 부분에 들어갈 표현으로 가장 적절한 것을 고르시오.

Just last week a new study showed that in science tests, teenage boys who scored in the top 5% outnumbered girls 7 to 1, while girls outperformed boys in reading comprehension. In general, men as a group excel at tasks that involve orienting objects in space — like reading a map without having to turn it so it lines up with the road. Women, on the other hand, seem _____ communication, both verbal and nonverbal. Readings of MRI scans suggest one reason: women seem to have stronger connections between the two halves (hemispheres) of their brains.

① to avoid
② to be poor at
③ to be passive to
④ to be more adept at

Just last week / a new study **showed** / that in science tests / teenage boys [who scored in the top 5%] / outnumbered girls 7 to 1, / while girls outperformed boys / in reading comprehension.

바로 지난주에 / 한 새로운 연구는 보여줬다 / 과학 시험에서 / 상위 5%를 차지한 십대 소년들은 / 여학생들을 7:1로 수적으로 압도했다 / 여학생이 남학생을 능가한 반면 / 독해 능력에서

In general, / **men** as a group / **excel** at tasks / [that involve orienting objects in space — / like reading a map / without having to turn it / so it lines up with the road].

보통 / 전체적으로 남성은 / 과제에 탁월하다 / 공간에서 물체를 위치시키는 능력을 수반하는 / 즉 지도를 읽는 것과 같은 / 그것을 돌리는 것 없이 / 도로와 나란히 일치시키기 위해

Women, on the other hand, / **seem to be** more adept / at communication, / both verbal and nonverbal.

반면 여성들은 / 더 능숙해 보인다 / 의사소통에 / 언어와 비언어적 모두

Readings of MRI scans / **suggest** one reason:

MRI(자기공명 영상법) 판독값은 / 다음과 같은 한 가지 이유를 제시한다

women seem to have / stronger connections / between the two halves (hemispheres) of their brains.

여성은 가진 것처럼 보인다 / 더 강한 연결관계를 / 뇌의 두 반구(좌뇌와 우뇌) 사이의

분석

빈칸은 대조를 나타내는 연결어 on the other hand로 연결되는데, 앞에서 남학생이 뛰어난 분야를 설명했으므로 뒤에는 여학생이 잘 하는 분야가 이어지는 것이 자연스럽다. 따라서 빈칸에는 '~에 더 능숙하다'를 의미하는 ④ to be more adept at이 적절하다.

해석

바로 지난주에 한 새로운 연구는 과학 시험에서 상위 5%를 차지한 십대 소년들은 여학생들을 7:1로 수적으로 압도했지만, 독해에서는 여학생이 남학생보다 더 나은 결과를 내었음을 보여주었다. 보통 전체적으로 남성은 공간지각을 포함하는 과제 – 도로와 일치시키기 위해 지도를 돌리는 것 없이 지도를 읽는 것과 같은 – 에서 탁월하다. 반면, 여성들은 언어 및 비언어적 의사소통에 있어서 더 능숙해 보인다. MRI(자기공명 영상법) 판독값은 다음과 같은 한 가지 이유를 제시한다. 여성은 뇌의 두 반구(좌뇌와 우뇌) 사이의 더 강한 연결관계를 가진 것처럼 보인다는 것이다.

정답 ④

18

다음 글의 ㉠, ㉡에 들어갈 가장 적절한 것은?

In the mid to late 1990s, Brazil was one of Latin America's fastest growing economies and "was the darling of the international investment community." In particular, the country's middle class was experiencing significant work-related opportunities to improve its standard of living. _____㉠_____, the effects of late-1990 economic "meltdowns" in Russia and Asia were crippling for the Brazilian economy. _____㉡_____, the global economic turmoil resulted in a decline in sales of 27.5 percent from 1997 to 1998 for Brazil's automobile industry alone. In response to the nation's crisis, the country's president instituted a major currency devaluation. In 1998, employers eliminated over 580,000 jobs. The fortunes of the middle class became bleak as job losses found them unable to cope with the demands of financial purchases they made during the "good times."

	㉠	㉡
①	However	Nevertheless
②	However	For example
③	Therefore	Similarly
④	Therefore	On the other hand

어휘

□□□	economy	(경기 주체로서의) 국가; 경제
□□□	darling	총아
□□□	meltdown	노심 용융; 대폭락, 파국
□□□	cripple	불구로 만들다; 심각한 손상을 주다
□□□	turmoil	혼란, 소란
□□□	in response to	~에 응하여[답하여], 대응하여
□□□	institute	(제도 · 정책 등을) 도입하다; (절차를) 시작하다
□□□	currency devaluation	통화 가치의 절하
□□□	bleak	암울한, 절망적인; 으스스한, 황량한

In the mid to late 1990s, / Brazil was one / of Latin America's fastest growing economies / and "was the darling / of the international investment community."

1990년대 후반에 / 브라질은 하나였다 / 라틴 아메리카에서 가장 빠르게 성장하는 국가들 중의 / 그리고 '총애를 받는 국가였다 / 국제 투자 단체의'

In particular, / the country's middle class / was experiencing / significant work-related opportunities / [to improve its standard of living].

특히 / 그 나라의 중산층은 / 경험하고 있었다 / 중요한 일과 관련된 기회들을 / 그들의 생활수준을 향상시키기 위한

However, / the effects / of late-1990 economic "meltdowns" in Russia and Asia / were crippling / for the Brazilian economy.

그러나 / 영향은 / 러시아와 아시아에서의 1990년대 후반 경제 '붕괴(몰락)'의 / 심각한 손상을 주었다 / 브라질 경제에 대해

For example, / the global economic turmoil resulted in / a decline in sales of 27.5 percent / from 1997 to 1998 / for Brazil's automobile industry alone.

예를 들어 / 세계의 경제 혼란은 야기했다 / 판매 면에서 27.5% 감소를 / 1997년부터 1998년까지 / 브라질 자동차 산업에서만

In response to the nation's crisis, / the country's president instituted / a major currency devaluation.

국가의 위기에 대응하여 / 그 나라의 대통령은 도입했다 / 중대한 통화 평가절하를

In 1998, / employers eliminated / over 580,000 jobs.

1998년에 / 고용주들은 없앴다 / 58만 개가 넘는 일자리를

The fortunes of the middle class / became bleak / as job losses found them / unable to cope with / the demands of financial purchases / [they made during the "good times]."

중산층의 운명은 / 어두워졌다 / 실직 사태가 그들을 알게 함에 따라 / 대처할 수 없다는 것을 / 금융 구매의 요구에 / 그들이 '좋은 시절' 동안 만들어낸

분석

㉠ 앞부분은 중산층이 그들의 삶의 질을 개선시킬 일과 관련된 중요한 경험을 하고 있었다는 내용이고, 뒷부분은 러시아와 아시아의 경제 붕괴가 브라질의 경제에 심각한 손상을 준다고 하고 있으므로, 역접의 연결사 However(하지만)가 적합하다.
㉡ 다음 문장에서 구체적인 숫자를 제시하며 경제적 손상의 예를 들고 있으므로, 예시의 연결사인 For example(예를 들면)이 적절하다.

해석

1990년대 중후반에 브라질은 라틴 아메리카에서 가장 빠르게 성장하는 국가들 중 하나였고, '국제 투자 단체에서 가장 총애를 받는 국가'였다. 특히 그 나라의 중산층은 그들의 생활수준을 향상시키기 위한 직업과 관련한 중요한 기회를 경험하고 있었다. 하지만, 1990년 후반 러시아와 아시아의 경제 '붕괴(몰락)'의 영향이 브라질의 경제에 치명적이었다. 예를 들어, 세계의 경제 혼란은 브라질 자동차 산업에서만 1997년부터 1998년까지 27.5%의 판매량 감소를 가져 왔다. 국가의 위기에 대응하여, 대통령은 중대한 통화 평가절하를 단행하였다. 1998년에 고용주들은 58만 개 이상의 일자리를 없앴다. 중산층의 운명은 어두워졌다. 실업으로 인해 그들이 '좋은 시절' 동안 만들어낸 금융 구매의 요구에 대처할 수 없게 되었기 때문이다.

정답 ②

19

주어진 글의 주제로 가장 적절한 것은?

A team of researchers has found that immunizing patients with bee venom instead of with the bee's crushed bodies can better prevent serious and sometimes fatal sting reactions in the more than one million Americans who are hypersensitive to bee stings. The crushed-body treatment has been standard for fifty years, but a report released recently said that it was ineffective. The serum made from the crushed bodies of bees produced more adverse reactions than the injections of the venom did. The research compared results of the crushed-body treatment with results of immunotherapy that used insect venom and also with results of a placebo. After six to ten weeks of immunization, allergic reactions to stings occurred in seven of twelve patients treated with the placebo, seven of twelve treated with crushed-body extract, and one of eighteen treated with the venom.

① A new treatment for people allergic to bee stings
② A more effective method of preventing bee stings
③ The use of placebos in treating hypersensitive patients
④ Bee venom causing fatal reactions in hypersensitive patients

어휘

□□□	immunize	(병에 대한) 면역성을 주다; ~을 무해하게[무효로] 하다
□□□	bee venom	봉독[벌침의 독]
□□□	hypersensitive	과민한
□□□	ineffective	효과[효력] 없는, 효과적이지 못한
□□□	serum	혈청
□□□	adverse reaction	부작용
□□□	immunotherapy	면역 요법
□□□	placebo	플라세보, 속임약, 위약
□□□	immunization	면역(법), 면역 조치

A team of researchers **has found** / that immunizing patients with bee venom / instead of with the bee's crushed bodies / can better prevent / serious and sometimes fatal sting reactions / in the more than one million Americans / [who are hypersensitive to bee stings].

한 연구팀이 발견했다 / 환자에게 봉독(벌침의 독)으로 면역력을 갖게 하는 것이 / 벌의 몸통을 으깬 것 대신에 / 더 잘 예방할 수 있다 / 심각하고 때로는 치명적인 벌에 쏘였을 때 생기는 반응을 / 백만 명 이상의 미국인에게서 / 벌에 쏘인 것에 과민반응을 보이는

The crushed-body treatment / **has been** standard / for fifty years, / but a report [released recently] **said** / that it was ineffective.

벌을 으깨서 하는 치료는 / (치료의) 표준이 되어 왔다 / 50년 동안 / 하지만 최근에 나온 보고서는 나타냈다 / 그것이 효과적이지 않다고

The serum [made from the crushed bodies of bees] / **produced** more adverse reactions / [than the injections of the venom did].

벌의 으깬 몸통에서 만들어진 혈청은 / 더 많은 부작용을 만들어냈다 / 봉독으로 주사하는 것보다

The research **compared** / results of the crushed-body treatment / **with** results of immunotherapy [that used insect venom] / and also **with** results of a placebo.

그 연구는 비교했다 / 으깬 몸통 치료의 결과를 / 곤충독을 사용한 면역요법의 결과와 / 그리고 또한 위약의 결과와

After six to ten weeks of immunization, / allergic reactions to stings / **occurred** in seven of twelve patients [treated with the placebo], / seven of twelve [treated with crushed-body extract], / and one of eighteen [treated with the venom].

면역 접종을 하고 나서 6~10주 이후 / 벌침에 대한 알레르기 반응은 / 위약으로 치료받은 12명 중 7명의 환자에게 발생했다 / 으깬 몸통 추출물로 치료받은 12명 중 7명에게 / 봉독으로 치료받은 18명 중 1명에게

[분석]

제시문의 주제는 첫 번째 문장에서 한 팀의 연구자들이 발견한 내용으로, 벌침 독으로 예방 접종을 하는 것(면역시키는 것)이 심각한 벌에 쏘였을 때 생기는 반응(bee sting reaction)에 더욱 효과적이라는 것이다. 따라서 글의 주제로는 ① '벌 쏘임에 알레르기가 있는 사람들을 위한 새로운 치료법'이 적절하다.
② 벌 쏘임을 예방하는 더 효과적인 방법
③ 과민반응을 일으키는 환자들을 치료하는 데 있어서 위약(僞藥)의 사용
④ 과민반응을 일으키는 환자들에게 치명적인 반응을 일으키는 벌침 독

[해석]

한 연구팀이 벌의 몸통을 으깬 것 대신에 봉독(벌침의 독)으로 환자에게 면역력을 갖게 하는 것이 벌에 쏘인 것에 과민반응을 보이는 백만 명 이상의 미국인들의 심각하거나 때로는 치명적인 벌에 쏘였을 때 생기는 반응을 예방할 수 있다는 것을 발견했다. 벌의 으깬 몸통으로 치료하는 방식은 50년 동안 (치료의) 표준이 되어 왔으나, 최근에 발표된 한 보고서에 의하면 그것이 효과적이지 않다고 지적한다. 벌의 으깬 몸통에서 만들어지는 혈청은 봉독으로 주사하는 것보다 더 역효과를 일으켰다. 그 연구는 으깬 벌의 몸통으로 치료하는 방식의 결과와 곤충독을 사용하는 면역요법의 결과와, 그리고 위약의 결과를 비교했다. 면역 접종을 하고 나서 6주에서 10주 후에, 벌침에 대한 알레르기 반응은 위약으로 치료받은 환자 12명 중에 7명, 으깬 벌의 몸통에서 나온 추출물로 치료받은 환자 12명 중에 7명, 봉독으로 치료받은 환자 18명 중에 1명에게 발생했다.

정답 ①

20

다음 글의 요지로 가장 적절한 것은?

No matter how satisfying our work is, it is a mistake to rely on work as our only source of satisfaction. Just as humans need a varied diet to supply a variety of needed vitamins and minerals to maintain health, so we need a varied diet of activities that can supply a sense of enjoyment and satisfaction. Some experts suggest that one can start by making an inventory — a list of the things you enjoy doing, your talents and interests, and even new things that you think you might enjoy if you tried them. It may be gardening, cooking, a sport, learning a new language, or volunteer work. If you shift your interest and attention to other activities for a while, eventually the cycle will swing again, and you can return to your work with renewed interest and enthusiasm.

① 다양한 비타민 섭취를 통해 건강한 삶을 유지할 수 있다.
② 성공적인 직장 생활은 일 자체를 즐김으로써 이루어진다.
③ 만족스러운 삶을 위해서는 일 외의 다양한 활동이 필요하다.
④ 직장과 가정생활의 조화가 업무 효율성을 높이는 지름길이다.

어휘

□□□	varied	다양한, 다채로운
□□□	mineral	광물(질); 무기물, 미네랄
□□□	inventory	물품 목록; 재고
□□□	gardening	원예, 정원 가꾸기
□□□	volunteer work	자원봉사
□□□	shift	옮기다, 이동하다, 잽싸게 움직이다, 바꾸다
□□□	for a while	잠시 동안
□□□	swing	(전후 · 좌우로) 흔들리다; 선회하다[바뀌다]

No matter how satisfying / our work is, / it **is** a mistake / to rely on work / as our only source of satisfaction.

얼마나 만족스러운지 간에 / 우리의 일이 / 실수이다 / 일에 기대는 것은 / 우리의 만족의 유일한 원천으로

Just as humans need / a varied diet / [to supply a variety of needed vitamins and minerals] / to maintain health, / so **we need** / a varied diet of activities / [that can supply a sense of enjoyment and satisfaction].

인간이 필요로 하듯 / 다양한 음식을 / 다양한 필수 비타민과 미네랄을 공급해주는 / 건강을 유지하기 위해 / 우리도 필요하다 / 다양한 메뉴의 활동이 / 즐거움과 만족감을 제공할 수 있는

Some experts **suggest** / that one can start / by making an inventory — a list of the things [you enjoy doing], / your talents and interests, / and even new things / [that you think you might enjoy / if you tried them].

일부 전문가들은 제안한다 / 사람들은 시작할 수 있다고 / 목록을 작성함으로써 – 당신이 즐기는 것의 것들의 목록 / 당신의 재능과 흥미의 / 그리고 심지어 새로운 것들의 / 당신이 생각하기에 즐길 수 있을지도 모르는 / 만약 그것들을 해본다면

It may be / gardening, cooking, a sport, learning a new language, or volunteer work.

그것은 될 수도 있다 / 정원 가꾸기, 요리, 운동, 새로운 언어를 배우는 것, 혹은 자원봉사를 하는 것이

If you shift your interest and attention / to other activities / for a while, / eventually **the cycle will swing** again, / and **you can return** to your work / with renewed interest and enthusiasm.

만약 당신이 관심과 주의를 돌린다면 / 다른 활동에 / 한동안 / 결국 순환은 다시 돌아올 것이다 / 그리고 당신은 당신의 직장으로 복귀할 수 있다 / 새로운 관심과 열정과 함께

분석

처음 두 문장이 제시문의 주제문으로, 일뿐만 아니라 다양한 활동을 통해 즐거움과 만족감을 찾을 수 있다고 하였으므로 정답은 ③이다.

해석

아무리 우리가 일에 만족한다 할지라도 만족의 유일한 원천으로 일에만 기대는 것은 실수이다. 인간이 건강을 유지하기 위해 다양한 필수 비타민과 미네랄을 공급해주는 다양한 음식을 필요로 하는 것처럼 우리도 즐거움과 만족감을 줄 수 있는 다양한 활동이 필요하다. 일부 전문가들은 당신이 생각하기에 시도해 본다면 즐길 수 있는 새로운 것들, 당신의 재능과 흥미, 즐기는 것들의 목록을 작성함으로써 사람들은 (다양한 활동을) 시작할 수 있다고 제안한다. 그것은 정원 가꾸기나 요리, 운동, 새로운 언어를 배우는 것, 혹은 자원봉사를 하는 것이 될 수도 있다. 만약 당신이 관심과 주의를 한동안 다른 활동에 돌린다면, 결국 순환은 다시 돌아올 것이고, 당신은 새로워진 관심과 열정으로 직장으로 복귀할 수 있다.

정답 ③

21

밑줄 친 부분에 들어갈 말로 가장 적절한 것은?

There is a story about a schoolboy who was asked what he thought God was like. He replied that, as far as he could make out, God was "The sort of person who is always snooping round to see if anyone is enjoying himself and then trying to stop it." And I am afraid that is the sort of idea that the word morality raises in a good many people's minds: something that interferes, something that stops you having a good time. In reality, moral rules are directions for running the human machine. Every moral rule is there to prevent a breakdown, or a strain, or a friction, in the running of that machine. That is why these rules at first seem to be constantly interfering with our _____. When you are being taught how to use any machine, the instructor keeps on saying, "No, don't do it like that." because, of course, there are all sorts of things that look all right and seem to you the natural way of treating the machine, but do not really work.

① natural inclinations   ② religious beliefs

③ moral systems   ④ human machines

⑤ ethical standards

어휘

□□□	as far as	~하는 한; ~에 관한 한
□□□	make out	이해하다, 판독하다; (증서·수표 따위를) 작성하다
□□□	snoop	기웃거리며 다니다; 염탐하다
□□□	morality	도덕, 윤리; 도덕성
□□□	interfere	간섭[개입/참견]하다
□□□	in reality	사실은, 실제로는
□□□	moral rule	도덕규범
□□□	breakdown	(차량·기계의) 고장; 실패[결렬/와해]; 신경쇠약
□□□	strain	긴장, 압박; (근육 등을) 혹사하다
□□□	friction	마찰
□□□	at first	처음에는
□□□	all sorts of	갖가지 종류의; 많은
□□□	natural inclination	천성, 자연적인 성향
□□□	ethical	윤리적인, 도덕에 관계된; 도덕적인

There **is a story** / about a school boy / [who was asked / what he thought God was like].

이야기가 하나 있다 / 한 학생에 관한 / 질문을 받은 / 그가 생각하기에 신은 어떤 존재일지

He **replied** that, / as far as he could make out, / God was "The sort of person / [who is always snooping round / to see if anyone is enjoying himself / and then trying to stop it]."

그는 대답했다 / 그가 이해할 수 있는 한에서 / 신은 "그런 부류의 사람이다 / 항상 기웃거리며 돌아다니는 / 누가 즐기는지 보기 위해 / 그러고는 그것을 멈추기 위해 노력하는지"

And **I am** afraid / that is the sort of idea / [that the word morality raises / in a good many people's minds]: / something [that interferes], / something [that stops you from having a good time].

그리고 나는 유감이다 / 저것이 그런 부류의 생각이어서 / 도덕성이라는 단어가 떠오르게 하는 / 상당히 많은 사람들의 마음속에 다음과 같이 / 방해하는 것 / 당신이 좋은 시간을 가지는 것으로부터 막는 것

In reality, / moral rules **are** directions / for running the human machine.

사실 / 도덕규범은 지침서이다 / 인간이라는 기계를 작동시키기 위한

Every moral rule is there / to prevent a breakdown, or a strain, or a friction, / in the running of that machine.

모든 도덕규범은 존재한다 / 실패나 긴장, 저항을 방지하기 위해 / 그러한 기계를 작동시키는 데 있어

That is why these rules / at first / seem to be constantly interfering / with our natural inclinations.

그렇기 때문에 이러한 도덕규범은 / 처음에는 / 끊임없이 방해하는 것처럼 보인다 / 우리의 자연스러운 성향을

When you are being taught / how to use any machine, / the instructor **keeps on saying**, / "No, don't do it like that." / because, of course, / there are all sorts of things / [that look all right / and seem to you the natural way / of treating the machine, / but do not really work].

당신이 배울 때 / 어떤 기계의 사용법을 / 가르치는 사람은 계속해서 말한다 / "그렇게 해서는 안 됩니다."라고 / 왜냐하면, 물론 / 온갖 것이 존재하기 때문에 / 괜찮아 보이는 / 그리고 당신에게 자연스러운 방법으로 보이는 / 그 기계를 다루는 데 있어 / 하지만 실제로 효과가 없는

분석

빈칸 뒤 기계의 사용법을 배울 때를 예시로 들어 빈칸의 내용을 설명하고 있다. 우리가 어떤 기계의 사용법을 배울 때 그 방법이 자연스럽게 보이지만 실제로는 효과가 없다는 내용을 통해 도덕규범 역시 처음에는 우리가 괜찮다고 생각하는 것을 방해하는 것처럼 여겨질 것이므로 빈칸에는 ① natural inclinations(자연스러운 성향)가 들어간다.

② 종교적 신념

③ 도덕 체계

④ 인간이라는 기계

⑤ 윤리기준

해석

그가 생각하기에 신은 어떤 존재일지 질문을 받은 한 학생에 관한 이야기가 있다. 그는 그가 이해할 수 있는 선에서 신은 "어떤 사람이 즐기는지, 그러고는 그것을 멈추기 위해 노력하는지 보기 위해 항상 기웃거리며 돌아다니는 그런 부류의 사람"이라고 대답했다. 그리고 나는 저 대답이 도덕성이라는 단어가 상당히 많은 사람들의 마음속에 다음과 같이 떠오르게 하는 그런 부류의 생각이어서 유감이다. 즉 방해하는 것이고, 당신이 좋은 시간을 가지는 것으로부터 막는 것이다. 사실, 도덕규범은 인간이라는 기계를 작동시키기 위한 지침서이다. 모든 도덕규범은 그러한 기계를 작동시키는 데 있어 실패나 긴장, 저항을 방지하기 위해 존재한다. 그렇기 때문에 이러한 도덕규범은 처음에는 끊임없이 우리의 자연스러운 성향을 방해하는 것처럼 보인다. 당신이 어떤 기계의 사용법을 배울 때, 가르치는 사람은 계속해서 "그렇게 해서는 안 됩니다."라고 말한다. 왜냐하면 괜찮아 보이고 당신이 그 기계를 다루는 데 있어 자연스러운 방법으로 보이지만 실제로 효과가 없는 온갖 것이 존재하기 때문이다.

정답 ①

22

다음 글의 주제로 적절한 것은?

Although Albert Einstein's Theory of Relativity revolutionized physics, his mathematical models were based on the erroneous assumption that the universe is static — all the components are fixed in time and space. In order to maintain this view, when Einstein's equations predicted a universe in flux, he invented the "cosmological constant" to maintain the supposed constancy of the universe. Within ten years, the astronomer Edwin Hubble discovered that the universe was expanding, causing Einstein to abandon the idea of the cosmological constant. Almost a century later, physicists have discovered that some unknown force is apparently pushing the universe apart, leading some scientists to conclude that Einstein's "cosmological constant" may in fact exist.

① The observations of Hubble severely damaged the Theory of Relativity.
② One of Einstein s most significant discoveries was the cosmological constant.
③ Einstein's Theory of Relativity is fundamentally flawed.
④ The cosmological constant, while erroneously derived, may actually play a part in describing the universe.
⑤ Physicists today still make use of Einstein's cosmological constant to describe the universe.

어휘

□□□	theory of relativity	상대성 원리[이론]
□□□	revolutionize	~을 근본적으로 바꾸다, 대변혁을 가져오다
□□□	erroneous assumption	잘못된 가정
□□□	static	고정된[고정적인], 정지 상태의; 잡음
□□□	equation	방정식
□□□	in (a state of) flux	항상 변하는, 유동적인
□□□	cosmological constant	우주 상수(常數)
□□□	constancy	불변성; 지조, 절개
□□□	physicist	물리학자 cf physician 의사; 내과 의사
□□□	apparently	보기에, 외관상으로는(seemingly)
□□□	fundamentally	근본[본질]적으로, 완전히
□□□	flawed	결함[결점/흠]이 있는(defective)
□□□	erroneously	잘못되게, 틀리게
□□□	play a[one's] part[role] (in)	(~에) 일익을 담당하다, 일조하다
□□□	make use of	~을 이용[활용]하다

Although Albert Einstein's Theory of Relativity / revolutionized physics, / his mathematical models / **were based on** the erroneous assumption / [that the universe is static] — all the components are fixed / in time and space.

비록 알버트 아인슈타인의 상대성 이론이 / 물리학에 대변혁을 가져왔지만 / 그의 수학적 모델은 / 잘못된 가정에 바탕을 두고 있었다 / 우주가 정지 상태에 있다는 / 즉, 모든 구성요소들이 고정되어 있다는 / 시간과 공간에

In order to maintain this view, / when Einstein's equations predicted / a universe in flux, / he **invented** the "cosmological constant" / to maintain the supposed constancy / of the universe.

이러한 견해를 유지하기 위해 / 아인슈타인의 방정식이 예측했을 때 / 끊임없이 변화하는 우주를 / 그는 '우주 상수'를 고안했다 / (자신이) 추정한 불변성을 주장하기 위해 / 우주의

Within ten years, / the astronomer Edwin Hubble **discovered** / that the universe was expanding, / causing Einstein to abandon / the idea of the cosmological constant.

(그 이후) 10년이 안 되어 / 천문학자인 에드윈 허블은 발견했다 / 우주가 팽창한다는 것을 / 그것은 아인슈타인이 포기하게 만들었다 / 우주 상수라는 개념을

Almost a century later, / physicists **have discovered** / that some unknown force is apparently pushing / the universe apart, / leading some scientists to conclude / that Einstein's "cosmological constant" may in fact exist.

거의 1세기 후에 / 물리학자들은 발견했다 / 모종의 알려지지 않은 힘이 분명 밀어내고 있다는 것을 / 우주를 / 그것은 일부 과학자들이 결론 내리게 만들었다 / 아인슈타인의 '우주 상수'가 실제로 존재할 수도 있다고

분석

아인슈타인의 수학적 모델이 우주에 대한 잘못된 가정에 기초하고 있었지만, 결국 '우주 상수'라는 개념은 존재할지도 모른다는 글로, 후반부에 주제가 제시되어 있다. ④ '우주 상수'는 잘못 도출되기는 했지만, 실제로 우주를 묘사하는 데 한 역할을 할지도 모른다'는 것이 글의 주제이다.
① 허블의 관측[관찰]은 상대성 이론을 심하게 훼손시켰다.
② 아인슈타인의 가장 의미 있는 발견들 중의 하나는 우주 상수였다.
③ 아인슈타인의 상대성 이론은 근본적으로 결함이 있다.
⑤ 오늘날 물리학자들은 우주를 설명하기 위해 아인슈타인의 우주 상수를 여전히 활용한다.

해석

비록 알버트 아인슈타인의 상대성 이론은 물리학에 대변혁을 가져왔지만, 그의 수학적 모델은 우주가 정지 상태에 있다는, 즉 모든 구성요소들이 시간과 공간에 고정되어 있다는 잘못된 가정에 바탕을 두고 있었다. 이러한 견해를 유지하기 위해, 아인슈타인의 방정식이 끊임없이 변화하는 우주를 예측했을 때, 그는 우주의 (자신이) 추정한 불변성을 주장하기 위해 '우주 상수'를 고안했다. (그 이후) 10년이 안 되어, 천문학자인 에드윈 허블은 우주가 팽창한다는 것을 발견했는데, 그것은 아인슈타인이 우주 상수라는 개념을 포기하게 만들었다. 거의 1세기 후에, 물리학자들은 모종의 알려지지 않은 힘이 우주를 분명 밀어내고 있다는 것을 발견했고, 그것은 일부 과학자들이 아인슈타인의 '우주 상수'가 실제로 존재할 수도 있다고 결론 내리게 만들었다.

정답 ④

23

다음 글의 제목으로 가장 적절한 것을 고르시오.

> Taking time to clear your mind through meditation can boost your spirits and your immunity. Psychologist, Richard Davidson, gave 40 people a flu vaccine. Half of them followed a regular meditation schedule for an hour a day, six days a week. The others just got the vaccine. After eight weeks, the meditators had higher levels of flu-fighting antibodies than those who didn't meditate. They were also better able to deal with stress and had increased activity in the area of the brain linked to good moods. "Meditation produces measurable biological changes in the brain and body," says Davidson. "It is safe and can be of great benefit."

① Relationship between Flu Vaccine and Antibody
② Process of Forming Immune System
③ Length of Meditation and Stress
④ Positive Effects of Meditation

어휘

☐☐☐	meditation	명상
☐☐☐	boost	~을 신장시키다, 북돋우다
☐☐☐	immunity	면역력[to]; 면제[from]
☐☐☐	flu	유행성 감기, 인플루엔자, 독감
☐☐☐	vaccine	(예방) 백신
☐☐☐	antibody	항체
☐☐☐	measurable	주목할 만한[눈에 띄는]; 잴[측정할] 수 있는
☐☐☐	of great benefit	대단히 유익한(very beneficial)

Taking time / [to clear your mind] / through meditation / **can boost** / your spirits and your immunity.

시간을 내는 것은 / 마음을 정리할 / 명상을 통해 / 신장시킬 수 있다 / 정신과 면역력을

Psychologist, Richard Davidson, / **gave** 40 people / a flu vaccine.

심리학자 리처드 데이비슨은 / 40명의 사람들에게 접종했다 / 독감 백신을

Half of them **followed** / a regular meditation schedule / for an hour a day, six days a week.

그들 중 절반은 따랐다 / 정기적인 명상 일정을 / 하루에 한 시간씩, 일주일에 6일 동안

The others just / **got** the vaccine.

그 나머지 절반은 그저 / 백신만 접종한 상태였다

After eight weeks, / the meditators **had** higher levels / of flu-fighting antibodies / than those [who didn't meditate].

8주 후에 / 명상한 사람들은 더 높은 수준을 가졌다 / 독감 퇴치 항체의 / 명상을 하지 않은 사람들보다

They **were** also better **able to deal with** stress / and **had** increased activity / in the area of the brain / [linked to good moods].

그들은 또한 스트레스에 더 잘 대처할 수 있었다 / 그리고 활동이 증가했다 / 뇌의 영역에서 / 좋은 기분과 연결된

"Meditation produces / measurable biological changes / in the brain and body," / **says** Davidson.

"명상은 만들어낸다 / 주목할 만한 생물학적 변화를 / 뇌와 신체에서" / 데이비슨은 말한다

"**It is** safe / and **can be** of great benefit."

"명상은 안전하다 / 그리고 대단히 도움이 될 수 있다"

분석

첫 번째 문장이 주제문에 해당한다. 명상을 통해 마음을 비우는 것이 정신과 면역력을 신장시킬 수 있다고 했으므로 이 글의 제목으로
④ Positive Effects of Meditation(명상의 긍정적인 효과들)이 적절하다.
① 유행성 독감 백신과 항체의 관계
② 면역계 형성의 과정
③ 명상(하는 시간)의 길이와 스트레스

해석

명상을 통해 마음을 정리할 시간을 내는 것은 정신과 면역력을 신장시킬 수 있다. 심리학자 리처드 데이비슨은 40명의 사람들에게 독감 백
신을 접종했다. 그들 중 절반은 일주일에 6일, 하루에 한 시간 동안 정기적인 명상 일정에 따랐다. 나머지 절반은 단지 백신만 접종한 상태
였다. 8주 후에, 명상한 사람들은 명상을 하지 않은 사람들보다 더 높은 수준의 독감 퇴치 항체를 가지게 되었다. 그들은 또한 스트레스에
더 잘 대처할 수 있게 되었고, 그리고 좋은 기분과 연결된 부분의 뇌의 활동이 증가했다. "명상은 뇌와 신체에서 주목할 만한 생물학적인
변화를 만들어냅니다."라고 데이비슨은 말한다. "명상은 안전하고, 대단히 도움이 될 수 있죠."

정답 ④

24

글의 내용과 일치하지 않는 것을 고르시오.

What an Indian eats depends on his region, religion, community, and caste. It also depends on his wealth. A vast proportion of the Indian population is made up of the rural poor who subsist on a diet that meets only about 80 percent of their nutritional requirements. Many of the poor, unable to find work all year round, and therefore unable to buy food everyday, have to manage their hunger by fasting on alternate days. In Bengal, the meals of the poor are made up of rice, a little dhal flavored with salt, chillies, and a few spices, some potatoes or green vegetables, tea and paan. Paan, which is an areca nut mixed with spices and rolled up in a betel leaf, is chewed after the meal. Although it seems a luxury, in fact, the poor use it to stave off hunger.

① Indians' diets vary across their religion and wealth.
② The food the rural poor in India take doesn't meet their nutritional requirements.
③ Many poor Indians go without food every other day.
④ In Bengal, paan is luxurious food for the poor.

어휘

□□□	caste	카스트[계급]; (사회) 계층
□□□	subsist on	~으로 연명하다, 근근이 버티다
□□□	fast	단식[금식/절식]하다; 단식, 금식, 절식
□□□	alternate	하나 거르는(every other); 번갈아 생기는[나오는], 교대로 하다
□□□	spice	양념, 향신료
□□□	stave off	피하다[늦추다] ex stave off one's hunger with a piece of bread 빵 한 조각으로 허기를 피하다
□□□	luxurious	호화로운; 아주 편안한

What an Indian eats / **depends on** / his region, religion, community, and caste.

인도인이 먹는 것은 / 다르다 / 그의 지역, 종교, 지역사회, 그리고 카스트에 따라

It also **depends on** / his wealth.

그것은 또한 달려 있다 / 그의 부에

A vast proportion of the Indian population / **is made up of** / the rural poor / [who subsist on a diet] [that meets only about 80 percent / of their nutritional requirements].

인도 인구의 대다수는 / 이루어져 있다 / 시골 지역의 가난한 사람들로 / 약 80%밖에 충족시키지 못하는 음식에 연명하는 / 그들의 필요 영양분의

Many of the poor, / [unable to find work / all year round, / and therefore unable to buy food everyday], / **have to manage** their hunger / by fasting on alternate days.

가난한 사람들 대부분은 / 일자리를 찾을 수 없어서 / 일 년 내내 / 그래서 일용할 음식을 살 수 없어서 / 굶주림을 견뎌야 한다 / 격일로 굶으면서

In Bengal, / the meals of the poor / **are made up of** / rice, a little dhal / [flavored with salt, chillies, and a few spices], some potatoes or green vegetables, tea and paan.

벵골 지역에서 / 가난한 이들의 음식은 / 구성된다 / 밥과 약간의 콩 요리로 / 소금, 고추, 몇 가지 향신료로 맛을 낸 / 약간의 감자 혹은 채소, 차와 판으로

Paan, [which is an areca nut / mixed with spices and rolled up / in a betel leaf], / **is chewed** / after the meal.

판은 빈랑자인데 / 향신료를 섞고 돌돌 만 / 후추나무 잎으로 / 씹어서 먹는다 / 식사 후에

Although it seems a luxury, / in fact, / the poor **use** it / to stave off hunger.

비록 그것이 호사스럽게 보일지 모르지만 / 사실 / 가난한 이들이 그것을 이용한다 / 배고픔을 면하기 위해

분석

제시문의 마지막 문장에서 판은 겉으로 보기에는 호사스러운 음식으로 보이지만 가난한 사람들이 배고픔을 면하기 위해 먹는다고 하였으므로 ④ '벵골 지역에서, 판은 가난한 사람들에게 사치스러운 음식이다.'는 글의 내용과 일치하지 않는다.
① 인도인들의 식사는 그들의 종교와 재산에 따라 다양하다.
② 인도의 가난한 시골 사람들이 먹는 음식은 필수 영양분을 충족시키지 못한다.
③ 많은 가난한 인도인들은 이틀에 한 번씩 굶는다.

해석

인도인이 먹는 것은 그의 지역, 종교, 지역사회, 그리고 카스트에 따라 다르다. 그것은 또한 부의 정도에 따라 달라진다. 인도 인구의 대다수는 필수 영양분의 약 80%밖에 충족시키지 못하는 음식에 연명하는 시골 지역의 가난한 사람들로 이루어져 있다. 일 년 내내 일자리를 찾을 수 없고, 일용할 음식을 살 수 없어서, 가난한 사람들 대부분은 격일로 굶으면서 굶주림을 견뎌야 한다. 벵골 지역에서 가난한 이들의 음식은 밥과 소금, 고추, 몇 가지 향신료로 맛을 낸 콩 요리 조금, 약간의 감자 혹은 채소, 차와 판으로 구성된다. 판은 향신료를 섞고 후추나무 잎으로 돌돌 말아 넣은 빈랑자인데, 식사 후에 씹어서 먹는다. 비록 그것이 호사스러운 음식으로 보일지 모르지만 사실 배고픔을 면하기 위해 가난한 이들이 그것을 이용한다.

정답 ④

25

다음 글에서 언급되고 있지 않은 것은?

Professor Taylor, who wrote "What are Children for?," believes that the status of fatherhood has been affected by modern life. "Fathers have moved farther away from their children than ever before," he says. "In the past, sons looked to their father, emulating his job and wisdom. Now, however, fathers have nothing for their children to inherit. The world is changing too quickly, and instead of sitting at their father's feet listening to stories about the world, children are closed up in their own rooms on the Internet, finding out about it first. It is difficult to redefine the role of father. There is nothing obvious for him to do or be."

① Modern life has influenced the role and the position of fathers.
② In the past, sons imitated their fathers' job, depending on their fathers.
③ Now fathers serve as a sole source of providing information for their sons.
④ These days fathers are not certain of what role to assume for their sons.

어휘

☐☐☐	status	(사회적) 지위, 위상; (법적) 신분[자격]
☐☐☐	emulate	모방하다
☐☐☐	inherit	상속받다, 물려받다
☐☐☐	redefine	재정의하다
☐☐☐	obvious	명백한, 분명한

Professor Taylor, / [who wrote "What are Children for?,"] / **believes** / that the status of fatherhood has been affected / by modern life.

테일러 교수는 / '자녀들은 무엇을 위해 존재하는가?'라는 책을 쓴 / 믿는다 / 아버지의 위상이 영향을 받아 왔다고 / 현대사회에 의해

"Fathers have moved father away / from their children / than ever before," / **he says**.

"아버지들은 더욱 멀어졌다 / 그들의 자녀들로부터 / 전에 없이" / 그는 말한다

"In the past, / **son looked to** their farther, / emulating his job and wisdom.

"과거에는 / 자식이 아버지를 보았다 / 그의 직업과 지혜를 모방하면서

Now, however, / **fathers have** nothing / for their children to inherit.

그러나, 오늘날 / 아버지들은 아무 것도 없다 / 그들의 자녀가 물려받을 만한

The world is changing / too quickly, / and instead of / sitting at their father's feet / listening to stories about the world, / **children are closed up** / in their own rooms on the Internet, / finding out about it first.

세상은 변하고 있다 / 너무 빨리 / 그리고 대신에 / 아버지의 발치에 앉아 / 세상에 관한 이야기를 듣는 것 / 자녀들은 틀어박힌다 / 인터넷상 그들의 공간에 / 세상에 대해 먼저 알게 되면서

It **is** difficult / to redefine / the role of father.

어려운 일이다 / 재정의한다는 것은 / 아버지의 역할을

There **is** nothing obvious / for him to do or be."

분명한 것은 없다 / 그가 할 수 있는 혹은 될 수 있는"

분석

다섯 번째 문장에서 오늘날 자녀들은 정보를 아버지에게서가 아닌 인터넷을 통해 얻는다고 했으므로 ③ '오늘날의 아버지들은 자식들에게 정보를 제공하는 유일한 원천으로서의 역할을 한다.'는 글에서 언급된 내용과 다르다.

① 현대 생활은 아버지의 역할과 위상에 영향을 끼쳤다.
② 과거에 자식들은 아버지에게 의지하면서 아버지의 직업을 따랐다.
④ 요즘의 아버지들은 자식들을 위해서 어떤 역할을 해야 할지 확신이 없다.

해석

'자녀들은 무엇을 위해 존재하는가?'라는 책을 쓴 테일러 교수는 아버지의 위상이 현대사회에 의해 영향을 받아 왔다고 믿는다. "아버지들은 전에 없이 그들의 자녀들로부터 더욱 멀어졌지요."라고 그는 말한다. "과거에는 자식이 아버지를 보고 그의 직업과 지혜를 모방했습니다. 그러나 오늘날 아버지들은 그들의 자녀가 물려받을 만한 게 아무것도 없어요. 세상은 너무나 빠르게 변하고 있고, 자녀들이 아버지의 발치에 앉아 세상에 관해 이야기를 듣는 대신에 인터넷에서 그들만의 공간에 갇혀 세상에 대해 먼저 알게 되었습니다. 아버지의 역할을 재정의한다는 것은 어려운 일입니다. 그가 할 수 있거나 될 수 있는 분명한 것은 없어요."

정답 ③

26

다음 글의 밑줄 친 부분의 의미로 가장 적절한 것은?

An old woman came into her doctor's office and confessed to an embarrassing problem. "I fart all the time, Doctor Johnson, but they're soundless, and they have no odor. In fact, since I've been here, I've farted no less than twenty times. What can I do?" "Here's a prescription, Mrs. Harris. Take these pills three times a day for seven days and come back and see me in a week." Next week in upset Mrs. Harris marched into Dr. Johnson's office. "Doctor, I don't know what was in those pills, but the problem is worse! I'm farting just as much, but now they smell terrible! What do you have to say for yourself?" "Calm down, Mrs. Harris," said the doctor soothingly. "Now that we've fixed your sinuses, we'll work on your <u>other</u> sense!"

① oral   ② sixth

③ visual   ④ auditory

어휘

☐☐☐	confess	고백[인정]하다; (죄 · 잘못을) 자백하다
☐☐☐	embarrassing	난처한, 쑥스러운; 당혹스러운
☐☐☐	fart	방귀를 뀌다(break wind)
☐☐☐	odor	냄새; 악취
☐☐☐	no less than	자그마치
☐☐☐	prescription	처방전; 처방된 약
☐☐☐	upset	마음이 상한, 속상한; 속상하게 만들다[하다]
☐☐☐	march	행진[행군]하다, 행군하듯 걷다; 행군, 행진
☐☐☐	terrible	(나쁜 정도가) 극심한(awful); 형편없는; 끔찍한
☐☐☐	calm down	진정하다, 진정시키다
☐☐☐	soothing	달래는, 위로하는, 진정하는
☐☐☐	now that	∼이므로, ∼이기 때문에
☐☐☐	sinus	부비강(코 안쪽으로 이어지는 구멍)
☐☐☐	oral	입의, 구강의; 구두의
☐☐☐	sixth sense	육감(gut feeling)
☐☐☐	visual	시각의
☐☐☐	auditory	청각의; 귀의
☐☐☐	work on	(해결 · 개선하기 위해) ∼에 애쓰다[공들이다]

An old woman **came into** her doctor's office / and **confessed to** / an embarrassing problem.

한 할머니가 진료실로 들어왔다 / 그리고 털어놓았다 / 당혹스러운 문제에 대해

"**I fart** all the time, Doctor Johnson, / but they**'re** soundless, / and they **have** no odor.

"나는 항상 방귀를 뀌어요, 존슨 선생님 / 그런데 소리가 안 나고 / 냄새도 없어요

In fact, / since I've been here, / **I've farted** / no less than twenty times. / What **can I do**?"

실은 / 여기 온 이후로 / 저는 방귀를 꼈어요 / 자그마치 20번은 / 어떻게 해야 되죠?"

"Here**'s a prescription**, Mrs. Harris. / **Take** these pills / three times a day / for seven days / and **come back** and **see** me / in a week."

"여기 처방전이 있어요, 해리스 할머니 / 이 알약을 드세요 / 하루에 세 번 / 7일 동안 / 그리고 다시 오세요 / 일주일 후에"

Next week / in upset / Mrs. Harris **marched** / into Dr. Johnson's office.

다음 주에 / 화난 상태로 / 해리스 할머니는 쿵쾅거리며 들어왔다 / 존슨 박사의 진료실로

"Doctor, **I don't know** / what was in those pills, / but the problem **is** worse! / **I'm farting** / just as much, / but now they **smell** terrible!

"선생님, 저는 모르겠어요 / 이 약에 무엇이 들었는지 / 하지만 문제는 더 심각해요! / 저는 방귀를 뀌어요 / 전만큼 / 하지만 이제는 그것들은 냄새가 너무 지독해요!

What **do you have to say** / for yourself?" / "Calm down, Mrs. Harris," / **said** the doctor soothingly.

무슨 변명을 하시겠어요? / 당신 자신을 위해" / "진정하세요, 해리스 할머니" / 그 의사가 달래듯 말했다

"Now that we've fixed / your sinuses, / **we'll work on** / your other sense!"

"우리가 고쳤으니 / 당신의 부비강을 / 우리는 치료할 겁니다 / 당신의 다른 감각(기관)을!"

분석

할머니는 소리가 안 나고 냄새가 없는 방귀를 뀐다고 병원에 찾아 왔다. 그에 대한 처방으로 우선 의사는 부비강(코)를 고쳐서 냄새를 맡도록 하였고, 이제 다른 기관을 치료하겠다고 했으므로 밑줄 친 other는 청각을 의미하는 ④ auditory(청각의)가 된다.

① 입의; 구두의

② 여섯 번째의

③ 시각의

해석

한 할머니가 병원에 찾아와서 당혹스러운 문제에 대해 털어놓았다. "저는 항상 방귀를 뀌어요, 존슨 선생님. 그런데 소리가 안 나고, 냄새도 없어요. 실은 여기 와서도 자그마치 20번은 방귀를 꼈어요. 어떻게 해야 되죠?" "여기 처방전이 있어요, 해리스 할머니. 이 알약을 7일 동안 하루에 세 번 드시고, 일주일 후에 다시 오세요." 다음 주에 해리스 할머니는 화난 상태로 존슨 박사의 진료실로 쿵쾅거리며 들어왔다. "선생님, 저는 이 약에 뭐가 들었는지 모르겠지만 문제는 더 심각해요! 저는 전만큼 방귀를 뀝니다. 하지만 이제는 방귀의 냄새가 너무 지독해요! 무슨 변명을 하시겠어요?" "진정하세요, 해리스 할머니." 의사가 달래듯 말했다. "우리가 당신의 부비강을 고쳤으니 우리는 당신의 다른 감각(기관)을 치료할 겁니다!"

정답 ④

27

다음 ㉠~㉣을 문맥에 맞게 배열한 것은?

㉠ Mark Twain began his career writing light, humorous verse, but evolved into a chronicler of the vanities and hypocrisies of mankind.

㉡ Though Twain earned a great deal of money from his writings and lectures, he lost a great deal through investments in ventures in his later life.

㉢ Samuel Langhorne Clemens, better known by his pen name Mark Twain had worked as a typesetter and a riverboat pilot on the Mississippi River before he became a writer.

㉣ At mid-career, with *The Adventures of Huckleberry Finn*, he combined rich humor, sturdy narrative and social criticism, popularizing a distinctive American literature built on American themes and language.

① ㉠ - ㉡ - ㉢ - ㉣　　　　　② ㉡ - ㉣ - ㉢ - ㉠

③ ㉠ - ㉣ - ㉡ - ㉢　　　　　④ ㉢ - ㉠ - ㉣ - ㉡

⑤ ㉢ - ㉣ - ㉠ - ㉡

어휘

□□□	verse	운문, 시
□□□	chronicler	연대기 작가; 기록자
□□□	vanity	자만심, 허영심
□□□	hypocrisy	위선
□□□	pen name	필명
□□□	typesetter	식자공(활자를 원고대로 조판하는 사람)
□□□	riverboat pilot	강의 배를 조종하는 사람
□□□	sturdy	튼튼한, 견고한; 건장한
□□□	popularize	많은 사람들에게 알리다, 대중화하다
□□□	distinctive	독특한(distinguishing, characteristic)

Samuel Langhorne Clemens, / [better known by his pen name Mark Twain] / **had worked** as a typesetter / and a riverboat pilot on the Mississippi River / before he became a writer.

새뮤얼 랭혼 클레멘스는 / 그의 필명인 마크 트웨인으로 더 잘 알려진 / 식자공으로 일했다 / 그리고 미시시피 강에서 배의 조종사로 / 그가 작가가 되기 전에

Mark Twain **began** his career / writing light, humorous verse, / but **evolved into** a chronicler / of the vanities and hypocrisies of mankind.

마크 트웨인은 첫발을 내디뎠다 / 가볍고 해학적인 운문을 쓰면서 / 하지만 연대기 작가로 발전했다 / 인간의 허영과 위선에 대한

At mid-career, / with *The Adventures of Huckleberry Finn*, / he **combined** / rich humor, sturdy narrative and social criticism, / popularizing a distinctive American literature / [built on American themes and language].

경력의 중반기에 / '허클베리 핀의 모험'으로 / 그는 결합시켰다 / 풍부한 유머, 탄탄한 이야기 그리고 사회 비판을 / 그리고 그것은 독특한 미국문학을 대중화시켰다 / 미국적인 주제와 언어를 바탕으로 구축된

Though Twain earned / a great deal of money / from his writings and lectures, / he **lost** a great deal / through investments in ventures / in his later life.

비록 트웨인이 벌었지만 / 많은 돈을 / 그의 글과 강연으로 / 그는 많은 것을 잃었다 / 벤처 사업에 대한 투자를 통해 / 그의 말년에

분석

마크 트웨인의 인생을 시간의 순서대로 설명한 글이다. 각 문단에 시간을 나타낸 표현들이 있어 이를 토대로 글의 순서를 잡을 수 있다. ⓒ 작가가 되기 전 인물의 소개(before he became a writer) → ㉠ 작가 경력의 시작(began his career) → ㉣ 작가 경력의 중반(at mid-career) → ㉡ 말년의 투자 실패(in his later life)의 순서가 적절하다.

해석

ⓒ 필명인 마크 트웨인으로 더 잘 알려진 새뮤얼 랭혼 클레멘스는 작가가 되기 전에 식자공과 미시시피 강의 조종사로 일했다.
㉠ 마크 트웨인은 그의 경력을 가볍고 해학적인 운문을 쓰면서 첫발을 내디뎠지만 인간의 허영과 위선에 대해 쓰는 연대기 작가로 발전했다.
㉣ 경력의 중반기에 '허클베리 핀의 모험'으로 그는 풍부한 유머와 탄탄한 이야기, 그리고 사회 비판을 결합시켰고, 미국적인 주제와 언어를 바탕으로 구축된 독특한 미국문학을 대중화시켰다.
㉡ 비록 트웨인은 글과 강연으로 많은 돈을 벌었지만, 말년에 벤처 사업에 대한 투자로 많은 것을 잃었다.

정답 ④

28

다음 문장 뒤에 들어갈 글의 순서로 가장 적절한 것은?

> Once, there was a little boy who had a bad temper. His father gave him a bag of nails and told him that every time he lost his temper, he must hammer a nail into the back of the fence.

(A) The father took his son by the hand and led him to the fence. He said, "You have done well, my son, but look at the holes in the fence. The fence will never be the same. When you say things in anger, they leave a scar just like this one."

(B) He told his father about it and the father suggested that the boy now pull out one nail for each day that he was able to hold his temper. The days passed and the young boy was finally able to tell his father that all the nails were gone.

(C) The first day the boy had driven six nails into the fence. Over the next few weeks, as he learned to control his anger, the number of nails hammered daily gradually dwindled. Finally the day came when the boy didn't lose his temper at all.

① (B) − (A) − (C)　　　　　　　　② (B) − (C) − (A)
③ (C) − (A) − (B)　　　　　　　　④ (C) − (B) − (A)

어휘

□□□	have a temper	성질 있다; 성미가 급하다
□□□	temper	(걸핏하면 화를 내는) 성질[성미]
□□□	lose one's temper	화내다
□□□	nail	못; 손톱, 발톱
□□□	hammer	망치
□□□	scar	상처; 흉터
□□□	hold[keep] one's temper	노여움을 참다; 성내지 않다
□□□	dwindle	점점 작아지다[적어지다], 줄어들다

Once, there **was** a little boy / [who had a bad temper]. / His father **gave** him / a bag of nails / and **told** him / that every time [he lost his temper], / he must hammer a nail / into the back of the fence.

옛날에 한 아이가 있었다 / 화를 잘 내는 / 아이 아버지는 그에게 주었다 / 못이 든 봉지 하나를 / 그리고 그에게 말했다 / 그가 화가 날 때마다 / 그는 망치로 못을 박아야 한다고 / 울타리의 뒤쪽에

The first day / the boy **had driven** six nails / into the fence. / Over the next few weeks, / as he learned to control his anger, / the number of nails [hammered daily] / gradually **dwindled**.

첫날 / 아이는 6개의 못을 박았다 / 울타리에 / 그 후 몇 주 동안 / 그가 화를 억제하는 법을 터득하면서 / 매일 망치질하여 박는 못의 수는 / 점차적으로 줄어들었다

Finally / the day **came** / [when the boy didn't lose his temper / at all]. / **He told** his father / about it / and the father **suggested** / that the boy now pull out one nail / for each day / [that he was able to hold his temper].

마침내 / 그날이 왔다 / 아이가 화를 내지 않은 / 전혀 / 그는 그의 아버지에게 말했다 / 그것에 관해 / 그리고 그의 아버지는 제안했다 / 그 소년이 이제 못 하나를 뽑아낼 것을 / 날마다 / 그가 그의 화를 참을 수 있는

The days **passed** / and the young boy **was** finally **able to tell** / his father / that all the nails were gone.

며칠이 지나갔다 / 그리고 그 소년은 마침내 이야기할 수 있었다 / 그의 아버지에게 / 모든 못을 다 뽑았노라고

The father **took** his son / by the hand / and **led** him / to the fence.

아버지는 아들을 데리고 갔다 / 손을 잡고 / 그리고 그를 이끌었다 / 울타리로

He **said**, / "You have done well, my son, / but look at the holes / in the fence.

그가 말하길 / "아주 잘했다, 우리 아들 / 하지만 구멍을 보렴 / 울타리의

The fence **will never be** / the same. / When you say things / in anger, / they **leave** a scar / just like this one."

벽은 결코 될 수 없다 / 전과 같이 / 네가 말할 때 / 화가 나서 / 그것들은 마음의 상처를 남긴다 / 이와 같은"

분석

시간의 흐름에 따라 사건의 순서를 배열해야 한다. 주어진 문장에서 아버지가 아들에게 화가 날 때마다 울타리에 못을 박으라고 했으므로 첫날에 아들이 6개의 못을 박았다는 내용인 (C)가 먼저 나와야 한다. (C)의 마지막 문장에서 소년이 화를 전혀 내지 않은 날이 왔다고 했고, 이 내용은 (B)에서 it으로 받고 있다. (B)에서 아버지는 소년에게 화를 참을 수 있게 된 날에 울타리의 못을 뽑으라고 하였고 그 이후 (A)에서 못을 다 빼고 구멍이 남은 울타리와 연결되므로 글의 순서는 ④ (C)-(B)-(A)가 된다.

해석

옛날에 화를 잘 내는 아이가 있었다. 아이 아버지는 그에게 못이 든 봉지 하나를 주고서는 그가 화가 날 때마다 울타리의 뒤쪽에 망치로 못을 박아야 한다고 말했다. 첫날에 아이는 울타리에 6개의 못을 박았다. 그 후 몇 주 동안, 그가 화를 억제하는 법을 터득하면서, 매일 망치질하여 박는 못의 수는 점차적으로 줄어들게 되었다. 마침내 아이가 화를 전혀 내지 않은 날이 왔다. 그는 그의 아버지에게 그것에 관해 말했고, 그의 아버지는 화를 참을 수 있는 날마다 이제 그 소년이 못 하나를 뽑아낼 것을 제안했다. 며칠이 지나갔고, 어린 아들은 마침내 그의 아버지에게 모든 못을 다 뽑았노라고 이야기할 수 있었다. 아버지는 손을 잡고 아들을 데리고 가서는 그를 울타리로 이끌었다. 아버지가 말하길 "아주 잘했다. 우리 아들, 하지만 울타리의 구멍을 보렴. 벽은 결코 전과 같이 될 수 없단다. 네가 화가 나서 말한다면 그것들은 이와 같은 마음의 상처를 남기기 마련이지."

정답 ④

29

다음 글이 주는 분위기로 가장 적절한 것을 고르시오.

A devastated-looking man knocks on the door of a woman known for her charity. "Please, ma'am," he says when she opens up, "can you help this poor, tragic family down the block? The father just lost his job, and his wife is too ill to work. They're about to be turned out into the cold streets unless someone can pay their rent.", "That's the worst thing I've ever heard in my life!" says the woman. "May I ask who you are?" "Their landlord."

① gloomy   ② mysterious
③ festive   ④ humorous

어휘

□□□	devastated	엄청난 충격을 받은; 황폐한
□□□	charity	자선 단체; 자선
□□□	be about to do	막 ~을 하려고 하다; ~하기 직전이다
□□□	turn out	[집 등에서] 쫓아내다(expel); ~을 생산하다(produce); ~로 드러나다(prove)
□□□	landlord	(셋집 등의) 집주인

A devastated-looking man / **knocks on** the door / of a woman / [known for her charity].

망연자실한 표정의 한 남자가 / 문을 두드린다 / 한 여자의 / 자선으로 유명한

"Please, ma'am," he **says** / when she opens up, / "can you help / this poor, tragic family / down the block?

"제발요, 부인"이라고 그는 말한다 / 그녀가 문을 열 때 / "도와줄 수 있나요? / 이 불쌍하고 비극적인 가족을 / 아래 구역에 사는

The father / just **lost** his job, / and his wife / **is** too ill / to work.

아버지는 / 그의 직장을 막 잃었어요 / 그리고 그의 아내는 / 너무 아픕니다 / 일을 하기에

They're about to be turned out / into the cold streets / unless someone can pay / their rent."

그들은 쫓겨날 겁니다 / 추운 길거리로 / 누군가 내주지 않는다면 / 그들의 집세를"

"That's the worst thing / [I've ever heard in my life]!" / **says** the woman.

"그건 최악의 일이네요 / 제가 여태껏 제 인생에서 들은!" / 이라고 여자가 말한다

"**May I ask** / who you are?"

"여쭤 봐도 될까요 / 당신이 누구신지?"

"Their landlord."

"그들의 집주인입니다."

분석

집세를 못 내어 쫓겨날 판인 가족의 얘기를 소개하면서 글의 분위기가 암울한 듯 보이지만 마지막에 임대인이 집세를 받기 위해 자선을 청하려는 속셈이 드러나므로 글의 분위기로 ④ humorous(유머러스한, 익살스러운)가 적절하다.
① 우울한
② 기이한, 신비한
③ 흥겨운, 즐거운

해석

망연자실한 표정의 남자가 자선활동으로 유명한 한 여자의 문을 두드린다. 그는 말한다. "제발요, 부인." 그녀가 문을 열 때 "당신은 아래 구역에 사는 이 불쌍하고 비극적인 가족을 도와줄 수 있나요? 아버지는 그의 직장을 막 잃었어요. 그리고 그의 아내는 일을 하기에 너무 아픕니다. 그들은 누군가 그들의 집세를 내주지 않는다면 추운 길거리로 쫓겨날 겁니다." "그건 제가 여태껏 제 인생에서 들어본 최악의 일이네요!"라고 여자가 말한다.
"당신이 누구신지 여쭤 봐도 될까요?"
"그들의 집주인입니다."

정답 ④

30

밑줄 친 부분에 들어갈 표현으로 가장 적절한 것을 고르시오.

The dengue virus is contracted through contact with mosquitoes, and nearly half of the world's population is at risk of infection. _____, including pain behind the eyes and in the joints, nausea, and rash. Most patients can recover with rest and by staying hydrated, but some develop a severe condition. Presently, there is no cure for the disease, and no vaccines exist to prevent infection.

① Treatment of acute dengue is supportive

② Symptoms of the disease can vary widely

③ Dengue has become a global problem

④ Very few people understand what causes dengue

⑤ Dengue is endemic in more than 110 countries

어휘

☐☐☐	dengue	뎅기열(breakbone fever, 모기를 통해 감염되는 열대 전염병)
☐☐☐	nausea	메스꺼움(sickness)
☐☐☐	rash	발진, 경솔한
☐☐☐	stay hydrated	수분을 유지하다
☐☐☐	supportive	지원하는, 도와주는, 힘을 주는
☐☐☐	endemic	(질병이) 풍토성의

The dengue virus **is contracted** / through contact with mosquitoes, / and nearly half of the world's population / **is** at risk / of infection.

뎅기열 바이러스는 감염된다 / 모기와 접촉을 통해 / 그리고 세계 인구의 거의 절반은 / 위험에 처해 있다 / 감염의

Symptoms of the disease / **can vary** widely, / including pain behind the eyes and in the joints, nausea, and rash.

그 질병의 증상은 / 매우 다양할 수 있다 / 눈 뒷부분과 관절의 통증, 메스꺼움, 발진을 포함해서

Most patients **can recover** / with rest and by staying hydrated, / but some **develop** / a severe condition.

대부분의 환자들은 회복할 수 있다 / 휴식을 취하고 수분을 섭취함으로써 / 하지만 일부는 발전한다 / 심각한 상태로

Presently, / there **is no cure** / for the disease, / and no vaccines **exist** / [to prevent infection].

현재 / 치료법은 없다 / 이 질병에 대한 / 그리고 백신도 존재하지 않는다 / 감염을 예방하기 위한

분석

빈칸 이후 including으로 이어지며 통증과 메스꺼움, 발진 등을 포함한다고 했으므로 빈칸에 들어갈 말로 ② '그 질병의 증상은 매우 다양할 수 있다'가 적절하다.

① 급성 뎅기열의 치료는 도움이 된다.
③ 뎅기열은 전 세계적인 문제가 되었다.
④ 무엇이 뎅기열을 일으키는지 이해하는 사람은 극히 드물다.
⑤ 뎅기열은 110개국 이상에서 풍토병이다.

해석

뎅기열 바이러스는 모기와 접촉을 통해 감염되고, 세계 인구의 거의 절반은 감염의 위험에 처해 있다. 그 질병의 증상은 눈 뒷부분과 관절의 통증, 메스꺼움, 발진을 포함해서 매우 다양할 수 있다. 대부분의 환자들은 휴식을 취하고 수분을 섭취함으로써 회복할 수 있지만 일부는 심각한 상태로 발전한다. 현재, 이 질병에 대한 치료법은 없으며 감염을 막을 백신도 존재하지 않는다.

정답 ②

31

다음 글을 쓴 목적으로 적절한 것은?

Among the growing number of alternative work styles is flextime. Flextime allows workers to adjust work hours to suit personal needs. The total number of hours in the week remains the same, but the daily schedule varies from standard business hours. Flextime can also mean a change in workdays, such as four 10-hour days and six short days. Workers on flextime schedules include employment agents, claim adjusters, mail clerks, and data entry operators.

① To define flextime
② To describe flexible workers
③ To discuss the alternative work styles
④ To compare different jobs
⑤ To arrange flextime schedules

어휘

□□□	alternative	대체 가능한
□□□	flextime	근무시간 자유선택제
□□□	adjust	조정[조절]하다; 적응하다
□□□	employment agent	직업소개소 직원 cf employment agency 직업소개소
□□□	claim adjuster	손해사정인
□□□	mail clerk	우체국 직원; 우편물 담당자
□□□	data entry operator	데이터 입력 운영자

Among the growing number of alternative work styles / **is flextime**.

점차 많아지는 대안적인 근로 형태 가운데 / 근무시간 자유선택제가 있다

Flextime **allows** workers / to adjust work hours / to suit personal needs.

근무시간 자유선택제는 직원들에게 허용한다 / 근무 시간을 조정하는 것을 / 개인적인 필요에 맞도록

The total number of hours in the week / **remains** the same, / but the daily schedule **varies** / from standard business hours.

일주일의 총 근무시간은 / 그대로 유지되지만 / 매일의 스케줄은 다르다 / 표준 근무시간과

Flextime **can** also **mean** / a change in workdays, / such as four 10-hour days / and six short days.

근무시간 자유선택제는 또한 의미한다 / 근무일에 있어서 변화를 / 하루에 10시간씩 4일을 근무하는 것처럼 / 그리고 짧은 시간 동안 6일을

Workers on flextime schedules / **include** / employment agents, claim adjusters, mail clerks, and data entry operators.

근무시간 자유선택제로 일하는 사람들은 / 포함한다 / 직업소개인, 손해사정인, 우체국 직원, 그리고 데이터 입력 운영자를

분석

제시된 글에서는 근무시간 자유선택제를 설명하고 있다. 따라서 글을 쓴 목적으로는 ① '근무시간 자유선택제를 정의하기 위하여'가 적절하다.
② 융통성 있는 근로자를 묘사하기 위하여
③ 대안적인 근로 형태를 논의하기 위하여
④ 여러 가지의 직업들을 서로 비교하기 위하여
⑤ 근무시간 자유선택제 스케줄을 정하기 위하여

해석

점차 많아지는 대안적인 근로 형태 가운데 근무시간 자유선택제가 있다. 근무시간 자유선택제는 직원들이 개인의 필요에 맞추기 위해 근무시간을 조정하는 것을 허용한다. 일주일의 총 근무시간은 그대로 같지만 매일의 스케줄은 표준 근무시간과 다르다. 근무시간 자유선택제는 하루에 10시간씩 4일을 일하거나 짧게 6일을 근무하는 것처럼 근무일수의 변화를 의미하기도 한다. 근무시간 자유선택제로 일하는 사람들은 직업소개인, 손해사정인, 우체국 직원, 그리고 데이터 입력 운영자를 포함한다.

정답 ①

32

다음 글의 요지로 가장 적절한 것을 고르시오.

Biologists often say that the tallest tree in the forest is the tallest not just because it grew from the hardiest seed. They say that is also because no other trees blocked its sunlight, the soil around it was rich, no rabbit chewed through its bark, and no lumberjack cut it down before it matured. We all know that successful people come from hardy seeds. But do we know enough about the sunlight that warmed them, the soil where they put down the roots, and the rabbits and lumberjacks they were lucky enough to avoid? They are beneficiary of hidden advantages and extraordinary opportunities and cultural legacies.

① Success comes through the disadvantages.

② Heroes are born in bad circumstances.

③ Success arises out of the accumulation of advantages.

④ Success depends on the efforts of the individual.

어휘

☐☐☐	seed	씨, 씨앗, 종자; 씨앗을 뿌리다
☐☐☐	bark	나무껍질
☐☐☐	lumberjack	벌목꾼(logger)
☐☐☐	hardy	(척박한 환경에) 강한[강인한]
☐☐☐	beneficiary	수혜자; (유산) 수령인
☐☐☐	extraordinary	보기 드문, 비범한; 대단한
☐☐☐	cultural legacy	문화유산
☐☐☐	disadvantage	불리한 점, 약점

Biologists often **say** / that the tallest tree in the forest is the tallest / not just because it grew / from the hardiest seed.

생물학자들은 종종 말한다 / 숲에서 가장 키가 큰 나무는 가장 크다고 / 그것이 자랐기 때문만은 아니다 / 가장 단단한 씨앗에서

They **say** / that is also because no other trees blocked its sunlight, / the soil around it was rich, / no rabbit chewed through its bark, / and no lumberjack cut it down / before it matured.

그들은 말한다 / 그것은 또한 다른 어떤 나무도 햇빛을 막지 않았고 / 주변의 토양은 비옥했으며 / 나무껍질을 갉아먹을 토끼도 없었고 / 그것을 베어버릴 벌목꾼도 없었기 때문이라고 / 그것이 다 자라기 전에

We all **know** / that successful people come / from hardy seeds.

우리는 모두 안다 / 성공한 사람들은 온다는 것을 / 튼튼한 씨앗에서

But **do we know** enough / about the sunlight [that warmed them], / the soil [where they put down the roots], / and the rabbits and lumberjacks [they were lucky enough to avoid]?

그러나 우리는 충분히 아는가? / 그들을 따뜻하게 해준 햇볕에 대해서 / 그들이 뿌리내린 땅에 대해서 / 그리고 그들이 용케 피했던 토끼와 벌목꾼에 대해서

They **are** beneficiary / of hidden advantages / and extraordinary opportunities / and cultural legacies.

그들은 수혜자이다 / 숨겨진 혜택과 / 보기 드문 기회와 / 문화적 유산의

분석

성공한 사람들은 오직 스스로 힘으로만 이루어낸 것이 아니라, ③ '다양한 이점과 혜택을 받아 이루어진 것'이라고 설명하고 있다.
① 성공은 어려움을 통해 달성된다.
② 영웅들은 열악한 상황에서 태어난다.
④ 성공은 개인의 노력에 좌우된다.

해석

생물학자들은 숲에서 가장 키가 큰 나무가 단지 가장 단단한 씨앗에서 자랐기 때문만이 아니라고 종종 말한다. 그들은 또한 다른 나무들이 햇빛을 막지 않고, 그 주변의 토양이 비옥했으며, 나무껍질을 갉아먹을 토끼도 없었고, 다 자라기도 전에 그것을 베어 버릴 벌목꾼이 없었기 때문이라고 말한다. 우리는 성공한 사람들이 튼튼한 씨앗에서 나왔다는 것을 안다. 하지만 그들을 따뜻하게 해준 햇볕과 그들이 뿌리 내린 땅, 그리고 용케 피했던 토끼와 벌목꾼에 대해서 충분히 알고 있을까? 성공한 사람들은 숨겨진 혜택과 보기 드문 기회와 문화적 유산의 수혜자이다.

정답 ③

33

밑줄 친 부분에 들어갈 표현으로 가장 적절한 것을 고르시오.

Although intimately related, sensation and perception play two complementary but different roles in how we interpret our world. Sensation refers to the process of sensing our environment through touch, taste, sight, sound, and smell. This information is sent to our brains in raw form where perception comes into play. Perception is the way we interpret these sensations and therefore make sense of everything around us. To illustrate the difference between sensation and perception, take the example of a young baby. Its eyes take the same data as those of an adult. But its perception is entirely different because it has no idea of what it is looking at. With experience, perception enables us to assume that _____, even when we can only see part of it, creating useful information of the surroundings.

---

① the whole of an object is present
② objects are impossible to identify
③ optical illusion is caused by our brain
④ our perception gives us inadequate information

어휘

□□□	intimately	밀접하게; 친하게, 친밀하게
□□□	sensation	감각, 느낌; 돌풍
□□□	perception	지각, 자각; 인식; 통찰력
□□□	complementary	상호 보완적인
□□□	refer to	~을 나타내다[~와 관련 있다]
□□□	raw	가공하지 않은
□□□	come into play	활동[작용]하기 시작하다
□□□	illustrate	설명하다
□□□	make sense of	~을 이해하다
□□□	optical	시각적인; 광학의
□□□	illusion	환상, 착각
□□□	inadequate	불충분한

Although intimately related, / sensation and perception **play** / two complementary but different roles / in how we interpret our world.

비록 밀접하게 연관되어 있지만 / 감각과 지각은 수행한다 / 두 개의 상호보완적이지만 다른 역할을 / 우리가 우리의 세계를 해석하는 방법에 있어서

Sensation **refers to** the process / of sensing our environment / through touch, taste, sight, sound, and smell.

감각은 과정을 일컫는다 / 우리가 환경을 감지하는 / 촉각, 미각, 시각, 청각, 그리고 후각을 통해

This information **is sent** / to our brains / in raw form / [where perception **comes into play**].

이러한 정보는 보내진다 / 우리의 뇌로 / 가공되지 않은 형태로 / 거기서 지각이 활동하기 시작한다

Perception **is** the way / [we interpret these sensations / and therefore make sense of everything around us].

지각은 방법이다 / 우리가 이러한 감각을 해석하는 / 그래서 우리 주변의 모든 것을 이해하는

To illustrate the difference / between sensation and perception, / **take** the example / of a young baby.

차이를 설명하기 위해 / 감각과 지각의 / 예를 들어 보자 / 한 어린 아기의

Its eyes **take** / the same data / as those of an adult.

아기의 눈은 얻는다 / 같은 정보를 / 어른의 눈이 얻는 정보와 마찬가지로

But its perception **is** / entirely different / because it has no idea / of what it is looking at.

그러나 아기의 지각은 / 완전히 다르다 / 아기는 모르기 때문에 / 그가 보고 있는 것을

With experience, / perception **enables** us to assume / that the whole of an object is present, / even when we can only see / part of it, / creating useful information / of the surroundings.

경험이 쌓여가면서 / 지각은 우리가 추정하는 것을 할 수 있게 해준다 / 어떤 사물의 전체가 존재한다고 / 우리가 볼 수 있을 때 / 그것의 부분만을 / 그리고 그것은 유용한 정보를 창출한다 / 주변 환경에서

분석

감각과 지각의 차이를 설명하는 글로, 감각은 보고, 듣고, 맛보고, 냄새 맡고, 만져서 환경을 인지하는 과정을 가리키는 반면 지각은 이러한 감각 정보를 해석하여 환경을 파악하는 것이라고 말하고 있다. 빈칸에는 지각에 대한 설명으로 물체의 일부분만 보더라도 ① '어떤 사물의 전체가 존재한다고' 추정할 수 있다는 내용이 적절하다.
② 사물들은 확인하기가 불가능하다고
③ 착시는 우리의 뇌에 의해 야기된다고
④ 우리의 지각은 우리에게 불충분한 정보를 제공한다고

해석

비록 밀접하게 연관되어 있지만, 감각과 지각은 우리가 우리의 세계를 해석하는 방법에 있어서 두 개의 상호 보완적이지만 서로 다른 역할을 수행한다. 감각은 촉각, 미각, 시각, 청각, 그리고 후각을 통해 우리가 환경을 감지하는 과정을 일컫는다. 이러한 정보는 가공되지 않은 형태로 뇌로 보내지며, 거기서 지각이 활동하기 시작한다. 지각은 우리가 이러한 감각을 해석하고 우리 주변의 모든 것을 이해하게 하는 방법이다. 감각과 지각의 차이를 설명하기 위해 한 어린 아기를 예로 들어 보자. 아기의 눈은 어른의 눈이 얻는 정보와 마찬가지로 같은 정보를 얻는다. 그러나 아기의 지각은 완전히 다르다. 왜냐하면 아기는 그가 보고 있는 것을 모르기 때문이다. 경험이 쌓여가면서, 우리가 그것의 부분만을 볼 수 있을 때에도 지각은 우리가 어떤 사물의 전체가 존재한다고 추정하는 것을 할 수 있게 해 주며, 그것은 주변 환경에서 유용한 정보를 창출한다.

정답 ①

34

주어진 글의 주제로 가장 적절한 것은?

The space shuttle *Challenger* had just taken off for its tenth flight in January 1986 when it exploded in the air and killed all seven people inside. Millions of people around the world were watching the liftoff because schoolteacher Christa McAuliffe was on board. McAuliffe, who had been chosen to be the first teacher in space, was planning to broadcast lessons directly to schools from the shuttle's orbit around Earth. This *Challenger* disaster led NASA to stop all space shuttle missions for nearly three years while they looked for the cause of the explosion and fixed the problem. They soon discovered that the shuttle had a faulty seal on one of the rocket boosters. Unfortunately, the teacher-in-space program was indefinitely put on hold. So were NASA's plans to send musicians, journalists, and artists to space.

① Schoolteacher Christa McAuliffe's pioneering participation in the space program

② The reason why the American space program was put on hold

③ The importance of the space research and training of astronauts

④ A satire on the unsuccessful or tragic space missions

어휘

□□□	liftoff	(항공기 · 로켓의) 이륙, 발사
□□□	on board	탑승한
□□□	orbit	궤도; 궤도를 돌다
□□□	disaster	참사, 재난, 재해
□□□	seal	밀봉[밀폐] 부분[물질]
□□□	faulty	흠[결함]이 있는, 불완전한
□□□	booster	추진 로켓, 로켓 추진체
□□□	put on hold	~을 보류[연기]하다

The space shuttle *Challenger* / **had just taken off** / for its tenth flight / in January 1986 / when it exploded in the air / and killed all seven people inside.

우주왕복선인 '챌린저호'는 / 막 이륙했었다 / 10번째 비행을 위해 / 1986년 1월에 / 그것이 공중에서 폭발했을 때 / 그리고 기내의 7명 모두를 사망하게 했을 때

Millions of people / around the world / **were watching** the liftoff / because schoolteacher Christa McAuliffe / was on board.

수백만의 사람들은 / 세계 각지에서 / 그 이륙을 보고 있었다 / 학교 교사인 크리스타 매콜리프가 / 탑승하고 있었기에

McAuliffe, / [who had been chosen / to be the first teacher / in space], / **was planning to broadcast** lessons / directly to schools / from the shuttle's orbit / around Earth.

매콜리프는 / 선정된 / 최초의 교사로 / 우주에서 / 수업을 방송할 계획이었다 / 학교로 바로 / 왕복선의 궤도로부터 / 지구 주위의

This *Challenger* disaster / **led** NASA to stop / all space shuttle missions / for nearly three years / while they looked for the cause of the explosion / and fixed the problem.

이 '챌린저호' 참사는 / 나사가 중지하게 이끌었다 / 모든 우주왕복선 임무를 / 거의 3년 동안 / 그들이 폭발의 원인을 찾는 동안 / 그리고 그 문제를 해결하는 동안

They soon **discovered** / that the shuttle had a faulty seal / on one of the rocket boosters.

그들은 얼마 안가서 발견했다 / 그 왕복선에 밀폐 결함이 있다는 것을 / 로켓 추진체 중 하나에

Unfortunately, / the teacher-in-space program / **was** indefinitely **put on hold**.

안타깝게도 / 우주 공간의 교사 프로그램은 / 무기한 보류되었다

So **were** NASA's plans / [to send musicians, journalists, and artists / to space].

나사의 계획도 또한 보류되었다 / 음악가, 기자, 예술가를 보내려는 / 우주로

분석

우주선의 폭발로 인해, NASA의 계획과 여러 프로그램이 연기되었다는 내용이므로, 글의 주제는 ② '미국 우주 프로그램이 연기된 이유'이다.
① 학교 교사 크리스타 매콜리프의 선구적인 우주 프로그램 참여
③ 우주 연구와 우주비행사 훈련의 중요성
④ 실패로 끝난 혹은 비극적인 우주 임무에 관한 풍자

해석

1986년 1월 우주 왕복선 '챌린저호'가 열 번째 비행을 위해 막 이륙했을 때, 공중에서 폭발해버렸고, 안에 있던 일곱 명 모두 사망했다. 학교 교사인 크리스타 매콜리프가 탑승해 있었기 때문에, 전 세계의 수백만 명의 사람들이 이륙을 지켜보고 있었다. 우주로 가는 최초의 교사로 선정된 매콜리프는 지구의 궤도를 도는 왕복선에서 학교로 바로 수업을 방송할 계획이었다. 이 '챌린저호' 참사로 NASA는 그 폭발의 원인을 찾고 문제를 해결하는 동안 거의 3년간의 모든 우주 왕복선 임무를 중단하게 되었다. 그들은 곧 로켓 추진체들 중 하나에 밀폐 결함이 있었음을 발견했다. 안타깝게도, 우주 공간의 교사 프로그램은 무기한 보류되었다. 우주로 음악가, 기자, 예술가를 보내려는 NASA의 계획도 마찬가지였다.

정답 ②

35

다음 글의 제목으로 가장 적절한 것을 고르시오.

The sales talk of the old-fashioned businessman was essentially rational. He knew his merchandise, he knew the needs of the customer, and on the basis of this knowledge he tried to sell. To be sure his sales talk was not entirely objective and he used persuasion as much as he could; yet, in order to be efficient, it had to be a rather rational and sensible kind of talk. A vast sector of modern advertising is different; it does not appeal to reason but to emotion; like any other kind of hypnoid suggestion, it tries to impress its customers emotionally and then make them submit intellectually. This type of advertising impresses the customers by all sorts of means such as the repetition of the same formula again and again. All these methods are essentially irrational; they have nothing to do with the qualities of the merchandise, and they suppress and kill the critical capacities of the customers.

① Significance of the Sales Talk
② Change in Advertising Methods
③ Critical Capacities of the Customers
④ Importance of Emotional Advertising Slogans

어휘

☐☐☐	old-fashioned	옛날식의; 구식의; 전통적인 사고방식을 지닌
☐☐☐	essentially	근본[기본/본질]적으로
☐☐☐	rational	합리적인; 이성적인
☐☐☐	merchandise	물품, 상품
☐☐☐	objective	객관적인; 목적, 목표
☐☐☐	persuasion	설득; 신념
☐☐☐	efficient	능률적인, 유능한; 효율적인
☐☐☐	sensible	분별[양식] 있는, 합리적인
☐☐☐	appeal	호소하다; 항소하다; 관심[흥미]을 끌다, 매력적이다; 호소; 항소; 매력
☐☐☐	reason	이성; 이유; (논리적인 근거에 따라) 판단하다
☐☐☐	hypnoid	최면이나 잠이 든 상태의[에 있는]
☐☐☐	impress	깊은 인상을 주다, 감명[감동]을 주다
☐☐☐	formula	정형화된[판에 박힌] 문구; 공식
☐☐☐	have nothing to do with	~와 전혀 관련이 없다
☐☐☐	suppress	진압하다; 억제하다
☐☐☐	capacity	능력; 용량; 수용력

지문 속 구문 파악

The sales talk / of the old-fashioned businessman / **was** essentially rational.

구매 권유는 / 구식의 비즈니스맨의 / 본질적으로 합리적이었다

He **knew** his merchandise, / he **knew** the needs of the customer, / and on the basis of this knowledge / he **tried to sell**.

사업가는 자신의 상품에 대해서 알았고 / 그는 고객의 필요에 대해 알았으며 / 그리고 이러한 지식에 근거하여 / 그는 판매하고자 하였다

To be sure / his sales talk / **was** not entirely objective / and he **used** persuasion / as much as he could; / yet, in order to be efficient, / **it had to be** / a rather rational and sensible kind of talk.

분명히 / 비즈니스맨의 구매 권유는 / 전적으로 객관적이지 않았다 / 그리고 그는 설득력을 발휘했다 / 그가 할 수 있는 한 최대한으로 / 그렇지만, 능률을 기하기 위해 / 구매 권유는 되어야 했다 / 상당한 정도의 합리적이고 분별력 있는 이야기가

A vast sector of modern advertising / **is** different; / **it does not appeal to** reason / but to emotion; / like any other kind of hypnoid suggestion, / **it tries to impress** / its customers emotionally / and then **make** them / submit intellectually.

현대 광고의 방대한 부분은 / 이와 다르다 / 즉 그것은 이성에 호소하지 않고 / 감성에 호소한다 / 다른 종류의 최면기법처럼 / 그것은 강한 인상을 주려고 노력한다 / 소비자에게 감정적으로 / 그런 후에 소비자들을 만든다 / 지적으로 굴복하게

This type of advertising / **impresses** / the customers / by all sorts of means / such as the repetition of the same formula / again and again.

이러한 유형의 광고는 / 깊은 인상을 준다 / 고객들에게 / 갖가지 수단으로 / 정형화된 문구의 반복과 같은 / 계속해서

All these methods / **are** essentially irrational; / they **have nothing to do with** / the qualities of the merchandise, / and they **suppress** and **kill** / the critical capacities of the customers.

이러한 모든 방식은 / 근본적으로 이성적이지 못하다 / 즉, 이러한 방식은 아무런 관련이 없다 / 상품의 품질과 / 그리고 짓누르고 죽이는 것이다 / 고객들의 비판 능력을

분석

제시문은 과거 비즈니스맨의 구매 권유의 사례를 들어 현대 광고의 특징에 대해 설명하고 있다. 따라서 글의 제목으로 ② '광고 방법의 변화'가 적절하다.
① 구매 권유의 중요성
③ 고객의 비판 능력
④ 감정적인 광고 슬로건의 중요성

해석

구식의 비즈니스맨이 하던 구매 권유는 본질적으로 합리적이었다. 그는 자신의 상품에 대해서 알았고, 그는 고객의 필요에 대해 알았으며, 그리고 이러한 지식에 근거하여 그는 판매하고자 하였다. 분명히, 비즈니스맨의 구매 권유는 전적으로 객관적이지도 않았으며, 그는 그가 할 수 있는 한 최대한으로 설득력을 발휘했다. 그렇지만 능률을 기하기 위해, 그것은 상당한 정도의 합리적이고 분별력 있는 권유가 되어야 했다. 현대 광고의 방대한 부분은 이와 다르다. 즉, 그것은 다른 종류의 최면기법처럼 이성에 호소하지 않고, 감성에 호소한다. 그것은 소비자에게 감정적으로 강한 인상을 주려고 노력한다. 그런 후에 소비자들을 지적으로 굴복하게 만든다. 이러한 유형의 광고는 계속해서 정형화된 문구의 반복과 같은 갖가지 수단으로 고객들에게 깊은 인상을 준다. 이러한 모든 방식은 근본적으로 이성적이지 못하다. 이러한 방식은 상품의 품질과 아무런 관련이 없으며, 고객들의 비판 능력을 짓누르고 죽이는 것이다.

정답 ②

36

다음 글의 내용과 일치하지 않는 것은?

Chicago's Newberry Library and the Brookfield Zoo were among 10 institutions presented Monday with the National Medal for Museum and Library Service by First Lady Laura Bush at the White House. The annual awards, given by the Institute of Museum and Library Services in Washington, D.C., honor institutions for their collections and community involvement, and include a $10,000 award each. The Brookfield Zoo was honored for programs such as Zoo Adventure Passport, which provides free field trips to low-income families. "Brookfield Zoo is a living classroom for local students," Bush said. The Newberry Library was also honored for its extensive collection of more than half a million maps and its role in helping African-Americans trace their family heritage.

① The Brookfield Zoo ran a program that supports free admission for low-income families.
② The Brookfield Zoo assisted African-American kids in tracing their family history.
③ The Newberry Library and the Brookfield Zoo won a $10,000 award respectively.
④ The Newberry Library was awarded the medal for an extensive number of maps.

어휘

□□□	honor	수여하다; 존경[예우]하다; 명예, 영광
□□□	community involvement	지역사회 참여
□□□	field trip	견학 여행, 현장 학습
□□□	African-American	(아프리카계) 미국 흑인(의)
□□□	trace	추적하다, (추적하여) 찾아내다; 자취, 흔적
□□□	heritage	(국가 · 사회의) 유산
□□□	free admission	무료입장
□□□	respectively	각자, 각각, 제각기

Chicago's Newberry Library and the Brookfield Zoo / **were** among 10 institutions / [presented Monday with the National Medal / for Museum and Library Service / by First Lady Laura Bush / at the White House].

시카고의 뉴베리 도서관과 브룩필드 동물원은 / 10개의 기관 중 하나였다 / 월요일에 국민 훈장을 수여 받은 / 박물관과 도서관 분야에서 / 영부인 로라 부시로부터 / 백악관에서

The annual awards, / [given by the Institute of Museum and Library Services in Washington, D.C.], / **honor** institutions / for their collections and community involvement, / and **include** a $10,000 award each.

매년 수여되는 이 상은 / 워싱턴 DC에 있는 박물관과 도서관 협회에 의해 주어지는 / 기관들에게 영예를 준다 / 그들의 소장품과 지역사회 기여에 대해 / 그리고 각각 1만 달러의 상금을 포함한다

The Brookfield Zoo / **was honored** for programs / such as Zoo Adventure Passport, / which provides free field trips / to low-income families.

브룩필드 동물원은 / 프로그램으로 수상했다 / 동물원 모험 탐험권과 같은 / 그리고 그것은 무료 현장학습을 제공한다 / 저소득층 가정에게

"Brookfield Zoo / is a living classroom / for local students," / Bush said.

"브룩필드 동물원은 / 살아 있는 교실입니다 / 지역 학생들을 위한" / 부시 여사는 말했다

The Newberry Library / **was** also **honored** / for its extensive collection / of more than half a million maps / and its role / in helping African-Americans / trace their family heritage.

뉴베리 도서관은 / 역시 수상했다 / 방대한 수집품으로 / 50만개가 넘는 지도의 / 그리고 도서관의 역할로 / 아프리카계 미국인들을 돕는 / 그들의 가문의 유산을 추적하는 데

분석

② 브룩필드 동물원은 아프리카계 미국 아이들이 그들의 가족 혈통을 추적하는 데 도움을 주었다.
 → 마지막 문장에서 뉴베리 도서관이 '… 그들의 가문의 유산을 추적하는 데' 도움을 주었다고 나와 있으므로 제시문의 내용과 일치하지 않는다.
① 브룩필드 동물원은 저소득 가정을 위한 무료입장을 지원해주는 프로그램을 운영했다.
③ 뉴베리 도서관과 브룩필드 동물원은 각각 1만 달러의 상금을 받았다.
④ 뉴베리 도서관은 아주 많은 지도들을 소장한 덕에 훈장을 수여받았다.

해석

시카고의 뉴베리 도서관과 브룩필드 동물원은 월요일 백악관에서 영부인 로라 부시로부터 박물관과 도서관 분야에서 국민 훈장을 받은 10개의 기관 중 하나였다. 워싱턴 DC에 있는 박물관과 도서관 서비스 협회가 수여하는 그 연례의 상은 그들의 소장품과 지역사회 기여에 대해 영예를 주고, 각각 1만 달러의 상금을 포함한다. 브룩필드 동물원은 동물원 모험 탐험권과 같은 프로그램으로 상을 받았고, 그리고 그것은 저소득층 가정에게 무료 현장학습을 제공한다. "브룩필드 동물원은 지역 학생들을 위한 살아 있는 교실입니다."라고 부시 여사는 말했다. 뉴베리 도서관은 약 50만 개 이상의 지도를 수집했고, 아프리카계 미국인들이 그들의 가문의 유산을 추적하는 데 도움을 준 도서관의 역할로 상을 받았다.

정답 ②

37

다음 글을 읽고 추론할 수 있는 것은?

In the near future, many Arctic animals, such as polar bears and seals, will feel the serious effects of global warming. Seals, for example, use snow caves to raise their young. Rising temperatures will cause these caves to collapse. Without protection, the baby seals will die in the bitter cold. With fewer seals, polar bears will starve. Also, every plant species will not escape from a global warming crisis, if temperatures continue their rapid rise. In the Arctic, global warming is expected to reduce the world's tundra by 30 percent over the next 100 years. These changes will be deadly for the plant species that live there. Consequently, the ecosystem will be destroyed, and life on Earth will never be the same.

① Seals are the staple food for polar bears.

② Seals regularly eat polar bears.

③ Snow caves protect young seals from global warming crisis.

④ 30% of plants will disappear from the tundra in 100 years.

⑤ Baby seals die from overheating caused by rising temperatures.

어휘

□□□	in the near future	가까운 장래에, 멀지 않은 미래에
□□□	seal	바다표범; 직인, 도장; 밀봉[밀폐]하다
□□□	young	새끼(young offspring); 젊은, 어린
□□□	starve	굶어 죽다, 아사하다, ~을 굶어 죽게 하다
□□□	deadly	치명적인(fatal); 극도로, 지독히
□□□	ecosystem	생태계
□□□	staple	주된, 주요한; 주식

In the near future, / many Arctic animals, / such as polar bears and seals, / **will feel** the serious effects / of global warming.

가까운 장래에 / 많은 북극 동물들은 / 북극곰과 바다표범 같은 / 심각한 영향을 느낄 것이다 / 지구온난화의

Seals, / for example, / **use** snow caves / to raise their young.

바다표범은 / 예를 들어 / 눈 동굴을 사용한다 / 그들의 새끼를 키우기 위해

Rising temperatures / **will cause** these caves / to collapse.

기온의 상승은 / 이러한 동굴에게 초래할 것이다 / 붕괴를

Without protection, / the baby seals / **will die** / in the bitter cold.

아무런 보호 없이 / 새끼 바다표범은 / 죽게 될 것이다 / 혹독한 추위 속에서

With fewer seals, / polar bears / **will starve**.

바다표범이 수적으로 감소함에 따라 / 북극곰도 / 굶어 죽게 될 것이다

Also, / every plant species / **will not escape** / from a global warming crisis, / if temperatures continue / their rapid rise.

또한 / 모든 식물 종은 / 빠져나오지 못할 것이다 / 지구온난화의 위기로부터 / 만약 기온이 계속한다면 / 급격한 상승을

In the Arctic, / global warming / **is expected to reduce** / the world's tundra / by 30 percent / over the next 100 years.

북극에서 / 지구온난화는 / 감소시킬 것으로 예상된다 / 세계의 툰드라를 / 30%만큼 / 향후 100년에 걸쳐

These changes / **will be** deadly / for the plant species [that live there].

이러한 변화들은 / 치명적일 것이다 / 그곳에 사는 식물종에게

Consequently, / the ecosystem / **will be destroyed**, / and life on Earth / **will never be** the same.

결과적으로 / 생태계는 / 파괴될 것이다 / 그리고 지구상의 생물은 / 결코 현재와 같을 수 없을 것이다

분석

다섯 번째 문장에서 바다표범이 감소함에 따라 북극곰도 굶어 죽게 될 것이라고 했으므로 북극곰의 주된 먹이가 바다표범이라는 사실을 알 수 있으므로 답은 ① '바다표범은 북극곰의 주된 먹이이다.'이다.
② 바다표범은 정기적으로 북극곰을 먹는다.
③ 눈 동굴은 지구온난화의 위기로부터 새끼 바다표범을 보호한다.
④ 100년이 지나면 툰드라에서 식물들의 30%가 사라질 것이다.
⑤ 새끼 바다표범은 기온 상승으로 야기된 이상과열로 죽는다.

해석

가까운 장래에, 북극곰과 바다표범 같은 많은 북극 동물들은 지구온난화의 심각한 영향을 느낄 것이다. 예를 들어, 바다표범은 그들의 새끼를 키우기 위해 눈 동굴을 사용한다. 기온의 상승은 이러한 동물의 붕괴를 초래할 것이다. 아무런 보호 없이, 새끼 바다표범은 혹독한 추위 속에서 죽게 될 것이다. 바다표범이 수적으로 감소함에 따라, 북극곰도 굶어 죽게 될 것이다. 또한, 만약 기온이 계속해서 올라간다면, 모든 식물종은 지구온난화의 위기에서 벗어나지 못할 것이다. 북극에서, 지구온난화는 향후 100년에 걸쳐 세계의 툰드라를 30%만큼 감소시킬 것으로 예상된다. 이러한 변화들은 그곳에 사는 식물종에게 치명적일 것이다. 결과적으로, 생태계는 파괴될 것이고, 지구상의 생물은 결코 현재와 같을 수 없을 것이다.

정답 ①

38

다음 글을 읽고 아래 문장의 빈칸에 들어갈 가장 적절한 단어는?

Over the course of history it has been artists, poets and playwrights who have made the greatest progress in humanity's understanding of love. Romance has seemed as inexplicable as the beauty of a rainbow. But these days scientists are challenging that notion, and they have rather a lot to say about how and why people love each other. For a start, understanding the neurochemical pathways that regulate social attachments may help to deal with defects in people's ability to form relationships. All relationships rely on an ability to create and maintain social ties. Defects can be disabling, and become apparent as disorders such as autism and schizophrenia. Research is also shedding light on some of the more extreme forms of sexual behaviour. And some utopian groups see such work as the doorway to a future where love is guaranteed because it will be provided chemically, or even genetically engineered from conception.

According to the passage above, scientists now consider love as something _____.

① enviable   ② edible   ③ expiable   ④ explicable

어휘

□□□	playwright	극작가, (텔레비전 · 라디오 극의) 각본가
□□□	humanity	인류, 인간; 인간성; 인간애; cf humanities 인문학
□□□	inexplicable	설명할 수 없는
□□□	neurochemical	신경화학의, 신경화학물질
□□□	regulate	~을 규제[규정]하다; 조절[조정]하다
□□□	attachment	결합, 부착; 애착, 애정
□□□	defect	결점, 결함
□□□	social tie	사회적 유대
□□□	disable	~을 불구로 만들다; ~을 무력하게 하다
□□□	disorder	장애[이상]; 엉망, 어수선함; 난동[무질서]
□□□	autism	자폐증 cf schizophrenia 정신분열병[증]
□□□	shed light on	~을 비추다; 밝히다(clear up, clarify)
□□□	utopian	유토피아적인, 이상적인
□□□	engineer	~을 교묘하게 처리[운영지도]하다, 공작[가공]하다; 엔지니어, 기사
□□□	conception	임신; 개념

Over the course of history / **it has been** artists, poets and playwrights / [who have made the greatest progress / in humanity's understanding of love].

역사적으로 보면 / 예술가, 시인, 그리고 극작가였다 / 가장 크게 발전시켰던 / 사랑에 대한 인간의 이해를

Romance / **has seemed** as inexplicable / as the beauty of a rainbow.

로맨스는 / 설명할 수 없는 것처럼 보였다 / 무지개의 아름다움처럼

But these days / scientists **are challenging** / that notion, / and they **have** rather a lot to say / about how and why people love each other.

그러나 오늘날 / 과학자들은 이의를 제기하고 있다 / 그러한 개념에 / 그리고 그들은 다소 할 말이 많다 / 어떻게 그리고 왜 인간은 서로 사랑하는지에 대해

For a start, / understanding the neurochemical pathways / [that regulate social attachments] / **may help to deal with** defects / in people's ability [to form relationships].

먼저 / 신경화학물질의 통로를 이해하는 것은 / 사회적 애착을 조절하는 / 결함을 다루는 데 도움이 될지도 모른다 / 관계를 맺는 인간의 능력에 있어서

All relationships / **rely on** an ability / [to create and maintain social ties].

모든 관계는 / 능력에 달려 있다 / 사회적 유대를 창조하고 유지하는

Defects / **can be** disabling, / and **become** apparent / as disorders such as autism and schizophrenia.

결점은 / 장애가 될 수 있고 / 명백해진다 / 자폐증과 정신분열증과 같은 질병으로

Research / is also **shedding light on** / some of the more extreme forms / of sexual behavior.

연구는 / 또한 설명하고 있다 / 더욱 극단적인 양상에 관해 / 성적 행동의

And some utopian groups / **see** such work / as the doorway to a future / [where love is guaranteed] / because it will be provided chemically, / or even genetically engineered / from conception.

그리고 일부 이상주의자들은 / 그러한 연구를 본다 / 미래로 가는 출입구로서 / 사랑이 보장되는 / (미래에는) 사랑이 화학적으로 제공되기 때문에 / 다시 말해서 심지어 유전적으로 설계되기 때문에 / 임신 단계에서부터

분석

세 번째 문장에서 오늘날 과학자들은 사랑을 설명할 수 없다는 생각에 이의를 제기하고 있다고 했으므로 주어진 문장에서 과학자들이 사랑을 설명할 수 있는 것이라 여긴다는 내용이 와야 한다. 따라서 정답은 ④ explicable(설명할 수 있는)이다.
① 부러운 / 선망의 대상이 되는, ② 먹을 수 있는, ③ 보상할 수 있는

해석

역사적으로 보면 예술가, 시인, 그리고 극작가들이 사랑에 대한 인간의 이해를 가장 크게 발전시켰다. 로맨스는 무지개의 아름다움처럼 설명할 수 없는 것처럼 보였다. 그러나 오늘날 과학자들은 그러한 개념에 이의를 제기하고 있으며, 어떻게 그리고 왜 인간은 서로 사랑하는지에 대해 다소 할 말이 많다. 먼저, 사회적 애착을 조절하는 신경화학물질의 통로를 이해하는 것은 관계를 맺는 인간의 능력에 있어서 결함을 다루는 데 도움이 될지도 모른다. 모든 관계는 사회적 유대를 창조하고 유지하는 능력에 달려 있다. 결점은 장애가 될 수 있고, 자폐증과 정신분열증과 같은 질병으로 명백하게 나타난다. 연구는 또한 더욱 극단적인 성적 행동의 양상에 관해 설명하고 있다. 그리고 일부 이상주의자들은 그러한 연구를 사랑이 보장되는 미래로 가는 출입구로서 본다. 왜냐하면 (미래에는) 사랑이 화학적으로 제공되고, 다시 말해 임신 단계에서부터 심지어 유전적으로 설계되기 때문이다.

→ 윗글에 따르면, 과학자들은 현재 사랑을 <u>설명할 수 있는</u> 것이라고 여긴다.

정답 ④

39

다음 글의 내용과 일치하지 않는 것은?

> Britain, the biggest single beneficiary of the first age of globalization, was unlikely to gain much from its end. In the 1920s the old and tested policies no longer seemed to work. Paying for World War I had let to a tenfold increase in the national debt. Just paying the interest on that debt consumed close to half of total central government spending by the mid-1920s. The assumption that the budget should nevertheless be balanced meant that public finance was dominated by transfers from income tax-payers to bondholders. The increased power of the trade unions during and after the war not only intensified industrial strife but also meant that wage cuts were slower than price cuts. Rising real wages led to unemployment: during the Depression year of 1932 nearly three million people, close to a quarter of all insured workers, were out of work.

① 영국은 세계화 초기에 가장 큰 수혜를 입은 나라였으나, 1920년대에 과거 정책들은 효과를 발휘하지 못했던 듯하다.

② 제1차 세계대전 당시 진 빚에 대한 영국의 이자지출은 1920년대 중반까지 중앙정부 예산지출의 약 10%를 잠식했다.

③ 전쟁 중 그리고 전쟁 후 노동조합의 커진 힘은 영국에서의 노동쟁의를 격렬하게 만들었다.

④ 대공황 해인 1932년에 영국의 실업자 수는 보험가입 노동자의 25%에 육박했다.

어휘

□□□	beneficiary	수혜자; (유산) 수령인
□□□	globalization	세계화
□□□	be unlikely to do	개연성이 낮다
□□□	end	끝, 결말; 목적; 끝나다; 끝내다
□□□	tested	검증된, 시험을 거친
□□□	tenfold	10배의, 10배로
□□□	consume	～을 소비[소모]하다; ～을 다 써버리다
□□□	budget	예산
□□□	public finance	국가재정, 공공재정
□□□	dominate	(～을) 지배하다
□□□	transfer	이전; 양도; ～을 이전하다[옮기다]
□□□	intensify	～을 격렬하게 하다; ～의 정도를 더하다
□□□	industrial strife	산업 분쟁, 노동쟁의
□□□	wage cut	임금 삭감, 감봉
□□□	price cut	물가[가격] 인하

Britain, / [the biggest single beneficiary / of the first age of globalization], / **was unlikely to gain** much / from its end.

영국은 / 가장 큰 수혜자인 / 세계화의 초기에 / 많이 얻은 것 같지는 않았다 / 그것의 목적으로부터

In the 1920s / the old and tested policies / no longer **seemed to work**.

1920년대에 / 오래되고 검증된 정책들은 / 더 이상 효과를 발휘하지 못하는 것처럼 보였다

Paying for World War I / **had let** to a tenfold increase / in the national debt.

제1차 세계대전의 비용문제는 / 10배로 증가시켰다 / 국가 부채에 있어서

Just paying the interest on that debt / **consumed** close to half / of total central government spending / by the mid-1920s.

단지 그러한 부채에 대한 이자지출만으로 / 거의 절반을 소비했다 / 중앙정부의 지출의 / 1920년대 중반까지

The assumption / [that the budget should nevertheless be balanced] / **meant** / that public finance was dominated / by transfers / from income tax-payers to bondholders.

추정은 / 예산은 그럼에도 불구하고 균형이 맞춰져야 한다는 / 의미했다 / 국가재정이 지배된다는 것을 / 이동에 의해 / 소득 납세자에서 채권 소유자로

The increased power of the trade unions / during and after the war / not only **intensified** industrial strife / but also **meant** / that wage cuts were slower / than price cuts.

노동조합의 증대된 힘은 / 전쟁 동안과 후의 / 산업분쟁을 심화시켰을 뿐만 아니라 / 또한 의미했다 / 임금삭감이 더욱 느리게 일어나는 것을 / 물가인하보다

Rising real wages / **led to** unemployment:

실질임금이 오르는 것은 / 다음과 같은 실업문제로 이어졌다

during the Depression year of 1932 / nearly three million people, / [close to a quarter of all insured workers], / **were** out of work.

1932년의 대공황 기간에 / 거의 삼백만 명이 / 전체 보험가입 노동자의 4분의 1에 육박하는 / 실직하게 되었다

분석

네 번째 문장에서 부채에 대한 이자지출만으로 중앙정부 지출의 약 절반을 소비했다고 했으므로 이자지출이 예산의 약 10%를 잠식했다는 ②는 글의 내용과 일치하지 않는다.

해석

세계화의 초기에 가장 큰 수혜자였던 영국은 그것의 목적으로부터 많이 얻은 것 같지는 않았다. 1920년대에 오래되고 검증된 정책들은 더 이상 효과를 발휘하지 못하는 것처럼 보였다. 제1차 세계대전의 비용문제는 국가 부채를 10배로 증가시켰다. 1920년대 중반까지 단지 그 부채에 대한 이자지출만으로 중앙정부의 지출의 거의 절반을 소비했다. 예산은 그럼에도 불구하고 균형이 맞춰져야 한다는 추정은 국가재정이 소득 납세자에서 채권 소유자로 옮겨 가는 것에 의해 지배된다는 것을 의미했다. 전쟁 동안과 후에 커진 노동조합의 힘은 산업분쟁을 심화시켰을 뿐만 아니라 임금삭감이 물가인하보다 더욱 느리게 일어나는 것을 또한 의미했다. 실질임금이 오르는 것은 다음과 같은 실업문제로 이어졌다. 1932년의 대공황 기간에 전체 보험가입 노동자의 4분의 1에 육박하는 거의 삼백만 명이 실직하게 되었다.

정답 ②

40

Choose the one which makes an inappropriate inference.

We played dodgeball at recess. Dodgeball was my sport. I was light and quick and often managed to escape being picked off until I was the last of my team inside the circle, the winner of the round. My friend was usually my competition. One day I kidded him too sharply when he lost and I won. He gathered a knot of classmates afterward, the girl I dreamed about among them. They strolled over and surrounded me. They were smiling and I thought they were friendly; it didn't occur to me to dodge. The boys grabbed me. My friend led them. "You stink," he told me happily. "We think you're dirty. We want to see." They jerked down the straps on my bib overalls, held my arms high, peeled off my ragged shirt. They exposed my filth, my black armpits, my dirty neck for everyone to see. The faces of those children, the girl well forward among them, filled with horror perverted with glee. I went the only way I could go, down, dropping to the asphalt of the playground. They formed a circle around me, laughing and pointing. I couldn't get away. I covered my head and drew up my knees. I knew how to make myself invisible. I'd learned to make myself invisible when my stepmother attacked. It worked because I couldn't see her even if she could still see me. I made myself invisible. They couldn't hear me crying.

① The event took place when the author was a schoolboy.
② The author's friend meant to embarrass him.
③ The author probably wasn't very well cared for at home.
④ The author happened to be unusually dirty that day.
⑤ The author's stepmother abused him.

□□□	dodgeball	피구
□□□	recess	휴식, 휴게; 휴정; 휴회
□□□	manage to do	～을 용케 잘 해내다, 어떻게든 ～하다
□□□	pick off	[피구나 야구에서] 터치아웃하다; ～을 떼어 내대[제거하다], 겨누어 쏘다
□□□	competition	경쟁; 경쟁자
□□□	kid	놀리다; 속이다; 아이, 어린이(child)
□□□	a knot of	한 무리의, 일단의
□□□	stroll	거닐다, 어슬렁거리다
□□□	dodge	(몸을) 재빨리[휙] 움직이다[비키다/피하다]
□□□	stink	악취를 풍기다; 악취; 소동
□□□	jerk down	확 잡아당겨 내리다
□□□	bib	턱받이
□□□	overalls	멜빵바지
□□□	peel off	(옷을) 벗기다; 벗다
□□□	ragged	누더기가 된, 다 해진
□□□	filth	때; 더러움; 오물, 쓰레기
□□□	armpit	겨드랑이
□□□	forward	(위치가) 앞으로
□□□	horror	공포, 경악
□□□	pervert	(사람을) 비뚤어지게 하다; 왜곡하다; 변태[이상] 성욕자
□□□	glee	신이 남; 큰 기쁨, 환희
□□□	get away	도망치다; 떠나다; 출발하다
□□□	draw up	끌어당기다[올리다]
□□□	stepmother	의붓어머니, 계모
□□□	embarrass	～을 난처하게 하다, 당혹[당황]케 하다, 쩔쩔매게 하다
□□□	abuse	～을 학대[혹사]하다; 욕하다; 남용하다; 학대, 혹사; 남용

We **played** dodgeball / at recess. / Dodgeball **was** my sport. / I **was** light and quick / and often **managed to escape being picked off** / until I was the last of my team / inside the circle, / the winner of the round.

우리는 피구를 했다 / 쉬는 시간에 / 피구는 내가 좋아하는 운동이었다 / 나는 몸이 가볍고 날래서 / 맞는 것을 용케 자주 피했다 / 내가 팀의 마지막 사람이 될 때까지 / 원 안에서 / 즉, 그 시합의 우승자인

My friend / **was** usually my competition. / One day / I **kidded** him too sharply / when he lost and I won.

내 친구가 / 대개 나의 경쟁자였다 / 어느 날 / 나는 그를 너무 심하게 놀렸다 / 그가 지고 내가 이겼을 때

He **gathered** / a knot of classmates / afterward, / the girl [I dreamed about] / among them.

그는 모았다 / 반 친구들의 한 패를 / 나중에 / 내가 꿈속에 그리던 소녀도 / 그중에 있었다

They **strolled over** / and **surrounded** me. / They **were smiling** / and I **thought** / they were friendly;

그들은 슬슬 다가오더니 / 나를 둘러쌌다 / 그들은 웃고 있었고 / 나는 생각했다 / 그들이 우호적이라고

it **didn't occur** to me / **to dodge**. / The boys **grabbed** me. / My friend **led** them.

나에게 떠오르지 않았다 / 피한다는 것이 / 남자아이들이 나를 붙잡았다 / 내 친구가 그들을 이끌었다

"You stink," / he **told** me happily. / "We **think** / you're dirty. / We **want to see**."

"넌 냄새가 고약해." / 그는 나에게 유쾌한 듯 말했다 / "우리는 생각하거든 / 네가 더럽다고 / 우리는 보기를 원해."

They **jerked down** the straps / on my bib overalls, / **held** my arms high, / **peeled off** my ragged shirt.

그들은 끈을 확 잡아 내렸고 / 내 멜빵바지의 / 내 두 팔을 높이 치켜 올리고 / 다 해진 나의 셔츠를 벗겼다

They **exposed** / my filth, my black armpits, my dirty neck / for everyone to see.

그들은 노출시켰다 / 때와 시커먼 겨드랑이, 더러운 목을 / 모든 사람이 볼 수 있게

The faces of those children, / the girl well forward among them, / filled with horror / **perverted** with glee.

그 아이들의 얼굴은 / 그중 족히 앞에 그 소녀가 있었는데 / 공포로 가득 찬 / 기쁨으로 얼룩졌다

I **went** the only way / [I could go], / down, dropping to the asphalt / of the playground.

나는 유일한 길로 갔다 / 내가 갈 수 있던 / 아스팔트로 넘어지면서 / 운동장의

They **formed** a circle / around me, / laughing and pointing. / I **couldn't get away**. / I **covered** my head / and **drew up** my knees.

그들은 원을 형성했다 / 내 주위로 / 웃고 손가락질 하면서 / 나는 도망칠 수 없었다 / 나는 머리를 감싸고 / 무릎을 끌어 올렸다

I **knew** / how to make myself invisible. / I'**d learned** / to make myself invisible / when my stepmother attacked.

나는 알고 있었다 / 나 자신을 보이지 않게 하는 법을 / 나는 배운 적이 있었다 / 내 자신을 보이지 않게 만드는 법을 / 새어머니가 때릴 때

It **worked** / because I couldn't see her / even if she could still see me. / I **made** myself / invisible. / They **couldn't hear** / me / crying.

그것은 효과가 있었다 / 나는 그녀를 볼 수 없었기 때문에 / 그녀가 나를 여전히 볼 수 있었다고 해도 / 나는 내 자신을 만들었다 / 보이지 않게 / 그들은 들을 수 없었다 / 내가 / 우는 것을

필자가 학창 시절 친구들로부터 괴롭힘을 당하고 그에 대처했던 본인의 방법에 대해 서술한 글로 ④ '필자는 그날 우연히 평소와 다르게 더러웠다.'의 내용은 글에서 언급하지 않았다.

① 그 사건은 필자가 학생이었을 때 일어났다. → 쉬는 시간, 반 친구들 등의 단어를 통해 알 수 있다.

② 필자의 친구는 그를 난처하게 할 의도였다. → 필자가 놀린 친구가 주도해서 필자를 괴롭힌 사건이므로 추론할 수 있는 내용이다.

③ 필자는 아마도 가정에서 보살핌을 잘 받지 못했다. → 필자가 괴롭힘에 대처하는 방법을 언급한 부분에서 알 수 있다.

⑤ 필자의 계모는 그를 학대했다. → 새어머니가 때렸다는 부분에서 알 수 있다.

해석

우리는 쉬는 시간에 피구를 했다. 피구는 내가 좋아하는 운동이었다. 나는 몸이 가볍고 날래서 원 안에서 내가 팀의 마지막 사람이 될 때까지, 즉 그 시합의 우승자가 될 때까지 (공을) 맞는 것을 용케 자주 피했다. 내 친구가 대개 나의 경쟁자였다. 어느 날 그가 지고 내가 이겼을 때, 나는 그를 너무 심하게 놀렸다. 나중에 그는 반 친구들의 한 패를 모았는데, 그중에는 내가 꿈속에 그리던 소녀도 있었다. 그들은 슬슬 다가오더니 나를 둘러쌌다. 그들은 웃고 있었고, 나는 그들이 우호적이라고 생각했다. 그래서 나에게 피한다는 것이 떠오르지 않았다. 남자아이들이 나를 단단히 붙잡았다. 내 친구가 그들을 이끌었다. "넌 냄새가 고약해."라고 그는 유쾌한 듯 나에게 말했다. "우리는 네가 더럽다고 생각하거든. 우리는 보고 싶어." 그들은 내 멜빵바지의 끈을 확 잡아 내렸고, 내 두 팔을 높이 치켜 올리고, 다 해진 내 셔츠를 벗겼다. 그들은 모든 사람이 볼 수 있게 때와 시커먼 겨드랑이, 더러운 목을 노출시켰다. 그중 족히 앞에 그 소녀가 있었는데, 공포로 가득 찬 그 아이들의 얼굴은 기쁨으로 얼룩졌다. 나는 운동장의 아스팔트로 넘어지면서 내가 갈 수 있던 유일한 길로 갔다. 그들은 웃고 손가락질 하면서 내 주위로 원을 형성했다. 나는 도망칠 수 없었다. 나는 머리를 감싸고 무릎을 끌어 올렸다. 나는 내 자신을 보이지 않게 하는 법을 알고 있었다. 나는 새어머니가 때릴 때 내 자신을 보이지 않게 만드는 법을 배운 적이 있었다. 그것은 효과가 있었는데, 그녀가 나를 여전히 볼 수 있었다고 해도 나는 그녀를 볼 수 없었기 때문이었다. 나는 내 자신을 보이지 않게 만들었다. 그들은 내가 우는 것을 들을 수 없었다.

정답 ④

41

주어진 문장이 들어갈 위치로 가장 적절한 것은?

> He knew, though, he would never become an Olympic runner, so he looked for other sports that he could play.

> Many people have faced great obstacles in their lives but have found ways to overcome and actually benefit from these obstacles. For example, Greg Barton, the 1984, 1988, and 1992 U.S. Olympic medalist in kayaking, was born with a serious disability. (A) He had deformed feet, his toes pointed inward, and as a result, he could not walk easily. Even after a series of operations, he still had limited mobility. (B) Even so, Greg was never defeated. First, he taught himself to walk, and even to run. Then, he competed in his high school running team. (C) Happily, he discovered kayaking, a perfect sport for him because it required minimal leg and foot muscles. Using his upper body strength, he was able to master the sport. (D) Finally, after many years of training and perseverance, Greg made the 1984 Olympic team.

① (A)
② (B)
③ (C)
④ (D)

어휘

☐☐☐	overcome	~을 극복하다(surmount); (~에) 이기다, ~을 압도하다
☐☐☐	benefit from	~로부터 이익을 얻다
☐☐☐	kayaking	카약 경기, 카약 타기
☐☐☐	deformed	기형의
☐☐☐	defeat	~을 패배시키다; 패배
☐☐☐	compete	경쟁하다; 참가하다
☐☐☐	minimal	최소한의(minimum)
☐☐☐	perseverance	인내, 인내심
☐☐☐	make a team	팀에 들어가다

Many people **have faced** / great obstacles / in their lives / but **have found** ways / [to overcome and actually benefit / from these obstacles].

많은 사람들은 직면해 왔다 / 커다란 장애물들을 / 그들의 삶에서 / 하지만 방법을 발견해 왔다 / 극복하는 그리고 이익을 얻는 / 이러한 장애물로부터

For example, / Greg Barton, / [the 1984, 1988, and 1992 U.S. Olympic medalist in kayaking], / **was born** / with a serious disability.

예를 들어 / 그렉 바튼은 / 1984년, 1988년, 그리고 1992년 미국의 올림픽 카약 메달리스트인 / 태어났다 / 심각한 장애를 가지고

He **had** deformed feet, / [his toes pointed inward], / and as a result, / he **could not walk** easily.

그는 기형의 발을 가지고 있었다 / 그의 발가락이 안으로 휜 / 그리고 그 결과로서 / 그는 쉽게 걸을 수 없었다

Even after a series of operations, / he still **had limited** mobility. / Even so, / Greg **was never defeated**.

몇 번의 수술 뒤에도 / 그는 제한된 움직임을 가졌었다 / 그렇다 할지라도 / 그렉은 결코 좌절하지 않았다

First, / he **taught** himself / to walk, and even to run. / Then, / he **competed** in his high school running team.

우선 / 그는 스스로 익혔다 / 걷는 법, 심지어는 달리는 법을 / 그다음에 / 그는 참여했다 / 고등학교 육상 팀에

He **knew**, though, / he would never become an Olympic runner, / so he **looked for** other sports / [that he could play].

하지만 그는 알았다 / 그는 올림픽 육상선수가 될 수 없다는 것을 / 그래서 그는 다른 스포츠를 찾았다 / 그가 할 수 있는

Happily, / he **discovered** kayaking, / a perfect sport for him / because it required minimal leg and foot muscles. / Using his upper body strength, / he **was able to master** / the sport.

다행히도 / 그는 카약을 발견했다 / 그에게 완벽한 경기인 / 그것은 최소한의 다리와 발 근육을 요구했기에 / 그의 상체 힘을 이용해서 / 그는 마스터할 수 있었다 / 그 스포츠를

Finally, / after many years of training and perseverance, / Greg **made** the 1984 Olympic team.

마침내 / 수년간의 훈련과 인내 끝에 / 그렉은 1984년 올림픽 팀에 들어갔다

분석

발에 장애를 가지고 태어난 사람이 장애를 극복하고 올림픽 카약 금메달리스트가 되었다는 내용으로, 제시된 문장 뒷부분에 그가 할 수 있는 다른 스포츠가 나와야 한다. 따라서 카약이 언급되기 전인 (C)에 들어가야 내용이 자연스럽게 이어진다.

해석

많은 사람들은 그들의 삶에서 커다란 장애물을 직면해 왔지만, 그들은 이러한 장애물로부터 극복하고 이익을 얻는 방법을 발견해 왔다. 예를 들어, 1984년, 1988년, 그리고 1992년 미국의 올림픽 카약 메달리스트인 그렉 바튼은 심각한 장애를 가지고 태어났다. 그는 발가락이 안으로 휜 기형인 발을 가지고 있었는데, 그 결과로 그는 쉽게 걸을 수 없었다. 몇 번의 수술 뒤에도, 그는 움직이는 데 제한이 있었다. 그렇다 할지라도, 그렉은 결코 좌절하지 않았다. 우선, 그는 걷는 법, 심지어는 달리는 법을 스스로 익혔다. 그다음에, 그는 고등학교 육상 팀에 참여했다. 하지만 그는 그가 올림픽 육상선수가 될 수 없다는 것을 알았고, 그래서 그는 그가 할 수 있는 다른 스포츠를 찾았다. 다행히도, 그는 그에게 완벽한 경기인 카약을 발견했는데, 그것은 최소한의 다리와 발 근육을 요구했기 때문이었다. 상체 힘을 이용해서, 그는 그 스포츠를 마스터할 수 있었다. 마침내, 수년간의 훈련과 인내 끝에, 그렉은 1984년 올림픽 팀에 들어갔다.

정답 ③

42

주어진 글 다음에 이어질 글의 순서로 가장 적절한 것은?

It's amazing what a little free beer can accomplish. Samso, then known for its dairy and pig farms, would become Denmark's showcase for sustainable power, eventually going carbon-free. How that would happen, however, was far from clear, since the government initially offered no funding, tax breaks or technical expertise.

(A) So Hermansen showed up at every community or club meeting to give his pitch for going green. He pointed to the blustery island's untapped potential for wind power and the economic benefits of making Samso energy-independent. And he sometimes brought free beer.

(B) It worked. The islanders exchanged their oil-burning furnaces for centralized plants that burned leftover straw or wood chips to produce heat and hot water. They bought shares in new wind turbines, which generated the capital to build 11 large land-based turbines, enough to meet the entire island's electricity needs. Today Samso isn't just carbon-neutral — it actually produces 10% more clean electricity than it uses, with the extra power fed back into the grid at a profit.

(C) Given that almost all its power came from oil or coal — and the island's 4,300 residents didn't know a wind turbine from a grain silo — Samso seemed an odd choice. Soren Hermansen, though, saw an opportunity. The appeal was immediate, and when a renewable-energy project finally secured some funding, he volunteered to be the first — and only — staffer.

① (A) − (B) − (C)   ② (B) − (A) − (C)

③ (C) − (B) − (A)   ④ (C) − (A) − (B)

□□□	showcase	진열장; 공개 행사, 시연장
□□□	sustainable	(환경 파괴 없이) 지속 가능한; 오랫동안 지속[유지] 가능한
□□□	carbon-free	탄소가 발생되지 않는, 무탄소의
□□□	initially	처음에
□□□	tax break	세금 우대[감세] 조치, 세제 특혜
□□□	technical expertise	기술적 전문지식
□□□	pitch	권유[주장], 홍보; 투구; 정도[강도]; 정점; (공을) 타자에게 던지다
□□□	go green	환경을 보호하다, 친환경적이게 되다
□□□	blustery	바람이 거센
□□□	untapped	아직 손대지[사용하지] 않은 ex untapped reserves of oil 아직 손대지 않은 유전(油田)
□□□	leftover	나머지의, 남은; 남은 음식; (과거의) 잔재[유물]
□□□	share	주식
□□□	land-based	지상[육상]의; 육지에 사는
□□□	carbon-neutral	탄소 중립의, 이산화탄소를 배출하지 않는
□□□	grid	배전관[망]; 격자무늬
□□□	at a profit	이익[이윤]을 남기고
□□□	given that	~을 고려[감안]하면
□□□	grain silo	곡물 저장고
□□□	secure	확보[입수]하다; 안전하게 하다; 안전한
□□□	staffer	(큰 기관의 한) 직원

It's amazing / what a little free beer can accomplish. / Samso, / [then known for its dairy and pig farms], / **would become** Denmark's showcase / for sustainable power, / eventually going carbon-free.

놀랍다 / 약간의 공짜 맥주가 이루어 낼 수 있는 것은 / Samso는 / 그 무렵 낙농과 양돈 농장으로 알려져 있던 / 덴마크의 표본이 되고자 했다 / 지속 가능한 동력을 위한 / 최종적으로 무탄소로 향하는

How that would happen, however, / **was** far from clear, / since the government initially offered / no funding, tax breaks or technical expertise.

어떻게 그런 일이 일어날지는, 하지만 / 분명하지 않았다 / 정부가 처음에는 제공했기 때문에 / 어떤 자금이나 세금 우대 조치 혹은 기술 전문성도 없는

Given that / almost all its power came from oil or coal — and the island's 4,300 residents didn't know a wind turbine from a grain silo — Samso **seemed** an odd choice.

고려하면 / 그것의 거의 모든 동력이 석유나 석탄에서 나온다는 것을 – 그리고 그 섬의 4,300명의 주민이 곡물 저장기에서 온 풍력 발전용 터빈에 대해 몰랐다는 것을 – Samso는 터무니없는 선택인 것처럼 보였다

Soren Hermansen, though, / **saw** an opportunity. / The appeal **was** immediate, / and when a renewable-energy project / finally secured some funding, / he **volunteered to be** the first — and only — staffer.

소렌 헤르만센은, 그렇지만 / 기회를 보았다 / 그 매력은 즉각적이었다 / 그리고 재생 가능한 에너지 프로젝트가 / 마침내 일부 기금을 확보했을 때 / 그는 첫 번째 – 그리고 유일한 – 직원으로 자원했다

So Hermansen **showed up** / at every community or club meeting / to give his pitch / for going green.

그래서 헤르만센은 참석했다 / 모든 지역사회 혹은 클럽 회의에 / 자신의 주장을 전달하기 위해 / 친환경으로 가려는

He **pointed to** / the blustery island's untapped potential / for wind power / and the economic benefits / of making Samso energy-independent.

그는 지적했다 / 바람이 거센 그 섬의 아직 개발되지 않은 잠재력을 / 풍력을 위한 / 그리고 경제적인 혜택들을 / Samso를 에너지 자립지역으로 만드는 것에 있어

And he sometimes / **brought** free beer. / It worked. / The islanders **exchanged** / their oil-burning furnaces / **for** centralized plants / [that burned leftover straw or wood chips] / to produce heat and hot water.

그리고 그는 때때로 / 공짜 맥주를 가져왔다 / 그것은 효과가 있었다 / 그 섬 사람들은 맞바꿨다 / 그들의 기름으로 연소하는 용광로를 / 중앙집중식 플랜트로 / 남은 짚이나 나뭇조각을 태우는 / 열과 온수를 생산하기 위해

They **bought** shares / in new wind turbines, / which generated the capital / [to build 11 large land-based turbines], / [enough to meet / the entire island's electricity needs].

그들은 주식을 구입했다 / 새로운 풍력 발전용 터빈에 대한 / 그리고 그것은 자본을 창출해냈다 / 11개의 큰 지상 터빈을 지을 만한 / 충족시키기에 충분한 / 전체 섬의 전력 요구량을

Today Samso / **isn't** just carbon-neutral — / it actually **produces** / 10% more clean electricity / [than it uses], / with the extra power / [fed back into the grid] / at a profit.

오늘날 Samso는 / 그저 탄소 중립지역이 아니다 / 그것은 실제 생산한다 / 10% 더 많은 깨끗한 전기를 / 그곳이 사용하는 것보다 / 여분의 에너지와 함께 / 다시 배전망으로 보내는 / 이익을 남기고

주어진 글에서 Samso가 덴마크의 지속 가능한 동력이 되었으며, 어떻게 그것이 생기게 되었는지는 명확하지 않다고 했다. 따라서 그 과정을 설명하는 (C)가 주어진 글과 연결된다. (C)에서 헤르만센은 기회를 보고 프로젝트에 지원했다는 내용이 등장한다. 그러므로 그가 그프로젝트에서 어떤 일을 했는지에 관한 내용인 (A)가 뒤이어 연결된다. (A)의 마지막 문장에서 공짜 맥주가 언급되는데 그것이 효과가 있었다는 (B)로 연결되며, (B)는 오늘날의 Samso를 설명하므로 마지막에 위치하는 것이 적절하다.

약간의 공짜 맥주가 이루어 낼 수 있는 것은 놀랍다. 그 무렵 낙농과 양돈 농장으로 알려져 있던 Samso는 최종적으로 무탄소로 향하는, 지속 가능한 동력을 위한 덴마크의 표본이 되고자 했다. 하지만, 정부가 처음에는 어떠한 자금이나 세금 우대 조치, 혹은 기술 전문성을 제공하지 않았기 때문에 어떻게 그런 일이 일어날지는 분명하지 않았다.

(C) 그곳의 거의 모든 동력이 석유나 석탄에서 나온다는 것 – 4,300명의 섬 주민들이 곡물 저장기에서 온 풍력 발전용 터빈에 대해 몰랐다는 것 – 을 고려하면 Samso는 터무니없는 선택인 것처럼 보였다. 그렇지만, 소렌 헤르만센은 기회를 보았다. 그 매력은 즉각적이었으며 재생 가능한 에너지 프로젝트가 마침내 일부 기금을 확보했을 때, 그는 첫 번째, 그리고 유일한 직원으로 자원했다.

(A) 그래서 헤르만센은 친환경으로 가려는 자신의 주장을 전달하기 위해 모든 지역사회 혹은 클럽 회의에 참석했다. 그는 바람이 거센 그섬의 미개발 풍력 자원의 가능성과 Samso를 에너지 자립지역으로 만드는 것의 경제적 이점을 지적했다. 그리고 그는 때때로 공짜 맥주를 가져왔다.

(B) 그것은 효과가 있었다. 섬 사람들은 석유로 태우는 용광로를 남은 짚이나 나뭇조각을 태우는 중앙집중식 플랜트로 열과 온수를 생산하기 위해 맞바꿨다. 그들은 새로운 풍력 발전용 터빈에 대한 주식을 구입했고, 이로 인해 11개의 큰 지상 터빈을 지을 만한 자본을 창출해냈으며, 그 정도면 전체 섬의 전력 요구량을 충족시키기에 충분했다. 오늘날 Samso는 그저 단순한 탄소 중립지역이 아니다. 그곳은 실제 사용하는 것보다 10% 더 많은 청정전기를 생산해 남는 에너지를 다시 배전망으로 보냄으로써 이익도 남긴다.

정답 ④

43

다음 글의 제목으로 가장 적절한 것을 고르시오.

Many of the greatest economic evils of our time are the fruits of risk, uncertainty, and ignorance. It is because particular individuals, fortunate in situation or in abilities, are able to take advantage of uncertainty and ignorance, and also because for the same reason big business is often a lottery, that great inequalities of wealth come about. And these same factors are also the cause of the unemployment of labor, or the disappointment of reasonable business expectations, and of the impairment of efficiency and production. Yet the cure lies outside of the operations of individuals. I believe that the cure for these things is partly to be sought in the deliberate control of the currency and of credit by a central institution, and partly in the collection and dissemination of data relating to the business situation including the full publicity, by law if necessary, of all business facts which it is useful to know. Even if these measures prove insufficient, they will furnish us with better knowledge than we have now for taking the next step.

① Economic Evils and Money-oriented Society ② Economic Evils and Solutions to Them
③ Role of the Central Institution ④ Origins of Economic Evils

어휘

□□□	ignorance	무지, 무식
□□□	fortunate	운 좋은, 다행한
□□□	take advantage of	~을 이용하다; 기만하다
□□□	lottery	복권
□□□	inequality	불평등; 불균등
□□□	come about	일어나다, 생기다(happen, occur)
□□□	unemployment	실업, 실업률, 실업자 수
□□□	impairment	(신체적 · 정신적) 장애
□□□	deliberate	신중한, 찬찬한; 고의의, 의도적인; 숙고[숙의]하다, 신중히 생각하다
□□□	currency	통화(通貨); 통용
□□□	credit	신용 거래; 신용도; 융자; (계좌) 잔고; (대학의) 학점; 칭찬; 인정
□□□	dissemination	확산, 보급; 파종
□□□	publicity	공표, 공개, 공시; 홍보[광고](업); 매스컴[언론]의 관심[주목]
□□□	insufficient	불충분한
□□□	furnish A with B	A에게 B를 제공하다

Many of the greatest economic evils / of our time / **are** the fruits / of risk, uncertainty, and ignorance.

가장 큰 경제적 폐해의 많은 부분은 / 우리 시대의 / 결과들이다 / 위험, 불확실성, 그리고 무지의

It is because particular individuals, / [fortunate in situation or in abilities], / are able to take advantage of / uncertainty and ignorance, / and also because for the same reason / [big business is often a lottery], / that great inequalities of wealth come about.

특정 개인들이 / 상황이나 능력 면에서 운이 좋은 / 이용할 수 있기 때문에 / 불확실성과 무지를 / 그리고 또한 같은 이유 때문에 / 큰 사업은 종종 복권이라는 / 커다란 부의 불평등이 발생하는 것이다

And these same factors / **are** also the cause / of the unemployment of labor, or the disappointment / of reasonable business expectations, / and of the impairment / of efficiency and production.

이와 같은 요인은 / 또한 원인이 된다 / 실직이나 실망의 / 합당한 사업의 기대치에 대한 / 그리고 차질의 / 능률과 생산에 대한

Yet the cure **lies** / outside of the operations of individuals.

하지만 해결책은 놓여 있다 / 개인들의 운용 능력 바깥에

I believe / that the cure for these things / is partly to be sought / in the deliberate control / of the currency and of credit / by a central institution, / and partly in the collection and dissemination of data / [relating to the business situation] / including the full publicity, / by law if necessary, / of all business facts [which it is useful to know].

나는 생각한다 / 이러한 상황의 해결책은 / 부분적으로 찾아질 수 있다고 / 고의적인 통제에서 / 환율과 신용대출에 대한 / 중앙기관에 의해서 / 그리고 부분적으로 자료의 수집과 배포하는 것에서 / 사업 상황과 관련된 / 완전 공표를 포함해서 / 필요하면 법에 의해서 / 알면 유용한 사업 관련 사실들에 대한

Even if these measures / prove insufficient, / they **will furnish** us / **with** better knowledge / [than we have now] / for taking the next step.

비록 이러한 조치가 / 충분치 않다고 밝혀진다 하더라도 / 그것들은 우리에게 제공할 것이다 / 더 나은 지식을 / 우리가 현재 가진 것보다 / 다음 단계로 나가기 위한

분석

첫 번째 문장에서 핵심 소재인 '경제적 폐해'를 소개하였고, 이것의 발생 원인을 설명한 후 문미에서 해결책을 제시하는 글이다. 따라서 글의 제목으로는 ② '경제적 폐해와 그에 대한 해결책'이 적절하다.
① 경제적 폐해와 금전 지향적 사회
③ 중앙 기구의 역할
④ 경제적 폐해의 기원

해석

가장 큰 경제적 폐해의 많은 부분은 우리 시대의 위험, 불확실성, 그리고 무지의 결과이다. 상황이나 능력 면에서 운이 좋은 특정 개인들이 불확실성과 무지를 이용할 수 있고, 또한 그와 같은 이유로 인해 큰 사업은 종종 복권과 같은 것이 되기 때문에 커다란 부의 불평등이 발생하는 것이다. 이와 같은 요인은 또한 실직의 원인이나 합당한 사업의 기대치에 대한 실망으로 이어지고, 능률과 생산에 대한 차질의 원인이 되기도 한다. 하지만 해결책은 개인들의 운용 능력 밖에 존재한다. 이러한 상황의 해결책은 중앙기관에 의해 환율과 신용대출에 대한 고의적인 통제에서 찾을 수 있고, 필요하다면 법에 의해 알면 유용한 사업 관련 사실들에 대해 완전 공표를 하는 것과 같은 사업 관련 정보의 수집과 배포에서도 찾을 수 있다고 생각한다. 비록 이러한 조치가 충분치 않다고 밝혀진다 하더라도, 다음 단계로 나가기 위해 우리가 현재 가진 것보다 더 나은 지식을 제공할 것이다.

정답 ②

44

밑줄 친 부분에 들어갈 표현으로 가장 적절한 것을 고르시오.

> It can sometimes feel as if South Korea, overworked, overstressed and ever anxious, is _____ a national nervous breakdown, with a rising divorce rate, students who feel suffocated by academic pressures, a suicide rate among the highest in the world and a macho corporate culture that still encourages blackout drinking sessions after work. More than 30 Koreans kill themselves everyday, and the suicides of entertainers, politicians, athletes and business leaders have become almost commonplace.

① by virtue of   ② as opposed to
③ in favor of   ④ on the verge of

어휘

☐☐☐	overstress	~에 심한 긴장[압력]을 주다; ~을 지나치게 강조하다
☐☐☐	nervous breakdown	신경쇠약
☐☐☐	suffocate	질식사시키다; 질식사하다; (날씨 등이) 숨이 막히다
☐☐☐	academic pressure	공부[학업]에 대한 압박감
☐☐☐	macho	남자다움을 과시하는[으스대는]; 남성적인 남자
☐☐☐	blackout	일시적인 의식 상실; 정전

It **can** sometimes **feel** / as if South Korea, / [overworked, overstressed and ever anxious], / is on the verge of a national nervous breakdown, / with a rising divorce rate, students [who feel suffocated by academic pressures], a suicide rate among the highest in the world and a macho corporate culture / [that still encourages blackout drinking sessions after work].

때때로 느껴진다 / 마치 대한민국이 / 과로에 시달리고, 스트레스가 심하고 불안해하는 / 국가적인 신경쇠약 직전에 있는 것처럼 / 증가하는 이혼율, 학업에 대한 중압감으로 숨 막혀하는 학생들, 세계에서 가장 높은 자살률, 그리고 남성적인 기업문화로 인해 / 퇴근 후 기절할 때까지 술을 마시는 회식을 권하는

More than 30 Koreans / **kill** themselves everyday, / and the suicides of entertainers, politicians, athletes and business leaders / **have become** almost commonplace.

30명 이상의 한국인들이 / 매일 스스로 목숨을 끊고 / 연예인, 정치인, 운동선수 그리고 기업인의 자살은 / 거의 일상이 되었다

분석

밑줄 친 부분 다음에서 대한민국의 모습을 증가하는 이혼율, 학업에 숨 막혀 하는 학생들, 세계에서 가장 높은 자살률 등으로 묘사하고 있으므로, 빈칸에는 국가적인 신경쇠약 직전에 있다고 표현하는 ④ 'on the verge of(~의 직전에)'가 오는 것이 적절하다.

① ~의 힘으로

② ~와는 대조적으로

③ ~에 찬성하여

해석

과로에 시달리고, 스트레스가 심하고 불안해하는 대한민국은 증가하는 이혼율, 학업에 대한 중압감으로 숨 막히는 학생들, 세계에서 가장 높은 자살률, 그리고 퇴근 후 기절할 때까지 술을 마시는 회식을 권하는 남성적인 기업문화로 인해 국가적인 신경쇠약 직전에 있는 것처럼 때때로 느껴진다. 30명 이상의 한국인들이 매일 스스로 목숨을 끊고, 연예인, 정치인, 운동선수 그리고 기업인의 자살은 거의 일상이 되었다.

정답 ④

45

Which of the following is the primary topic of the passage?

News that the United States has seriously failed to achieve its goal of reducing high school smoking surprises me as there was such confidence a few years ago that we could convince kids of the dangers of smoking through education efforts. It's a critical issue as a third of smokers who begin in high school will die of a tobacco-related causes. I am shocked to see teenage girls depending on smoking for weight control. For those of you who work with teens or whose own teens smoke, any ideas on how to combat this? I always think it is sad to visit high schools and see groups of teens hurried after school for smoking, as if they were waiting all day for it.

① The U.S. fights against teen smoking.

② Teens must stop smoking in school.

③ Teens die of smoking-related causes.

④ Teen smoking still continues in the U.S.

⑤ Almost all teens smoke in the U.S.

어휘

□□□	confidence	확신; 자신, 자신감; 신뢰
□□□	convince A of B	A에게 B를 납득시키다, 확신시키다
□□□	critical	대단히 중요한[중대한]; 비판적인, 비난하는
□□□	die of	~으로 죽다
□□□	weight control	체중 조절
□□□	combat	전투를 벌이다; 전투, 싸움

News / [that the United States has seriously failed to achieve / its goal of reducing high school smoking] / **surprises** me / as there was such confidence / a few years ago / [that we could convince kids / of the dangers of smoking / through education efforts].

뉴스가 / 미국이 심각하게 달성하지 못했다는 / 고교 흡연을 줄이려는 그것의 목표를 / 나를 놀라게 한다 / 자신감이 있었기 때문에 / 몇 년 전에 / 우리가 아이들에게 확신시킬 수 있다는 / 흡연의 위험에 대해 / 교육적 노력을 통해서

It's a critical issue / as a third of smokers / [who begin in high school] / will die of / a tobacco-related causes.

이것은 중요한 문제이다 / 흡연자의 3분의 1이 / 고등학교에서 시작한 / 죽을 것이므로 / 담배와 관련된 원인들로

I am shocked / to see teenage girls / [depending on smoking / for weight control].

나는 충격을 받는다 / 십대 여학생을 보고 / 흡연에 의존하는 / 체중 조절을 위해

For those of you / [who work with teens / or whose own teens smoke], / any ideas / on how to combat this?

여러분에게 있어서 / 십대들과 일하는 / 혹은 십대 자녀가 흡연을 하는 / 좋은 생각은 없는가? / 이와 맞서 싸울

I always **think** / it is sad / to visit high schools / and see groups of teens / [hurried after school for smoking, / as if they were waiting all day / for it].

나는 언제나 생각한다 / 슬프다고 / 고등학교를 방문하는 것이 / 그리고 십대 그룹들을 보는 것이 / 방과 후에 흡연하러 서둘러 달려 나가는 / 마치 그들이 하루 종일 기다렸다는 듯이 / 그것을 위해

분석

필자는 미국에서 십대 흡연을 줄이려고 하는 목표가 실패했다는 뉴스를 보고 충격을 받아 이를 해결하기 위한 방안을 강구하고 있다. 특히 글의 중반부와 후반부에서 다이어트를 위해 흡연하는 여학생, 방과 후에 흡연하러 서둘러 나가는 십대들의 사례를 들어 미국 청소년 흡연 문제의 실태를 나타내고 있으므로 글의 주제로 가장 적절한 것은 ④ '십대 흡연이 여전히 미국에서 계속되고 있다.'이다.

① 미국은 십대 흡연에 맞서 싸우고 있다.
② 십대들은 교내 흡연을 멈추어야 한다.
③ 십대들이 흡연과 관련된 원인들로 사망한다.
⑤ 미국의 거의 모든 십대들이 흡연을 한다.

해석

미국이 고교 흡연을 줄이려는 목표를 심각하게 달성하지 못했다는 뉴스가 나를 놀라게 하는데, 몇 년 전만 해도 교육적 노력을 통해 우리가 아이들에게 흡연의 위험에 대해 확신시킬 수 있다는 자신감이 있었기 때문이다. 고등학교에서 시작한 흡연자의 3분의 1이 담배와 관련된 원인들로 죽을 것이므로 이것은 중요한 문제이다. 나는 체중 조절을 위해 흡연에 의존하는 십대 여학생을 보고 충격을 받는다. 십대들과 일하는 혹은 흡연을 하는 십대 자녀를 둔 여러분들에게 이와 맞서 싸울 좋은 생각은 없는가? 나는 고등학교를 방문해서 십대 그룹들이 흡연을 위해 마치 그들이 하루 종일 기다렸다는 듯 방과 후에 흡연하러 서둘러 달려 나가는 모습을 보는 것이 언제나 슬프다고 생각한다.

정답 ④

46

다음 글의 제목으로 가장 적절한 것을 고르시오.

In 2003, Amos Tversky, my younger colleague, and I met over lunch and shared our recurrent errors of judgement. From there were born our studies of human intuition. We could spend hours of solid work in continuous delight. As we were writing our first paper, I was conscious of how much better it was than the more hesitant piece I would have written by myself. We did almost all the work on our joint projects together, including the drafting of questionnaires. Our principle was to discuss every disagreement until it had been resolved to our mutual satisfaction. If I expressed a half-formed idea, I knew that Amos would understand it, probably more clearly than I did. We shared the wonder of owning a goose that could lay golden eggs.

① Human Intuition and Its Role in Decision Making
② A Recipe for Success: Stick to Your Own Beliefs
③ How Pleasant and Productive Collaborative Work Is
④ Place Yourself in Others' Shoes to Mediate Conflicts

어휘

□□□	colleague	동료
□□□	recurrent	되풀이되는, 반복되는, 재발되는
□□□	intuition	직관력; 직감, 직관
□□□	solid	고체의; 단단한; 견고한; 속이 꽉 찬; 알찬
□□□	write out	(상당히 긴 내용을 세세하게) 쓰다[작성하다]
□□□	be conscious of	~을 자각하다[알고 있다]
□□□	hesitant	주저하는, 망설이는, 머뭇거리는
□□□	joint project	합작[공동] 프로젝트
□□□	draft	기초[입안]하다; (설계도 · 그림 등의) 밑그림을 그리다; 밑그림; 초안
□□□	questionnaire	설문지
□□□	resolve	결심하다; (문제 · 곤란 등을) 해결하다
□□□	mutual	상호간의; 공통의
□□□	wonder	경탄, 경이로움; 감탄[경탄]하다; 의아스럽게 여기다; 놀라다; (~인지 아닌지) 하고 생각하다
□□□	goose	거위
□□□	recipe	조리[요리]법, 방안(비결)
□□□	collaborative	공동의
□□□	mediate	조정[중재]하다

In 2003, I / Amos Tversky, my younger colleague, and I / **met** over lunch / and **shared** / our recurrent errors of judgement.

2003년에 / 나보다 어린 동료인 아모스 트버스키와 나는 / 만나서 점심을 먹으며 / 의견을 나누었다 / 우리의 반복되는 판단오류에 대해

From there / **were born** our studies / of human intuition.

거기서부터 / 우리의 연구는 시작되었다 / 인간의 직관력에 대한

We **could spend** / hours of solid work / in continuous delight.

우리는 보낼 수 있었다 / 몇 시간이고 알찬 일을 하는 시간을 / 내내 즐거움을 느끼면서

As we were writing / our first paper, / **I was conscious of** / how much better it was / than the more hesitant piece / [I would have written by myself].

우리가 작성하면서 / 우리의 첫 번째 논문을 / 나는 알게 되었다 / 그것이 얼마나 더 훌륭한지 / 훨씬 불확실한 글보다 / 내가 혼자 썼더라면

We **did** almost all the work / on our joint projects together, / including the drafting of questionnaires.

우리는 거의 모든 작업을 했다 / 우리의 공동 프로젝트에 관해 함께 / 설문조사 초안 작성을 포함하여

Our principle **was** / to discuss every disagreement / until it had been resolved / to our mutual satisfaction.

우리의 원칙은 / 모든 의견 차이를 토론하는 것이었다 / 그것이 해결될 때까지 / 우리가 서로 만족하도록

If I expressed / a half-formed idea, / **I knew** / that Amos would understand it, / probably more clearly [than I did].

만일 내가 제시하면 / 불완전한 개념을 / 나는 알고 있었다 / 아모스가 그것을 이해하리라는 것을 / 아마 나보다 더 분명하게

We **shared** / the wonder of owning a goose / [that could lay golden eggs].

우리는 공유했다 / 거위를 소유하는 경이로움을 / 황금알을 낳을 수 있는

분석

제시문은 동료와 함께 작업하며 느꼈던 필자의 기억에 대해 서술한 글인데, 네 번째 문장부터 혼자 일을 했을 때보다 함께 일을 했을 때 일의 결과가 더 좋았다는 내용을 보아 글의 제목으로 가장 적절한 것은 ③ '공동 작업은 얼마나 즐겁고 생산적인가'이다.
① 인간의 직관력과 의사결정에 있어서의 그것의 역할
② 성공의 비결: 당신의 믿음을 고수하라
④ 갈등을 중재하려면 다른 사람의 입장이 되어 보라

해석

2003년에, 나보다 어린 동료인 아모스 트버스키와 나는 만나서 점심을 먹으며 우리의 반복되는 판단오류에 대해 의견을 나누었다. 거기서 부터 인간의 직관력에 대한 우리의 연구는 시작되었다. 우리는 내내 즐거움을 느끼면서 몇 시간이고 알찬 일을 하며 시간을 보낼 수 있었다. 우리의 첫 번째 논문을 작성하면서, 나는 내가 혼자 썼더라면 훨씬 불확실했을 글보다 이것이 얼마나 더 훌륭한지 알게 되었다. 우리는 설문조사 초안 작성을 포함하여 공동 프로젝트에 관한 거의 모든 작업을 거의 함께했다. 우리의 원칙은 모든 의견 차이를 서로 만족스럽게 해결될 때까지 토론하는 것이었다. 내가 불완전한 개념을 제시해도 아모스가 아마 나보다 더 분명하게 그것을 이해하리라는 것을 알고 있었다. 우리는 황금알을 낳을 수 있는 거위를 소유하는 경이로움을 공유했다.

정답 ③

47

다음 문장이 들어갈 위치로 가장 적절한 것은?

> For example, some cultural groups were often portrayed as gangsters, while others were usually shown as the 'good guys' who arrested them.

One of the challenges we face in the world today is that a lot of the information we get about other people and places comes from the advertising and entertainment we see in the media. (A) You can't always trust these types of information. (B) To the people who make television programs and advertisements, true facts and honest opinions aren't as important as keeping you interested long enough to sell you something! (C) In the past, the messages we received from television programs, advertisements, and movies were full of stereotypes. (D) Even places were presented as stereotypes: European cities, such as Paris and Venice, were usually shown as beautiful and romantic, but cities in Africa and Asia, such as Cairo and Calcutta, were often shown as poor and overcrowded.

① (A)　　　　　　　　　　　　② (B)

③ (C)　　　　　　　　　　　　④ (D)

어휘

□□□	portray	그리다[묘사하다](depict)
□□□	gangster	폭력배, 깡패, 악당
□□□	entertainment	(영화·음악 등의) 오락(물); 연예
□□□	stereotype	고정 관념, 정형화된 생각[이미지]; 고정 관념을 형성시키다, 정형화시키다
□□□	overcrowded	너무 붐비는, 초만원인

One of the challenges / [we face in the world today] / **is** that a lot of the information / [we get about other people and places] / comes from the advertising and entertainment / [we see in the media].

도전들 중 하나는 / 오늘날 우리가 세상에서 직면한 / 많은 정보들이 / 다른 사람들과 장소에 대해 얻는 / 광고와 오락물로부터 나온다는 것이다 / 우리가 매체에서 보는

You can't always **trust** / these types of information.

당신은 항상 신뢰할 수 없다 / 이런 유형의 정보를

To the people / [who make television programs and advertisements], / true facts and honest opinions / **aren't** as important / as keeping you interested / long enough / to sell you something!

사람들에게 / 텔레비전 프로그램과 광고를 만드는 / 진실과 정직한 의견은 / 중요하지 않다 / 흥미를 유지시키는 것만큼 / 충분히 오랫동안 / 당신에게 무언가를 팔기 위해

In the past, / the messages [we received / from television programs, advertisements, and movies] / **were** full of / stereotypes.

과거에 / 우리가 받았던 메시지는 / 텔레비전 프로그램, 광고, 그리고 영화로부터 / 가득 차 있었다 / 고정 관념으로

For example, / some cultural groups / **were often portrayed** / as gangsters, / while others were usually shown / as the 'good guys' / [who arrested them].

예를 들어 / 어떤 문화 집단들은 / 종종 묘사되었다 / 악당으로 / 다른 집단들이 보통 보여지는 동안 / '착한 사람들'로 / 그들을 잡아가는

Even places **were presented** / as stereotypes:

심지어 장소들도 표현되었다 / 다음과 같은 고정 관념으로

European cities, / such as Paris and Venice, / **were** usually **shown** / as beautiful and romantic, / but cities in Africa and Asia, / such as Cairo and Calcutta, / **were** often **shown** / as poor and overcrowded.

유럽 도시들은 / 파리와 베니스 같은 / 대개 보여졌다 / 아름답고 로맨틱한 곳으로 / 하지만 아프리카와 아시아의 도시들은 / 카이로와 캘거타 같은 / 보통 보여졌다 / 가난하고 너무 붐비는 곳으로

분석

주어진 문장은 전형적인 선과 악의 집단에 관한 내용으로서 '고정 관념'을 의미한다. 이것은 (C)의 '틀에 박힌 표현'과 연결되기 때문에 (D)에 오는 것이 적절하다.

해석

오늘날 우리가 세상에서 직면한 도전들 중 하나는 다른 사람들과 장소에 대해 얻는 많은 정보들이 우리가 매체에서 보는 광고와 오락물로부터 나온다는 것이다. 당신은 이런 유형의 정보를 항상 신뢰할 수 없다. 텔레비전 프로그램과 광고를 만드는 사람들에게 진실과 정직한 의견은 당신에게 무언가를 팔기 위해 충분할 만큼 오랫동안 흥미를 유지시키는 것만큼 중요하지 않다. 과거에, 텔레비전 프로그램, 광고, 그리고 영화로부터 우리가 받았던 메시지는 고정 관념으로 가득 차 있었다. 예를 들어, 어떤 문화 집단들은 종종 악당으로 묘사되는 반면 다른 집단들은 보통 그들을 잡아가는 '착한 사람들'로 나타났다. 심지어 장소들도 다음과 같은 고정 관념으로 표현되었다. 파리와 베니스 같은 유럽 도시들은 대개 아름답고 로맨틱한 곳으로 보였지만 카이로와 캘거타 같은 아프리카와 아시아의 도시들은 보통 가난하고 너무 붐비는 곳으로 보여졌다.

정답 ④

48

다음 글을 읽고 아래 문장의 빈칸에 들어갈 가장 적절한 것은?

Euthanasia generally refers to mercy killing, the voluntary ending of the life of someone who is terminally or hopelessly ill. Euthanasia has become a legal, medical and ethical issue over which opinion is divided. Euthanasia can be either active or passive. Active euthanasia means that a physician or other medical personnel takes a deliberate action that will induce death. Passive euthanasia means letting a patient die for lack of treatment or suspending treatment that has begun. A good deal of the controversy about mercy killing stems from the decision-making process. Who decides if a patient is to die? This issue had not been established legally in the United States. The matter is left to state law, which usually allows the physician in charge to suggest the option of death to a patient's relatives, especially if the patient is brain-dead.

The article suggests that euthanasia should be _____.

① primarily an ethical issue
② decided by physicians
③ determined by the federal government
④ a controversial issue not to be easily resolved

어휘

□□□	euthanasia	안락사(mercy killing)
□□□	refer to	～을 나타내다; ～와 관련 있다
□□□	terminally	말기에, 말단에
□□□	hopelessly	절망하여, 절망적으로, 가망 없이
□□□	ethical	윤리적인, 도덕적인
□□□	deliberate	신중한; 고의의, 의도적인; 숙고[숙의]하다, 신중히 생각하다
□□□	induce	유발[초래]하다; 설득하다, 유도하다
□□□	suspend	유예[중단]하다; 연기[유보]하다; 매달다, 걸다; 정직[정학]시키다
□□□	controversy	논란
□□□	stem from	～에서 생겨나다[기인하다]
□□□	in charge	～을 맡은, 담당인
□□□	option	선택, 옵션; 선택권
□□□	relative	친척; 동족, 동류; 비교적인; 상대적인
□□□	brain-dead	뇌사 상태인

Euthanasia generally **refers to** / mercy killing, / the voluntary ending / of the life of someone / [who is terminally or hopelessly ill].

안락사는 일반적으로 나타낸다 / 자비로운 죽음을 / 즉 자발적으로 끝내는 것을 / 어떤 이의 목숨을 / 불치병 혹은 절망적인 병에 걸린

Euthanasia **has become** / a legal, medical and ethical issue / [over which opinion is divided].

안락사는 되었다 / 법률적, 의학적, 윤리적인 문제가 / 그것에 걸쳐 의견이 나누어지는

Euthanasia **can be** / either active or passive. / Active euthanasia **means** / that a physician or other medical personnel / takes a deliberate action / [that will induce death].

안락사는 될 수 있다 / 적극적이거나 소극적이거나 / 적극적인 안락사는 의미한다 / 의사 혹은 다른 의료진이 / 의도적인 조치를 취하는 것을 / 죽음을 유도할

Passive euthanasia **means** / letting a patient die / for lack of treatment / or suspending treatment / [that has begun]. / A good deal of the controversy about mercy killing / **stems from** / the decision-making process.

소극적인 안락사는 의미한다 / 환자를 죽게 두는 것을 / 치료의 결여로 / 혹은 치료를 중단하여 / 시작했던 / 안락사에 관한 많은 논쟁은 / 기인한다 / 의사결정 과정에서

Who **decides** / if a patient is to die? / This issue / **had not been established** legally / in the United States.

누가 결정하는가? / 환자가 죽을지를 / 이런 문제는 / 법적으로 확립되지 못했었다 / 미국에서

The matter **is left** / to state law, / which usually allows / the physician in charge / to suggest the option of death / to a patient's relatives, / especially if the patient is brain-dead.

그 문제는 맡겨져 있다 / 주 법률에 / 그리고 그것은 종종 허가한다 / 담당 의사들에게 / 죽음의 선택을 제안하도록 / 환자의 친척들에게 / 특히 그 환자가 뇌사 상태라면

The article **suggests** / that euthanasia should be a controversial issue / not to be easily resolved.

이 글은 시사한다 / 안락사는 논란이 많은 이슈일 것이라고 / 쉽게 해결될 수 없는

분석

제시문은 전반부에서 안락사의 정의를 소개하며 안락사에 대해 법률적, 의학적, 윤리적으로 의견이 대립한다고 하였다. 밑에서 세 번째 문장에서 안락사를 할지 누가 결정하겠는가라는 질문을 던진 후 미국은 법적인 측면에서 제도화되지 못한 상황이어서 주 정부의 법률에 따라 담당 의사가 결정하는 현 시점을 보여주고 있다. 따라서 빈칸에는 이러한 안락사의 성격을 나타내는 ④ '쉽게 해결될 수 없는 논란이 되는 이슈'가 들어가는 것이 가장 적절하다.

① 주로 윤리적인 문제
② 의사들에 의해서 결정되어야 할
③ 연방정부에 의해 결정되어야 할

해석

안락사는 일반적으로 자비로운 죽음, 즉 불치병 혹은 절망적인 병에 걸린 어떤 이의 목숨을 자발적으로 끝내는 것을 나타낸다. 안락사는 그 문제에 대해 견해가 갈리는 법률적, 의학적, 윤리적인 문제가 되었다. 안락사는 적극적인 것일 수도 있고 소극적인 것이 될 수도 있다. 적극적인 안락사는 의사 혹은 다른 의료진이 죽음을 유도할 의도적인 조치를 취하는 것을 의미한다. 소극적인 안락사는 치료의 결여 혹은 시작했던 치료를 중단하여 환자를 죽게 두는 것을 의미한다. 안락사에 관한 많은 논쟁은 의사결정 과정에서 기인한다. 환자가 죽을지를 누가 결정하는가? 이런 문제는 미국에서 법적으로 확립되지 못했었다. 그 문제는 주 법률에 맡겨졌는데, 특히 환자가 뇌사 상태라면 대개 담당 의사가 죽음의 선택을 환자의 친척들에게 제안하도록 한다.

→ 이 글은 안락사가 쉽게 해결될 수 없는 논란이 되는 이슈일 것이라고 시사한다.

정답 ④

49

다음 글에서 나타난 내용과 가장 일치하는 것은?

Zoologists at SUNY have observed how sea turtles develop into males or females. Turtle eggs that lie in the sand at cool temperatures produce male turtles. And eggs that incubate at about 5 degrees higher produce females. If dinosaurs were like modern turtles, a sudden drop in temperature for even a short time may have simply eliminated all females from the species. Under stress, some female lizards that are alive today, reproduce hermaphroditically, that is, all by themselves. But male lizards cannot manage on their own. The world of the dinosaurs may have ended initially with a bang, as volcanoes erupted or an asteroid crashed. But then, as lonely males sought fruitlessly for mates, it may have simply faded away, with a whimper.

① Turtles may help us understand the extinction of dinosaurs.
② Temperatures have no effect on the extinction of dinosaurs.
③ Lizards usually reproduce hermaphroditically.
④ Dinosaurs became extinct due to a particular calamity.

어휘

□□□	zoologist	동물학자	
□□□	SUNY	뉴욕 주립대(State University of New York)	
□□□	develop into	자라서 ~이 되다	
□□□	incubate	부화하다(hatch), 알을 품다	
□□□	dinosaur	공룡	
□□□	eliminate	~을 없애다, 제거[삭제]하다; ~을 죽이다	
□□□	lizard	도마뱀	
□□□	reproduce	번식하다; 재생[재현]하다	
□□□	hermaphroditically	자웅동체로, 암수한몸으로 cf hermaphroditism 자웅동체(雌雄同體)	
□□□	(all) by oneself	혼자(alone); 도움을 받지 않고(without others' help)	
□□□	on one's own	혼자서, 단독으로(alone)	
□□□	initially	처음에(는)	
□□□	bang	쿵[쾅, 탕]하는 소리; 쾅[탕]하고 치다	
□□□	erupt	분출하다, 분출되다	
□□□	asteroid	소행성	
□□□	mate	짝; 동료, 단짝; 짝짓다, 결혼시키다; 짝을 이루다	
□□□	fade away	시름시름 하다[앓다] 죽다	
□□□	whimper	(동물이) 낑낑거림; (사람이) 훌쩍거림; 훌쩍이다	

Zoologists at SUNY / **have observed** / how sea turtles develop / into males or females.

뉴욕 주립대의 동물학자들은 / 관찰했다 / 어떻게 바다거북이가 자라는지 / 수컷 혹은 암컷으로

Turtle eggs / [that lie in the sand / at cool temperatures] / **produce** male turtles.

거북이 알은 / 모래 속에 있는 / 낮은 온도에서 / 수컷 거북을 만들어낸다

And eggs / [that incubate / at about 5 degrees higher] / **produce** females.

그리고 알은 / 부화한 / 약 5도 더 높은 온도에서 / 암컷을 만들어낸다

If dinosaurs were like modern turtles, / a sudden drop in temperature / for even a short time / **may have** simply **eliminated** / all females from the species.

만약 공룡이 현대 거북이와 같다면 / 기온에서 갑작스러운 저하는 / 짧은 시간 동안일지라도 / 멸종시켰을지도 모른다 / 그 종에서 모든 암컷을

Under stress, / some female lizards / [that are alive today], / **reproduce** hermaphroditically, / that is, / all by themselves.

스트레스 하에서 / 몇몇 암컷 도마뱀은 / 오늘날 생존하고 있는 / 자웅동체로 번식한다 / 다시 말해 / 혼자서

But male lizards / **cannot manage** / on their own.

그러나 수컷 도마뱀들은 / 번식할 수 없다 / 스스로

The world of the dinosaurs / **may have ended** initially / with a bang, / as volcanoes erupted / or an asteroid crashed.

공룡의 세계는 / 처음에는 끝을 맺었을지도 모른다 / 굉음과 함께 / 화산이 폭발하거나 / 소행성이 충돌하면서

But then, / as lonely males sought fruitlessly / for mates, / it **may have** simply **faded away**, / with a whimper.

그러나 그 이후에는 / 외로운 수컷들이 무익하게 찾으면서 / 짝을 / 그것은 그저 사라져 버렸을지도 모른다 / (짝을 못 찾아내 뱉은) 흐느낌과 함께

분석

제시문의 앞부분에서 바다거북이 암컷과 수컷으로 만들어지는 과정을 언급하였고, 그 이후로 공룡과 거북을 비교하며 공룡의 멸종에 대한 설명으로 이어지고 있다. 따라서 글의 내용과 일치하는 것은 ① '거북은 우리가 공룡 멸종을 이해하는 데 도움을 줄 수도 있다.'이다.
② 온도는 공룡 멸종에 아무런 영향을 끼치지 못한다.
③ 도마뱀은 주로 자웅동체로(스스로) 번식한다.
④ 공룡은 특별한 재앙 때문에 멸종되었다.

해석

뉴욕 주립대의 동물학자들은 어떻게 바다거북이가 수컷 혹은 암컷으로 자라는지 관찰했다. 낮은 온도의 모래 속에 있는 거북이 알은 수컷 거북을 만들어낸다. 그리고 약 5도 더 높은 온도에서 부화한 알은 암컷을 만들어낸다. 만약 공룡이 현대 거북이와 같다면 짧은 시간 동안일지라도 갑작스러운 기온 저하는 그 종의 모든 암컷을 멸종시켰을지도 모른다. 오늘날 생존하고 있는 몇몇 암컷 도마뱀은 스트레스 받을 때 자웅동체로, 다시 말해 혼자서 번식한다. 그러나 수컷 도마뱀들은 스스로 번식할 수 없다. 공룡의 세계는 처음에는 화산이 폭발하거나 소행성이 충돌하면서 굉음과 함께 끝을 맺었을지도 모른다. 그러나 그 이후에는 외로운 수컷들이 무익하게 짝을 찾으면서 그것은 그저 (짝을 못 찾아내 뱉은) 흐느낌과 함께 사라져 버렸을지도 모른다.

정답 ①

50

화자가 자신을 보이지 않는 인간이라고 말하는 이유는?

I am an invisible man. No, I am not a spook like those who haunted Edgar Allen Poe; nor am I one of Hollywood movie ectoplasms. I am a man of substance, flesh and bone, fiber and liquids — and I might even be said to possess a mind. I am invisible, simply because people refuse to see me. Like the bodiless heads you see sometimes in circus sideshows, it is as though I have seen surrounded by mirrors of hard, distorting glass. When they approach me, they see only my surroundings, themselves, or figments of their imagination — indeed, everything and anything except me.

① Because he is physically transparent.

② Because he is a ghost.

③ Because he is reflected by distorting mirrors.

④ Because his real self is neglected by other people.

⑤ Because he lives in the complicated surroundings.

어휘

☐☐☐	invisible	보이지 않는, 볼 수 없는
☐☐☐	spook	유령(ghost), 귀신
☐☐☐	haunt	(유령 등이) [장소 · 사람 등에] 자주 나오다
☐☐☐	ectoplasm	심령체(혼령과 소통하는 사람의 몸에서 나와 혼령이 형체를 가질 수 있게 해 준다는 물체)
☐☐☐	substance	물질; 실체; 본질, 핵심; 중요성
☐☐☐	flesh	(사람 · 동물의) 살, 고기; (과일의) 과육; 육체
☐☐☐	fiber	섬유; 섬유질
☐☐☐	sideshow	사이드 쇼; 부차적인 일
☐☐☐	distort	~을 일그러뜨리다, 비틀다, 왜곡하다
☐☐☐	figment	허구, 상상의 산물; 가공의 일
☐☐☐	transparent	투명한; 솔직한; 뻔한

I am / an invisible man.

나는 / 보이지 않는 인간이다

No, / I am not a spook / like those / [who haunted Edgar Allen Poe];

아니다 / 나는 유령이 아니다 / 그것들과 같은 / 에드거 앨런 포에게 계속 나타났던

nor am I / one of Hollywood movie ectoplasms.

또한 나는 아니다 / 할리우드 영화의 엑토플라즘(심령체) 중 하나가

I am / a man of substance, / flesh and bone, fiber and liquids / and I might even be said / to possess a mind.

나는 / 실체를 가진 인간이다 / 살과 뼈, 섬유 조직과 액체로 이루어진 / 그리고 나는 말할 수 있다 / 정신을 소유했다고

I am invisible, / simply because people refuse to see me.

나는 보이지 않는다 / 단순히 사람들이 나를 보기를 거부하기 때문에

Like the bodiless heads / [you see sometimes / in circus sideshows], / it is as though I have been surrounded / by mirrors of hard, distorting glass.

몸통이 없는 머리들처럼 / 당신이 어쩌다 보는 / 서커스의 작은 공연에서 / 내가 마치 둘러싸여 있었던 것과 같다 / 단단하고 비뚤게 보이는 유리로 된 거울에 의해

When they approach me, / they see / only my surroundings, themselves, or figments of their imagination / — indeed, everything / and anything except me.

그들이 나에게 다가올 때 / 그들은 본다 / 오로지 나의 주변 환경, 그들 자신, 또는 그들의 상상력의 허구만을 / 즉 정말로, 모든 것을 다 보면서 / 그리고 나를 제외한 어떤 것이든

분석

네 번째 문장에서 화자는 다른 사람들이 화자를 보는 것을 거부하기 때문에 보이지 않는다고 했으므로 자신을 보이지 않는 인간이라고 말한 이유는 ④ '그의 진정한 자아가 사람들에게 무시되기 때문에'이다.
① 그의 육체가 투명하기에
② 그는 유령이기에
③ 그의 모습이 비뚤게 보이는 유리에 비춰지기 때문에
⑤ 그가 복잡한 환경 속에서 살고 있기에

해석

나는 보이지 않는 인간이다. 아니, 나는 에드거 앨런 포에게 계속 나타났던 유령이 아니다. 또한 나는 할리우드 영화의 엑토플라즘(심령체) 중 하나가 아니다. 나는 살과 뼈, 섬유 조직과 액체로 이루어진 실체를 가진 인간이며 나는 정신을 소유했다고 말할 수도 있다. 나는 단순히 사람들이 나를 보기를 거부하기 때문에 보이지 않는다. 나를 이해하겠는가? 서커스의 작은 공연에서 당신이 어쩌다 보는 몸통이 없는 머리처럼 마치 내가 단단하고 비뚤게 보이는 유리로 된 거울에 의해 둘러싸여 있었던 것과 같다. 그들이 나에게 다가올 때 그들은 오로지 나의 주변 환경, 그들 자신, 또는 그들의 상상력의 허구만을 본다. 다시 말해 정말로, 모든 것을 다 본다. 나를 제외한 어떤 것이든 말이다.

정답 ④

MEMO

15주 ALL-IN-ONE

영어

15주 ALL-IN-ONE

영어

2023

합격의 모든 것!

온라인 동영상 강의
www.sdedu.co.kr

편저 김태우

합격을 위한 모든 것을 담은 단 한 권

ALL IN ONE

15주 ALL-IN-ONE

영어 부록편

국가직 · 지방직 등 공무원
채용 대비

SD에듀
(주)시대고시기획

목차

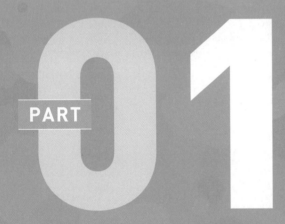

PART

01

단원별 문제

CHAPTER 01 문법

CHAPTER 01 문법

01 동사

01 ○△✕
다음 빈칸에 들어갈 알맞은 것은?

I would like _____ the passage.

① you read
② you to read
③ for you to read
④ to you read

분석의 Key
• would like는 to 동사원형이 주로 뒤따르는데 5형식 구조도 사용이 가능하다.
• would like (대)명사 to 동사원형

해석의 Key

나는 네가 그 문장을 읽기를 바란다.

VOCA
• passage (책의) 문장, 통로; 복도

정답 ②

02 ○△✕
다음 빈칸에 들어갈 알맞은 단어는?

The teacher _____ them the answer to the question.

① said
② described
③ told
④ explained

분석의 Key
빈칸 뒤에 them the answer, 즉 사람+사물 구조가 뒤따르므로 수여동사(tell)가 빈칸에 들어와야 한다.
①·②·④ 동사는 뒤에 사람이 오면 반드시 to를 붙여야 한다.

VOCA
• answer 대답
• question 질문; 의문, 문제

정답 ③

03 ○△✕

다음 중 어법상 잘못된 부분을 고르시오.

> The processes ① involved in the creation ② of the universe ③ remain ④ mysteriously ⑤ to astronomers.

분석의 Key

remain은 연결동사이므로 보어가 될 수 있는 형용사가 뒤따라야 올바르다.
mysteriously → mysterious

해석의 Key

우주 창조에 관한 과정은 천문학자들에게는 신비로움으로 남아 있다.

VOCA

• involve in ~에 관여하게 만들다
• mysteriously 신비롭게, 이상하게
• astronomer 천문학자

정답 ④

04 ○△✕

다음 중 어법상 옳은 것은?

① His daughter married with a rich man.
② We don't expect his joining our choir.
③ How many of you attended at the concert?
④ He excels me in chemistry.

분석의 Key

① marry는 타동사로 with를 동반하지 않는다.
② expect는 소위 5형식 동사로 목적어+to 동사원형 구조가 적합하다.
③ attend는 '참석하다'의 의미일 때는 타동사로 사용된다.

VOCA

• choir 합창단, 성가대
• attend 참석하다
• excel (a person) in ~에 출중하다
• chemistry 화학

정답 ④

05 ○△✕

다음 중 어법상 틀린 것은?

① Bad weather prevented us from starting.
② I envy him his patience.
③ Let it lay there.
④ I won't have you talking like that.

분석의 Key

lay가 원형으로 사용이 될 경우에는 타동사이므로 목적어가 있어야 한다.

VOCA

• prevent A from ~ing A가 ~하는 것을 막다
• envy 부러워하다, 선망하다

정답 ③

06 ○△✕

다음 중 어법상 틀린 것은?

① He presented me with a watch.
② He introduced his girl friend to me.
③ He informed me of her death.
④ Johnny hoped his brother to apply for the job.
⑤ He sent a long letter to me.

분석의 Key

expect, want, allow와 달리 hope는 5형식 동사로 쓰이지 못한다. 주어진 문장을 'Johnny hoped that his brother would apply for the job.'으로 고친다.

VOCA

• present (사람, 집단에게) 증정하다, 바치다, 주다

정답 ④

07 ○△×

다음 중 어법상 가장 적절한 것은?

① My new ring didn't fit when I tried on, so I get enlarged it.

② I think you should get your blood pressure checked.

③ If you use a digital camera, you don't need to have the film develop.

④ I'm going to find a place where I can have printed the invitations.

08 ○△×

다음 중 어법상 가장 적절한 것은?

① All the boys seated at the front row.

② The woman mentioned about the accident.

③ She is resembled her father in her personality.

④ She explained the reporters the result of the conference.

⑤ We found him seriously wounded.

09 ○△×

다음은 우리말을 영어로 옮긴 것이다. 빈칸에 알맞은 것을 차례로 나열한 것은?

> 외국인이 길에서 나에게 말을 걸었으나, 나는 영어로 의사소통을 할 수가 없다.
> → I ＿＿＿＿＿＿ a foreigner on the street, but I couldn't ＿＿＿＿＿＿＿＿＿ in English.

① spoke to, make him understand

② spoke to, make myself understood

③ was spoken to, make him understand

④ was spoken to by, make myself understood

10 ▢△✕

다음 우리말을 영어로 옮길 때, 빈칸에 들어갈 가장 적절한 것은?

그 일을 끝마치려면 시간이 얼마나 걸립니까?
→ How long will it take you _____?

① so as to finish the work
② in order to finish the work
③ to finish the work
④ so far finishing the work

분석의 Key

It takes＋사람＋시간＋to 동사원형 : ～가 ～하는 데 ～시간이 걸리다.

VOCA
• in order to (목적) 위하여
• so far 지금까지[이 시점까지]

정답 ③

---

01 ▢△✕

다음 빈칸에 들어갈 가장 적절한 것은?

_____ reached shelter when the storm broke.

① Hardly they
② Hardly they had
③ Hardly had they
④ They hardly have

분석의 Key

'hardly(scarcely) had＋S＋p.p when(before) S＋과거동사'는 '하자마자 ～(과거동사)했다'의 의미로 도치구조에 유의해야 한다.

해석의 Key

그들이 피난처에 도착하자마자 폭풍우가 몰아쳤다.

VOCA
• shelter 피난처; 보호소

정답 ③

02 ▢△✕

다음 밑줄 친 부분 중 어법상 어색한 곳은?

I ① know you will ② never be ③ at peace until you ④ will have discovered where your brother ⑤ is.

분석의 Key

till(until) 뒤에는 미래시제를 사용할 수 없다. 시간표시 부사절에 미래시제는 사용 불가하다.

해석의 Key

네 동생이 어디 있는지 찾아낼 때까지는 너는 결코 마음이 편치 않으리라는 것을 나는 알고 있다.

VOCA
• discover 발견하다, 찾다[알아내다]

정답 ④

03 ⬜△✕

다음 중 어법상 옳지 않은 것은?

Before 1970 ① many technological advances ② have been made in the field of computer science. ③ which resulted in ④ more efficient computers.

분석의 Key

which 이하의 과거보다 한 시제 먼저인 대과거시제가 필요하다. have been made를 had been made로 바꾸어야 한다.

해석의 Key

1970년 이전에 컴퓨터 과학 분야에 기술적으로 많은 발전이 있었는데 결국 그것이 보다 효율적인 컴퓨터가 나오도록 했다.

VOCA

• technological 과학[공업] 기술의
• advance 진전, 발전

정답 ②

04 ⬜△✕

다음 중 올바른 문장으로 가장 적절한 것은?

① He is resembling his father.
② This house is belonging to me.
③ She is going to marry the man.
④ We discussed about political problems.
⑤ Death awaits for all men.

분석의 Key

resemble, belong to, marry는 원칙상 진행시제로 사용될 수 없다. discuss, await는 타동사이므로 목적어를 사용할 경우 전치사를 붙이지 않는다.

VOCA

• resemble 닮다, 비슷[유사]하다
• political 정치적인, 정당의

정답 ③

05 ⬜△✕

다음 중 문법상 가장 적절한 것은?

① I have finished my work an hour ago.
② When have you returned from the journey abroad?
③ I don't know if she comes tomorrow.
④ If it is fine tomorrow, I will go fishing.

분석의 Key

④ 시간표시 부사절에 미래시제는 사용 불가하다.
① ago는 명백한 과거시점 표현이므로 현재완료와 함께 사용될 수 없다.
② when이 의문사로 사용될 때 특정시점을 묻는 것으로 현재완료와 함께 사용될 수 없다.
③ if절이 명사절인 경우 미래를 나타낼 때 will을 사용한다.

VOCA

• journey 여행
• abroad 해외로

정답 ④

06 ⬜△✕

다음 중 어법상 잘못된 문장을 고르시오.

① They are hearing Mr. Thompson's lecture.
② I don't know if she comes here tomorrow.
③ I have known her since my childhood.
④ I won't start if it rains tomorrow.

분석의 Key

② if절이 명사절인 경우 미래를 나타낼 때, will을 사용한다.
① hear가 '청강하다'의 뜻일 때는 진행시제가 가능하다.

VOCA

• lecture 강의, 강연
• childhood 어린 시절

정답 ②

07 ○△✕

다음 우리말을 가장 바르게 영작한 것은?

> 그 여자를 배웅하기 위해 나는 정거장에 갔다 왔다.

① I have been to the station to see her off.

② I have been in the station to see off her.

③ I went to the station to see her off and came.

④ I went and came back from the station to see her off.

⑤ I have come from the station to see her off.

분석의 Key

have been to : ~에 갔다 왔다, ~에 가 본적이 있다.
see ~ off : ~을 전송하다, 배웅하다. '동사+대명사+전치사적 부사'의 어순이 적합하다.

VOCA

• station (기차)역, (버스)정거장; 정류장

정답 ①

08 ○△✕

다음 우리말을 영작할 때 빈칸에 들어갈 알맞은 것은?

> 머지않아 서울은 올림픽을 주최할 것이다.
> → It _____ long before Seoul _____ the Olympic Games.

① is not, will not

② will be, will host

③ will not be, hosts

④ is, hosts

⑤ is not, hosts

분석의 Key

It will not be long before~ : '머지않아 ~할 것이다'라는 표현이고, before가 시간표시 부사절이므로 현재시제를 사용해야 한다.

VOCA

• host 주인, 주최국, 주최하다

정답 ③

09 ○△✕

다음 우리말을 영작할 때 적절하지 <u>않은</u> 것은?

> 내가 집을 나오자마자, 비가 몹시 내리기 시작했다.

① The moment I left home, it began to rain heavily.

② No sooner had I left home than it began to rain heavily.

③ As soon as I left home, it began to rain heavily.

④ I never left home without beginning to rain heavily.

분석의 Key

never ~ without … : '~할 때마다 …하다'의 표현으로 적절하지 않다.

VOCA

• heavily 몹시, 세게, 심하게

• as soon as ~하자마자

정답 ④

10 ○△✕

다음 우리말을 영작할 때 가장 적절한 것은?

> 채 얼마 가지 않아서 목적지에 도착했다.

① We didn't go far when we reached our destination.

② We had not gone far before we came to our destination.

③ We had gone far when we arrived at our destination.

④ We got to our destination after we had gone far.

분석의 Key

had+부정어+p.p when(before)~ : '채 p.p하기 전에 ~했다'라는 표현이다.

VOCA

• destination 목적지, 도착지

• arrive 도착하다

정답 ②

01 ○△✕

다음 빈칸에 알맞은 것을 고르시오.

> It was agreed that during the period the prisoner _____ the right to see living people and to receive letters and newspapers.

① deprive of
② deprived of
③ will deprive of
④ would deprive of
⑤ would be deprived of

분석의 Key

deprive는 주로 'A of B 형태'가 뒤따르는데, deprive 뒤에 목적어가 없으므로 수동형의 형태로 사용하는 것이 적합하다.

해석의 Key

그 기간 동안 죄수들의 사람들을 만나고, 편지나 신문을 보는 권리를 빼앗기는 것이 합의되었다.

VOCA

• deprive A of B A에게서 B를 빼앗다

정답 ⑤

02 ○△✕

다음 빈칸에 알맞은 것을 고르시오.

> A : When will you _____ the test result?
> B : Not until Monday. I'll be on pins and needles all weekend.

① be informed
② be informed of
③ have been informed
④ inform

분석의 Key

inform은 A(사람) of B(사물) 형태가 뒤따르는 어법단어로 사용된다. 빈칸 뒤에 the test results가 있으므로 be informed 뒤에 of를 사용해야 한다.

VOCA

• pin 핀
• needle 바늘

정답 ②

03 ○△✕

다음 중 어법상 틀린 문장은?

① By whom was the tree planted?
② Let the stone not be touched.
③ I was stolen my purse.
④ The baseball game was very exiting.

분석의 Key

steal은 사물을 목적어로 사용하는 타동사이므로 사람주어의 수동태로 사용될 수 없다. 또한 타동사이므로 수동형이 된 경우 목적어를 사용할 수 없다. My purse was stolen 또는 I had my purse stolen이 되어야 한다.

VOCA

• purse 지갑

정답 ③

04 ○△×

다음 빈칸에 알맞은 것을 고르시오.

> Without any previous knowledge of environmental law, Mr. Matthews _____ answer a technical question like yours.

① can hardly expect
② cannot hardly be expected to
③ can hardly be expected to
④ cannot hardly expect

분석의 Key

hardly가 부정어이므로 cannot은 불가하다.

해석의 Key

환경법에 대한 사전지식이 조금도 없어서, 매튜씨가 여러분들과 같은 기술적 질문에 대한 답변을 기대할 수 없다.

VOCA

• be expected to do : ∼할 것으로 기대되다.
• environmental law 환경 법안

정답 ③

05 ○△×

다음 중 어법상 옳은 것은?

① Korean apples are tasting wonderfully.
② He was made to learn bookbinding.
③ I prefer taking a cab to go on foot.
④ He was seen enter the room.

분석의 Key

②·④ 지각동사, 사역동사가 수동태로 바뀌었을 때, 목적어 뒤의 동사원형을 to 동사원형으로 바꾸어야 한다. 〈be+p.p+동사원형〉은 틀린 형태이다.
① 2형식 감각동사 taste는 형용사 보어를 취하므로 wonderful이 와야 하고, 동작이 아닌 상태를 나타내므로 진행형이 아닌 단순 현재시제가 와야 한다.
③ prefer A(명사/∼ing) to B(명사/∼ing) 형태로 'B보다 A를 더 좋아한다.'의 의미로 사용한다. go → going

VOCA

• bookbinding 제본, 제본술
• on foot 걸어서, 도보로

정답 ②

06 ○△×

다음 문장을 수동태로 올바르게 바꾼 것은?

> She has taken care of the children since 1995.

① She took care of the children before 1995.
② She decided to take care of the children in 1995.
③ The children have taken care her since 1995.
④ The children have been taken care of by her since 1995.
⑤ She takes care of the children until 1995.

분석의 Key

take care of는 명사형 문체로 사용된 구동사로 수동태 전환 시 of 다음의 명사를 주어로 하여 만든다.

해석의 Key

그녀는 1995년 이후로 아이들을 돌봐왔다.

VOCA

• children child의 복수. 아이들

정답 ④

07 ◯△✕

다음 중 문장 전환을 잘못한 것은?

① I saw him enter the room. = He was seen enter the room by me.

② It seems that he has worked hard. = He seems to have worked hard.

③ They thought that he was rich. = He was thought to be rich.

④ His carelessness resulted in the accident. = The accident resulted from his carelessness.

분석의 Key

지각동사, 사역동사가 수동태로 바뀌었을 때, 목적어 뒤의 동사원형을 to 동사원형으로 바꾸어야 한다. enter → to enter.

VOCA
• carelessness 부주의, 경솔

정답 ①

08 ◯△✕

다음 우리말을 영작할 때 가장 적절한 것은?

> 울산은 공업중심지로서 유명하다.

① Woolsan is well-known for an industrial center.

② Woolsan is well-known for an industrious center.

③ Woolsan is well-known as an industrial center.

④ Woolsan is well-known as an industrious center.

분석의 Key

A be known for B : A는 B로 유명하다(A ≠ B)
A be known as B : A는 B로 유명하다(A = B)

VOCA
• industrial 산업의
• industrious 근면한

정답 ③

09 ◯△✕

다음 우리말을 영작할 때 가장 적절한 것은?

> 사람들은 그가 자살한 것으로 믿고 있다.

① They are believing him to have killed himself.

② It is being believed that he killed himself.

③ He is believed to kill himself.

④ He is believed to have killed himself.

분석의 Key

that절이 목적어절로 사용될 때, that절 안의 주어를 수동태의 주어로 사용하는 경우에는 that절 안의 동사를 to 동사원형으로 전환한다. 이때 본동사보다 한 시제 앞서는 경우 to have p.p로 바꾸어야 한다. 자살한 것이 믿는 것보다 한 시제 앞서 일어난 일이므로 완료형태인 to have p.p가 사용되어야 한다. believe는 원칙상 진행시제를 사용하지 않는다.

VOCA
• kill oneself 자살하다

정답 ④

10 ○△×

다음 중 우리말을 영어로 잘못 옮긴 것을 고르시오.

① 21세기 말까지 과학이 얼마나 발전할지 알 수 없다.

→ There is no knowing how far science may progress by the end of the twenty first century.

② 하등 동물은 그 조건하에서 생존하기 위해 신체적 구조를 바꾸지 않을 수 없다.

→ The lower animals must have their bodily structure modified in order to be survived under the conditions.

③ 지갑에 돈이 없었기 때문에 그는 10 킬로미터 이상을 걸어 가지 않을 수 없었다.

→ Having no money in his wallet, he had no choice but to walk more than ten kilometers.

④ 그녀는 약간 모호하게나마 빠른 시간 안에 부채를 상환할 것이라는 취지의 말을 하였다.

→ She was a little vague but said something to the effect that she would repay the loan very soon.

분석의 Key

문장의 주어인 The lower animals는 to be survived의 의미상주어에 해당되는데, survive는 자동사로 '살아남다'의 의미이므로 수동의 to be survived 의 형태로 쓸 이유가 없다. to be survived를 to survive로 고친다.

VOCA
• progress 진전
• structure 구조
• vague 희미한, 모호한, 애매한
• loan 대출

정답 ②

04 조동사

01 ○△×

다음 중 빈칸에 들어갈 내용으로 알맞은 것은?

I demand that I _____ allowed to call my lawyer.

① will be

② be

③ shall

④ may be

분석의 Key

명령, 요구(demand), 주장, 제안, 추천, 권고 등의 동사될 경우 that절 안의 당위의 should가 사용되어야 하며, 이때 should는 생략이 가능하다.

VOCA
• allow 허락하다, 용납하다
• lawyer 변호사

정답 ②

02 ▢△✕

다음 빈칸에 가장 알맞은 것을 고르시오.

> This rule has become quite out of date : It _____ _____ a long time ago.

① had been abolished

② should have been abolished

③ shall be abolished

④ should be abolished

분석의 Key

should have p.p는 법조동사 → have p.p 구문 중에 하나로 과거에 대한 유감을 나타내는 표현이다. 문맥상 과거에 '이미 없어져야 하는데 그렇지 않았다'라는 유감이라는 의미로 should have p.p가 적합하다.

해석의 Key

이 규칙은 너무 낡았다. 그래서 오래전에 폐지했어야 했었다.

VOCA

• quite 꽤, 상당히
• out of date 뒤떨어진; 구식이 된
• abolish 폐지하다

정답 ②

03 ▢△✕

다음 대화에서 밑줄 친 부분에 들어갈 알맞은 표현은?

> A : Doesn't Mary want to go to that movie?
> B : Yes, but she says _____ tonight.

① she's not rather go

② she'll rather not go

③ she won't rather go

④ she'd rather not go

⑤ she'll rather not go

분석의 Key

would rather 동사원형 : 동사원형하는 것이 좋겠다. 부정 표현 시 would rather not 동사원형으로 표현하며 '동사원형하지 않는 것이 낫겠다.'라는 의미를 가진다.

해석의 Key

A : 메리는 영화 보러가기 원하지 않지?
B : 아니, 원하긴 하지만 오늘 밤에는 가지 않는 게 낫겠다고 하네.

정답 ④

04 ▢△✕

다음 중 빈칸에 들어갈 알맞은 표현을 고르면?

> She _____ come to the station to see me off.

① needs not

② need not

③ need not to

④ doesn't need

분석의 Key

need는 반법 조동사로 부정문, 의문문에서는 법조동사로 사용이 가능한데, need 다음에 not을 붙인다면 법조동사로 need를 사용한 것이 된다. 그러므로 need not 다음에 동사원형이 와야 한다. 그러나 don't need로 쓴다면 need를 일반동사 취급하는 것이 되어 need 뒤에 to 동사원형을 사용하는 것이 적합하다.

해석의 Key

그녀가 나를 배웅하기 위해서 역으로 올 필요는 없다.

VOCA

• station (기차)역, (버스)정류장; 정거장

정답 ②

05 ○△✕
다음 밑줄 친 부분 중 문법적으로 틀린 것은?

The soldier said ① firmly that he would ② rather kill himself ③ than ④ surrendering to the enemy.

분석의 Key

would rather 동사원형(A) than 동사원형(B) : 'B하느니 차라리 A하는 게 낫겠다는 표현'으로 병치구조에 의해 than 다음에 동사원형이 와야 한다.

해석의 Key

그 군인은 적에게 항복하느니 차라리 자살하는 게 낫겠다고 단호하게 말했다.

VOCA
• firmly 단호히, 확고히
• surrender 항복[굴복]하다, 투항하다

정답 ④

06 ○△✕
다음 중 어법상 어색한 것을 고르시오.

Psychologists and psychiatrists ① will tell us that it is of utmost importance that a ② disturbed child ③ receives professional attention ④ as soon as possible.

분석의 Key

of utmost importance＝very important는 important 등 당위적 형용사가 진주어-가주어 구조로 사용 시 진주어절(that절) 안에는 should가 사용되며 생략이 가능하다. receives → receive

해석의 Key

심리학자와 심리치료사는 지적 장애가 있는 아이는 가능한 한 빨리 전문적인 치료를 받아야 하는 게 매우 중요하다고 우리에게 말해준다.

VOCA
• psychologist 심리학자
• psychiatrist 심리치료사, 정신과 의사
• utmost 최고의

정답 ③

07 ○△✕
다음 밑줄 친 부분 중 문법적으로 틀린 것은?

① To become a member of the civic association, one ② needs only attend three meetings and ③ to pay his fees ④ regularly.

분석의 Key

need는 긍정문에서는 일반동사로 사용되므로 뒤에 동사가 뒤따를 때는 to 동사원형 형태가 되어야 한다.

해석의 Key

시민 협회의 회원이 되기 위해서는 모임에 세 번 참석하고 정기적으로 회비를 납부해야 한다.

VOCA
• civic association 시민 협회
• regularly 정기[규칙]적으로

정답 ②

08 ○△✕
다음 중 의미가 다른 하나를 고르시오.

① You shouldn't have said that to your teacher.
② You had to say that to your teacher, but you didn't.
③ You ought not to have said that to your teacher.
④ It wasn't appropriate for you to say that to your teacher.
⑤ I am sorry that you that to your teacher.

분석의 Key

should not have p.p는 '~하지 말았어야 했는데 (했다)'라는 유감의 뜻인데, ②는 '했어야 하는데 하지 않았다'는 반대의 뜻이므로 ②가 정답이다.

VOCA
• ought ~해야 하다, ~할 의무가 있다
• appropriate 적절한

정답 ②

09 ○△✕

다음 우리말을 영어로 가장 잘 옮긴 것은?

> 그 정직한 소년은 아무리 칭찬해도 지나치지 않다.

① We cannot praise the honest boy too much.

② We cannot praise the honest boy not too much.

③ We overpraise the honest boy not too much.

④ It is impossible for us to praise the honest boy.

분석의 Key

cannot(It is impossible) ~ too(enough) / cannot over 동사 : 아무리 ~해도 지나치지 않다.

VOCA

• praise 칭찬하다

• overpraise 지나치게 칭찬하다

정답 ①

10 ○△✕

다음 우리말을 영작했을 때 잘못된 것은?

① 나는 고전 음악을 매우 좋아한다.

　→ I am crazy about classical music.

② 그녀가 자살했었을 리가 없다.

　→ She might not have committed suicide.

③ 그는 나보다 나이가 2살 어리다.

　→ He is my junior by two years.

④ 나는 그것이 무엇인지 전혀 모른다.

　→ I have no idea of what it is.

분석의 Key

② cannot have p.p : ~이었을 리 없다(강한 부정의 확신). might → can

① be crazy about : ~을 매우 좋아하다.

③ 비교급에서 '차이'의 전치사는 by를 이용한다.

④ have no idea of : ~에 대해서 모른다.

VOCA

• classical music 고전 음악, 클래식

• suicide 자살

정답 ②

---

01 ○△✕

다음 우리말을 영작할 때 빈칸에 들어갈 내용으로 적절하지 않은 것은?

> 그는 잡히지 않도록 달아났다.
> → He ran away _____.

① for fear of being caught

② for fear that he should be caught

③ so that he might not be caught

④ so as not to be caught

⑤ lest he should not be caught

분석의 Key

lest는 부정의 의미가 포함되어 있으므로 절 안에 부정어가 있으면 부정의 중복이 되어 틀린 표현이 된다.

VOCA

• run away 도망치다, 탈주하다

• catch 잡다, 붙잡다

정답 ⑤

02 ○△✕

다음 중 어법상 옳은 것은?

① I will be convenient next Sunday.

② I am pleasant at the news.

③ He is hard to please.

④ She is impossible to solve the problem.

분석의 Key

① · ② · ④ 난이 형용사(hard, easy, difficult, convenient, pleasant, dangerous)는 사람을 설명할 수 없다. 단 It is 난이 형용사 to 동사원형 ~ 구조의 경우 동사원형 뒤의 목적어가 가주어 it을 대신하여 사용이 가능하다.

③ please의 목적어인 him이 주어 자리로 이동한 것이다.

VOCA

• convenient 편리한, 간편한

• pleasant 쾌적한, 즐거운, 기분 좋은

• impossible 불가능한

정답 ③

---

03 ○△✕

다음 빈칸에 들어갈 가장 알맞은 표현을 찾으시오.

> The school authorities won't allow _____ and
> permit _____.

① to smoke, the students to taking drugs

② smoking, the students taking drugs

③ to smoke, the students to take drugs

④ smoking, the students to take drugs

분석의 Key

allow, permit 뒤에 일반적 허용이 나오면 ~ing를 사용한다. 그러나 구체적 허가, 즉 특정목적어의 행위 허가 시에는 목적어 to 동사원형이 뒤따른다.

해석의 Key

학교 당국은 흡연을 허락하지 않고 학생들에게 마약의 복용도 허용치 않을 것이다.

VOCA

• school authorities 학교 당국
• drug (불법적인) 약물; 마약, 의약품; 약

정답 ④

04 ○△✕

다음 빈칸에 들어갈 알맞은 형태는?

> It was _____ of you to help him with the work.

① considering

② considerable

③ considered

④ considerate

분석의 Key

to부정사의 의미상 주어를 'of+목적격'으로 표현하는 것으로 보아 빈칸에는 인성형용사가 사용되어야 한다. 선지에서 인성형용사는 considerate(사려 깊은)이다.

해석의 Key

네가 그를 도와 그 일을 하는 것은 사려 깊은 일이다.

VOCA

• consider 사례[고려/숙고]하다

정답 ④

05 ○△✕

다음 중 '그는 그 문제를 풀 수 없다'를 잘못 영작한 것은?

① He is unable to solve the problem.

② He is impossible to solve the problem.

③ He is incapable of solving the problem.

④ The problem is impossible for him to solve.

분석의 Key

be+ 난이 형용사 to 동사원형 형태로 쓰인 구문으로 이때 주어는 실질적으로는 to 동사원형 뒤에 있던 명사가 주어 자리로 온 것으로 ②의 경우 he를 to 동사원형 뒤로 보낼 수 없으므로 틀린 표현이 된다.

VOCA

• incapable ~을 할 수 없는, ~하지 못하는

정답 ②

06 ◻◻✕

다음 중 빈칸에 알맞은 것을 고르시오.

> A : "What happens to your shoes?"
> B : "They want _____."

① mend
② to mend
③ mending
④ mended

need, want, deserve, be worth 뒤에 ~ing가 오면 형태는 능동이지만 의미는 수동이 된다. 신발이 수선의 대상이 되는 것이므로 수동의 의미를 가지는 mending, to be mended가 적합하다.

해석의 Key

> A : "신발이 어떻게 된 거야?"
> B : "수리를 해야 할 것 같아."

VOCA
• mend 수리하다, 고치다

정답 ③

07 ◻◻✕

다음 밑줄 친 부분 중 어법상 <u>어색한</u> 것은?

> Stuart stopped ① <u>to write</u> his letter ② <u>because</u> he had to
> ③ <u>leave</u> ④ <u>for the hospital</u>.

분석의 Key
stop 다음에 to부정사가 오는 경우 '(하던 일을) 멈추고 동사원형을 하다(또는 동사원형하기 위해 하던 일을 멈춘다)'는 의미가 된다. stop ~ing의 경우 '~ing를 멈춘다'는 의미가 된다. 여기서는 문맥상 편지 쓰는 것을 멈춘다고 해야 올바르다. 그러므로 to 동사원형이 아닌 ~ing를 써야 한다.

해석의 Key

> Stuart는 병원으로 출발해야 했기 때문에 편지 쓰는 것을 중단했다.

VOCA
• leave 떠나다[출발하다], 휴가

정답 ①

08 ◻◻✕

다음 중 어법상 옳은 것은?

① What do you say to go out for a stroll?
② He objected to treating like that?
③ Give this magazine to whomever wants to read it.
④ The problem is easy enough for me to solve.

분석의 Key
① what do you say to ~ing? : ~하는 게 어때?
② treating 앞에 의미상 주어가 없는 것으로 보아 he가 의미상 주어라고 봐야 하는데, he가 treat의 주체가 되는 것이 아니라 대상으로 보는 것이 올바르므로 being treated라는 수동 동명사로 쓰는 것이 옳다.
③ whomever는 목적격 복합관계대명사로 동사 바로 앞에 올 수 없으므로 whoever가 옳다.

VOCA
• go out 외출하다[나가다]
• object 반대하다

정답 ④

09 ◻◻✕

다음 중 어법상 <u>어색한</u> 것을 고르시오.

① We are used to not having a car.
② I expected to meet her again.
③ He doesn't mind working at night.
④ She managed avoiding being punished.
⑤ He practiced playing the flute every day.

분석의 Key
manage to 동사원형 : 그럭저럭 해내다, 가까스로 해내다

VOCA
• avoid 방지하다, 막다
• punish 처벌하다, 벌주다
• flute 플루트

정답 ④

10 ◯△✕
다음 중 주어진 우리말을 영어로 가장 잘 옮긴 것은?

이 집은 우리가 살기에 너무 작다.

① This house is so small that we cannot live.
② This house is too small for us to live in it.
③ This house is too small for us to live.
④ This house is so small that we cannot live in it.

분석의 Key
① in it을 뒤에 붙여야 한다.
② too ~ to 용법에서 to 동사원형의 목적어가 주어와 동일한 경우에는 대명사 it을 쓰지 말아야 한다.
③ in을 추가하여야 한다.

정답 ④

01 ◯△✕
다음 중 어법상 옳지 않은 것은?

The animals of natural history ① contain many ② astonished examples of the ability of animals ③ to find ④ their way home after ⑤ making distant journeys.

분석의 Key
감정유발자인 astonish는 p.p형의 형태의 형용사로 사용이 가능한데, p.p형인 사물을 설명할 수는 없다. example은 사물이므로 '-ing' 형태가 알맞다.

해석의 Key
자연사에서 동물들은 장거리 여행을 한 후 자기 집을 찾아가는 동물의 능력에 대한 놀라운 예시를 많이 보여주고 있다.

VOCA
• astonish 깜짝[크게] 놀라게 하다
• distant 먼, (멀리) 떨어져 있는
• journey (특히 멀리 가는) 여행[여정/이동]

정답 ②

02 ◯△✕
다음 중 문법적으로 틀린 문장은?

① He was standing reading something.
② The girl crying in the cradle is my niece.
③ She is surprising at the news.
④ The soldiers wounded in the battle were sent to hospital.

분석의 Key
감정유발동사가 주어의 감정을 표현할 때는 p.p형의 형용사로 사용되어야 한다. surprising → surprised

VOCA
• cradle 요람, 아기 침대
• niece 조카
• soldier 군인, 병사

정답 ③

03 ○△✕

다음 밑줄 친 부분 중 어법상 잘못된 것은?

> ① Founded in 1961 and ② employed an estimated 35,000 people, the organization ③ has gained a reputation ④ for brutality.

분석의 Key

the organization이 employ의 주체가 되어야 하므로 employed라는 수동의 표현이 아니라 employing이 되어야 한다.

해석의 Key

> 1961년에 설립되었으며 약 35,000명의 직원을 고용하고 있는 이 조직은 잔혹성으로 명성을 얻었다.

VOCA

- estimate 추산, 추정(치)
- reputation 평판, 명성
- brutality 잔인성, 야만성, 무자비

정답 ②

04 ○△✕

다음 중 대화의 빈칸에 알맞은 것을 고르시오.

> A : What did they think about the plan?
> B : Everyone was so happy and _____ about it.

① excite

② exciting

③ excited

④ excites

분석의 Key

감정유발동사의 p.p형은 be동사 뒤에서 사용되며 주어의 감정상태를 설명한다. 문맥상 everyone이 흥분한 것이므로 excited라는 p.p형을 써서 주어의 감정상태를 나타내는 것이 올바르다.

해석의 Key

> A : 그 계획에 대해 그들은 어떻게 생각했니?
> B : 모든 사람이 그것에 대해 매우 기뻐했고 흥분했어.

VOCA

- excite 흥분시키다[들뜨게 만들다]

정답 ③

05 ○△✕

다음 중 어법상 어색한 문장은?

① Jake lay whistling on the grass.

② She made me so annoying that I felt like to like to shout at her.

③ He was learning against the wall with his hands in his pocket.

④ He lies buried in that churchyard.

분석의 Key

문맥상 내가(me) 화난 것이므로 감정유발동사의 p.p형을 써야 한다. (annoying → annoyed) 또한 feel like 뒤에는 -ing가 와야 한다.

VOCA

- whistling 휘파람을 부는
- grass 풀, 잔디
- bury in ~에 몰두하다[파묻히다]
- churchyard 교회 경내

정답 ②

06 ⊙△✕

다음 문장 중 어법상 어색한 것을 고르시오.

① The sun having risen, we started.

② Compared with her sister, she is not so pretty.

③ As not knowing what to say, he remained silent.

④ It being fine yesterday, we went on a picnic.

⑤ Admitted what you say, I still don't believe it.

분석의 Key

수동인 admitted라는 분사가 사용되어 있는데, 뒤에 목적절이 있는 것으로 보아 수동이 적합하지 않다. 해석상 '네가 말하는 것을 인정할 지라도'라는 능동의 의미이다. admitted → admitting

VOCA

• compared with ∼과 비교하여

• silent 말을 안 하는, 침묵을 지키는, 조용한

정답 ⑤

07 ⊙△✕

다음 중 두 문장의 의미가 서로 같지 않은 것은?

① She seems to have been rich. = It seems that she was rich.

② She insists that I should go there. = She insists on going there.

③ when you speak English, don't be afraid of making mistakes. = In speaking English, don't be afraid of making mistakes.

④ Not wanting to meet him, I didn't go to the party. = As I did not want to meet him, I didn't go to party.

분석의 Key

on going의 의미상 주어가 없는 것으로 보아 본주어인 she로 보아야 한다. 그런데 위의 절의 경우 should go의 주어가 I이므로 두 문장이 적합하지 않다.

VOCA

• mistake 실수, 잘못

정답 ②

08 ⊙△✕

다음 중 문법적으로 틀린 문장을 고르시오.

① He sat with his arms folding.

② We are of an age.

③ If you want a pencil, I will lend you one.

④ It being fine, I went out for a walk.

분석의 Key

① with+O+[현재분사 or 과거분사] with 부대상황 구문

② of an age : 같은 나이

③ one＝a pencil

④ 독립분사구문

VOCA

• lend 빌려주다

정답 ①

다음 중 빈칸 (A), (B)에 들어갈 알맞은 것은?

> The Los Angeles riot of 1992 was arguably the worst race riot the nation had ever experienced. Over three days of rioting, over 50 people were killed and thousands more were injured. By the time the fires were put out, 8,000 buildings had been destroyed or damaged by fire, _____(A)_____ over ·1 billion in property damage. As the smoke cleared, Americans were left _____(B)_____ and wondering what had just happened.

	(A)	(B)
①	amount to	dazing
②	accounting for	to daze
③	amounting to	dazed
④	which accounts for	dazing
⑤	that amounts to	dazed

분석의 Key

(A) '설명하다; 해명하다; (비율)을 차지하다'의 'account for'는 내용상 올 수 없으므로 ②, ④는 답에서 제외된다. 「(합계가) ~에 이르다[달하다]」라는 'amount to'가 내용상 적합한데, 동사 형태인 ①의 amount to는 접속사도 없고, (내용상 과거시제가 되어야 하는데 현재시제로 처리되었기에) 시제일치도 어긋나므로 답에서 제외되며, 관계대명사절의 형태를 갖춘 ⑤의 'that amounts to' 역시 시제가 일치하지 않을뿐더러, that은 콤마 뒤에서, 즉 계속적용법으로 쓰일 수 없으므로 틀린 표현이다('that amounts to'를 'which amounted to'로 바꾸면 옳다). 결국 문장의 끝에 덧붙여 쓰이면서, 앞의 내용에 대한 결과를 나타내는 분사구문인 'amounting to'가 가장 적절하다.

(B) Americans와 타동사 daze(멍하게 하다; 눈부시게 하다; 현혹시키다)는 수동 관계이므로 'dazed'가 와야 한다.

해석의 Key

1992년의 LA폭동은 주장하건대 미국이 역대 경험했던 최악의 인종폭동이었다. 3일에 걸친 폭동으로, 50명 이상이 사망하고 수천 명 이상이 부상당했다. 진화되었을 무렵에는, 화재로 8,000개의 건물이 파괴되거나 피해를 입어 재산 손실은 10억 달러 이상에 달했다. 연기가 걷히자, 미국인들은 멍한 상태가 되었고 무슨 일이 방금 발생했는지에 대해 어리둥절해 했다.

VOCA

• account for 설명하다, 해명하다
• amount to something (합계가) ~에 이르다[달하다]
• daze 멍하게 하다, 눈부시게 하다

정답 ③

다음 글의 밑줄 친 ①~④ 중 어법상 잘못된 것은?

> Among the most tragic accidents are ① those involving guns. Each year, about five thousand people under the age of twenty die because of firearms. One in ten of these deaths is said to be accidental, many of them caused by children who find ② loading guns in their homes. Nearly half of all American households have guns, and often, instead of being locked up, they are just hidden or even left in a drawer, filled with ammunition. Accidental gun injuries have become so ③ prevalent that the American Medical Association advises doctors to make a point of talking with patients who are gun owners about using safety locks on their guns and storing ammunition ④ separately.

① those involving

② loading guns

③ prevalent

④ separately

분석의 Key

② load는 '(무기에 탄환 등)을 장전하다'의 의미이므로 수식을 받는 'guns'와는 수동의 관계이다. 현재분사 'loading'을 과거분사 'loaded'로 고친다.

① 타동사 involve의 현재분사 involving 뒤에 목적어 'guns'가 있고, those(=the most tragic accidents)는 'involving guns'의 주체이므로 옳다.

③ become의 보어로서 형용사 'prevalent'는 옳다.

④ 동명사 또한 동사의 성질을 가지고 있으므로 부사 'separately'가 동명사 'storing'을 수식하는 것은 옳다.

해석의 Key

가장 비극적인 사건들 중에는 총기류 관련 사건이 포함된다. 매년, 20세 이하의 약 5천 명 가량이 총기로 인해 사망한다. 이러한 사망 사건 10건 가운데 한 건은 실수에 의한 것이라고 한다. 그중 많은 경우가 집에서 장전된 총을 발견한 어린이들에 의해서 발생한다. 미국 가정의 거의 절반이 총을 소지하고 있고, 종종 잘 잠가두지 않고, 탄약이 장전된 채 숨겨져 있거나 심지어는 서랍 속에 들어 있다. 우발적인 총기 사고로 인한 부상이 워낙 많아서 미국 의학협회는 총기의 장금장치를 이용하는 것과 탄약을 따로 보관하는 것에 대해서 의사에게 총기를 소지한 환자들과 반드시 대화를 하도록 권고한다.

정답 ②

07 접속사

01 ○△×

다음 중 어법상 잘못된 문장은?

① The question is who did it.

② What I want is money.

③ I'm worried about that he won't come back.

④ Olivia must be very happy, for she is dancing.

분석의 Key

about은 전치사이므로 that절이 올 수 없다.

정답 ③

02 ○△×

다음 중 어법상 잘못된 것은?

① I despise him, not because he is poor, but because he is idle.

② Brave man as he was, he hesitated to do it.

③ Do what you are told, or you will be punished.

④ She was fortunate in that she had friends to help her.

⑤ Though she has never been either to England or America, she is good at English.

분석의 Key

either A or B에서 A와 B는 병렬관계이므로 to America가 되어야 한다.

VOCA

• despise 경멸하다
• idle 게으른, 나태한
• hesitate 망설이다[주저하다]
• punish 처벌하다, 벌주다
• fortunate in ~에 운이 좋은

정답 ⑤

03 ⃞⃞⃞

다음 빈칸에 알맞은 것을 고르시오.

> _____ the passengers reached safely, they could not forget the incident.

① However

② Nevertheless

③ Though

④ But

⑤ Yet

② · ④ · ⑤ nevertheless, but, yet은 절과 절 사이를 연결한다.
① however safely로 되어야 한다.

승객들이 안전하게 도착했음에도 불구하고 그들은 그 사건을 잊을 수 없었다.

• passenger 승객
• incident 일[사건]

정답 ③

04 ⃞⃞⃞

다음 중 빈칸에 들어갈 표현으로 옳은 것은?

> _____ was commonly accepted as the main reason for the scandals which riddle his administration.

① What Warren G. Harding was indecisive

② It was Warren G. Harding

③ That Warren G. Harding was indecisive

④ Warren G. Harding who

was 앞에 주어가 필요하므로 명사절이 필요하다. what은 불완전한 문장이 뒤따라야 하므로 ①은 올바르지 않다. that절은 완전한 문장이 뒤따른다.

• indecisive 우유부단한
• scandal 스캔들, 추문
• administration 관리[행정]

정답 ③

05 ⃞⃞⃞

다음 빈칸에 알맞은 것을 고르시오.

> Learn to save now, _____ you may want in old age.

① and

② if

③ therefore

④ so

⑤ otherwise

명령문 다음에 and가 뒤따르면서 '그러면'의 뜻을 가진다. 명령문 다음에 or(otherwise)가 뒤따르면서 '그렇지 않으면'의 뜻을 가진다. 위 문제에서는 문맥상 '그렇지 않으면'이 더 어울린다.

저축하는 것을 배워라. 그렇지 않으면 나이 들어서 곤궁해질 것이다.

• learn 배우다, 학습하다
• save 모으다, 저축하다

정답 ⑤

06

다음 밑줄 친 부분에 가장 적합한 표현은?

> A : May I have the loan?
>
> B : _____ you offer good security.

① But

② Unless

③ Provided

④ But for

Provided / Providing (that) ~ 는 (only) if의 의미를 가지는 접속사로 사용
이 가능하다.

해석의 Key

> A : 대출 좀 받을 수 있을까요?
>
> B : 만일 당신이 충분한 담보를 제공하시면요.

VOCA

• loan 대출[융자]

• security 담보

정답 ③

07

다음 중 어법상 어색한 것을 찾으시오.

> The main reasons ① that tourists flock to Hawaii ② are
> ③ because it has warm weather and beautiful ④ scenery.

분석의 Key

the reason이 주어인 경우 보어절을 이끄는 접속사로 because를 사용하지
못하고 that을 써야 한다.

해석의 Key

> 관광객들이 하와이로 몰려드는 이유는 그곳에는 따뜻한 날씨와 아름다
> 운 경치가 있기 때문이다.

VOCA

• flock to ~로 모여들다

• scenery 경치, 풍경

정답 ③

08

다음 밑줄 친 부분 중 어색한 표현은?

> Thomas Hughes was ① equally talented as both a jazz
> ② performer ③ as well as a ④ classical musician.

분석의 Key

both 뒤에는 and가 와서 '둘 다'를 표현한다. as well as → and

VOCA

• equally 똑같이, 동일[동등]하게

• performer 연주자[연기자]

정답 ③

09

다음 밑줄 친 부분 중 어법상 잘못된 것은?

> ① Due to he was ill, he missed ② at least two of his
> ③ classes ④ for this week.

분석의 Key

due to는 전치사로서 뒤에 절이 따라 올 수 없으므로 because를 써야 한다.

VOCA

• ill 아픈, 병 든

• at least 적어도[최소한]

정답 ①

10 ○△×

다음 중 어법상 옳은 문장을 고르시오.

① If it rains or not doesn't concern me.

② Do you know whether are the shops open?

③ I don't care if or not your car breaks down.

④ You can call me whatever names do you like.

⑤ I'm taking my umbrella with me in case it rains suddenly.

분석의 Key

① 명사절을 이끄는 if절은 주어로 사용할 수 없다. If → whether

② whether절은 목적어로 사용된 종속절이므로 주어+동사 어순이 되어야 한다. are the shops → the shops open

③ 명사절을 이끄는 접속사 if에는 or not이 나란히 붙을 수 없다. or not을 문미로 돌리거나 whether로 바꾼다.

④ whatever절은 목적절이므로 어순의 도치가 없는 정치문이 사용된다. do 를 없애면 된다.

VOCA

• break down 고장나다, 실패하다

정답 ⑤

---

08 관계사

01 ○△×

다음 빈칸에 들어갈 알맞은 말은?

> Silences make the real conversations between friends. Not the saying but the never needing to say is _____ counts.

① what

② that

③ which

④ some

분석의 Key

빈칸 안에는 명사절(보어절)을 이끌면서 counts의 주어 역할을 할 접속사가 필요하다. 의문대명사나 또는 관계대명사 what이 적합한데, 의미상 의문의 의미는 맞지 않기 때문에 관계대명사 what(~하는 것)이 올바르다.

해석의 Key

침묵은 친구 사이에 진정한 대화를 만든다. 말을 하는 것이 아니라 전혀 말을 할 필요가 없는 것이 중요하다.

VOCA

• silence 고요, 적막, 침묵

• conversation 대화, 회화

정답 ①

02 ○△×

Choose the suitable one for the blank.

> There is _____ at the news.

① not no man who would be surprised

② not any man would be surprised

③ no man but would be surprised

④ no man but who would be surprised

유사관계대명사 but을 사용하는 것이 의미상 적절하다. ①의 경우 not과 no 가 함께 있어서 부정의 중복이므로 적절하지 않고 ②의 경우 접속사 없이 동사가 두 개이므로 안 되며 ④의 경우는 but과 who가 함께 사용되어 접속 사가 두 개가 되므로 적절하지 않다.

해석의 Key

그 소식에 놀라지 않을 사람은 아무도 없다.

VOCA

• surprised 놀란, 놀라는

정답 ③

03 ○△×

다음 중 대화의 빈칸에 알맞은 것을 고르시오.

A : What do you think about the boy?
B : The boy _____ I believed to be honest deceived me.

① who
② what
③ which
④ whom

분석의 Key

the boy를 대신하면서 believe의 목적어 역할을 할 수 있는 whom이 적합 하다.

해석의 Key

A : 그 소년에 대해서 어떻게 생각해?
B : 내가 정직하다고 믿는 그 소년이 나를 속였어.

VOCA

• deceive 속이다, 기만하다

정답 ④

04 ○△×

다음 중 빈칸에 알맞은 것을 고르시오.

There are over 74 varieties of scorpions, _____
_____.

① which is harmless to humans
② much of which is harmless to humans
③ humans are harmless
④ most of which are harmless to humans

분석의 Key

빈칸 이하에는 scorpions를 꾸며 줄 관계사절이 필요하다. 선행사가 복수이 므로 ④가 적합하다. 부분표시 of+관계사 표현이다.

해석의 Key

74종 이상의 전갈류들이 있는데 대부분은 인간에게 해가 없다.

VOCA

• variety 여러 가지, 갖가지
• scorpion 스콜피온, 전갈

정답 ④

05 ○△×

다음 중 빈칸에 알맞은 것은?

Look at the beautiful mountain _____ top is covered with snow all the year round.

① whose
② that
③ which
④ where

명사(mountain)를 수식하는 형용사절을 이끌면서 top을 꾸미는 관계사로 소유격 관계대명사인 whose가 적합하다. whose는 사람, 동물, 사물 모두에 사용이 가능하다. 사물의 경우 of which를 사용할 수 있는데, of which를 사용하는 경우 정관사 the를 사용해야 한다.

해석의 Key

> 연중 내내 꼭대기가 눈으로 뒤덮인 저 아름다운 산을 보아라.

VOCA

• cover with ~로 덮다
• all the year round 1년 내내

정답 ①

해석의 Key

> (1) 이 사람은 나를 속였다고 믿은 그 소년이다.
> (2) 예외 없는 규칙은 없다.
> (3) 그는 나의 이웃들 중 내가 알고 있는 유일한 사람이었다.

VOCA

• exception 예외
• neighborhood 이웃, 이웃 사람들

정답 ①

06 ○△✕

다음 빈칸에 순서대로 들어갈 말로 가장 적절한 것은?

> (1) This is the boy _____ I believe deceived me.
> (2) There is no rule _____ has exceptions.
> (3) He was the only man _____ I knew in my neighborhood.

① who − but − that
② whom − that − whom
③ who − that − whom
④ whom − but − that

분석의 Key

(1) I believe가 삽입절이고, 선행사가 the boy(사람)이므로 주격관계대명사 who가 와야 한다.
(2) 선행사(no rule)에 부정어 no가 있고, 'There is no rule that does not have exceptions'의 의미이므로 'that ~ not'의 의미인 유사관계대명사 but이 와야 한다.
(3) 형용사절의 동사 knew의 목적어를 대신하는 목적격 관계대명사가 필요한데, 선행사에 the only가 있으므로 관계대명사 that이 와야 한다.

07 ○△✕

다음 중 어법상 잘못된 것을 고르시오.

> Democracy is ① a word ② to which we are ③ so familiar that we rarely ④ take the trouble to ask ⑤ what we mean by it.

분석의 Key

전치사+관계대명사의 경우 전치사+관계대명사를 관계사절의 뒤로 옮겨서 파악하면 쉽게 알 수 있다. 뒤에 familiar가 있는 것으로 보아 with가 적합하다.

해석의 Key

> 민주주의는 우리가 너무나 익숙해서 무엇을 의미하는지 묻는 데 어려움을 거의 겪지 않는 단어이다.

VOCA

• democracy 민주주의, 민주 국가
• rarely 드물게, 좀처럼 ~하지 않는
• be familiar to 사람 ~에게 낯익다, 익숙하게 여겨지다
• be familiar with 사물 ~에 익숙하다, 잘 알다

정답 ②

08 ○△×

다음 중 어법상 잘못된 문장은?

① The country where I want most of all to visit is Spain.
② Look at the mountain of which the top of is covered with snow.
③ You can give it to whoever you think is honest.
④ Look at the girl and her dog that are coming here.

분석의 Key
visit의 목적어가 필요하므로 관계대명사 which를 쓰는 것이 올바르다.

VOCA
• honest 정직한, 솔직한

정답 ①

09 ○△×

다음 우리말을 올바르게 영작한 것은?

나는 아무 말도 하지 않았는데, 그것이 그를 화나게 했다.

① I said nothing, which made him angry.
② I said nothing, it made him angry.
③ I said nothing, that made him angry.
④ I said nothing, how made him angry.
⑤ I said nothing, what made him angry.

분석의 Key
문장을 연결하면서 앞에 나오는 단어와 문장 전체를 대신 받는 것은 which 이다.

정답 ①

10 ○△×

다음 우리말의 영작으로 적절한 것은?

아무리 열심히 훈련해도 당신은 결코 최고의 선수가 될 수 없다.

① However hard you train, you will never make a top-class athlete.
② How much you hard train, you will never become a top-class athlete.
③ However hardly you may train, never you won't make a top-class athlete.
④ How you may train hardly, you won't never make a top-class athlete.
⑤ However you train hard, you will never make a top-class athlete.

분석의 Key
의미상 양보의 부사절을 사용해야 한다. 복합관계부사 however는 형용사, 부사를 수식할 경우 however 뒤에 형용사나 부사를 붙여서 사용해야 한다.

VOCA
• hard 열심히
• hardly 거의 ~아니다[없다]

정답 ①

01 ○△✕

다음 밑줄 친 부분 중 어법상 어색한 것은?

A drop ① in demand for factory goods ② are seen as a sign ③ to trouble in ④ the manufacturing.

분석의 Key
문장의 핵심주어가 A drop이므로 동사의 수가 단수이어야 한다.

해석의 Key

공산품 수요의 감소는 제조업이 어려움을 겪게 될 징조로 보인다.

VOCA
• factory 공장
• goods 상품, 제품
• manufacturing 제조업

정답 ②

02 ○△✕

다음 빈칸에 들어갈 가장 알맞은 표현은?

_____ that the recession will be over soon.

① Statistic show
② Statistics shows
③ Statistic shows
④ Statistics show

분석의 Key
Statistics가 통계학의 뜻으로 사용되면 단수 취급하지만, 통계자료, 통계표의 뜻으로 사용되면 복수 취급해야 한다.

VOCA
• recession 경기 후퇴, 불황
• statistic 통계, 통계학

정답 ④

03 ○△✕

다음 중 어법상 잘못된 부분을 고르시오.

① According to a recent report ② the number of sugar ③ that Koreans consume increases ④ from year to year.

분석의 Key
the number of는 명사의 수를 나타낼 때 표현하는 것인데, 뒤에 sugar는 셀 수 없는 명사(불가산명사)로 양을 표현하는 것이 앞에 있어야 한다.
the number of → the amount of

해석의 Key

최근의 보고서에 따르면 한국인들이 소비하는 설탕의 양은 매년 증가한다고 한다.

VOCA
• consume 소모하다, 먹다, 마시다
• from year to year 매년, 해마다

정답 ②

04 ○△✕

다음 중 문법적으로 잘못된 문장은?

① Neither you nor he is likely to be present at the meeting.
② Three-fourths of our class are married.
③ The number of the students present at the conference is small.
④ My family is difficult in their opinion about the matter.

분석의 Key
family는 전체를 하나로 보는 경우에는 단수 취급이고, 개개 구성원으로 보는 경우에는 복수 취급한다. 뒤에 family를 받는 their라는 소유격이 있는 것으로 보아 복수로 보는 것이 적합하다.

VOCA
• conference 회의[학회]

정답 ④

05 ⊙△✕

다음 중 밑줄 친 부분이 어법상 잘못된 것은?

① The bow and arrow was their favorite weapon.

② Tom along with his wife and three children is going to Boston.

③ Physics are difficult to many girls.

④ A number of farmers were working in the field.

06 ⊙△✕

다음 밑줄 친 부분 중 어법상 가장 어색한 것은?

The ideals ① upon which American society ② is based ③ is primarily those of Europe and not ones ④ derived from the native Indian culture.

07 ⊙△✕

다음 글에서 밑줄 친 부분 중 어법상 잘못된 것은?

Understanding the cultural habits of ① another nation, ② especially one containing many diversified cultures, ③ are a complex ④ bewildering task.

08 ⊙△✕

다음 중 어법상 옳은 문장이 아닌 것은?

① You as well as he is to blame for the accident.

② What one likes one will do well.

③ Both you and he are to blame for the accident.

④ The task which confronts him is not different from that which faced his predecessor.

09 ☐△✕

다음 중 어법상 옳은 문장은?

① The baby was such lovely that I could not help kissing it.

② A man's worth lies not in what he has, but in what he is.

③ Five years are a long period to a prisoner.

④ Neither of the two candidates who had applied for admission to the Industrial Engineering Department were eligible for scholarships.

분석의 Key

② not A but B 병렬관계이다.

① such → so(such 명사 포함 어구 that(절))

③ 5년을 하나의 단위개념으로 파악하여 단수 취급한다.

④ neither of가 주어이므로 동사는 was가 된다.

해석의 Key

② 인간의 가치는 재산에 있는 것이 아니라 인격에 있다.

① 아기가 너무 사랑스러워서 입맞춤하지 않을 수 없었다.

③ 5년은 죄수에게 오랜 기간이다.

④ 산업공학부서에 받아들여졌던 그 두 명의 후보자 중 어느 누구도 장학금에 적합하지 않았다.

VOCA

• period 기간, 시기

• prisoner 재소자, 죄수

• candidate 입후보자, 후보자

정답 ②

10 ☐△✕

다음 중 어법상 옳은 문장은?

① Jane went to the movies, and so her sister did.

② Talking about doing something is one thing and actually doing it is the other.

③ Only if you can solve this problem you will be admitted.

④ All work and no play makes Jack a dull boy.

분석의 Key

① 긍정문에 대해, '~도 또한 ~이다'의 표현을 할 때는 「so+동사+주어」의 형태로 표현하므로 and so did her sister가 적절하다.

② 「A와 B는 별개의 것이다」는 「A is one thing and B is another」

③ Only가 이끄는 부사절이 문두에 와서 주절의 주어와 동사가 도치되어야 한다. will you be admitted 옳은 문장이다.

VOCA

• only if ~해야만

• admit 들어가게 하다, 입장을 허락하다

정답 ④

10 　가정법

01 ⬡△✕
다음 밑줄 친 곳에 들어갈 말을 고르시오.

> If I had taken your advice then, I _____ doctor now.

① would have been
② have been
③ would been
④ would be

혼합가정법 구조로 뒤에 now가 있으므로 가정법 과거가 올바르다.

해석의 Key

　내가 그때 너의 충고를 들었더라면 지금은 의사가 되어 있을 텐데.

VOCA

• advice 조언, 충고

정답 ④

02 ⬡△✕
다음 밑줄 친 부분에 알맞은 것을 고르시오.

> I wish I _____ idle when young.

① was not
② would not be
③ had not been
④ will not have been

분석의 Key
I wish 다음에 가정법이 와야 하는데, 뒤에 when young(과거시점 표현부사)이 있으므로 가정법 과거완료가 적합하다.

해석의 Key

　어렸을 때 게으르지 않았었더라면 좋았을 텐데.

VOCA

• idle 게으른, 나태한

정답 ③

03 ⬡△✕
다음 두 문장의 뜻이 같도록 빈칸에 들어갈 표현으로 알맞은 것은?

> It would have been wiser to leave it unsaid.
> ＝It would have been wiser _____ it unsaid.

① if you had left
② because you left
③ for leaving
④ than you left

분석의 Key
would have been을 보아 가정법 과거완료라는 것을 알 수 있다. 이때, to 동사원형절이 가정법의 조건절을 대신할 수 있다. 가정법 과거완료 형태의 조건절로 바꾸면 된다.

해석의 Key

　그것을 언급하지 않은 채 두었더라면 더 현명했을 것이다.

VOCA

• wise 현명한, 지혜로운
• unsaid 말을 하지 않는

정답 ①

04 ○△✕

다음 밑줄 친 부분에 알맞은 단어는?

> He worked hard: _____, he should have failed in
> the examination.

① but for
② unless
③ otherwise
④ if
⑤ providing

빈칸 앞에 과거 사실이 쓰여 있고, 뒤에 가정법 과거완료의 모양이 있으므로 빈칸에는 조건절을 대신할 수 있는 표현을 쓰면 된다. otherwise는 사실 뒤에 사용되어 가정법 조건절 대신 사용이 가능하다.

해석의 Key

그는 열심히 공부했다. 그렇지 않았더라면 그는 시험에 떨어졌을 것이다.

VOCA
• examination 조사, 검토, 시험

정답 ③

05 ○△✕

다음 빈칸에 알맞은 것은?

> _____ you were coming, I would've invited
> my mother and father to come and meet you.

① Knowing
② If I know
③ Had I known
④ If I am knowing

분석의 Key
would've invited가 주절에 있는 것으로 보아 가정법 과거완료의 조건절이 필요하고, if가 생략되면서 had가 문두로 도치되는 것이 나와야 한다.

해석의 Key

만약 네가 올 줄 알았더라면, 나는 내 부모님을 초대했었을 것이다.

VOCA
• invite 초대[초청]하다

정답 ③

06 ○△✕

밑줄 친 부분과 바꿔 쓸 때 가장 적절한 것은?

> But for water, no living thing could exist.

① Had it not been for
② If there had not been water
③ If it were not for water
④ If it had not been for water

분석의 Key
but for는 조건절 대용표현으로 조건의 부사절로 바꾸어 쓸 수 있는데, 주절의 시제를 보고 맞춰서 바꾸어 써야 할 것이다. 주절에 could 동사원형이 사용되어 있으므로 가정법 과거이다. 그러므로 조건절도 역시 가정법 과거로 표현해야 올바르다.

해석의 Key

만약 물이 없다면 아무것도 살 수 없을 것이다.

VOCA
• exist 존재[실재/현존]하다

정답 ③

07 ○△×

다음 중 어법상 어색한 것은?

① If he had taken his patron's advice then, he might have been alive now.

② If the sun were to rise in the west, I would not accept his proposal.

③ You will have lost many things by September next year, if you fail to follow my advice.

④ I would not do so in your place.

분석의 Key

조건절에 then이 있으며, 주절에 now가 있는 것으로 보아 혼합가정이라고 할 수 있다. 가정법의 시제 결정은 시간표시부사가 우선하므로 now로 보아 가정법 과거가 사용되는 것이 올바르다.

해석의 Key

① 만약 그때 그가 자기 후견인의 충고를 들었었더라면 지금 그는 살아 있을 텐데.
② 설령 태양이 서쪽에서 뜬다 할지라도, 나는 그의 제안을 받아들이지 않을 것이다.
③ 만약 네가 내 충고를 따르지 않는다면 내년 9월쯤에는 많은 것을 잃게 될 것이다.
④ 내가 너의 입장에 있다면 그렇게 하지는 않을 거야.

VOCA

• patron 후견인, 후원자
• west 서쪽, 서양

정답 ①

08 ○△×

Choose the one sentence which is ungrammatical.

① I will do it on condition that I am paid.

② Should it snow tomorrow, I would go skiing.

③ It is time that you go bed now.

④ Had she come to the concert, she would have enjoyed it.

분석의 Key

'It is (about, high) time that~' 에서는 가정법 과거가 오거나 should 동사원형이 that절 안에 사용되어야 한다. should 생략은 허용되지 않는다.

VOCA

• condition 조건, 상태
• concert 연주회, 콘서트

정답 ③

09 ○△×

다음 주어진 우리말을 영어로 옮길 때 빈칸에 알맞은 것을 순서대로 짝 지은 것은?

> 내가 학교 다닐 때 라틴어를 배웠더라면 이 문장이 무슨 뜻인지 이해할 수 있을 텐데.
> → If I _____ Latin when I _____ at school, I _____ what this sentence means.

① had studied, was, could understand

② studied, had been, could understand

③ had studied, had been, could have understood

④ studied, was, could have understood.

분석의 Key

가정법 구문으로 학교에 다닐 때는 과거를 말하므로 when절 안에 과거동사가 사용되고, 이를 기준으로 봐서 가정법 과거완료가 사용되는 것이 올바르다. 주절에는 what this means가 있는 것으로 보아 현재사실이라고 봐야 할 것이며 그러므로 가정법 과거가 사용되는 것이 적합하다.

VOCA

• sentence 문장
• understand 이해하다, 알아듣다, 알다

정답 ①

10 ☐ △ ✕

Choose the one that best complete the sentence.

> Jack would have helped us make a CD, _____
> _____.

① and he did help us

② and he will help us

③ but he didn't have time

④ but he will not help us

분석의 Key

앞의 절이 가정법 과거완료(would have helped)이므로, but 뒤의 절은 직설법 과거시제(didn't have)가 와야 한다.

해석의 Key

Jack은 우리가 CD 제작하는 것을 도와주었을 텐데. 그러나 그는 시간이 없었다.

정답 ③

11 | 비교

01 ☐ △ ✕

다음 중 같은 뜻의 문장을 고르시오.

> He is not so much a scholar as a writer.

① He is neither a scholar nor a writer.

② He is both a scholar and a writer.

③ He is not a writer but a scholar.

④ He is a scholar as well as a writer.

⑤ He is more a writer than a scholar.

분석의 Key

not so much A as B=B rather than A : A라기보다는 오히려 B다.
⑤ 그는 학자이기보다는 작가이다.

해석의 Key

① 그는 학자도 작가도 아니다.
② 그는 학자이고 작가이다.
③ 그는 작가가 아니라 학자이다.
④ 그는 작가일 뿐만 아니라 학자이다.

VOCA

• scholar 학자
• writer 작가

정답 ⑤

02 ☐ △ ✕

다음 중 밑줄 친 부분에 가장 적합한 표현은?

> When lava reaches the surface, its temperature can be ten times _____ boiling water.

① higher than

② as high as

③ higher than that of

④ highest of

분석의 Key

배수사+as 원급 as ~, 배수사+비교급 than 표현으로 '몇 배' 표현에서 사용한다. 또한 이는 비교 표현이므로 비교대상의 일치가 있어야 한다. 비교대상의 일치를 위해 that+명사 형태로 한다.

해석의 Key

용암이 지표에 도달했을 때, 이것의 온도는 끓는 물의 10배는 더 뜨겁다.

VOCA

• lava 용암
• surface 표면[표층]
• temperature 온도, 기온
• boiling water 끓는 물

정답 ③

03 ○△✕

다음 중 빈칸에 가장 적절한 것은?

The _____ part of the story was not so exciting as the former.

① later
② latter
③ latest
④ last

분석의 Key

전반부, 후반부의 의미이므로 latter가 타당하다.

해석의 Key

그 이야기의 후반부는 전반부만큼 흥미진진하지 않았다.

VOCA

• former 전자의

정답 ②

04 ○△✕

다음 빈칸에 알맞은 것을 고르시오.

The more dangerous the animal, _____ _____.

① the higher and sturdiest the fence is
② the fence is the higher and sturdier
③ higher and sturdier is the fence
④ the higher and sturdier the fence

분석의 Key

'the+비교급, the+비교급' 구문으로서 뒷부분에도 the 비교를 사용해야 한다. 앞부분에 be동사가 생략되어 있으므로 뒷부분에도 be동사가 생략된 표현이 알맞다.

해석의 Key

동물들이 위험하면 할수록 담장도 그만큼 높고 튼튼해야 한다.

VOCA

• dangerous 위험한
• fence 담장, 울타리, 장애물

정답 ④

05 ○△✕

다음 빈칸에 들어갈 말로 알맞은 것은?

Staying in a hotel costs _____ renting a room in a dormitory.

① more than twice
② as much twice as
③ twice as much as
④ as much as twice
⑤ twice much

배수사를 이용한 표현으로 배수사+as 원급 as 형태를 사용한다(현대영어에서는 배수사+비교급 than을 이용하기도 한다).

> 호텔에 숙박하는 것은 기숙사 방을 임대하는 것보다 값이 두 배나 더 나간다.

VOCA
• cost (비용이) 들다
• dormitory 기숙사, 공동 침실

정답 ③

06 ○△✕
다음 밑줄 친 부분 중 어법상 어색한 것은?

> In tests, ① their produce was ② far more superior ③ to the vegetables ④ available at the supermarket.

분석의 Key
–ior로 끝나는 라틴어 비교표현은 영어의 비교장치인 –er, more를 붙이지 않는다.

해석의 Key

> 테스트에서 그들의 농산물은 슈퍼마켓에서 살 수 있는 채소보다 훨씬 더 우수했다.

VOCA
• produce 농산물[농작물]
• superior 우수한[우세한 / 우월한]
• vegetable 채소, 야채

정답 ②

07 ○△✕
다음 중 의미가 다른 하나를 고르시오.

① Nothing in life is so important as health.
② Health is the most important thing in life.
③ Nothing is more important than health in life.
④ Health is as important as some other things in life.
⑤ Health is more important than any other thing in life.

분석의 Key
부정주어 비교급 ~ than, 부정주어 so(as) ~ as, 비교급 than any other 단수명사(all the other 복수명사, anything else, anyone else)는 최상급 표현이다.

VOCA
• important 중요한, 영향력이 큰

정답 ④

08 ○△✕
다음 밑줄 친 부분 중에서 옳지 않은 것을 고르시오.

① He is no better than a beggar(=as good as).
② It is no more than a dream(=only).
③ It isn't more than a dream(=at most).
④ He paid no less than fifty dollars(=as much as).
⑤ He paid not less than fifty dollars(=the same as).

분석의 Key
not less than=at least : 적어도

VOCA
• beggar 거지

정답 ⑤

09 ○△✕

다음 문장 중 어법상 틀린 것은?

① He tried to get up as early as possible.

② Business has never been as good as it is now.

③ It is the most beautiful place I have never visited.

④ He is more clever than wise.

분석의 Key

최상급 뒤에 관계사 절이 뒤 따를 경우 주로 '~한 중에서'라는 의미를 가지는데, 이때 관계사절에 never가 사용되어서는 안 된다(의미상 부적합). ever를 쓴다.

VOCA

• as good as ~나 다름없는[마찬가지인]

• clever 영리한, 똑똑한

정답 ③

10 ○△✕

다음 중 주어진 우리말을 올바르게 영작한 것은?

> 한국의 인구는 필리핀의 인구보다 훨씬 많다.

① The population of Korea is very bigger that of the philippines.

② The population of Korea is even larger than those of the philippine.

③ The population of Korea is much larger than that of the philippines.

④ The population of Korea is a lot of larger than that of the philippines.

분석의 Key

① · ④ very는 원급 강조이고 a lot of는 수량 형용사이다. 비교급 강조는 much, still, even, far, a lot을 쓴다.

② 필리핀은 나라 이름 뒤에 s를 붙여서 쓰므로 philippines가 옳은 표현이다. 또한 The population을 받기 때문에 비교대상의 일치를 위해 that of를 쓴다.

③ 비교대상의 일치를 위해 that of 표현을 사용한다. 인구의 많고 적음은 large를 쓴다.

VOCA

• population 인구

정답 ③

12 명사

01 ○△✕

다음 중 문법적으로 옳은 문장을 고르시오.

① I'm on good terms with Mary.

② She comes to see me every sixth days.

③ It costs seven thousand won the yard.

④ There is thirty families in our village.

분석의 Key

② '매 (시간)마다'의 표현은 'every 기수＋복수＝every 서수＋단수'로 표현한다. 여기서는 sixth라는 서수가 사용되어 있으므로 day(단수)가 사용되어야 한다.

③ '~마다, ~당, 매'의 뜻을 갖는 관사는 정관사가 아니라 부정관사이다. the yard를 a yard로 고친다.

④ thirty의 수식을 받는 가산명사 family이므로 주어가 복수명사 families의 형태이므로 복수동사 are를 쓴다.

VOCA

• terms 사이, 관계

• yard 마당, 뜰

• village 마을, 부락

정답 ①

02 ○△✕

다음 중 우리말을 영작한 것이 잘못된 것을 고르시오.

① 그의 아버지는 7년 전에 돌아가셨다.

→ Seven years have passed since his father died.

② 그는 그것에 관해서 아무것도 모른다.

→ He doesn't know everything about it.

③ 그는 가난하다 할지라도 결코 그런 짓을 할 사람이 아니다.

→ Though he is poor, he is the last man to do such a thing.

④ 건강의 중요성은 아무리 강조해도 지나치지 않다.

→ We cannot overemphasize the importance of our health.

not과 전체(every 명사, all both, always, entirely, necessarily)를 의미하는 표현이 함께 사용될 경우 부분부정이 된다. 이 문제에서는 전체부정의 의미이므로 not ~ any를 이용하면 된다.

VOCA
• overemphasize 지나치게 강조하다

정답 ②

03 ○△×

다음 문장에 대한 영작으로 옳은 것을 고르시오.

어떤 숭고한 목적도 나쁜 수단을 정당화할 수는 없다.

① Not lofty goal can justify bad means.
② Noble aims can legitimate bad manners.
③ Whatever you do, you are not able to defend your bad ends.
④ Not lofty goal can justify bad mean.

분석의 Key
① means : (분화복수) 수단
②·③·④ 의미가 적합하지 않다.

VOCA
• lofty 고귀한, 고결한
• noble 고귀한, 숭고한
• justify 정당화시키다[하다]
• legitimate 정당한, 타당한
• defend 방어[수비]하다

정답 ①

04 ○△×

다음 중 대화의 빈칸에 들어갈 내용으로 올바른 것은?

A : How much sugar did you pur in my coffee?
B : _____.

① Two spoonful
② Two spoons
③ Two
④ Two spoonfuls

분석의 Key
셀 수 없는 명사를 세기 위해서 단위명사를 이용한다. sugar는 spoonful을 이용하여 표현할 수 있다. 단위명사는 셀 수 있는 명사이므로 two spoonfuls (of sugar)가 알맞다.

VOCA
• spoonful 한 숟가락[스푼]

정답 ④

05 ○△×

다음 빈칸에 들어갈 내용으로 알맞은 것을 고르시오.

The site of Pittsburgh was _____ in the 18th-century struggle between France and Great Britain for control of the Ohio Valley.

① important strategic
② of strategic importance
③ be strategically important
④ where strategic importance

분석의 Key
'of+추상명사=형용사'로 본다(be of를 have로도 볼 수 있다).

해석의 Key
피츠버그의 그 장소는 오하이오 계곡의 지배를 둘러싼 18세기 프랑스와 영국 사이의 격전으로 인해서 전략적으로 중요한 곳이었다.

VOCA
• struggle 투쟁[고투]하다, 몸부림치다
• strategic 전략적

정답 ②

06 ⬡△✕

Choose the one that is <u>not</u> accepted in standard written English.

In the 1960's ① <u>consumers</u> in developed nations enjoyed real gains ② <u>in income</u> and spent their money on ③ <u>a variety of</u> newly invented ④ <u>good</u>.

분석의 Key

상품, 재화를 나타낼 때는 good이 아니라 goods(분화복수)를 이용해야 한다.

해석의 Key

1960년대에 선진국의 소비자들은 수입에서 진정한 증가를 누렸으며, 그들의 돈을 다양한 새 발명품에 소비했다.

VOCA

• consumer 소비자
• income 소득, 수입
• invent 발명하다

정답 ④

07 ⬡△✕

다음 중 어법상 잘못된 부분을 고르시오.

When we ① <u>were discussing</u> the problem, ② <u>a friend of mine</u> gave me ③ <u>an advice</u> which ④ <u>turned out</u> to be useful ⑤ <u>in finding</u> a solution.

분석의 Key

advice가 충고의 의미일 때는 절대적 불가산명사(advice, information, homework, evidence, news 집합적 물질명사)로 부정관사, 복수어미 –s를 붙일 수 없다.

해석의 Key

우리가 그 문제를 토론하고 있을 때, 나의 한 친구가 해결책 발견에 유용할 것으로 밝혀진 충고 한마디를 내게 했다.

VOCA

• turn out 모습을 드러내다[나타나다]

정답 ③

08 ⬡△✕

다음 중 어법상 어색한 것을 고르시오.

One of Thornton wilder's ① <u>work</u>, The matchmaker, ② <u>was made</u> into a motion picture ③ <u>in 1958</u> and was adapted in 1964 ④ <u>as the musical</u> comedy Hello Dolly!

분석의 Key

one of 다음에는 복수명사가 사용되어야 한다. one of + 복수명사

해석의 Key

Thornton wilder 작품 중의 하나인 The matchmaker는 1958년에 영화로 제작되었고 1964년 뮤지컬 희극 Hello Dolly로 각색되었다.

VOCA

• adapt 맞추다[조정하다]

정답 ①

09 ⬡△✕

다음 중 어법상 어색한 것을 고르시오.

One should shake ① <u>hand</u> firmly, but ② <u>not so strongly</u> ③ <u>as to cause</u> pain to ④ <u>the other</u> person.

분석의 Key

악수하다는 표현은 상호복수를 이용해야 한다. hand → hands

해석의 Key

악수는 단단히 해야 한다. 그러나 상대방에게 고통을 줄 만큼이나 세게 악수를 해서는 안 된다.

VOCA

• firmly 단호히, 확고히
• strongly 강하게
• cause ~을 야기하다[초래하다]

정답 ①

10 ☐△☒

다음 중 어법상 잘못된 문장은?

① A friend of mine in Busan called me last night.

② The letter was short because there wasn't many news.

③ The Police are searching for these men

④ There are five cars. One is mine and the others are my father's.

분석의 Key

news는 절대적 불가산명사이므로 단수 취급한다. 셀 수 없는 수량 형용사 much로 바꾼다.

VOCA

• search 찾아[살펴]보다, 수색[검색]하다

정답 ②

---

01 ☐△☒

다음 빈칸에 가장 적합한 것을 고르시오.

> It was _____ that we went on a hike in the mountain.

① such a nice day

② so nice day

③ so a nice day

④ such nice a day

분석의 Key

so 다음에 명사구를 쓸 때는 '형용사+a(n)+명사'의 순서로 써야 하며, such는 'a(n)+형용사+명사'의 순서로 써야 한다.

VOCA

• hike 하이킹하다

• mountain 산

정답 ①

02 ☐△☒

다음 밑줄 친 부분에 알맞은 표현은?

> _____ as he is, he is as timid as a hare.

① The man

② A man

③ Man

④ Men

양보의 부사절을 표현할 때는 '무관사 명사+as+주어+동사~' 형태로 표현한다.

해석의 Key

비록 그가 남자라 할지라도 그는 산토끼만큼이나 겁이 많다.

VOCA

• timid 소심한, 용기가 없는
• hare 산토끼

정답 ③

03 ○△☒

다음 밑줄 친 부분에 들어갈 가장 적절한 표현은?

A : What do you usually have _____?
B : Just a muffin and a cup of coffee.

① for breakfasts
② for the breakfast
③ for a breakfast
④ for breakfast

분석의 Key

식사명(breakfast, lunch, dinner)는 원칙상 무관사로 표현한다(학문명, 질병명, 식사명, 운동경기명은 무관사가 원칙이다).

VOCA

• usually 보통, 대개
• breakfast 아침, 아침 식사

정답 ④

04 ○△☒

다음 밑줄 친 부분 중 문법상 어색한 부분을 찾으시오.

Hurricanes are ① tropical storms in which wind attains ② speeds above ③ seventy-five miles the hour and carry ④ heavy rains with them.

분석의 Key

'한 시간 당'이라는 의미로는 an(=per) hour를 사용한다.

해석의 Key

허리케인은 시속 75마일 이상의 속도의 바람과 폭우를 수반한 열대 폭풍우이다.

VOCA

• tropical 열대 지방의, 열대의
• attain 이루다[획득하다]
• above ~보다 위에
• heavy rain 폭우

정답 ③

05 ○△☒

다음 밑줄 친 부분이 어법상 잘못된 것을 고르시오.

We ① heard ② such long a lecture ③ that we were falling ④ asleep.

분석의 Key

so 다음에 명사구를 쓸 때는 '형용사+a(n)+명사'의 순서로 써야 하며, such는 'a(n)+형용사+명사'의 순서로 써야 한다. such → so

VOCA

• lecture 강의, 강연
• asleep 잠이 든, 자고 있는

정답 ②

06 ⃞○⃞△⃞×

다음 밑줄 친 부분 중 어법상 잘못된 것은?

> ① The all taxi drivers in the ② whole city have ③ gone on strike ④ over the new road-usage tax.

분석의 Key

all, both, double은 전치한정사이므로 중심한정사(관사 등)보다 먼저 와야 한다. the all → all the

해석의 Key

> 그 도시의 모든 택시 기사들은 새로운 도로사용세에 대해 파업을 하러 갔다.

VOCA

• strike (세게) 치다, 부딪치다, 파업하다
• tax 세금

정답 ①

07 ⃞○⃞△⃞×

다음 중 관사가 필요 없는 것은?

① The moon rises in West.
② He went there by bus.
③ He seized me by sleeve.
④ She plays piano.

분석의 Key

교통, 통신 수단을 표현할 때는 'by+무관사 교통, 통신 수단'의 형태를 사용한다.

VOCA

• rise 오르다, 올라가다
• seize 와락 붙잡다
• sleeve 소매

정답 ②

08 ⃞○⃞△⃞×

다음 중 문법에 맞는 것은?

① This is a kind of a plant.
② It costs seven thousand won by a yard.
③ They knew the both brothers.
④ He seized me by the sleeve.

분석의 Key

① a(the) kind / sort / type of는 관사 역할을 하므로 뒤에 관사가 있으면 관사의 중복이 되어 안 된다.
② 시간, 중량, 길이의 단위 표현은 by the 시간, 중량, 길이 단위로 표현한다.
③ both는 전치한정사로 관사 앞에 위치한다.

VOCA

• plant 식물, 초목

정답 ④

09 ⃞○⃞△⃞×

다음 중 문법적으로 옳은 문장을 고르시오.

① Her dress is extremely behind the times.
② She kissed her baby on its lips.
③ The all hotels are already booked out.
④ He is as a kind boy as you are.

분석의 Key

② 신체의 일부접촉 구문으로 신체일부 앞에 정관사 the가 사용되어야 한다.
③ 'all [both, half, double]+정관사[소유격]+명사'이다.
④ 'so[as, too, how, however]+형용사+부정관사(a, an)+명사'이다.

VOCA

• extremely 극도로, 극히
• book out 체크아웃하다

정답 ①

10 ⃞⃞⃞

다음 중 어법상 옳지 않은 문장은?

① They are all of a mind

② It was too difficult a problem for me.

③ Both my parents work.

④ No one could take place my mother.

분석의 Key

④ take the place of ~를 대신하다(=replace), take place 발생하다. 일어나다(=happen, occur) / 거행하다. 실시되다(=be held, come off), 아무도 나의 어머니를 대신할 수 없다는 뜻이므로 take the place of를 쓴다.

① the same : '같은, 동일한'의 뜻 [of a 명사의 형태]

② so [as, too, how, however]+형용사+부정관사(a, an)+명사

③ all [both, half, double]+정관사[소유격]+명사

정답 ④

---

14 대명사

01 ⃞⃞⃞

다음 중 문법적으로 잘못된 것은?

① I hadn't hardly any breakfast, but I am not hungry now.

② Between you and me, he is a gay.

③ I have a daughter and a son; this is five years old and that is four years old.

④ Any girl can do it.

분석의 Key

hardly는 준부정어로 not 등의 부정어와 함께 사용될 수 없다. 부정의 중복이다.

VOCA

• hardly 거의 ~아니다[없다]

정답 ①

02 ⃞⃞⃞

다음 중 어법상 어색한 것을 고르시오.

① Almost cheese contains much fat.

② It is you that are to blame.

③ I myself did it.

④ If you don't go, I will not, either.

⑤ He is beside himself with anger.

분석의 Key

almost는 부사이므로 명사 앞에 쓰는 것이 적합하지 않다. most로 바꾸어 쓰는 것이 적합하다.

VOCA

• blame ~을 탓하다

정답 ①

03 ⃞⃞⃞

다음 밑줄 친 부분에 알맞은 것을 고르시오.

> I found _____ difficult to solve the problem.

① that

② it

③ its

④ the

진목적어–가목적어 구문표현에서 가목적어는 it만 사용한다. find it 형용사 to부정사 / that~ : 진목–가목 구문

해석의 Key

> 나는 그 문제를 푸는 것이 어렵다는 것을 알았다.

VOCA

• difficult 어려운, 힘든

정답 ②

04 ⃞⃞⃞

다음 밑줄 친 부분에 들어갈 적절한 표현은?

> Everyone brought _____ lunch to the picnic.

① their

② its

③ our

④ his or her

분석의 Key

every+명사는 단수 취급되므로 이를 대신할 경우 단수표현을 이용한다. 사람이므로 his를 이용하는 것이 보편적이나 남녀평등의 표현으로 his or her를 이용하기도 한다.

VOCA

• bring 가져오다

정답 ④

05 ⃞⃞⃞

다음 밑줄 친 부분에 들어갈 가장 적절한 표현은?

> _____ present at the party were surprised at the President's appearance.

① This

② Whoever

③ These

④ Those

분석의 Key

'파티에 참석한 사람'이라는 표현을 나타내야 하므로 Those를 이용하는 것이 적합하다. Those는 형용사절(관계사절, 분사절)이 따를 때 '~하는 사람들'이라는 의미로 사용이 가능하다.

해석의 Key

> 파티에 참석한 사람들은 대통령이 참석한 것을 보고 놀랐다.

VOCA

• appearance 나타남, 출현

정답 ④

06 ⃞⃞⃞

다음 중 밑줄 친 부분에 가장 적절한 표현은?

> A : Gee, this is going to be fun. I haven't done skating for a long time.
>
> B : _____ have I, Do you suppose we've forgotten it?
>
> A : I doubt it. It's like riding a bicycle.
>
> B : Here is a place to rent skates. What size do you wear?

① So

② Neither

③ Either

④ Do

분석의 Key

앞에 부정이 있으므로 '또한 아니다'라는 부정 표현인 'neither+조동사+주어' 표현을 쓰는 것이 적합하다.

VOCA

• suppose 생각하다, 추정하다
• rent 빌리다

정답 ②

---

08 ○△×

다음 빈칸에 들어갈 내용으로 알맞은 것은?

> I did not choose any of the three books because I found _____ satisfactory.

① neither of them
② either of them
③ none of them
④ both of them

분석의 Key

앞에 three books가 있는 것으로 보아 둘을 표현하는 both, either, neither는 사용할 수 없다.

VOCA

• satisfactory 만족스러운, 충분한

정답 ③

---

07 ○△×

다음 중 밑줄 친 부분에 가장 적합한 단어를 고르시오.

> It was between 1830 and 1835 _____ the modern newspaper was born.

① where
② that
③ which
④ because

분석의 Key

It is 전치사+명사 that ~ 강조 구문을 표현한 것이다. that을 대신하여 관계부사 when으로 표현할 수도 있다.

해석의 Key

현대 신문이 탄생한 것은 바로 1830년과 1835년 사이였다.

VOCA

• modern 현대의

정답 ②

---

09 ○△×

다음 밑줄 친 부분 중 문법상 어색한 부분을 고르시오.

> From the ① student's point of view, the new rules ② regarding class ③ attendance were stricter than the old ④ one.

분석의 Key

형용사+one 표현은 one이 단순히 앞의 명사를 대신한 것으로 앞 명사가 복수이면 ones로 표현해야 한다. ones → rules

해석의 Key

학생들의 관점에서 볼 때 수업 출석에 관한 그 새로운 규칙들은 이전의 오래된 규칙들보다 더 엄격한 것이었다.

VOCA

• point of view 관점[견해]
• regarding ~에 관하여
• attendance 출석, 참석
• stricter 더 엄격한

정답 ④

10 ◯△✕

다음 밑줄 친 부분 중 어법상 적절하지 <u>않은</u> 것은?

> One way ① <u>in</u> which novelists ② <u>and</u> playwrights can provide information about ③ <u>their</u> characters is by ④ <u>directly</u> describing ⑤ <u>it</u>.

분석의 Key

characters(복수)를 대신하려면 단수인 it이 아니라 복수인 them이 사용되어야 한다.

해석의 Key

> 소설가와 극작가가 그들의 인물들에 관하여 정보를 제공할 수 있는 한 가지 방법은 그들을 직접적으로 묘사하는 것이다.

VOCA

• playwriter 극작가
• directly 곧장, 똑바로
• describe 말하다[서술하다], 묘사하다

정답 ⑤

15 형용사

01 ◯△✕

다음 빈칸에 알맞은 표현은?

> A : How was yesterday's concert there?
> B : Wonderful, there _____.

① were many audiences
② was much audience
③ were a lot of audience
④ was a large audience

분석의 Key

audience, family, population은 많고 적음을 나타낼 때 large, small을 이용하여 표현한다.

VOCA

• audience 청중[관중]

정답 ④

02 ◯△✕

다음 중 어법상 어색한 것을 고르시오.

> It ① <u>cost the company $10,000 to equip</u> ② <u>their</u> 3,000-square-feet home with ③ <u>all the wiring</u>, 15 ④ <u>or so</u> phone jacks, alarm systems and ⑤ <u>a central-distribution panel fed</u> by high-speed cable.

수사-명사가 다른 명사를 수식할 때에서 앞의 명사는 단수형이 원칙이다. 따라서 feet는 foot로 고쳐야 한다. 그리고 company는 단수이므로 their가 아니라 its로 표현해야 한다.

분석의 Key

해석의 Key

그 회사가 모든 전기 배선이나 15개 정도의 전화기 선, 경고 시스템 그리고 초고속 케이블로 지원받는 중앙 배급판을 가진 3,000평방미터의 장비를 갖추는 데는 10,000달러의 돈이 들었다.

VOCA

• equip 장비를 갖추다
• central distribution 중앙 배급

정답 ②

03 ○△✕

다음 중 어법상 적절하지 <u>않은</u> 것은?

Blood transfusion from one individual to ① another ② serves to supply various ③ material that the ④ recipient lacks.

분석의 Key

various가 있는 것으로 보아 뒤의 material을 복수로 써야 적절하다.

해석의 Key

수혈은 수혈 받는 사람에게 부족한 다양한 물질들을 제공한다.

VOCA

• transfusion 투입
• individual 각각[개개]의
• material 물질
• recipient 받는 사람, 수령인
• lack 부족, 결핍

정답 ③

04 ○△✕

다음 빈칸에 순서대로 들어갈 말로 가장 옳은 것은?

Her test scores were _____ because she did _____ on her tests.

① good – good

② good – well

③ well – well

④ well – good

분석의 Key

첫 번째 빈칸은 be 동사의 보어가 되는 형용사 good, 두 번째 빈칸은 동사 did를 수식하는 부사 well이 와야 한다.

해석의 Key

그녀는 시험을 잘 쳤기 때문에 시험 성적이 좋았다.

VOCA

• score 점수[지수]

정답 ②

05 ○△✕

다음 빈칸에 알맞은 것을 고르시오.

It is dangerous to catch such fierce animals _____.

① fresh

② life

③ lively

④ alive

分석의 Key
서술적 용법의 형용사는 후치 수식이 가능하다. lively는 한정적 용법으로만 사용하는 형용사로 반드시 전치 수식으로 사용해야만 한다. alive는 서술적 용법으로만 사용한다.

해석의 Key

그런 맹수를 산 채로 잡으려는 것은 위험하다.

VOCA
• dangerous 위험한
• fierce 사나운, 험악한

정답 ④

06 ⃞⃞⃞
다음 밑줄 친 부분 중 문법적으로 틀린 것은?

Because the ① medication was too ② strength, the pharmacist had to ③ adjust his ④ prescription.

분석의 Key
be동사 뒤이며 too 다음이므로 형용사가 와야 적합하다. strength → strong

해석의 Key

그 약물이 너무 강해서 그 약사는 그 처방을 조절했다.

VOCA
• medication 약물
• pharmacist 약사
• adjust 조정하다
• prescription 처방

정답 ②

07 ⃞⃞⃞
다음 중 어법상 옳지 않은 문장은?

① Is your grandmother still alive?
② I want to eat something sweet.
③ He has little friends to help him.
④ They are each recognized specialists in their respective fields.

분석의 Key
③ little은 셀 수 없는 수량 형용사이므로 셀 수 있는 few를 쓴다.
① 서술용법으로만 쓰이는 형용사이다.
② 형용사[단어]가 명사 뒤에서 수식하는 경우이다.
④ respectful 공손한, 예의바른 / respectable 존경할 만한, 훌륭한 / respective 각자의, 개인의

VOCA
• specialist 전문가, 전공자
• recognize 인식하다

정답 ③

08 ⃞⃞⃞
다음 밑줄 친 부분 중에서 어법상 잘못된 것을 고르시오.

① In a personal computer, ② the greater ③ a microprocessor's speed is, the more ④ expensively it is.

분석의 Key
the 비교, the 비교 구문으로 ④의 be동사 뒤의 보어가 앞으로 나온 것이므로 부사가 아닌 형용사가 와야 한다.

해석의 Key

개인용 컴퓨터에서 마이크로프로세서의 속도가 빨라질수록 일반적으로 가격은 그만큼 더 비싸진다.

VOCA
• personal 개인의
• microprocessor 마이크로프로세서
• expensively 비용을 들여, 비싸게

정답 ④

09 ○△✕

다음 중 어법상 올바른 문장은?

① Give me hot something to drink.

② The three first problems were very difficult.

③ You are enough old to understand such things.

④ He is as hard a worker as his brother.

분석의 Key

① something을 수식하는 형용사는 그 뒤에 위치한다.

② 수사표현 시 서수＋기수의 순서로 표현한다.

③ enough는 형용사로서 명사를 수식할 경우에는 전치가 가능하나, 형용사, 부사를 수식하는 부사로 사용될 경우에는 후치해야 한다.

정답 ④

10 ○△✕

다음 중 영작이 올바른 것을 고르면?

> 높은 가격에도 불구하고 이런 물건들에 대한 수요는 많다.

① Demand on these items is much, in spite of their high price.

② Demand for these items is high, despite their high price.

③ Demand for these items is many, despite of their high price.

④ Demand for these items is high, though their high price.

분석의 Key

수요(demand)는 가격(price)처럼 high 또는 low를 이용하여 높고, 낮음을 표현한다. in spite of는 있으나 despite of는 쓰지 않는 표현이다.

VOCA

• in spite of ～에도 불구하고

정답 ②

16 부사

01 ○△✕

다음 빈칸에 들어갈 말로 가장 적절한 것을 고르시오.

> The number of employees who come _____ has _____ increased.

① late − lately

② latter − late

③ lately − latter

④ late − latter

분석의 Key

late는 형용사(늦은)와 같은 형태의 부사(늦게)로서, 주어진 문장에서는 부사로 쓰여 동사 come을 수식하고 있다. lately는 '최근에, 요즘에'의 뜻을 갖는 부사이며 동사 increased를 수식하고 있다.

해석의 Key

지각하는 직원의 수가 최근에 증가했다.

VOCA

• late 늦은, 늦게

• lately 최근에, 요즘에

정답 ①

02 ○△✕

다음 빈칸에 들어갈 가장 알맞은 것은?

> He drove very _____ to New York, but arrived at the meet too late.

① fast

② fastly

③ faster

④ fastest

fast는 형용사와 부사로 다 쓰이며, very로 보아, ③·④는 불가하다.

해석의 Key

그는 뉴욕까지 매우 빠르게 운전했으나, 모임에 매우 늦게 도착했다.

VOCA

• drive 몰다, 운전하다

• arrive 도착하다

• late 늦게

정답 ①

04 ○△✕
다음 빈칸에 알맞은 표현을 찾으시오.

> Jang has lived in New York for ten years, but he _____ doesn't understand English.

① already

② yet

③ still

④ by then

분석의 Key

부정의 조동사 앞에 쓸 수 있는 부사는 still이다.

해석의 Key

Jang이 십 년 동안 뉴욕에 살고 있지만 여전히 영어를 이해하지 못한다.

VOCA

• understand 이해하다, 알아듣다

정답 ③

03 ○△✕
다음 빈칸에 알맞은 것을 고르시오.

> We need a _____ skilled man in this position.

① high

② highly

③ refined

④ enough

분석의 Key

skilled(기술을 가진, 기술이 있는)를 꾸미는 부사가 적합하다. high는 구체적 높이이므로 의미상 highly(추상적 높이, 매우)가 더 적합하다.

해석의 Key

우리는 이 일자리에 매우 솜씨 좋은 사람을 필요로 한다.

VOCA

• skilled 숙련된, 노련한

• position 위치, 자리

정답 ②

05 ○△✕
다음 중 어법상 잘못된 것을 고르시오.

> ① Questioned by his son ② how soon he'd be ③ enough old to do ④ just as he pleased, a wise father answered : "I don't know, nobody has ever lived ⑤ that long, yet."

분석의 Key

enough는 형용사로서 명사를 수식할 경우에는 전치가 가능하나, 형용사, 부사를 수식하는 부사로 사용될 경우에는 후치해야 한다(enough+형용사, 부사+to 동사원형 : 틀린 표현).

해석의 Key

아들에게 자기가 만족할 만큼 나이가 들려면 얼마나 있어야 하는지 질문을 받고서는 한 현명한 아버지가 대답을 했다. : "나도 잘 모르겠다. 아직 아무도 그렇게까지 오래 살지는 못했거든."

정답 ③

06 ○△✕

다음 밑줄 친 부분 중 문법적으로 틀린 것은?

The side ① <u>effects</u> of the new drug ② <u>are being</u> ③ <u>extensive</u> ④ <u>researched</u>.

분석의 Key

be+p.p 수동태 표현에서 be(조동사)와 p.p(본동사) 사이에는 부사가 와야 하므로 extensively로 표현해야 한다.

해석의 Key

새로운 약의 부작용이 광범위하게 연구되고 있다.

VOCA

• effect 영향, 결과, 효과
• extensive 광범위한

정답 ③

07 ○△✕

다음 중 문법적으로 옳은 것을 고르시오.

① I heard that he had met her two years before.
② The engine ran good after it had been repaired.
③ It grew darker, so I went to home.
④ Hardly had he not come home when he turned on the TV.

분석의 Key

② ran(작동되다)를 수식하는 표현이 적합하므로 good(형용사)이 아니라 well(부사)이 필요하다.
③ 장소부사 앞에는 전치사 to를 쓰지 않는다.
④ 준부정 부사어는 '중복부정'에 주의해야 한다.

VOCA

• repair 수리[보수 / 수선]하다
• turn on (라디오, TV, 가스 따위를) 켜다

정답 ①

08 ○△✕

다음 중 문법적으로 틀린 문장은?

① He did the exercise very thoroughly.
② Mr. Kim worked very hardly this semester.
③ You had better drive slowly along this road.
④ He will remain in this country temporarily.

분석의 Key

hardly는 준부정어로 동사 앞에 온다. 또한 의미상으로도 '열심히'라는 의미를 가진 hard가 더 적합하다.

VOCA

• thoroughly 대단히, 완전히
• semester 학기
• temporarily 일시적으로, 임시로

정답 ②

09 ○△✕

다음 중 문법적으로 옳은 것은?

① She felt proudly that she had received the prize.
② This exercise is considerably difficult.
③ I have come back home yesterday.
④ Should a storm arise sudden, we can find a shelter easily.

분석의 Key

① feel은 오감 동사이므로 proud가 옳다.
③ 현재 완료는 과거 시간 표시와 쓸 수 없다.
④ arise는 자동사이므로 suddenly가 적합하다.

VOCA

• proudly 자랑스럽게
• considerably 상당히
• shelter 주거지, 대피소

정답 ②

10 ⊙△✕

다음 중 어법상 올바르지 <u>못한</u> 것은?

The population of the world ① has increased ② more significant in modern times than ③ in all the other ages of ④ history combined.

분석의 Key

increase라는 동사를 수식하는 것이 어법상 올바르므로 부사인 significantly 가 적합하다.

해석의 Key

세계의 인구는 역사상 모든 다른 시대를 합친 것보다 현대에 더 두드러 지게 증가했다.

VOCA

• population 인구, (모든) 주민
• significant 중요한, 특별한 의미가 있는
• modern time 근대적 시간

정답 ②

---

01 ⊙△✕

다음 우리말을 영어로 옮긴 표현 중 <u>잘못된</u> 것을 고르시오.

① 그는 곧 집에 돌아올 것이다.
　→ It will not be long before he comes back home.
② 당신은 그가 누구라고 생각하십니까?
　→ Do you think who he is?
③ 노대통령은 몇 대 대통령이오?
　→ How many presidents preceded President Noh?
④ 부자들이 가난한 사람들보다 반드시 행복하지는 않다.
　→ The rich are not always happier than the poor.

분석의 Key

내용을 묻는 동사(think, suppose, guess 등) 뒤에 간접의문을 사용할 경 우 의문사는 문두로 도치된다. 따라서 'Who do you think he is?'로 표현하 는 것이 적절하다.

VOCA

• president 대통령, 회장

정답 ②

02 ⊙△✕

다음 중 우리말에 대한 영작으로 바르지 <u>못한</u> 것을 고르시오.

① 세상에서 여행만큼 즐거운 것은 없다.
　→ Nothing is so pleasant as traveling in the world.
② 당신은 영국 사람과 미국 사람을 어떻게 구별할 수 있습니까?
　→ How can you tell an Englishman from an American?
③ 자기 조국을 사랑하지 않는 사람은 없다.
　→ There is no one but loves his own country.
④ 당신은 그 사람을 어떻게 생각하십니까?
　→ How do you think of him?

의문부사 뒤에는 완전한 문장이 와야 한다. think의 목적어를 써 주는 것이 여기서는 올바르므로 What do you think of ∼(∼에 대해서 어떻게 생각하십니까?)로 쓰는 것이 적합하다.

VOCA
• traveling 여행
• country 국가, 나라

정답 ④

03 ○△✕

Choose the sentence which is <u>not</u> grammatically correct.

① Only if you can solve this problem will you be admitted.
② They have prepared for the exam so hard, and so I did.
③ I was never aware of what was going on in that meeting.
④ Never did I dream that I could see her again.
⑤ Should you need any information, do not hesitate to contact me.

분석의 Key
② 앞 문장의 내용을 받아 '나도 그렇게 했다'는 의미이므로 「so+동사+주어」의 어순이 되어야 하는데 앞 문장에 조동사 have가 있으므로 'so I did'를 'so have I'로 고친다.
① Only가 이끄는 부사절이 문두에 와서 주어와 동사가 도치된 옳은 문장이다.
③ what[주격 의문대명사]이 이끄는 절[간접의문문]이 전치사 of의 목적어 자리에 위치한 옳은 문장이다.
④ 부정부사인 Never가 문두로 나오면서 주어와 동사가 도치된 옳은 문장이다.
⑤ 'If you should need∼'의 'should 조건절'에서 접속사 if가 생략되어 '주어와 조동사(should)'가 도치된 옳은 문장이다.

해석의 Key
① 당신이 이 문제를 풀 수 있을 경우에만 입학이 허락될 것이다.
② 그들은 아주 열심히 시험 준비를 해 왔으며 나 역시 그랬다.
③ 그 모임에서 어떤 일이 진행되고 있었는지 나는 결코 알지 못했다.
④ 그녀를 다시 보게 되리라고는 꿈도 꾸지 못했다.
⑤ 혹여 어떤 정보라도 필요하시면, 주저 말고 저에게 연락하세요.

VOCA
• admit 입장을 허락하다, 들어가게 하다
• prepare 준비하다
• be aware of ∼을 알다
• hesitate 망설이다[주저하다]

정답 ②

04 ○△✕

다음 빈칸에 올바른 것을 고르시오.

I never saw him again, _____.

① so did I regret it
② nor did I regret it
③ I did nor regret it
④ nor did I regretted it

분석의 Key
② '또한 아니다'라는 표현이 와야 적합한데, 문장의 구조상 접속사가 필요하므로 nor(부사, 접속사)가 필요하다.
④ did는 조동사로 동사원형이 뒤따라야 한다.

VOCA
• regret 후회하다

정답 ②

05 ○△✕

다음 빈칸에 알맞은 것을 고르시오.

_____ notice that our teacher had on his blue coat.

① Until then did not I
② Did until then I not
③ Not did I until then
④ Not until then did I
⑤ Not then until did I

분석의 Key
Not until(only after)이 문두에 있는 경우에는 주절에 도치가 있다.

해석의 Key
그때가 되어서야 비로소 나는 우리 선생님이 푸른 코트를 입고 있었다는 것을 알아챘다.

VOCA
• notice 알아챔

정답 ④

06 ⃞⃞⃞

다음 빈칸에 들어갈 가장 적절한 것을 고르시오.

_____ was she at convincing her colleagues that the committee approved her proposal unanimously.

① So success
② So successful
③ Success itself
④ Such success

She was so successful at convincing~에서 보여인 'so successful'이 문두로 나가면서 주어와 조동사가 도치된 형태이다.

그녀는 자신의 동료들을 아주 성공적으로 설득해서 위원회는 그녀의 제안을 만장일치로 승인했다.

• convince 납득시키다, 확신시키다
• committee 위원회
• unanimously 만장일치로

정답 ②

07 ⃞⃞⃞

다음 표현 중 빈칸에 가장 적절한 표현은?

Important _____ sugar is, we can't live upon it.

① even if
② as
③ although
④ while

'형용사, 부사, 무관사명사 as 주어 (may) 동사 ~' 형태로 양보의 부사절 역할을 한다. 동사원형 as 주어 may ~ 형태의 양보 부사절도 있다.

설탕이 아무리 중요하다 할지라도, 우리는 그것에 의존해서(주식으로는) 살 수는 없다.

정답 ②

08 ⃞⃞⃞

다음 중 의미가 다른 하나를 고르시오.

① They didn't realize the value of the painting until it was auctioned.
② It was not until the painting was auctioned that they realized the value of it.
③ Not until the painting was auctioned did they realize the value of it.
④ They realized the value of the painting after it was auctioned.
⑤ As soon as they realized the value of the painting, it was auctioned.

not A until B 구문으로 'B해서야 비로소 A하다'의 의미로 B가 먼저 발생하고 그 후에 A가 발생하는 것이다. as soon as A, B 구문의 경우에는 'A하자마자 B했다'는 표현으로 A가 먼저 일어난 것으로 두 표현은 선후관계가 다르다.

• realize 깨닫다, 알아차리다
• value 가치
• auction 경매, 경매로 팔다

정답 ⑤

09

다음 우리말을 영어로 표현할 때 빈칸에 들어갈 알맞은 것은?

> 이보다 더 재밌는 영화가 제작된 적은 없다.
> → _____ been made than this.

① Never has a more exciting movie
② Never a movie more exciting has
③ A movie never more exciting has
④ A movie has never more exciting

분석의 Key

never가 문두에 있으므로 도치 구조가 따라오는 것이 적합하다. ③, ④는 문맥이 맞지 않다.

VOCA

• exciting 재밌는, 흥미진진한
• move 영화

정답 ①

10

다음 중 어법상 <u>틀린</u> 것을 고르시오.

① I know the fact that she is kind.
② Standing, as it does, on the hill, the church commands a fine view.
③ While in Europe, he visited Paris.
④ Little dreamed I that he would dump me.

분석의 Key

④ 부정어구 (부사)를 강조할 때 일반 동사는 주어 앞으로 나가지 못하기 때문에 조동사 do, does, did가 주어 앞에 쓰인다. 이때 주어 뒤에는 동사 원형이 남는다. Little did I dream이 옳다.
① 명사절이 동격인 경우이다.
② 분사구문 강조이다.
③ when, while, though, if 등이 이끄는 [시간, 양보, 조건] 부사절에서 「S+be」를 생략한다.

VOCA

• dump 버리다

정답 ④

18 전치사

01

다음 빈칸에 알맞은 전치사는?

> Mr. Kim was born _____ Seoul _____ August 21, 1960 _____ 3:40 in the afternoon.

① at − by − on
② in − in − in
③ at − at − on
④ in − on − at

분석의 Key

Seoul이라는 '장소 안'이라는 의미이므로 in을 써야 하며, '날(day)' 앞에는 전치사 on을 쓰고, 시각 앞에서는 at을 써야 한다.

정답 ④

02

다음 중 밑줄 친 부분에 들어갈 말로 옳은 것은?

> On my last trip I stopped _____ Chicago and stayed three days _____ New York.

① in − at
② over − in
③ at − in
④ at − within

분석의 Key

Chicago라는 장소에 잠시 들르는 느낌이 강하므로 at을 쓰고, New York의 안에 들어간다는 느낌이므로 in을 써야 한다.

정답 ③

03 ▢△✕

다음 중 빈칸에 공통으로 들어갈 수 있는 것은?

> • Strawberries are _____ of season now.
>
> • He is _____ of work.

① in

② out

③ some

④ question

04 ▢△✕

다음 빈칸에 들어갈 적절한 내용의 순서로 옳은 것을 고르시오.

> _____ the year 2000, 2 billion people will be added _____ the 4.4 billion _____ the world today.

① by − to − in

② to − with − in

③ in − on − by

④ to − on − in

05 ▢△✕

다음 빈칸에 들어갈 내용의 순서로 옳은 것은?

> • What if the sun ran _____ the earth?
>
> • I met _____ her on the street.
>
> • I will stand _____ you in this matter.

① into − by − with

② aground − at − for

③ into − with − by

④ into − by − on

06 ▢△✕

다음 밑줄 친 부분 중 어법상 어색한 것은?

> When he had finished, he ① hung his picture ② besides ③ those which his boarders had ④ made.

07 ⭕△✕

다음 밑줄 친 부분 중 잘못된 부분을 고르시오.

In July 1862, ① in the midst of ② the Civil War, Abraham Lincoln summoned his ③ Cabinet members to the White House to inform them ④ to a decision he had made.

분석의 Key

inform A of B : A에게 B를 알려주다.

해석의 Key

1862년 7월, 남북전쟁이 한창인 때 에이브러햄 링컨은 그가 했던 결정을 전하기 위해서 내각 각료들을 소환했다.

VOCA

• summon 소환하다
• decision 결정, 판단

정답 ④

08 ⭕△✕

다음 밑줄 친 부분 중 어법상 어색한 것은?

Despite ① of what you ② may have heard, they won't go ③ on strike ④ even if their demands aren't met.

분석의 Key

despite는 전치사로 of라는 전치사를 뒤에 쓸 수 없다.

해석의 Key

네가 무엇을 들었을지라도, 그들은 요구가 충족되지 않는다 할지라도, 파업하지는 않을 것이다.

VOCA

• strike 파업
• demand 요구, 일

정답 ①

09 ⭕△✕

다음 문장과 같은 의미를 가진 것을 고르시오.

He lives beyond his means.

① He lives a very luxurious life.
② He wants to be a man of means.
③ He spends more than his incomes.
④ He tried hard to live in comfort.

분석의 Key

beyond는 '~너머에, ~이상으로'의 의미로 수입보다 많이 사용한다고 봐야 한다.

해석의 Key

그는 재산 능력의 이상(번 돈 이상)으로 살고 있다.

VOCA

• luxurious 아주 편안한, 호화로운
• income 소득, 수입

정답 ③

10 ⭕△✕

다음 중 빈칸에 들어갈 전치사가 셋과 다른 것은?

① _____ all his efforts he failed in the experiment.
② Taking me _____ a professor he bowed to me.
③ He has done quite well _____ a beginner.
④ I spent all the money _____ books.

분석의 Key

④ spend+시간(돈)+on+명사 : ~에 시간(돈)을 쓰다.
① for all : ~에도 불구하고(=with all=in spite of)
② take A for B : A를 B로 착각하다.
③ for : ~에 비하여, ~치고는(=considering)

VOCA

• experiment 실험
• professor 교수
• bow to ~에게 절하다

정답 ④

01 ○△✕
다음 중 어법상 어색한 것은?

> Neither Jack ① <u>nor I</u> ② <u>wasn't</u> able to ③ <u>attend the</u>
> meeting because we had ④ <u>many things</u> to do that day.

분석의 Key

nor는 부정을 포함한 접속사로 뒤에 부정어가 있는 것은 적합하지 않다(부정의 중복).

해석의 Key

잭과 나는 둘 다 그날 할 일이 많았기 때문에 그 모임에 참석할 수 없었다.

VOCA

• attend 참석하다

정답 ②

02 ○△✕
다음 중 문법적으로 틀린 것은?

① He was on the verge of leaving the room.
② My parents have made me when I have.
③ She is happiest when she is with her family.
④ She may well be proud of her son.

분석의 Key

'현재의 나'라는 의미로 what의 관용적 표현인 'what I am'을 이용해야 한다.

VOCA

• on the verge of ~하기 직전의
• be proud of ~을 자랑으로 여기다

정답 ②

03 ○△✕
다음 중 문법상 잘못된 것을 고르시오.

> You ① <u>should know</u> better ② <u>than go</u> ③ <u>swimming</u> just
> ④ <u>after</u> a big meal.

분석의 Key

know better than+to 동사원형 : ~할 정도로 어리석지는 않다

해석의 Key

식사를 많이 한 후 수영하러 갈 정도로 어리석지 말아야 한다.

VOCA

• a big meal 양이 많은 식사

정답 ②

04 ○△✕
다음 빈칸에 알맞은 것을 고르시오.

> A : I don't have a good working relationship with my
>   coworkers.
> B : When _____ a solid relationship, honesty is
>   the best policy.

① it comes to establishing
② there comes to establish
③ there has come to establish
④ it come to establish
⑤ it has come to establish

분석의 Key

when it comes to 명사 / –ing : ~에 관해서 말하자면

해석의 Key

A : 나는 나의 동료들과 좋은 업무관계를 맺지 못하고 있어.
B : 견고한 관계에 관해서 말하자면 정직이 가장 좋은 방법이지.

VOCA

• relationship 관계
• solid 견고한
• policy 정책, 방침

정답 ①

05 ⬚△✕

다음 문장 중 어법상 틀린 것은?

① I am looking forward to see you.

② He used to take a walk every morning.

③ It is no use crying over spilt milk.

④ She is not accustomed to getting up early.

분석의 Key

look forward to에서 to는 전치사로서 뒤에 명사, 동명사가 와야 한다.

VOCA

• look forward to ~을 기대하다

• be no use 쓸모없다

• be accustomed to ~에 익숙하다

• get up 일어나다

정답 ①

06 ⬚△✕

다음 문장 중 어법상 맞는 것은?

① You must stop to think before you act.

② I don't feel like to go for a walk now.

③ They heavy rain prevented him to attend the meeting.

④ What do you say to go for a walk?

분석의 Key

② feel like –ing : –ing하고 싶어 한다.

③ prevent A from –ing : A가 –ing하지 못하게 하다.

④ What do you say to –ing : ~하는 게 어때?

VOCA

• heavy rain 폭우

정답 ①

07 ⬚△✕

다음 우리말을 영작할 때 잘못 나타낸 것을 고르시오.

> 나는 그를 방문하는 것을 규칙으로 삼고 있다.

① I make it a rule to visit him.

② I am in the habit of visiting him.

③ I make it a point to visit him.

④ I make a point of visiting him.

분석의 Key

make a point of –ing=make it a rule to 동사원형=be in the habit of –ing : ~하는 것을 규칙으로 삼다.

정답 ③

08 ⬚△✕

다음 빈칸에 들어갈 가장 적절한 것을 고르시오.

> No one would borrow such a book, _____ buy it.

① above all

② and yet

③ still less

④ much more

분석의 Key

의미상 '또한, 말할 것도 없이'가 적합하며, 앞부분에 부정문이 왔으므로 still less가 와야 적합하다.

해석의 Key

> 아무도 그런 책을 사지 않는 것은 말할 것도 없고 빌리지도 않을 것이다.

VOCA

• borrow 빌리다

정답 ③

09 ○△✕

다음 주어진 우리말을 영작한 것 중 옳지 않은 것은?

> 그는 거짓말을 할 사람이 아니다.

① He is above telling a lie.

② He know better than to tell a lie.

③ He is the last man to tell a lie.

④ He is not far from telling a lie.

분석의 Key

be far from –ing : 결코 ~하지 않다. 그러나 이 문장에서는 not이 있으므로 적합하지 않다.

정답 ④

10 ○△✕

다음 중 어법상 틀린 것은?

① The baby is not less pretty than her mom.

② You may not as well give up it.

③ He can play the piano, not to speak of guitar.

④ A whale is no more a fish than a horse is,

분석의 Key

may as well 전체가 조동사의 관용적 표현이므로 부정어가 조동사 뒤에 위치하므로 may as well not give가 옳다. 또한 이어 동사에서 대명사는 부사 앞에 위치한다.

VOCA

• give up 포기하다

• whale 고래

정답 ②

PART 02

최종모의고사

CHAPTER 01

최종모의고사 1회

01 ○△☒
다음 글의 밑줄 친 부분과 뜻이 가장 가까운 것은?

> He was called upon to elucidate the disputed points in his article.

① admonish

② bolster

③ explain

④ despise

02 ○△☒
다음 문장의 밑줄 친 부분과 뜻이 같은 것을 고르시오.

> The children played a trick on him.

① ridiculed

② supported

③ cheered

④ rested on

03 ○△☒
다음 글의 밑줄 친 부분과 뜻이 가장 가까운 것은?

> Ronald Reagan won a landslide victory in the 1980 presidential election.

① an admirable

② a predictable

③ an overwhelming

④ a heartening

04 ○△☒
다음 빈칸에 들어갈 알맞은 말을 고르시오.

> Air freight, like chartering, will probably _____ a larger share of the total airline business in the future.

① check in

② take on

③ respond to

④ make up

05 ⬜🔺✕

다음 중 문법적으로 알맞은 것을 고르시오.

① The older you become, the more it is difficult to learn foreign languages.
② Who's the boy sitting besides jane in your classroom?
③ We decided to try a wonderful restaurant served raw fish and other dishes.
④ The newspapers that were piled up on the front porch were an indication that the residents had not been home in some time.

06 ⬜🔺✕

다음 중 우리말을 영어로 잘못 옮긴 것을 고르시오.

① 누가 엿들을까봐 그는 목소리를 낮추었다.
→ He lowered his voice for fear he should not be overheard.
② 그녀는 그 계획을 계속 따라갈 사람이 결코 아닐 것이다.
→ She would be the last person to go along with the plan.
③ 고위 간부들은 일등석으로 여행할 자격이 있다.
→ Top executives are entitled to first class travel.
④ 일하는 것과 돈 버는 것은 별개의 것이다.
→ To work is one thing, and to make money is another.

07 ⬜🔺✕

다음 글의 제목으로 가장 적절한 것을 고르시오.

I.Q. is not an inherent trait. it is an invention that measures how much a person knows within one's cultural context. I.Q. tests are notoriously biased against anyone who is not white, male and middle class. Numerous studies have shown that it is not a valid measure of intelligence and, indeed, even white people who come from other cultures score poorly on the tests. The idea that psychologists are still trying to find racial differences in I.Q. scores is maddening. Moreover, we know that there are far more genetic differences within races than between them. These studies tell us nothing about intelligence, black people, white people, genetics or environment. What they really show is the inherent racism of the ones doing the research.

① Gene : The Cause of Race Differences
② Environment : A Thing That Determines I.Q.
③ Intelligence : The Index of Excellence
④ I.Q. : A Factor of Prejudice

다음 글에서 전체 흐름과 <u>관계없는</u> 문장은?

Ideally, the family is a cooperative, trouble-free unit that shelters its members from the stresses of the outside world, but real families seldom achieve this ideal. ① Periodic conflicts are the rule, not the exception. ② Indeed, open disagreements and discussions are an excellent way of resolving the differences that inevitably develop among family members. ③ Families that avoid conflict by ignoring unpleasant subjects or situations are weaker, not stronger, for it. ④ The family system is very much in tune with the social and economic institutions of modern industrialized society. As feelings of anger build, such families are likely to turn into an empty shell, in which family members carry out the obligations of their roles but without mutual love or understanding. Thus, an open airing of disagreements is an excellent way to manage family conflict and keep it within acceptable bounds.

다음 글의 주제로 가장 적절한 것을 고르시오.

It's a popular pastime to complain about our local and national political leaders. Many of those complaining, however, have no one to blame but themselves because they have not exercised their right to be part of the political process; they have not voted. In many national elections, fewer than half of Americans cast their ballots, and in local elections, the numbers are much lower. Local election officials are generally pleased if 25% of those eligible to vote do so. What this low voter turnout means is that those who feel strongly or have something at stake in an election often determine the results.

① complaint about political leaders
② revision of the right to vote
③ responsibility for low voter turnouts
④ popular national pastime

다음 글의 요지로 가장 적절한 것을 고르시오.

A team of European surgeons is planning to do the first full face transplants very soon. The surgery has never been done anywhere in the world before. The doctors have worked on it for 14 years and believe that the surgery is now possible. They have done everything possible to prepare for the surgery, and they think the operations must go ahead now. Of course, some people urge the surgery should not be done because the patients might have psychological problems after having somebody else's face. However, many people who have been in accidents never leave their house for fear of showing their disfigured faces in public. We need to improve the quality of their lives. That's why we should give them a new life through surgery.

① 세계 최초의 안면 전체 이식 수술은 성공적이었다.
② 이식 수술과 환자의 정신적 문제는 함께 다루어져야 한다.
③ 안면 이식 수술은 사고로 고통 받는 사람들을 위해 필요하다.
④ 성공적인 안면 이식 수술을 위해 더 많은 준비가 필요하다.

다음 중 밑줄 친 부분에 들어갈 표현으로 가장 적절한 것은?

A : Hi, Dan, Mr. Johnson said he has a bone to pick with you.
B : He's always got something to beef about.
A : I think it's because you're his pet.
B : _____

① I'm wondering what he'd like to eat for lunch.
② I have nothing to do with feeding his dog.
③ Is that why he picks on me all the time?
④ OK, I'll be in touch with you all the time.

12 ○△×

다음 중 빈칸에 들어갈 표현으로 가장 적절한 것은?

> A : Are you ready to go to the party, Amy?
>
> B : I don't know whether I can go. I'm feeling a little sick, and my dress is really not that nice. Maybe you should just go without me.
>
> A : Come on Amy. Stop _____. I know you too well. You're not sick. What is the real root of the problem?

① shaking a leg

② hitting the ceiling

③ holding your horses

④ beating around the bush

13 ○△×

다음 중 문법적으로 옳은 것은?

① It was this room that the incident took place.

② You as well as he is guilty.

③ Half of the money belongs to me.

④ It will not be long before father will come back from America.

14 ○△×

다음 중 우리말을 영어로 잘못 옮긴 것은?

① 그는 머리가 둔하기보다는 교육을 받지 못했다.

→ He is not so much unintelligent as uneducated.

② 그가 배움을 갖기에 너무 늙은 것은 아니다.

→ He is not too old to learn.

③ 지금쯤 잠자리에 들었어야 할 시간이다.

→ It is time you went to bed.

④ 그는 우리에게 했던 무례한 행동으로 후회하고 있다.

→ He is regrettable for his rude behavior to us.

15 ○△×

다음 빈칸에 알맞은 것을 고르시오.

> In the evening he came and played the violin a long time, as usual. He was _____, by nature, and perhaps he loved his violin because while playing he did not have to speak.

① talkative

② taciturn

③ intolerant

④ affectionate

16 ○△×

다음 빈칸에 알맞은 것을 고르시오.

> The possibility that _____ has recently been suggested by new research. In a scientific experiment, doctors asked 20 men and 20 women to keep their hand immersed in hot water for as long as possible while smelling various odors. As strong smells can affect the senses, volunteers were asked not to eat or drink for eight hours before the experiment began. During the experiment, volunteers were asked to sniff pleasant smells such as roses and vanilla, and unpleasant smells such as durians. When they could not stand the pain any more, they took their hands out of the water. This experiment revealed that when given pleasant aromas, most of them experienced significantly less pain.

① smell preferences depend on our genes

② the reaction to hot water differs by gender

③ pleasant smells might reduce pain

④ smelling ability has nothing to do with gender

다음 글의 내용과 일치하는 것은?

For centuries, sundials and water clocks inaccurately told us all we needed to know about time. Mechanical clocks started appearing on towers in Italy in the 14th century, but their timekeeping was less impressive than their looks, wandering up to 15 minutes a day. By the 17th century some geniuses, including Galileo an Pascal, had theorized about, but failed to build, better timepieces. Then, in 1656, Dutch astronomer Christian Huygens constructed the first pendulum clock, revolutionizing timekeeping. The precision of Huygens' clock allowed scientists to use it for their physics experiments, and shopkeepers to open and close at fixed hours. In 1761, Englishman John Harrison perfected a clock that worked at sea and put accurate time in a navigator's pocket.

① 14세기 이탈리아에 등장한 시계는 매일 30분 정도 빨랐다.
② Galileo와 Pascal은 정확한 시간을 알리는 시계를 완성했다.
③ 추시계는 이탈리아에서 처음으로 개발되었다.
④ Huygens의 시계는 물리학 실험에 사용되었다.

다음 글의 내용을 한 문장으로 요약하고자 한다. 빈칸 (A)와 (B)에 들어갈 말로 가장 적절한 것은?

Anchoring — settling to a certain price range — influences all kinds of purchases. Uri Simonsohn and George Lowenstein, for example, found that people who move from inexpensive areas to moderately priced cities do not increase their spending to fit the new area. Rather, these people spend an amount similar to what they were used to in their previous area, even if this means having to squeeze themselves and their families into smaller or less comfortable homes. Likewise, people moving from more expensive cities sink the same amount of dollars into their new housing situations as they did in the past. People who move from an expensive area do not generally downsize their spending much once they move to a moderately priced city.

↓

People who ____(A)____ to a new region generally remain anchored to the prices in their ____(B)____ location.

	(A)	(B)
①	move	former
②	move	future
③	contribute	current
④	contribute	former

19 ☐△✕

다음 주어진 문장에 이어질 글의 순서로 가장 적절한 것은?

> One laundry detergent company certainly now realizes its mistake.

(A) All of the company's advertisements showed dirty lothes on the left, its box of soap in the middle, and clean clothes on the right.

(B) For this reason, many potential customers saw the ad and thought, "This soap makes clothes dirty!"

(C) It probably wishes that it had asked for the opinion of some Arabic speakers before it started its new advertising program in the Middle East.

(D) But people read Arabic from right to left, not left to right.

① (A) − (B) − (C) − (D)

② (B) − (C) − (D) − (A)

③ (C) − (A) − (D) − (B)

④ (B) − (A) − (D) − (C)

20 ☐△✕

다음 글의 빈칸 (A), (B)에 들어갈 말로 가장 적절한 것은?

> The lawyer had a unique place within American society. In a country without a landed aristocracy, lawyers formed a privileged but public-spirited class. In every town and city in America, they were the leading citizens who helped to build the museums and hospitals, formed civic institutions, and moved in and out of government at all levels.
>
> _____(A)_____ James C. Carter was a distinguished New York lawyer in the late 19th century. He helped to found the Bar of the City of New York and played a key role in reform movements in the city and the state, including the Citizens Union, the City Club, and the Good Government Clubs.
>
> _____(B)_____, his public life took up a good part of his work life. And he was not unusual. Lawyers like him could be found in New York and in every town in America.

	(A)	(B)
①	In addition	However
②	Similarly	Furthermore
③	For example	In other words
④	In contrast	That is

최종모의고사 2회

01 ○△✕

다음 글의 밑줄 친 부분과 뜻이 가장 가까운 것은?

I couldn't help noticing her surreptitious glances at the clock during our talk.

① stealthy
② heedless
③ overcautious
④ discourteous

02 ○△✕

다음 글의 밑줄 친 부분과 뜻이 가장 가까운 것은?

The validity of perceptual theories can be checked only in a roundabout way.

① audibly
② sporadically
③ circumspectly
④ circuitously

03 ○△✕

다음 밑줄 친 단어와 같은 뜻의 단어를 고르시오.

He has promiscuous eating habits.

① good
② refined
③ selective
④ indiscriminate

04 ○△✕

다음 빈칸에 들어갈 알맞은 말을 고르시오.

My wealthy aunt exceeds the trait of being economical. She is so _____ that she washes paper plates to be used again.

① indigent
② affluent
③ indignant
④ parsimonious

05 ⓞⓐⓧ

다음 중 어법상 옳은 문장을 고르시오.

① Many a boy are likely to have their own job.

② A total of 300 students are studying in the library now.

③ Statistics shows that the population of our country is 45 million.

④ All work and no play makes Jack a dull boy.

06 ⓞⓐⓧ

다음 중 우리말을 영어로 옮긴 문장이 옳지 <u>않은</u> 것은?

① 그 일을 한다면, 어떤 아이라도 비웃음을 받을 것이다.

　→ Any child, who should do that, would be laughed.

② 탐은 자기 생각을 영어보다 러시아어로 표현하는 것이 훨씬 쉽다고 한다.

　→ Tom says that it is much easier for him to express his thoughts in Russian than in English.

③ 어떤 사람들은 별들이 하늘에 붙어 있는 불빛이라고 생각했다.

　→ Some thought that the stars were lights attached to the sky.

④ 그가 유죄임에는 의심의 여지가 없다.

　→ There is no doubt that he is guilty.

07 ⓞⓐⓧ

다음 글에서 전체 흐름과 <u>관계없는</u> 문장은?

Depending on how and when it is seen, the swallow can be a harbinger of either good or ill fortune. ① Perhaps inspired by the swallow's red-brown breast people initially related the swallow with the death of Christ. ② Thus, people who saw a swallow fly through their house considered it a portent of death. ③ Later, however, swallows began to be considered a good omen for the health of cattle and it was even believed that the presence of a swallow's nest in a cattle barn would ensure that the cow's milk would be free from infection. ④ Swallows adapted to hunting insects on the wing by developing a slender streamlined body, and long pointed wings, which allow great maneuverability and endurance, as well as frequent periods of gliding. This may be due to the fact that swallows feed on the insects that could potentially infect cattle.

다음 글의 제목으로 가장 적절한 것을 고르시오.

In recent years there has been a great concern over the danger created by supertankers. These are huge vessels that carry crude oil across oceans and into large, busy harbors. When large oil spills occur, they destroy much of the life in the ocean waters. But these ships also have advantages. Supertankers carry so much cargo that they reduce the number of ships in a harbor. Because there are fewer ships, a tanker is less likely to hit another vessel and spring a leak. Also, tankers can travel great distances. Along with these, moving oil in a supertanker is cheaper than moving it in a number of smaller ships. So, in spite of supertanker accidents that have occurred, it is likely that supertankers will continue to be used.

① The Function of Harbors
② Advantages of Small Ships
③ Two Sides of the Supertankers
④ How to Protect Life in the Ocean

다음 글의 빈칸 (A), (B)에 들어갈 말로 가장 적절한 것은?

Cordless and mobile phones give you much more mobility than a speaker phone. On the better sets your voice will also be as clear as it is on an ordinary telephone.   (A)   there are many cheaper sets on the market that badly affect the quality of your voice, whatever your distance from the home unit. In the case of mobile phones there can be a lot of background noise from traffic if you are in a car or from other sources if you are calling from a boat.   (B)   , the sound quality of many cordless sets is easily affected by signals from radio stations or from other nearby callers using mobile phones.

	(A)	(B)
①	For example	Consequently
②	In addition	But
③	Similarly	For example
④	But	Moreover

다음 중 주어진 문장이 들어가기에 가장 적절한 곳은?

Another misconception about exercise is that it increases the appetite.

People have several myths about exercise. (①) One myth is that if a woman lifts weights, she will develop muscles as large as a man's. (②) Without male hormones, however, a woman cannot increase her muscle bulk as much as a man's. (③) Actually, regular exercise stabilizes the blood-sugar level, which prevents hunger pains. (④) Some people also think that a few minutes of exercise a day or one session a week is enough. But at least three solid workouts a week are needed for muscular and cardiovascular fitness.

11 ⃝△✕

다음 중 밑줄 친 부분에 들어갈 표현으로 가장 적절한 것은?

> A : We need to come to a final decision on this matter.
> B : I think we should go with the colors red and yellow.
> A : I'd like to _____.
> B : What's your opinion on it?
> A : I think it would work better if we chose cool colors such as blue and purple.

① take a different stance

② see eye to eye with you

③ assent to your opinion

④ fall in with your idea

12 ⃝△✕

다음 중 대화의 빈칸에 들어갈 말로 가장 적절한 것은?

> A : Do you remember the restaurant we went to on Sunday?
> B : Sure, I do. It was the 'Top Cloud'
> A : No, We've never been to the 'Top Cloud'
> B : Maybe it was the 'Purple Rain'
> A : No. Gee. _____.
> B : Never mind. The food was terrible.

① Let's call it a day

② It's a pie in the sky

③ It is on the tip of my tongue

④ Walls have ears

13 ⃝△✕

다음 중 문법에 맞는 것은?

① This is a kind of a plant.

② He seldom goes to church, doesn't he?

③ They knew the both brothers.

④ He seized me by the sleeve.

14 ⃝△✕

다음 중 영작한 문장이 어법상 옳지 않은 것은?

① 나의 성공은 아버지 덕분이다.

→ I owe my success to my father.

② 안개 때문에 교통사고가 났다.

→ The smog was responsible for the traffic accident.

③ 그들은 나쁜 날씨에도 불구하고 산보하러 나갔다.

→ They went out for a walk despite the bad weather.

④ 내일 날씨는 어떨까요?

→ How is the weather like tomorrow?

다음 글의 내용과 일치하는 것은?

The American family has also gone through many changes in the past fifty years. Primary among these changes is the current attitude about divorce, the legal end of a marriage. Until the 1960s, divorce was quite uncommon. However, in the next twenty years, there is one divorce for every two marriages. With less emphasis on tradition, on religion, and on the economic dependence of women on men, Americans seem less likely to remain in a marriage that has problems. They are not forced by economic, social, or religious pressure to stay married. Partly as a reaction to the high divorce rate, many Americans live together without being married.

① Americans' attitude toward divorce never changed.

② The current American society discourages divorce.

③ In the 1980s, the divorce rate in the US reached about 20%.

④ Nothing seems to prevent the divorce rate from increasing in the US.

다음 글을 읽고, 빈칸에 가장 적절한 것을 고르시오.

Most of the thirty-five million Afro-Americans in the U.S. like me grow up in a house where every true mirror shows us the face of somebody who does not belong there, whose talk will never sound "right," because that house was meant to shelter a family that is alien and hostile to us. As we live around this environment, either we hide our original word habits, or we completely surrender our own voice, hoping to please those who will never respect anyone different from themselves. Black English is not exactly a linguistic buffalo, but we should understand its status as an endangered species, as a perishing, irreplaceable system of community intelligence, or we should expect its extinction, and, along with that, the extinguishing of much that _____.

① maintains our own interest in animals

② characterizes our own artistic preference

③ proves our own religious enthusiasm

④ constitutes our own identity

17 ☐△✕

다음 글을 읽고, 빈칸에 가장 적절한 것을 고르시오.

The Pilgrims, known as Separatists because they had broken with the Church of England, left England for the more religiously tolerant Netherlands after receiving threats from King James I for their beliefs. In the Netherlands, however, the Pilgrims were forced to take low-paying, unskilled jobs, coming face to face with the realities of poverty. Even more upsetting, they faced the possibility of losing control of their children. Not only were the children adopting Dutch ways, but they also were being led by the example of Dutch children into behaviors contrary to those set down for them by their parents and the other Pilgrims. Seeing life in the Netherlands as _____, the Pilgrims sought and obtained permission to settle in Virginia, America.

① an opportunity to make a fortune

② their only chance to live holy lives

③ God's blessing for them

④ a threat to their way of life

18 ☐△✕

다음 중 주어진 문장에 이어질 글의 순서로 가장 적절한 것은?

Please pass on my thanks to J. Blake who was working at the police station enquiry office last week for the assistance given to my mother.

(A) She spoke to J. Blake, who was very patient and calmed her down and talked through with her where she had been that day. As a result, it was discovered she last had her purse on the local bus.

(B) She is elderly and had been out shopping and unfortunately had lost her purse but could not remember when she had it last.

(C) J. Blake then phoned the bus depot and they said they had found it and had got it logged in their found property.

(D) Due to my mother's age, the officer then arranged for a police officer to collect the purse and drop it off at my mother's house, which they did later that day.

① (A) − (B) − (C) − (D)

② (A) − (B) − (D) − (C)

③ (B) − (C) − (A) − (D)

④ (B) − (A) − (C) − (D)

19 ☐☐☐

다음 글의 내용을 한 문장으로 요약하고자 한다. 빈칸 (A)와 (B)에 들어갈 말로 가장 적절한 것은?

The easiest emotions for an advertiser to stimulate are those related to our hunger for prestige and pleasure in outdoing somebody else. As often as not the individual is invited to see himself, not as equal with others, but as the focus of attention and envy. The perfect consumer for the advertiser is the individual who is so suggestible that he can be kept continuously engaged in indulging his own ego. If the proper maturing of the self consists in its development away from adolescent frustration and egocentricity toward a wider range of human interest and relationship, the ego-absorption encouraged by endless invitations to buy actually arrests our mental maturing.

↓

Advertisers disturb the ____(A)____ of our mind by ____(B)____ us to buy things.

	(A)	(B)
①	maturity	stimulating
②	peace	inspiring
③	pleasure	inviting
④	prestige	promoting

20 ☐☐☐

다음 글의 분위기로 가장 적절한 것은?

The street is throbbing with throngs of workers in shabby clothes. People begin to walk quicker and quicker, their faces down, their brows furrowed. A taxi honks, then a bus, then a policeman blows his whistle and shouts to the crowds dashing across the street. In the distance church bells toll, and in the trees the wind is whistling. Beneath their feet, the rumble of the subway can be heard while its steam rises from the grill in the sidewalk to meet the cold air on the street. All the scenery in the street looks like a wedding without a bride.

① dreadful and grotesque
② peaceful and calm
③ busy and festive
④ noisy and gloomy

최종모의고사 1회 정답 및 해설

빠른 정답

01	02	03	04	05	06	07	08	09	10
③	①	③	②	④	①	④	④	③	③
11	12	13	14	15	16	17	18	19	20
③	④	③	④	②	③	④	①	③	③

나의 점수   점

---

01 ○△×   정답 ③

영역 어휘>단어   난도 중

[분석의 Key]

elucidate는 '설명하다(=explain=account for)'라는 의미로, 밑줄 친 부분과 뜻이 가장 가까운 ③ explain(설명하다, 해명하다)이 정답이 된다.
① admonish 꾸짖다, 책망하다
② bolster 북돋우다, 강화[개선]하다
④ despise 경멸하다

[해석의 Key]

그는 논문의 논점을 설명하도록 요청받았다.

---

02 ○△×   정답 ①

영역 어휘>어구   난도 하

[분석의 Key]

played a trick on은 '~을 놀리다, 비웃다(ridiculous)'라는 의미로, 밑줄 친 부분과 뜻이 동일한 ① ridiculous(웃기든, 말도 안 되는, 터무니없는)가 정답이 된다.
② supported 지지하는, 떠받치고 있는
③ cheered 환호하는
④ rested on ~에 달려 있다[의지하다]

[해석의 Key]

그 아이들은 그를 놀렸다.

[VOCA]

• played a trick on ~을 놀리다, 비웃다(ridiculed)

---

03 ○△×   정답 ③

영역 어휘>단어   난도 중

[분석의 Key]

a landslide은 '압도적인(=overwhelming)'라는 의미로, 밑줄 친 부분과 뜻이 가장 가까운 ③ an overwhelming이 정답이 된다.
① an admirable 감탄[존경]스러운
② a predictable 예측[예견]할 수 있는
④ a heartening 용기를 북돋우는, 격려하는

[해석의 Key]

Ronald Reagan은 1980년 대통령 선거에서 압도적인 승리를 거두었다.

[VOCA]

• elect 선출하다

---

04 ○△×   정답 ②

영역 어휘>어구   난도 중

[분석의 Key]

take on은 '맡다, 차지하다'라는 의미이다. 빈칸은 문장의 동사 자리로, 의미상 ②가 적절하다.
① checked in 입실하다
③ respond to 응답하다
④ make up 구성하다

[해석의 Key]

전세기처럼 항공 화물 수송도 아마 미래 종합 항공 업무에서 보다 큰 몫을 차지할 것이다.

[VOCA]

• freight 화물, 화물 운송
• chatering 케이터링, 용선

05 ☐◯△✕ 정답 ④

| 영역 어법>정문 찾기 | 난도 중 |

분석의 Key

① the more it is difficult → the more difficult it is(difficult는 more의 수식을 받음)
② besides(~외에도) → beside(~의 곁에)
③ raw fish and other dishes의 목적어가 있으므로 served(과거분사는 수동관계) → serving(현재분사는 능동관계)

06 ☐◯△✕ 정답 ①

| 영역 어법>영작하기 | 난도 하 |

분석의 Key

① '~하지 않을까 두려워서, ~할까봐'의 for fear (that)은 lest와 같은 의미의 접속사로서 자체에 부정의 의미가 포함되어 있기에 부정어 not을 동반하지 않는다. for fear he should not be overheard를 for fear he should be overheard로 고친다.
② be the last person : 결코 ~할 사람이 아니다.
③ be entitled to+명사 : ~할[받을] 자격이 있다.
④ A is one thing, B is another. : A와 B는 별개이다.

07 ☐◯△✕ 정답 ④

| 영역 독해>대의 파악>제목, 주제 | 난도 중 |

분석의 Key

④ I.Q.를 연구하는 이유가 특정 집단, 특히 백인들의 타고난 우월성을 증명하기 위한 것이라는 글이므로, I.Q.는 편견을 나타내는 요소라는 것이 제목으로 적절하다.

해석의 Key

I.Q.는 타고난 특질이 아니다. 이것은 한 사람의 문화적 맥락을 이해하는 정도를 측정하기 위해 발명된 것이다. I.Q. 테스트는 백인, 남자, 중산층이 아닌 모든 사람에 대해 편견을 만들어 내는 것으로 악명이 높다. 많은 연구가 그것이 지능을 측정하는 유용한 도구가 아니라는 것을 보여 주고 있고, 실제로 다른 문화권에서 온 백인도 점수가 높지 않았다. I.Q. 수치에서 인종적 차이를 찾으려는 많은 심리학자들의 생각은 미친 짓이다. 더구나, 우리는 인종간보다 인종 내에서 훨씬 더 많은 유전적 차이가 있다는 것을 알고 있다. 이러한 연구들은 지능, 흑인, 백인, 유전, 혹은 환경에 대해 아무것도 말해 주지 못한다. 연구들이 보여주는 것은 연구를 하는 사람들이 가지고 있는 내재된 인종차별 의식이다.

VOCA

• inherent 타고난
• trait 특질
• context 문맥

08 ☐◯△✕ 정답 ④

| 영역 독해>글의 일관성>무관한 어휘 · 문장 | 난도 중 |

분석의 Key

가정의 구성원들 사이에서 생길 수 있는 갈등과 차이점들을 처리하는 방법을 설명하고 있는 글이므로, 가족 체제가 현대 산업사회의 사회 경제적인 제도들과 조화를 이룬다는 ④는 이러한 흐름에서 벗어난다.

해석의 Key

이상적으로 가정이란 구성원들은 바깥 세계의 스트레스로부터 보호해 주는 협동적이고, 문제가 없는 구성단위이지만, 실제 가정들은 이런 이상을 거의 성취하지 못한다. 정기적인 갈등은 법칙이며 예외가 아니다. 실제로, 공개적인 논쟁과 토론은 가족 구성원들 사이에서 필수적으로 생기는 차이점들을 해결하는 훌륭한 방법이다. 불쾌한 주제와 상황들을 무시함으로써 갈등을 피하는 가정들은 그것으로 인해 더 강해지는 것이 아니라 더 약해진다. 가족 체제는 현대 산업사회의 사회 경제적인 제도들과 아주 잘 조화를 이루고 있다. 분노의 감정들이 쌓이면서, 그러한 가정들은 빈껍데기로 변할 가능성이 높고, 그 안에서 가정의 구성원들은 상호간의 사랑이나 이해 없이 그들의 역할이 지닌 의무만 수행한다. 그래서 갈등을 공개적으로 표출하는 것은 가정의 문제를 처리하고 그것을 용인할 수 있는 범위 안에 두는 훌륭한 방법이다.

VOCA

• cooperative 협동적인
• shelter 보호하다
• periodic 정기적인
• conflict 갈등
• disagreement 불일치, 논쟁, 불화
• resolve 해결하다
• inevitably 필수적으로
• be in tune with ~와 조화를 이루다
• institution 제도
• empty 비어 있는
• obligation 의무
• bounds 범위, 한계

09 ○△✕

| 영역 독해>대의 파악>제목, 주제 | 난도 중 |

분석의 Key

투표도 하지 않으면서 지도자에 대해 불평하며, 위기를 느끼는 사람들만이 투표를 하고 있다고 했다. 즉, ③ 낮은 투표 결과에 대한 책임이 주제이다.

해석의 Key

우리 지역과 국가의 정치적 지도자에 대해 불평하는 것은 인기 있는 여흥이다. 그러나 그러한 불평들 중 많은 것들은 그들 자신을 빼고는 불평할 것이 아무것도 없다. 왜냐하면 그들은 정치적 과정의 부분으로 그들의 권리를 행사하지 않았으며 그들은 투표도 하지 않았기 때문이다. 국내의 많은 선거에서 미국인의 반도 안 되는 숫자가 투표하며 지방 선거에서 그 숫자는 훨씬 더 낮다. 지방선거 관리들은 일반적으로 투표자가 25%에 이르면 만족한다. 이러한 낮은 투표자의 수가 보여주는 것은 위태로움을 강하게 느끼거나 위태로운 무엇인가가 있다고 느끼는 사람들이 선거에서 결과를 결정한다는 것이다.

VOCA

• ballot 투표(용지)
• at stake 위태로운, 관련되어

10 ○△✕

정답 ③

| 영역 독해>대의 파악>요지, 주장 | 난도 중 |

분석의 Key

③ 사고로 얼굴에 상처를 입어서 외출도 못하고 고통받는 이들에게 안면 이식 수술을 함으로써 새로운 삶을 열어 줄 필요가 있다는 내용이다.

해석의 Key

유럽의 한 외과 의사 팀이 조만간 최초로 사람의 안면 전체를 이식하는 것을 계획 중이다. 그 수술은 전 세계적으로 그 어떤 곳에서도 이전에 시도된 적이 없었다. 의사들은 14년 동안이나 그것을 연구해 왔고, 이제 그 수술이 가능하다고 믿고 있다. 그들은 그 수술 준비를 위해 가능한 모든 것을 해 왔고, 이제 수술이 실행되어야 한다고 생각하고 있다. 물론, 어떤 사람들은 환자들이 다른 누군가의 얼굴을 이식한 후, 심리적인 문제들을 겪게 될 수도 있기 때문에, 그 수술을 하지 말아야 한다고 주장한다. 하지만, 사고를 당한 많은 사람들이 그들의 추한 얼굴을 남들에게 보이는 것을 두려워하여 집 밖에 절대 나가지 않고 있다. 우리는 그들의 삶의 질을 향상시켜 줄 필요가 있다. 그것이 바로 우리가 수술을 통해서 그들에게 새로운 삶을 주어야 하는 이유이다.

VOCA

• transplant 이식
• surgery (외과)수술
• operation 수술
• psychological 심리(학)의

• disfigured 모양이 손상된, 추한

11 ○△✕

정답 ③

| 영역 표현>일반회화 | 난도 하 |

분석의 Key

③ '괴롭히다'라는 pick on의 의미만 알면 문맥을 통해 쉽게 해결할 수 있는 문제이다.

해석의 Key

A : 안녕, Dan, Johnson이 너에게 따질 일이 있다고 하던데.
B : 그 사람은 늘 불만을 달고 살아.
A : 그가 널 굉장히 좋아하기 때문인 거 같아.
B : 그래서 나를 항상 괴롭히는 거니?

VOCA

• have a bone to pick with someone, beef about ~에 대해 불평하다
• pet 애완동물; (특히 다른 사람들이 볼 때 불공평할 정도로) 총애를 받는 사람
• pick on (비난하거나 벌을 주거나 하면서 부당하게) ~을 괴롭히다; ~을 선택하다[뽑다]

12 ○△✕

정답 ④

| 영역 표현>일반회화 | 난도 중 |

분석의 Key

빈칸 앞에서 B가 여러 가지 이유를 대며 파티에 갈 수 있을지 모르겠다고 했고, 빈칸 뒤에서 A가 진짜 이유가 뭐냐고 물어봤으므로 문맥상 '돌려 말하지마'가 적절하다. 따라서 정답은 '돌려 말하다'는 뜻의 ④ beating around the bush이다.

해석의 Key

A : 파티에 갈 준비 되었니, Amy?
B : 갈 수 있을지 모르겠어. 몸이 약간 좋지 않고, 옷도 그렇게 좋지 않아. 너 혼자 가는 게 낫겠어.
A : 그러지 마. Amy 돌려 말하지 마. 나는 널 아주 잘 알아. 너 아프지 않잖아. 진짜 이유가 뭐니?

VOCA

• shake a leg 서둘러라
• hit the ceiling 화를 내다
• hold one's horses 잠시 기다리다, 참다
• beat around the bush 돌려 말하다

13 ⊙△✕   정답 ③

영역 어법>정문 찾기   난도 상

분석의 Key

① 장소의 부사구를 강조하는 It is ~ that의 강조구문 (관계부사)이다. this room → in this room(방 안에서)
② as well as는 앞에 주어에 수일치를 시킨다. is → are
④ 시간의 부사절에서는 현재가 미래 대용한다. will come → comes

해석의 Key

① 그 사건이 발생한 것은 이 방 안에서였다.
② 그뿐 아니라 너도 유죄이다.
③ 그 돈의 절반은 내 것이다.
④ 머지않아 아버지께서 미국에서 돌아오실 것이다.

14 ⊙△✕   정답 ④

영역 어법>영작하기   난도 중

분석의 Key

④ 'regrettable'은 '유감스러운'의 뜻이므로, '후회하는'의 'regretful'로 고친다.
① not so much A as B A라기보다는 오히려 B인
② not too A to B B하지 못할 정도로 A하지 않다(=not so A that S+not B).
③ It is time 주어+과거동사 용법

15 ⊙△✕   정답 ②

영역 어휘>단어   난도 중

분석의 Key

빈칸 뒤에서 '연주 동안에는 말을 할 필요가 없었기 때문'이라는 부분이 있으므로, 문맥상 빈칸에는 '과묵하다'는 의미인 ② taciturn이 정답이다.

해석의 Key

저녁에 그는 돌아와서 평소처럼 오랜 시간 바이올린을 연주했다. 그는 천성적으로 과묵했고, 연주하는 동안에는 말을 할 필요가 없었기 때문에 아마도 그의 바이올린을 사랑했을 것이다.

VOCA

• taciturn 말없는, 말수가 적은, 과묵한
• affectionate 애정이 깊은, 상냥한

16 ⊙△✕   정답 ③

영역 독해>빈칸 완성>단어·구·절   난도 하

분석의 Key

첫 번째 문장이 이 글의 주제문이고, 이 글은 좋은 냄새가 대부분의 사람들로 하여금 고통을 덜 느끼게 한다는 내용의 글이므로 빈칸에는 ③이 가장 적절하다.

해석의 Key

좋은 냄새가 고통을 감소시킬 가능성이 있다는 주장이 최근 새로운 연구에 의해 제기되었다. 과학 실험에서, 의사들은 20명의 남녀에게 다양한 냄새들을 맡으면서 가능하면 오랫동안 뜨거운 물속에 그들의 손을 담그고 있으라고 요청했다. 강한 냄새는 감각에 영향을 미칠 수 있기 때문에, 실험에 참가한 사람들은 실험 전 8시간 동안 먹거나 마시지 않도록 하였다. 참가자들은 실험 중에 장미나 바닐라와 같은 좋은 향과 두리안과 같은 불쾌한 향의 냄새를 맡도록 하였다. 더 이상 고통을 견딜 수 없을 때, 그들은 물속에서 손을 뺐다. 이 실험은 좋은 향을 맡을 때, 대부분의 사람들이 확실히 더 적은 고통을 경험하게 된다는 것을 밝혀 주었다.

VOCA

• research 연구, 조사
• immerse 담그다, 몰두시키다
• odor 냄새, 향기
• affect ~에게 영향을 주다
• sniff 냄새를 맡다
• durian 말레이반도산의 과실; 두리안
• significantly 두드러지게, 중대하게

17 ○△☓ 정답 ④

분석의 Key

④ 여섯 번째 문장에서 언급되었다.
① 두 번째 문장에서 하루에 15분까지 틀렸다고 했으므로 일치하지 않는다.
② 네 번째 문장에서 만드는 데는 실패했다고 했으므로 일치하지 않는다.
③ 다섯 번째 문장에서 네덜란드에서 만들었다고 했으므로 일치하지 않는다.

해석의 Key

수세기 동안 해시계와 물시계는 시간에 대해 우리가 알 필요가 있는 모든 것을 부정확하게 말해주었다. 기계 장치로 된 시계가 14세기에 이탈리아의 탑들 위에 나타나기 시작했지만 시간을 맞추는 것은 하루에 15분까지 틀렸기 때문에 시계의 모습보다는 덜 인상적이었다. 17세기쯤에 갈릴레오와 파스칼을 포함한 일부 천재들이 더 좋은 시계에 대한 이론을 만들었지만 그것을 만드는 데는 실패했다. 그러다가 1656년에 네덜란드의 천문학자 Christian Huygens가 최초의 추시계를 만들어 시간을 정확하게 맞추는 대변혁을 일으켰다. Huygens의 시계의 정확성은 과학자들이 그들의 물리학 실험을 위해 그것을 사용하게 했고 가게 주인들이 정해진 시간에 문을 열고 닫게 해주었다. 1761년에 영국인 John Harrison은 바다에서 작동하는 시계를 완성해서 정확한 시간을 항해자의 호주머니 속에 넣어주었다(정확한 시계를 주머니에 갖고 다니게 했다는 뜻임).

VOCA

• sundial 해시계
• mechanical 기계에 의한, 기계로 만든
• timekeeping 시계가 정확하게 맞는
• theorize 이론(학설)을 세우다
• timepiece 시계
• precision 정확, 정밀
• accurate 정확한

18 ○△☓ 정답 ①

분석의 Key

① 이 글은 사람들이 새로운 지역으로 이주할 때 지출을 늘리거나 줄이지 않고, 전에 살던 지역의 씀씀이를 유지하는 습성(settling to a certain price)을 설명하고 있으므로, (A)에는 '이주하다'라는 의미의 동사가 필요하고, (B)에는 '이전의'라는 의미를 가진 어휘가 적절하다.

해석의 Key

특정한 가격대에 자리를 잡는 고착화현상(anchoring)은 모든 종류의 구매에 영향을 미친다. 예를 들어 Uri Simonsohn과 George Lowenstein은 값이 싼 지역에서 중간 정도의 가격이 나가는 도시로 이주하는 사람들은 새로운 지역에 맞추기 위해 그들의 소비를 늘리지는 않는다는 것을 알아냈다. 오히려 이 사람들은 자신과 가족을 더 작고 덜 안락한 집에 밀어 넣을지라도, 그들이 이전에 살던 지역에서 익숙했던 액수의 돈을 쓴다. 마찬가지로 보다 더 비싼 지역에서 이주하는 사람들도 과거에 그들이 썼던 것과 같은 액수의 돈을 새로운 환경에 투자한다. 비싼 지역에서 이주하는 사람들은 중간 정도의 가격이 나가는 도시로 이주하고 나서 그들의 씀씀이를 일반적으로 줄이지 않는다.

↓

새로운 지역으로 이주하는 사람들은 일반적으로 그들이 이전에 살던 지역의 가격에 고착화된 상태를 유지한다.

VOCA

• anchor 고정시키다, 정박하다
• range 범위
• purchase 구매
• moderately 중간 정도로
• previous 이전의
• squeeze 한 곳에 몰아넣다
• likewise 마찬가지로
• downsize 축소하다

19 ⃞⃞⃞ 　　　　　　　　　　　　　정답 ③

분석의 Key

③ (C)에서 사건이 발생한 배경을 설명하고, (A)에서 그들이 잘못한 것, 어떤 것이 잘못된 것인지(D), 잘못된 것에 의한 결과(B)의 순으로 연결된다.

해석의 Key

어느 세제 회사는 이제 확실히 그의 실수를 깨달았다.
(C) 중동에서 새로운 광고 프로그램을 시작하기 전에 몇몇 아랍어를 하는 사람들에게 아마도 의견을 물어보았어야 한다.
(A) 그 회사의 모든 광고는 왼쪽에는 더러운 옷들을, 가운데에는 비누 상자를, 그리고 오른쪽에는 깨끗한 옷들을 보여주었다.
(D) 하지만 사람들은 왼쪽에서 오른쪽이 아니라 오른쪽에서 왼쪽으로 글을 읽는다.
(B) 이러한 이유로, 많은 잠재 고객들은 그 광고를 보고 "이 비누는 옷들을 더럽게 만든다."고 생각했다.

VOCA

• potential 잠재하는, 가능한

20 ⃞⃞⃞ 　　　　　　　　　　　　　정답 ③

분석의 Key

③ 주도적인 시민의 역할을 하는 변호사의 지위를 언급한 후, 그에 대한 예시로 James C. Carter를 들고 있으므로 (A)에는 For example이 적절하다. 또한 뉴욕시 변호사 협회 활동, 개혁 운동에서의 역할 등은 James C. Carter의 공적 활동에 해당하므로 (B)에는 앞의 내용을 부연하는 In other words를 써야 한다.

해석의 Key

변호사는 미국 사회 안에서 특별한 위치를 차지하였다. 지주 귀족이 없는 나라에서, 변호사는 특권층이지만 공공심을 가진 계층을 형성했다. 미국의 모든 마을과 도시에서 그들은 박물관과 병원 건설을 도왔고, 시민 단체를 형성했으며, 모든 단계의 정부에 들어갔다 나왔다 하는 주도적인 시민이었다. 예를 들어, James C. Carter는 19세기 말 뉴욕에서 유명한 변호사였다. 그는 뉴욕시 변호사 협회 창립을 도왔으며 시민연대, 도시 클럽, 좋은 정부 클럽 등을 포함하여 시와 주(州)의 개혁 운동에서 중요한 역할을 했다. 다시 말하면, 공식 활동이 그가 하는 일의 대부분을 차지했다. 그리고 그는 특별하지 않았다. 그와 같은 변호사들을 뉴욕과 미국의 모든 마을에서 발견할 수 있었다.

VOCA

• lawyer 변호사, 법률가
• unique 유일무이한
• landed aristocracy 지주 귀족
• privileged 특권이 있는
• civic 시민의
• distinguished 유명한, 출중한
• play a key role 중요한 역할을 하다

최종모의고사 2회 정답 및 해설

빠른 정답

01	02	03	04	05	06	07	08	09	10
①	④	④	④	④	①	④	③	④	③
11	12	13	14	15	16	17	18	19	20
①	③	④	④	④	④	④	④	①	④

나의 점수   점

---

01 ○△×
정답 ①

영역 어휘>단어
난도 중

분석의 Key

surreptitious는 '비밀의'라는 의미로, 밑줄 친 부분과 가장 가까운 것은
① stealthy(살며시[몰래]하는, 잠행하는)가 된다.
② heedless 세심한 주의를 기울이지 않는
③ overcautious 지나치게 조심하는
④ discourteous 예의 없는, 무례한

해석의 Key

나는 얘기하던 중에 시계를 몰래 훔쳐보는 그녀가 신경 쓰이지 않을 수
없었다.

---

02 ○△×
정답 ④

영역 어휘>어구
난도 중

분석의 Key

in a roundabout way는 '우회적으로(=circuitously)'라는 의미로, 밑줄 친
부분과 가장 가까운 ④ circuitously가 정답이 된다.
① audibly 들리도록, 들을 수 있게
② sporadically 산발적으로, 우발적으로
③ circumspectly 신중하게, 주의 깊게

해석의 Key

개념적인 이론의 유효성은 오직 우회적인 방법으로만 검증될 수 있다.

VOCA

• validity 유효성
• perceptual 개념적인

---

03 ○△×
정답 ④

영역 어휘>단어
난도 중

분석의 Key

promiscuous는 '무차별적인(=indiscriminate)'라는 의미로, 밑줄 친 단어와
같은 뜻인 ④ indiscriminate가 정답이 된다.
① good 좋은, 괜찮은
② refined 정제된, 세련된
③ selective 선택적인, 까다로운

해석의 Key

그는 아무거나 먹는 습관을 가지고 있다.

VOCA

• habit 습관

---

04 ○△×
정답 ④

영역 어휘>단어
난도 중

분석의 Key

문맥상 검소함보다 과장된 단어를 의미하는 어휘가 와야 한다. 그러므로
④ parsimonious(인색한)이 정답이 된다.
① indigent 궁핍한
② affluent 부유한
③ indignant 분개한

해석의 Key

부유한 나의 숙모는 약간 검소하다는 정도를 넘어섰다. 그녀는 너무 인
색해서 종이 접시까지도 다시 사용한다.

VOCA

• economical 검소한, 경제적인

---

05 ☐○△☒   정답 ④

| 영역 어법>정문 찾기 | 난도 중 |

분석의 Key

① many a는 단수 취급하므로 are → is, their → his
② A total of는 단수 취급하므로 are → is
③ statistics 통계학(→ 단수 취급), 통계자료(→ 복수 취급), shows → show

06 ☐○△☒   정답 ①

| 영역 어법>영작하기 | 난도 중 |

분석의 Key

① 'laugh'는 단독으로 쓰일 때, '웃다'라는 의미의 자동사이므로 '비웃다'란 의미도 충족 못 시키고, 수동태로도 쓰일 수 없다. 타동사구 'laugh at(비웃다)'를 수동형태(수동태)로 만들어야 하므로 'would be laughed'를 'would be laughed at'으로 고친다.
② 종속절(that절) 내에서 가주어(it), 진주어(for him to express his thoughts in Russian than in English) 구조와 비교급의 형태(easier ~ than)가 잘 형성되어 있는 옳은 문장이다.
③ lights(불빛)와 attach(~을 붙이다)의 관계는 수동이므로 과거분사 'attached'로 표현된 것은 옳다.
④ 동격절 that구문이다. 동격의 that절은 명사절로서 'fact, doubt, idea, possibility, rumor, claim 등' 주로 추상명사 뒤에서 보충설명 해주는 기능을 하는데 앞의 추상명사와 의미적으로 동격관계를 이룬다.

07 ☐○△☒   정답 ④

| 영역 독해>글의 일관성>무관한 어휘·문장 | 난도 중 |

분석의 Key

제비가 불행의 전조로 여겨지기도 하고 행운의 전조로 여겨지기도 한다는 요지의 글이므로 제비의 특성을 언급하는 ④는 글의 흐름에 어긋난다.

해석의 Key

어떻게 그리고 언제 보여지는가에 따라, 제비는 행운의 전조가 될 수도 있고 불행의 전조가 될 수도 있다. 제비의 적갈색 가슴에 의해 영향을 받아서인지 사람들은 처음에 제비를 예수의 죽음과 결부시켰다. 그러므로 제비가 집으로 날아드는 것을 본 사람들은 그것을 죽음의 징조로 여겼다. 하지만 후에, 제비는 소들의 건강에 대한 좋은 징조로 여겨지기 시작했고 심지어 헛간 안에 있는 제비 둥지가 소젖이 병균에 감염될 우려가 없다는 것을 보장한다고도 믿어졌었다. (제비는 빈번하게 활주할 수 있게 할 뿐만 아니라 엄청난 기동력과 지구력을 갖게 해 주는 가는 유선형의 몸과 길고 뾰족한 날개를 발달시킴으로써 공중을 날면서 곤충을 사냥하는 데 적응했다.) 이는 아마 제비가 소를 감염시킬 가능성이 있는 곤충을 먹이로 삼는다는 사실에서 비롯된 결과일 것이다.

VOCA

• harbinger 전조, 예고
• portent 유력한, 힘센
• omen 전조, 조짐
• streamlined 유선형의
• endurance 지구력

08 ☐○△☒   정답 ③

| 영역 독해>대의 파악>제목, 주제 | 난도 중 |

분석의 Key

대형 유조선의 기름유출 피해를 기술한 다음 그것의 장점을 기술하고 있으므로 이 글의 제목으로는 ③ '대형 유조선의 양면성'이 적절하다.
① 항구의 기능
② 소형 선박의 장점
④ 바다에서 생명을 보호하는 방법

해석의 Key

최근에 대형 유조선에 의해 야기된 위험에 관해 많은 염려가 있었다. 이들은 대양을 건너 분주한 대형 항구에 원유를 운반하는 엄청나게 큰 배들이다. 대규모 기름 유출 사고가 발생하면 바닷물 속의 많은 생명체가 파괴된다. 그러나 이들 배는 장점이 있기도 하다. 대형 유조선은 참으로 많은 양의 화물을 운반하므로 항구에 정박하는 배의 숫자를 줄인다. 보다 적은 수의 배가 있게 되므로 유조선이 다른 배에 부딪쳐 기름을 유출시킬 가능성이 더 적어진다. 또한, 유조선은 장거리를 운항할 수 있다. 이런 이점들과 함께, 대형 유조선으로 기름을 운반하는 것은 많은 수의 소형 배로 운반하는 것보다 비용이 덜 든다. 그렇기에, 최근에 발생한 사고에도 불구하고 대형 유조선은 앞으로도 계속 사용될 것이다.

VOCA

• concern 관심, 걱정
• supertanker 대형 유조선
• vessel 배
• crude oil 원유
• spill 유출
• cargo 화물
• spring a leak 새어나오게 하다
• harbor 항구

09 ☐○△×☐   정답 ④

분석의 Key

④ (A) 앞에서 이동식 무선 전화기의 장점이 언급되었다가, 뒤에서 문제점들이 언급되고 있으므로, 역접 개념의 연결어 But이 필요하고, (B) 다음에서는 문제점을 추가하여 언급할 때의 연결어 Moreover가 필요하다.

해석의 Key

이동식 무선 전화기는 스피커폰보다 훨씬 더 많은 이동성을 제공해 준다. 질이 더 나은 무선 전화기에서는 당신의 음성이 또한 보통 전화기에서만큼 뚜렷한 경향이 있다. 그러나 가정에 설치된 장치로부터 거리가 얼마든지 당신의 음성의 질에 나쁘게 영향을 미치는 많은 값싼 무선 전화기들이 시장에 나와 있다. 여러 가지 이동 전화기의 경우, 차를 타고 있으면 교통으로부터, 또는 배에서 전화를 한다면 여러 가지 다른 원천들로부터 많은 배경 소음이 있을 수 있다. 게다가, 많은 무선 장치의 음질이 여러 방송국에서나 이동식 전화기를 이용하는 근처에서 전화 거는 다른 사람들로부터 나오는 갖가지 신호에 의하여 쉽사리 영향을 받는다.

VOCA

• mobile 자동차, 이동(자동차) 전화
• unit (특정 기능을 가진) 장치(설비) 세트

10 ☐○△×☐   정답 ③

분석의 Key

③의 뒤에 'hunger pain'이란 어구와 앞에서 남성 호르몬 없이는 근육이 증가하지 않는다는 말로 미루어 보아 운동에 관한 또 다른 속설이 나올 것이라는 예상을 할 수 있고 이것이 식욕에 관한 것임을 미루어 알 수 있으므로 주어진 문장은 ③에 오는 것이 알맞다.

해석의 Key

사람들에게는 운동에 관한 여러 속설이 있다. 한 가지 속설은 여자가 무거운 것을 들면 남자처럼 큰 근육이 생긴다는 것이다. 하지만, 남성 호르몬이 없으면 여자는 남자처럼 큰 근육을 만들 수 없다. (또다른 운동에 관한 속설은 식욕을 증진시킨다는 것이다.) 실제로, 규칙적인 운동은 혈당 수치를 안정시키고 이것은 배고픔을 방지해 준다. 일부 사람들은 또한 하루에 몇 분이나 한 주에 한 번 운동하는 것이 충분하다고 생각한다. 하지만 근육과 심장 혈관의 건강을 위해서는 최소한 한 주에 세 번의 강도 높은 운동이 필요하다.

VOCA

• misconception 오해
• appetite 식욕
• weight 무거운 물건, 무게

• bulk 크기, 부피
• stabilize 안정시키다
• blood–sugar 혈당
• session 회기, 기간
• workout 운동
• cardiovascular 심장 혈관의

11 ☐○△×☐   정답 ①

분석의 Key

빈칸 다음의 대화 내용으로 보아 A는 B가 서로 다른 입장을 취한다는 것을 알 수 있으므로 ① take a different distance(다른 입장을 취하다)가 가장 적절하다.
②·③·④ 당신의 의견에 동의하다.

해석의 Key

A : 우린 이 문제에 관해 최종결정을 내려야 해.
B : 나는 빨강고 노란색이 어울릴 것이라 생각되는데.
A : 난 다른 입장을 취하고 싶어(난 의견이 다른데).
B : 네 의견은 어떤데?
A : 난 우리가 푸른색과 보라색 같은 시원한 색상을 택한다면 더 좋은 효과가 날 거라고 생각해.

12 ☐○△×☐   정답 ③

분석의 Key

둘은 지난번에 갔던 레스토랑에 관한 대화를 나누고 있다. A는 B와 갔던 장소가 기억이 날 듯 말 듯한 자세를 취하고 있으므로 ③ It is on the tip of my tongue(말이 입에서 뱅뱅 돈다)이 정답이 된다.
① 오늘은 이걸로 마치자
② 그건 그림의 떡이야
④ 낮말은 새가 듣고 밤말은 쥐가 듣는다

해석의 Key

A : 너 일요일에 갔던 레스토랑 기억하니?
B : 물론, 기억하지. Top Cloud였잖아.
A : 아니야, 우리는 Top Cloud에 가지 않았어.
B : 그럼 아마 Purple Rain이었을 거야.
A : 아닌데. 이런. 기억이 날 듯 말 듯 안 나네.
B : 신경 쓰지 마. 음식 맛이 끔찍했는걸.

13 ☐△✕   정답 ④

영역 어법>정문 찾기   난도 상

분석의 Key

④ 주어+seize+목적어+by+the+신체의 일부분으로 나타낸다.

① kind(sort, type)+of(일종의) 다음의 명사에는 관사가 붙지 않으므로 of a plant → of plant

② 부정어(no, seldom, hardly, scarcely, nothing 등)가 쓰인 문장의 부가의 문문은 긍정으로 받으므로 doesn't → does

③ both(all, double)+정관사+명사의 어순을 취하므로 the both → both the

14 ☐△✕   정답 ④

영역 어법>영작하기   난도 하

분석의 Key

④ How는 의문부사이므로 뒤에 나오는 전치사 like와 호응될 수 없다. How 를 의문대명사 What으로 고치거나 전치사 like를 삭제한다.

→ 내일 날씨는 어떨까요?

=What is the weather like tomorrow?

=How is the weather tomorrow?

① owe A to B : A는 B의 덕택[덕분]이다(=attribute A to B).

② be responsible for : ~에 책임이 있다.

→ 안개가 교통사고에 책임이 있다

=안개 때문에 교통사고가 났다.

③ despite는 '~에도 불구하고'란 의미의 전치사이다. 뒤의 명사 목적어인 the bad weather와 잘 호응하고 있다. 이때 despite 대신에 접속사 although가 올 수 없다는 것이 유의한다.

15 ☐△✕   정답 ④

영역 독해>세부 내용 찾기>내용 (불)일치   난도 중

분석의 Key

④ 그 어떤 것도 미국에서의 이혼율 증가를 막을 수 없는 것 같다.

① 이혼에 대한 미국인의 태도는 전혀 변하지 않았다.

② 현재 미국 사회는 이혼에 반대하고 있다.

③ 1980년대에 미국의 이혼율은 20%에 육박했다.

해석의 Key

미국의 가구는 또한 지난 50년 동안 많은 변화를 겪어 왔다. 이러한 변 화들 중 먼저 나타난 것은 결혼의 합법적인 종결인 이혼에 대한 현재의 태도이다. 1960년대까지, 이혼은 그렇게 일반적인 일이 아니었다. 그러 나 이후 20년이 지나자, 결혼한 2쌍 중 1쌍이 이혼하고 있다. 전통과 종교, 그리고 남편에 대한 여성의 경제적 의존도를 강조하지 않음에 따 라 미국인들은 문제가 있는 결혼을 유지하고자 하지 않는 것 같다. 그

들은 결혼을 유지하기 위한 경제적, 사회적 또는 종교적 압력에 억압되 지 않는다. 부분적으로 높은 이혼율에 대한 반작용으로, 많은 미국인들 은 결혼을 하지 않고 동거를 한다.

VOCA

• divorce 이혼

• emphasis 강조

• dependence 의존, 종속 상태

• reaction 반작용, 반응

16 ☐△✕   정답 ④

영역 독해>빈칸 완성>단어·구·절   난도 상

분석의 Key

흑인 영어를 사라져 가는 종으로 인식하고 이러한 종이 사라지면 그 언어를 사용하는 사람들의 정체성도 사라질 수 있다는 내용을 집에 빗대어 하고 있 으므로 답은 ④가 적절하다.

① 동물에 관한 우리 자신의 관심을 유지하다

② 우리 자신의 예술적 취향을 특징짓다

③ 우리 자신의 종교적 열정을 증명하다

해석의 Key

나와 같은 3천 5백만 명의 아프리카계 미국인들의 대부분은 모든 진실 의 거울이 그곳에 속하지 않은 누군가의 얼굴을 우리에게 보여주는 집 에서 자라는데 그 집은 우리에게 맞지 않고 적대적인 가족의 보금자리 를 의미하기 때문에 그 누군가의 말은 절대 "올바르게" 들리지 않을 것 이다. 우리가 이러한 환경에서 살기 때문에 원래의 언어 습관을 숨기거 나 자신의 의견을 완전히 포기하며 자신과 다른 사람은 어느 누구도 존 중하지 않는 사람들을 만족시키기를 바란다. 흑인 영어는 정확히 언어 학적 버팔로(멸종 위기의 것)는 아니지만, 우리는 그것의 상태를 위험 에 처한 종으로 사라져가는 대체할 수 없는 공동 지식의 체계로 이해하 거나 언어의 소멸과 그와 더불어 우리 자신의 정체성의 대부분을 구성 하는 많은 것들이 소멸될 것을 예측해야만 한다.

VOCA

• shelter 피난처

• alien 이질적인, 외래의

• hostile 적대의

• surrender 넘겨주다, 인도하다

• endanger 위험에 처하다

• perish 멸망하다, 죽다

• irreplaceable 바꿀 수 없는

• extinction 멸종

• extinguish (불, 빛 등을) 끄다

• preference 우선권

• enthusiasm 열의, 열광

17 ▢△✕   정답 ④

분석의 Key

④ 종교적으로 더 관대한 네덜란드로 간 순례자들이 가난한 현실에 직면하였고, 또한 아이들에 대한 통제력도 잃어버릴 가능성에 직면했으므로, 순례자들은 네덜란드에서의 삶을 '삶의 방식에 대한 위협'으로 여겼을 것이다.
① 부를 쌓을 수 있는 기회
② 거룩한 삶을 살 수 있는 유일한 기회
③ 그들을 위한 신의 축복

해석의 Key

영국 국교회에서 탈퇴하여 분리주의자들로 알려진 순례자들은 제임스 1세로부터 그들의 신앙을 위협 받은 후 영국을 떠나 종교적으로 더 관대한 네덜란드로 갔다. 그러나 네덜란드에서 순례자들은 저임금, 단순한 직업을 갖도록 강요받으며 가난한 현실과 맞닥뜨렸다. 더욱 분개한 일은 그들이 아이들에 대한 통제를 잃어버릴 가능성에 직면했을 뿐 아니라, 그들의 부모나 다른 순례자들에 의해 세워진 것과는 반대되는 네덜란드 아이들의 행동의 본을 받도록 유도되고 있었다는 점이다. 결국 네덜란드에서의 삶을 그들의 삶의 방식에 대한 위협으로 보고, 순례자들은 미국의 Virginia에 정착하는 허가를 구하여 얻었다.

VOCA

- pilgrim 순례자
- separatist 분리주의자
- break with ~와 관계를 끊다, [조직 따위]를 탈퇴하다
- religiously 종교적으로
- tolerant 관대한
- threat 위협
- force 강요하다
- unskilled 숙련을 요하지 않는
- reality 현실
- adopt 채택하다
- contrary to ~와 상반되는
- set down 규정하다, (원칙을) 세우다
- eventually 결국
- see A as B A를 B로 간주하다
- seek 구하다
- obtain 얻다
- permission 허가
- settle 정착하다

18 ▢△✕   정답 ④

분석의 Key

④ 주어진 문장의 내용으로 볼 때, 어머니가 경찰서에 가게 된 연유를 설명한 (B)가 먼저 오고, 경찰서에서의 상황을 설명한 (A)와 (C)가 이어지고, 마지막으로 경찰관이 어머니에게 도움을 준 내용을 정리하는 (D)가 오는 것이 적절하다.

해석의 Key

지난주에 저희 어머니께 도움을 주신 경찰서 조사국에서 근무하는 J. Blake 경관에게 감사 인사를 전해 주시기 바랍니다.
(B) 어머니는 나이가 많은데, 쇼핑을 나갔다가 불행히도 지갑을 잃어버리고 지갑을 마지막으로 가지고 있던 것이 언제인지도 잊어버렸습니다.
(A) 어머니는 J. Blake 경관에게 상담을 했는데, 그는 매우 인내심 있게 어머니를 진정시키고 그날 어머니가 어디에 갔었는지를 물었습니다. 그 결과, 어머니가 시내버스에서 마지막으로 지갑을 갖고 있었음을 알아냈습니다.
(C) 그러자 J. Blake 경관은 버스회사 사무실에 전화를 했고, 그들은 지갑을 찾아 물품 보관소에 보관 중이라고 말했습니다.
(D) 어머니의 나이를 고려하여, 그는 경찰관이 대신 지갑을 가져올 수 있도록 조치하고, 그날 이후 그 지갑을 어머니 집으로 갖다 주었습니다.

VOCA

- enquiry 연구, 탐구, 조사(=inquiry)
- assistance 지원, 도움
- depot 차고; 저장소
- property 재산; 소유권
- arrange 조정하다, 해결하다
- drop off (사람, 짐 등을) 도중에 내려놓다

영역 독해>대의 파악>주제문 요약   난도 상

분석의 Key

① 첫 번째 문장에서 '광고주가 쉽게 자극할 수 있는 감정은~'이라고 언급
돼 있고, 마지막 문장에서 '자아의 올바른 성숙이라는 것이'로 문장이 시
작된다. 따라서 (A)에는 '성숙함'을 뜻하는 maturity가 적절하고, (B)에는
'자극'을 뜻하는 stimulating가 적절하다.

해석의 Key

광고주가 가장 쉽게 자극할 수 있는 감정은 다른 누군가를 앞질렀을 때
권위와 즐거움에 대한 우리의 욕구와 관련된 그런 감정들이다. 종종 광
고주는 개인으로 하여금 자신을 남들과 동등한 존재로서가 아니라 주
목과 선망의 초점으로서 보라고 유도한다. 광고주에게 있어 완벽한 소
비자란 너무나 암시에 잘 걸려서 계속해서 자신의 자아를 충족시키는
일에 몰두할 수 있는 개인이다. 자아의 올바른 성숙이라는 것이 사춘기
적 욕구 불만과 자기중심적 태도로부터 벗어나, 폭넓은 인간에 대한 관
심과 관계로 성장해 나가는 데 있다면, 물건을 사라는 끝없는 권유에 의
해 촉구되는 자기중심적 태도는 실로 우리의 정신적 성숙을 저지한다.

↓

광고주들은 우리가 갖가지 것들을 사도록 자극함으로써 우리의 정신적
성숙을 저해한다.

VOCA

• outdo ~보다 잘하다, ~을 앞지르다
• not A but B A가 아니라 B다
• suggestible 암시에 걸리기 쉬운
• keep+O+engaged in ~ ~에 계속 종사(참여)하게 하다
• indulge one's own ego 자신의 자아에 빠지다
• maturing 성숙
• adolescent 사춘기의, 미숙한
• ego absorption 자기몰두
• arrest ~을 체포하다, 저지하다

영역 독해>대의 파악>분위기, 어조, 심경   난도 하

분석의 Key

④ 노동자들의 초라한 옷차림과 어두운 표정에서 우울함을 느낄 수 있고,
택시와 버스의 경적소리, 경찰의 호각소리, 지하철의 덜거덕거리는 소리,
교회 종소리에서 시끄러움을 느낄 수 있다.
① 끔찍하고 기괴한
② 평화롭고 고요한
③ 바쁘고 축하하는

해석의 Key

거리는 초라한 차림을 한 노동자 무리들로 요동치고 있다. 사람들은 점
점 더 빨리 걷기 시작하고 그들의 표정은 가라앉아 있고, 미간에는 주
름이 새겨져 있다. 택시가 경적을 울리고, 이어 버스가 경적을 울리고,
그리고 경찰관의 호각 소리가 길을 건너는 군중들을 향해 시끄럽게 울
린다. 멀리서 교회 종이 울리고, 나무에 부는 바람은 쉭쉭 소리를 낸다.
그들의 발아래에는, 지하철의 덜거덕거리는 소리가 들리고, 길옆의 석
쇠에서 나온 뜨거운 연기가 거리의 찬 공기와 만난다. 거리의 모든 풍
경은 신부가 없는 결혼식과 같다.

VOCA

• throb 고동치다; 흥분하다
• throng 군중, 가득 참
• shabby 초라한
• furrow 밭고랑; 깊은 주름살
• honk 경적소리; 경적을 울리다
• whistle 휘파람 (불다)
• toll (종시계가) 치다, 울리다
• rumble 덜거덕 소리
• bride 신부

좋은 책을 만드는 길
독자님과 함께하겠습니다.

도서나 동영상에 궁금한 점, 아쉬운 점, 만족스러운 점이
있으시다면 어떤 의견이라도 말씀해 주세요.
SD에듀는 독자님의 의견을 모아 더 좋은 책으로 보답하겠습니다.

www.sdedu.co.kr

2023 ALL-IN-ONE 영어

개정3판1쇄	2023년 01월 05일 (인쇄 2022년 10월 18일)
초 판 발 행	2020년 01월 10일 (인쇄 2019년 11월 21일)
발 행 인	박영일
책 임 편 집	이해욱
저 자	김태우
편 집 진 행	신보용 · 정은진
표지디자인	조혜령
편집디자인	박지은 · 박서희
발 행 처	(주)시대고시기획
출 판 등 록	제 10-1521호
주 소	서울시 마포구 큰우물로 75 [도화동 538 성지 B/D] 9F
전 화	1600-3600
팩 스	02-701-8823
홈 페 이 지	www.sdedu.co.kr
I S B N	979-11-383-3536-2 (13350)
정 가	25,000원

ALL IN ONE

합 격 을 위 한 **모 든** 것 을 담 은 **단 한 권**

2023 SD에듀
적중률x합격률 UP!

15주 ALL-IN-ONE
영어

시대교육그룹

꿈을 지원하는 행복…

여러분이 구입해 주신 도서 판매수익금의 일부가
국군장병 1인 1자격 취득 및 학점취득 지원사업과
낙도 도서관 지원사업에 쓰이고 있습니다.

15주 ALL-IN-ONE

영어

15주 ALL-IN-ONE

영어